그림과 함께 보는

중학 국어 개념 그리기

구성과 특징

도화지 위에 스케치하고 색깔을 입혀 그림을 완성하듯 국어의 개념을 머릿속에 그릴 수 있게 정리하였습니다.

개념 구상하기

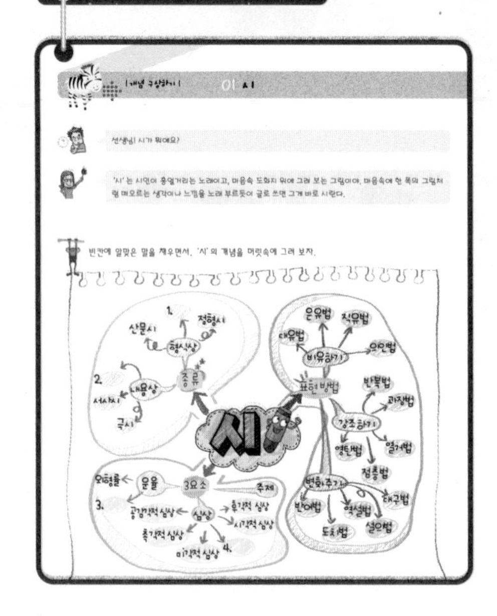

- 선생님과 학생의 대화로 소단원을 시작하여 흥미를 유발하였습니다.
- 마인드맵이나 만화를 도입 부분에 넣어, 소단원의 개념을 미리 구상해 볼 수 있게 하였습니다.

개념 스케치하기

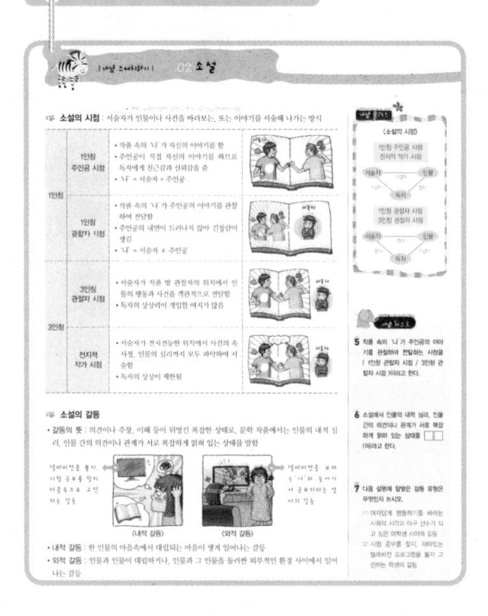

- 국어의 개념을 머릿속에 스케치할 수 있게 정리하였습니다.
- 학생들이 가장 많이 하는 질문을 '개념 멘토링'에서 Q&A의 형태로 제시하였습니다.
- 더 알아야 할 내용을 '개념 플러스'로 정리하였습니다.
- 꼭 확인해야 하는 개념은 '개념 테스트'에서 바로 체크할 수 있습니다.
- '개념 체크 리스트'로 자신의 실력을 점검해 볼 수 있습니다.

STRUCTURE

>>> 국어의 기초가 부족한 학생들의 기초를 꽉~ 잡아 주는 기본서입니다.

>>> 마인드맵, 삽화를 다양하게 활용하여 재미있게 공부할 수 있는 교재입니다.

>>> 국어의 기본인 '갈래'와 '문법'을 몽땅~ 다루고 있어 다른 책이 필요하지 않습니다.

개념 색깔 입히기

09 문법 요소

- 실제로 출제되는 형태의 실전 문제를 실어, 학교 시험에 대비할 수 있게 하였습니다.
- 'GO', 'BACK' 장치를 활용하여 모험을 하듯이 문제를 풀 수 있게 하였습니다.

개념 덧바르기

- 대단원의 내용을 활동 형식으로 구성하여, 갈래와 문법의 개념을 다시 한 번 총정리하도록 하였습니다.

어휘 그리기, 쪽지 시험

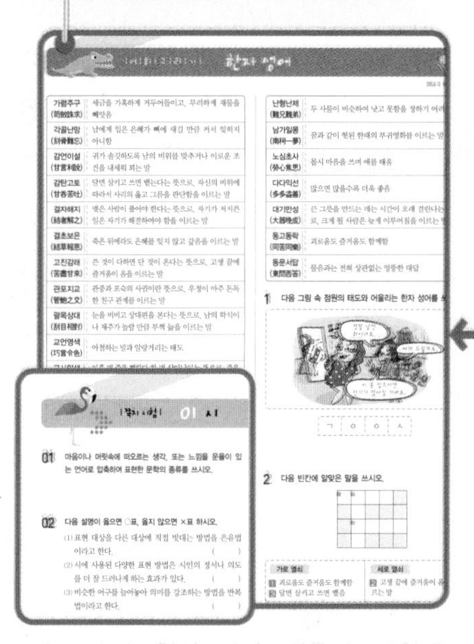

- 속담, 한자 성어, 관용어, 시험에 자주 나오는 용어 등을 퀴즈와 함께 '어휘 그리기'로 실어, 국어 실력이 한 단계 더 향상되도록 하였습니다.
- 선 긋기, 십자말풀이, 빈칸 채우기, O/X 문제 등으로 구성된 쪽지 시험을 통해 개념 그림을 완성할 수 있습니다.

차례

Ⅰ 갈래 그리기

Ⅱ 문법 그리기

CONTENTS

* '9. 음운의 변동', '10. 문법 요소', '11. 단어의 짜임'은 고등학교 과정에 해당합니다.

Ⅲ 어휘 그리기

쪽지 시험

정답과 해설

찾아보기

P / A / R / T

I

갈래 그리기

❶ 시
❷ 소설
❸ 희곡, 시나리오
❹ 수필(설, 기행문, 편지글)
❺ 논설문, 건의문
❻ 설명문
❼ 전기문
❽ 보고서, 기사문
❾ 광고문
❿ 비평문
⓫ 토의, 토론
⓬ 강연, 협상, 발표

| 개념 구상하기 |

01 시

선생님! 시가 뭐예요?

'시'는 시인이 흥얼거리는 노래이고, 마음속 도화지 위에 그려 보는 그림이야. 마음속에 한 폭의 그림처럼 떠오르는 생각이나 느낌을 노래 부르듯이 글로 쓰면 그게 바로 시란다.

빈칸에 알맞은 말을 채우면서, '시'의 개념을 머릿속에 그려 보자.

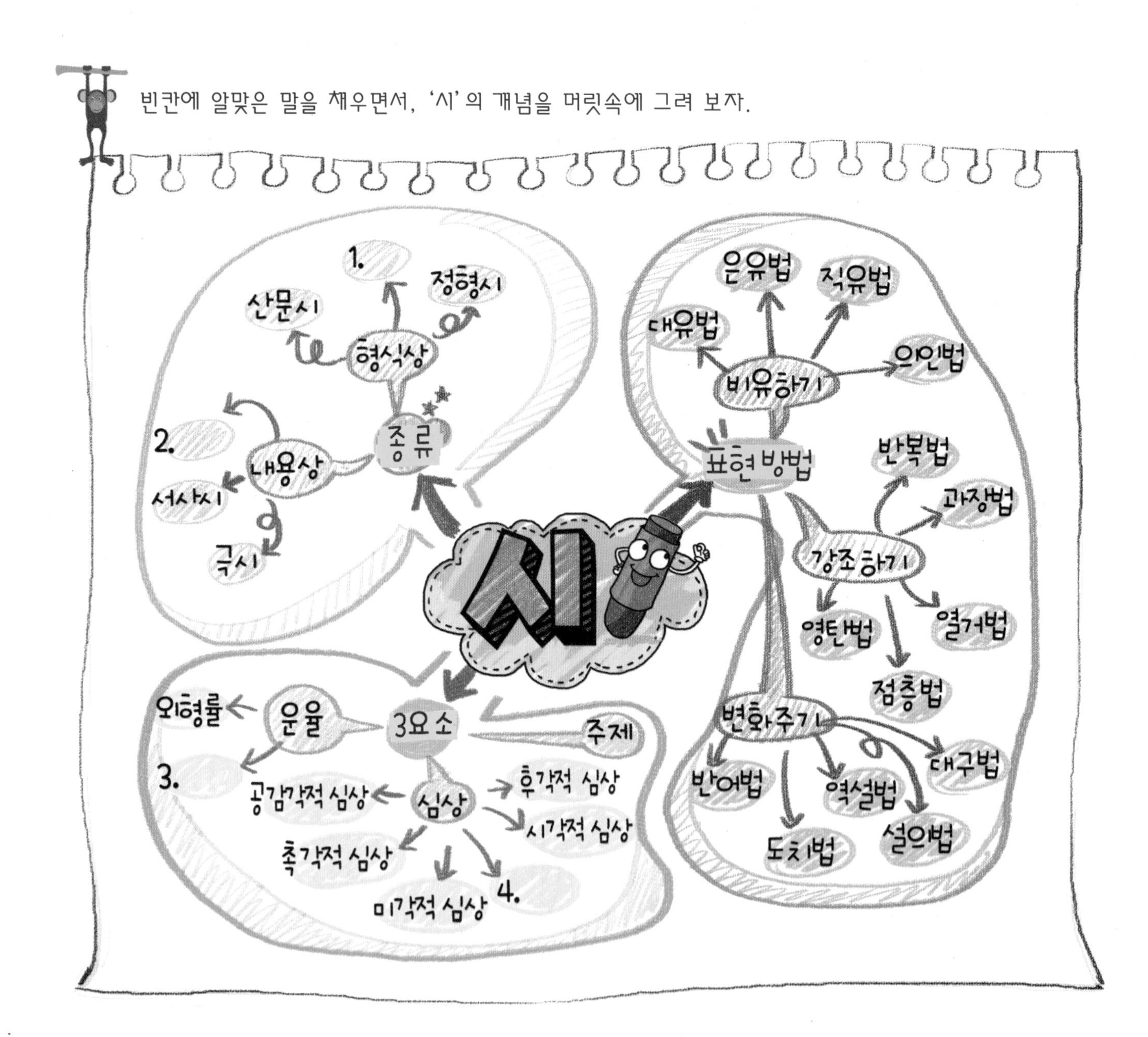

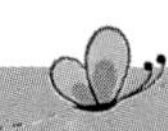

시의 개념

마음속에 떠오르는 생각이나 느낌을 운율이 있는 언어로 압축해서 표현한 글

압축: 말이나 글을 줄여 짧게 함

시의 특징

- 말의 가락과 리듬을 통해 음악적인 효과를 줌 (말의 가락과 리듬: 운율)
- 시어는 사전에 풀이된 뜻과는 다른 새로운 의미를 가짐
- 느낌이나 감정을 간접적으로 드러냄
- 비유적 표현과 압축된 형식을 통해 깊은 의미를 전달함

시의 종류

• 형식상

형식상	정형시	정해진 형식에 맞추어 쓴 시
	자유시	정해진 형식이 없이 자유롭게 쓴 시
	산문시	행의 구분이 없이 줄글로 쓴 시

행: 시인이 의도적으로 구분해 놓은 시의 한 줄 한 줄

나는 나룻배
당신은 행인.

당신은 흙발로 나를 짓밟습니다.
나는 당신을 안고 물을 건너갑니다.
나는 당신을 안으면 깊으나 옅으나 급한 여울이나 건너갑니다.

– 한용운, '나룻배와 행인'

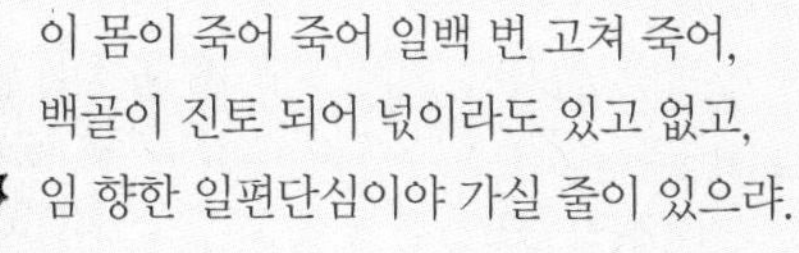

시조와 같이 정해진 형식에 맞추어 쓴 시를 정형시라고 해.

이 몸이 죽어 죽어 일백 번 고쳐 죽어,
백골이 진토 되어 넋이라도 있고 없고,
임 향한 일편단심이야 가실 줄이 있으랴.

– 정몽주, '단심가'

해야 솟아라. 해야 솟아라. 말갛게 씻은 얼굴 고운 해야 솟아라. 산 넘어 산 넘어서 어둠을 살라 먹고, 산 넘어서 밤새도록 어둠을 살라 먹고, 이글이글 앳된 얼굴 고운 해야 솟아라.

– 박두진, '해'

• 내용상

서정시	개인의 생각과 감정을 쓴 시
서사시	역사적 사건이나 신화, 전설, 영웅의 이야기를 쓴 시
극시	연극의 형식으로 쓴 시

개념 플러스

〈운율 여부에 따른 글의 종류〉

- **운문** : 언어의 배열에 일정한 규율 또는 운율이 있는 글
- **산문** : 율격과 같은 외형적 규범에 얽매이지 않고 자유로운 문장으로 쓴 글

개념 멘토링

Q 산문과 산문시는 다른 건가요?

A 산문시는 산문과 형식이 비슷하나, 함축적 · 상징적 시어를 사용하여 내용을 압축적으로 보여 주는 갈래야. 산문시를 소리 내어 읽어 보면, 시어나 시구의 반복 또는 음보 등을 통해 운율을 느낄 수 있지.

개념 테스트

1 시는 마음속에 떠오르는 생각이나 느낌을 □□이/가 있는 언어로 □□하여 표현한 글이다.

2 시에서는 말의 가락과 리듬을 통해 음악적인 효과를 준다. (○ / ×)

3 시에서는 느낌이나 감정을 (간접적 / 직접적)으로 드러낸다.

4 정해진 형식에 맞추어 쓴 시를 □□□(이)라고 하고, 개인의 생각과 느낌을 쓴 시를 □□□(이)라고 한다.

시의 3요소

시를 읽을 때 느껴지는 말의 가락(음악적 요소)
예 엄마야∨누나야∨강변 살자.

운율

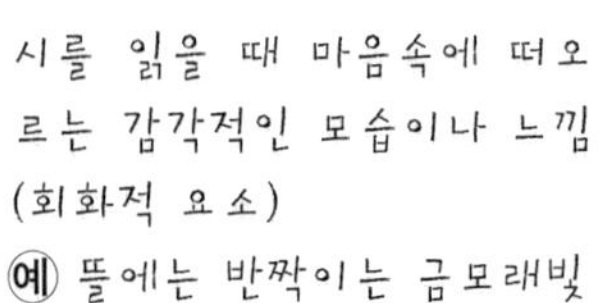

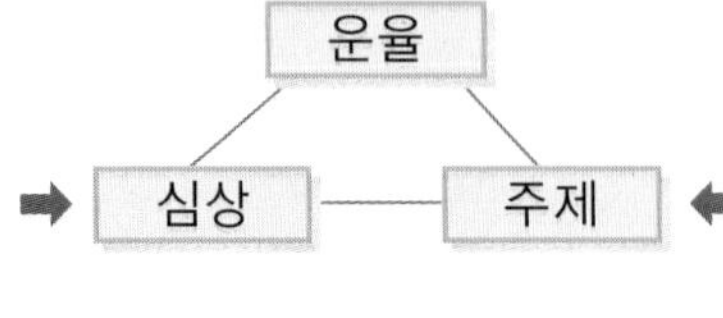

시인이 시를 통해 말하고자 하는 중심 의미(의미적 요소)
예 엄마야 누나야 강변 살자.
밝고 평화로운 세계 (주제)

운율 : 시를 읽을 때 느껴지는 말의 가락

• 운율의 종류

내재율	일정한 규칙 없이 시의 내면에 흘러 겉으로 드러나지 않는 운율
외형률	시어의 일정한 규칙에 따라 겉으로 드러나는 운율

열무 삼십 단을 이고
시장에 간 우리 엄마

안 오시네, 해는 시든 지 오래
나는 찬밥처럼 방에 담겨
아무리 천천히 숙제를 해도
엄마 안 오시네, 배추 잎 같은 발소리 타박타박

– 기형도, '엄마 걱정'

운율을 느낄 수 있으나, 운율이 겉으로 드러나지 않는 '내재율'의 시

4음보 ● 내 벗이 / 몇인가 하니 / 수석과 / 송죽이라. (3 5 3 4)
동산에 / 달 오르니 / 그 더욱 / 반갑구나. (3 4 3 4)
두어라, / 이 다섯밖에 / 또 더하여 / 무엇하리. (3 5 4 4)

– 윤선도, '오우가'

3·4조, 4음보의 운율이 겉으로 드러나는 '외형률'의 시조

• 운율 형성 요소

같거나 비슷한 문장 구조의 반복	예 벚꽃 지는 걸 보니 / 푸른 솔이 좋아. 푸른 솔 좋아하다 보니 / 벚꽃마저 좋아.
일정한 음보의 반복	예 엄마야∨누나야,∨강변 살자. 뜰에는∨반짝이는∨금모래빛
일정한 글자 수의 반복	예 봄바람 하늘하늘∨넘노는 길에 / 연분홍 살구꽃이∨눈을 틉니다.
같은 음운이나 단어, 구절의 반복	예 해야, 고운 해야, 해야 솟아라. 예 알락알락 얼룩진 산새알

음보: 시를 읽을 때 끊어 읽게 되는 말의 도막

개념 멘토링

Q 운율 형성 요소의 공통점은 '반복'인 것 같아요. '반복' 이외의 운율 형성 요소는 없나요?

A 의성어나 의태어를 사용해도 운율이 형성된단다. 사람이나 사물의 소리를 흉내 낸 말을 의성어라고 하고, 사람이나 사물의 모양이나 움직임을 흉내 낸 말을 의태어라고 해. '연분홍 송이송이 하도 반가워 / 나비는 너훌너훌 춤을 춥니다'를 소리 내어 읽어 볼까? '송이송이'와 '너훌너훌'을 읽을 때 노래 부르는 것과 같은 리듬감이 느껴지지?

개념 테스트

5 시의 3요소는 ☐☐, ☐☐, ☐☐이다.

6 시의 운율은 주로 시어나 문장 구조, 글자 수의 ☐☐을/를 통해 형성된다.

7 시 속에서 은근히 느껴지는 운율을 ☐☐☐이라고 한다.

8 '엄마야 누나야 강변 살자. / 뜰에는 반짝이는 금모래 빛'은 일정한 ☐☐이/가 반복되고, '해야, 고운 해야, 해야 솟아라.'는 같은 ☐☐이/가 반복되어 운율이 형성되었다.

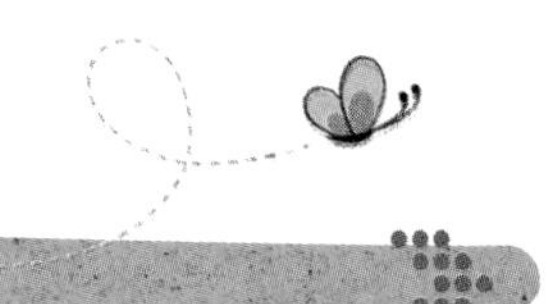

심상

- 심상의 뜻 : 시를 읽을 때, 머릿속에 떠오르는 모양, 빛깔, 소리, 맛, 냄새, 감촉 등의 느낌
- 심상의 효과
  - 함축적 의미를 전달하고 시의 정서나 분위기를 불러일으킴
  - 구체적인 감각이 느껴지게 함
  - 시적 상황을 생생하게 느낄 수 있게 하고, 독자의 마음에 강렬한 인상과 정서를 유발함

시각적 심상	눈으로 모양이나 빛깔을 보는 듯한 느낌 예 나비는 너훌너훌 춤을 춥니다. 뜰에는 반짝이는 금모래 빛	
청각적 심상	귀로 소리를 듣는 듯한 느낌 예 뒷문 밖에는 갈잎의 노래 물바가지에 떠 담던 접동새 소리	
미각적 심상	혀로 맛을 보는 듯한 느낌 예 메마른 입술에 쓰디쓰다. 간간하고 짭조름한 미역	
후각적 심상	코로 냄새를 맡는 듯한 느낌 예 쌀을 씻어 밥 짓는 냄새 나면 매화 향기 홀로 아득하니	
촉각적 심상	피부로 감촉을 느끼는 듯한 느낌 예 아버지의 서느런 옷자락 밥티처럼 따스한 별들	
공감각적 심상	하나의 감각을 다른 감각으로 옮겨 표현하여 둘 이상의 감각이 동시에 떠오르게 하는 느낌 예 분수처럼 흩어지는 푸른 종소리 새파란 초생달이 시리다.	

개념 멘토링

Q **공감각적 심상이 무엇인지 좀 헷갈려요. '달콤한 빨간 딸기'도 공감각적 심상이라고 할 수 있나요?**

A 공감각적 심상은 하나의 감각을 다른 감각으로 표현하는 것으로, 단순히 심상이 나열된 것은 공감각적 심상이라고 하지 않아. '달콤한 빨간 딸기'의 경우, '딸기의 맛은 달고(미각), 색은 빨갛다(시각)'라고 단순히 심상을 나열한 것이므로 공감각적 심상이라고 보기 어려워.

개념 테스트

9 시의 심상과 그 예를 바르게 연결하시오.

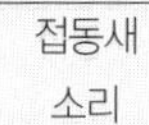
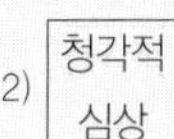

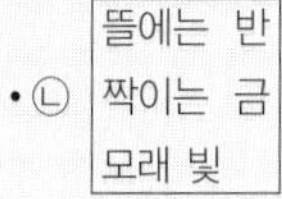
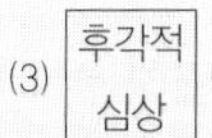
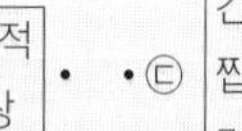
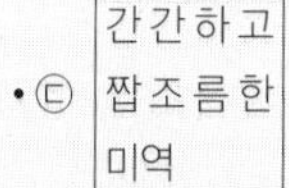
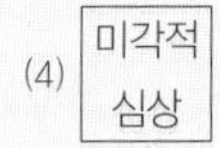
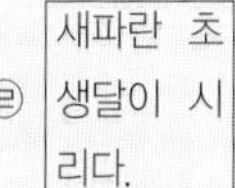
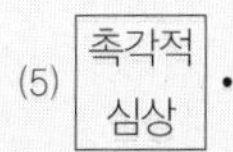
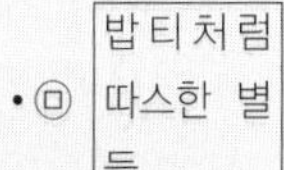
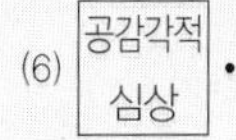

(1)	시각적 심상	㉠	접동새 소리
(2)	청각적 심상	㉡	뜰에는 반짝이는 금모래 빛
(3)	후각적 심상	㉢	간간하고 짭조름한 미역
(4)	미각적 심상	㉣	새파란 초생달이 시리다.
(5)	촉각적 심상	㉤	밥티처럼 따스한 별들
(6)	공감각적 심상	㉥	밥 짓는 냄새 나면

주제 : 시인이 시를 통해 말하고자 하는 중심 의미

엄마야 누나야 강변 살자.

뜰에는 반짝이는 금모래빛

뒷문 밖에는 갈잎의 노래

엄마야 누나야 강변 살자.

– 김소월, '엄마야 누나야'

➡ 말하는 이는 엄마, 누나와 함께 강변에서 살고 싶다고 말했는데, '강변'은 밝고 평화로운 세계를 의미하므로, 주제는 '자연 속에서 평화롭게 살고 싶은 소망'임

시어의 특징

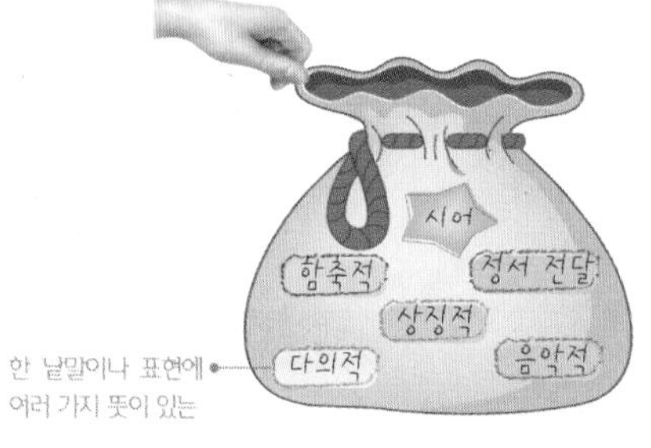

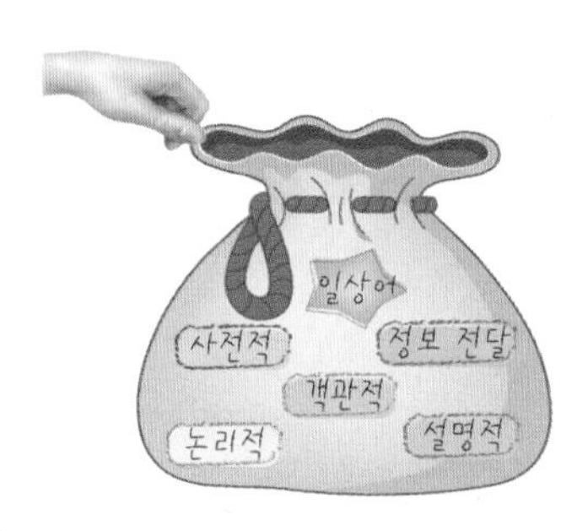

- 음악적 효과를 주고, 감각어를 통해 심상을 이루어 냄
  (감각어: 인간의 5감(미각, 시각, 촉각, 후각, 청각) 중 하나로 느낄 수 있는 것을 표현한 언어)
- 시의 정서와 분위기를 형성해 내고, 일반적인 의미 이외의 함축적 의미를 지님
- 문법적 제약으로부터 자유로움(시적 허용)
  – 시적 허용 : 시인이 시의 운율을 살리고 의미를 강조하기 위해 의도적으로 문법에 어긋나게 쓴 표현 ㉑ 모든 순간이 다아 꽃봉오리인 것을

시적 화자(말하는 이) : 시인의 생각과 느낌을 효과적으로 나타내기 위해 설정한 장치로, 서정적 자아, 혹은 시적 자아라고도 하며, 시의 어조와 분위기를 형성하는 역할을 함

시적 화자가 드러나는 경우	㉑ 아주 먼 옛날 / 지금도 내 눈시울을 뜨겁게 하는 / 그 시절, 내 유년의 윗목
시적 화자가 드러나지 않는 경우	㉑ 맑은 날 / 초록 둑길에 / 뒤집 아이 놀러 나와 / 노란 발자국 / 콕 콕 콕 / 찍었을까?
시인과 시적 화자가 같은 경우	㉑ 죽는 날까지 하늘을 우러러 / 한 점 부끄럼이 없기를, / 잎새에 이는 바람에도 / 나는 괴로워했다.
시인과 시적 화자가 다른 경우	㉑ 나 보기가 역겨워 / 가실 때에는 / 말없이 고이 보내드리오리다.

개념 플러스

〈수미 상관〉

시의 처음과 끝을 동일하거나 유사한 시구로 구성하는 방법 → 운율 형성, 의미 강조, 시적 안정감

개념 멘토링

Q **함축적 의미가 무엇인지 감이 오지 않아요. 좀 더 자세히 설명해 주세요.**

A 함축적 의미는 사전적, 지시적 의미와는 달리 시인이 만들어 낸 새로운 의미를 말해. '세상이 바람 불고 춥고 어둡다 해도 / 사람이 사는 마을 / 가장 낮은 곳으로 / 따뜻한 함박눈이 되어 내리자.'를 생각해 보자. '함박눈'을 국어사전에서 찾아보면 '굵고 탐스러운 눈'으로 나오는데, 여기서는 이런 뜻이 아니라 '기쁨, 희망, 위로' 등의 '함축적 의미'로 쓰인 거야.

개념 테스트

10 시인이 시를 통해 말하고자 하는 중심 생각을 □□(이)라고 한다.

11 다음 중 시어의 특징이 아닌 것에 ○표 하시오.

함축적　상징적　객관적
음악적　다의적　정서 전달

12 시적 화자는 항상 시의 표면에 드러난다. (○ / ×)

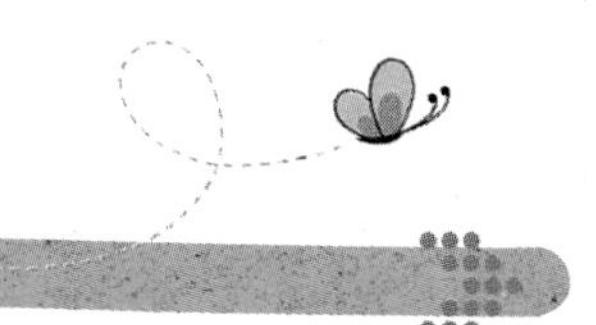

시의 표현 방법

비유하기 : 표현하고자 하는 대상을 다른 대상에 빗대는 표현 방법

직유법	'~처럼, ~같은, ~인 듯, ~인 양' 등의 연결어를 사용하여 원관념을 보조 관념에 직접 빗대어 표현하는 방법 예 내 누님같이 생긴 꽃이여.
은유법	연결어 없이 'A는 B이다.'의 형태로 원관념을 보조 관념에 은근히 빗대어 표현하는 방법 예 내 마음은 호수요.
의인법	사람이 아닌 대상을 사람처럼 표현하는 방법 예 돌담에 속삭이는 햇발
활유법	살아 있지 않은 것을 살아 있는 것처럼 표현하는 방법 예 으르렁거리는 파도
대유법	어떤 대상의 부분, 속성, 특징 등을 통해 전체를 대신하는 표현 방법 예 사람은 빵만으로는 살 수 없다.
풍유법	속담이나 격언, 우화 등을 이용해 비유하는 방법 예 빈 수레가 더 요란하다.

• '비유하기'가 잘 나타난 시 살펴보기

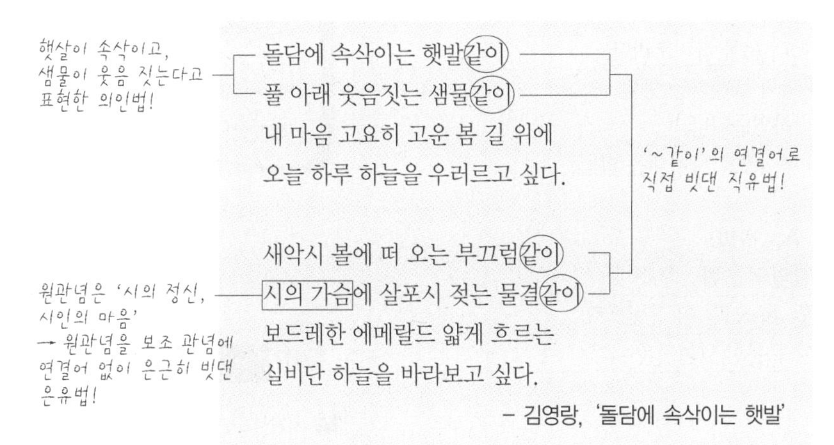

돌담에 속삭이는 햇발같이
풀 아래 웃음짓는 샘물같이
내 마음 고요히 고운 봄 길 위에
오늘 하루 하늘을 우러르고 싶다.

새악시 볼에 떠 오는 부끄럼같이
시의 가슴에 살포시 젖는 물결같이
보드레한 에메랄드 얇게 흐르는
실비단 하늘을 바라보고 싶다.

– 김영랑, '돌담에 속삭이는 햇발'

강조하기 : 자신의 의도를 강하게 나타내는 표현 방법

과장법	대상을 실제보다 크거나 작게 표현하는 방법 예 삼백예순 날 하냥 섭섭해 우옵내다.
반복법	같거나 유사한 단어, 어구, 문장 등을 반복하여 표현하는 방법 예 찰박 찰박 찰박 맨발들. / 맨발들, 맨발들, 맨발들
점층법	문장의 뜻을 점점 강조하거나, 작은 것에서 점차 큰 것, 넓은 것으로 확대하여 표현하는 방법 예 가정을 위해, 국가를 위해, 더 나아가 사회를 위해
영탄법	놀람, 슬픔, 기쁨 등의 감정을 감탄하는 말로 강하게 표현하는 방법 예 아아 누구던가.
열거법	비슷한 어구, 또는 내용과 관련이 있는 어구를 늘어놓아 의미를 강조하는 표현 방법 예 쭉정밤 회오리밤 쌍동밤 / 생애의 모습 저마다 또렷하다.

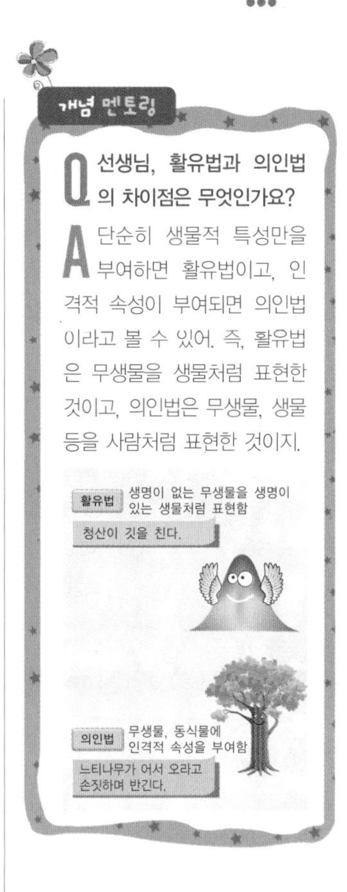

Q 선생님, 활유법과 의인법의 차이점은 무엇인가요?

A 단순히 생물적 특성만을 부여하면 활유법이고, 인격적 속성이 부여되면 의인법이라고 볼 수 있어. 즉, 활유법은 무생물을 생물처럼 표현한 것이고, 의인법은 무생물, 생물 등을 사람처럼 표현한 것이지.

13 다음 구절에 사용된 표현 방법을 〈보기〉에서 찾아 쓰시오.

〈 보기 〉
직유법 은유법 의인법
대유법 활유법

(1) 하늘은, 머얼리서 오는 하늘은, / 호수처럼 푸르다.
( )

(2) 한라에서 백두까지 / 향그러운 흙가슴만 남고
( )

(3) 밤은 푸른 안개에 싸인 호수
( )

(4) 뒷문 밖에는 갈잎의 노래
( )

• '강조하기'가 잘 나타난 시 살펴보기

모란이 지고 말면 그 뿐, 내 한 해는 다 가고 말아.
삼백예순 날 하냥 섭섭해 우옵내다.
→ 360일 동안 운다고 하여 서러운 감정의 깊이를 과장한 과장법!

모란이 피기까지는
나는 아직 기다리고 있을 테요, 찬란한 슬픔의 봄을

– 김영랑, '모란이 피기까지는'

산산히 부서진 이름이여!
허공 중에 헤어진 이름이여!
불러도 주인 없는 이름이여!
부르다가 내가 죽을 이름이여!
→ 감탄 어미를 사용하여 슬픈 감정을 강조한 영탄법!

– 김소월, '초혼'

변화 주기 : 문장이 단조롭지 않게 변화를 주어 독자의 관심을 유도하는 표현 방법

반어법	표현하려는 본래의 의도와 반대로 표현하는 방법 예 나 보기가 역겨워 / 가실 때에는 / 죽어도 아니 눈물 흘리오리다.
역설법	논리적으로 이치에 맞지 않는 말 속에 진리를 담아 표현하는 방법 예 아아, 임은 갔지마는 나는 임을 보내지 아니하였습니다.
설의법	쉽게 판단할 수 있는 사실을 일부러 의문문의 형식으로 나타내는 방법 예 가난하다고 해서 사랑을 모르겠는가.
대구법	비슷한 문장 구조를 나란히 배열하여 변화를 주는 방법 예 뜰에는 반짝이는 금모래빛 / 뒷문 밖에는 갈잎의 노래
도치법	문장의 일반적인 순서를 바꾸어 배치하는 방법 예 오라, 이 강변으로
생략법	생략을 통해 여운을 느끼게 하는 표현 방법 예 분분한 낙화 …….

• '변화 주기'가 잘 나타난 시 살펴보기

가야 할 때가 언제인가를
분명히 알고 가는 이의
뒷모습은 얼마나 아름다운가.
→ 아름답다는 의미로, '아름답다'가 아닌 '아름다운가'라고 표현한 설의법!

봄 한 철
격정을 인내한
나의 사랑은 지고 있다.

분분한 낙화…….
→ 말줄임표를 사용한 생략법!
결별이 이룩하는 축복에 싸여
→ 헤어지는 일인 결별은 슬픈 일인데 축복이라고 표현하여 논리적으로 맞지 않은 표현이므로 역설법!
지금은 가야 할 때.

– 이형기, '낙화'

개념 멘토링

Q 반어법과 역설법이 너무 어려워요.

A 예를 들어 국어 시험에서 50점을 받았는데, 엄마가 "잘했다."라고 말씀하셨다고 생각해 봐. 정말 잘해서 잘했다고 한 걸까? 그게 아니라 못했는데 잘했다고 비꼬듯이 말씀하신 거겠지? 이렇게 화자의 의도와 나타난 표현이 일치하지 않는 것을 반어법이라고 해. 하지만 '잘했다.'라는 말 자체에 모순이 있진 않지? 그런데 역설법의 경우, 표현 자체에서 모순이 나타나. 예를 들면 '찬란한 슬픔의 봄'의 경우, 슬픔이 어떻게 화려하고 반짝거리고 아름다울 수 있겠어? 이렇게 표현 자체에 모순이 나타나지만, 그 안에 진실을 담는 것을 역설법이라고 해.

개념 테스트

14 시에서 표현하려는 본래의 의도와 반대로 표현하는 방법을 ☐☐(이)라고 하고, 논리적으로 이치에 맞지 않는 말 속에 진리를 담아 표현하는 방법을 ☐☐☐(이)라고 하며, 쉽게 판단할 수 있는 사실을 일부러 의문문의 형식으로 나타내는 방법을 ☐☐☐(이)라고 한다.

15 '오! 나의 친구여!'와 '아아 누구던가'에 공통적으로 쓰인 표현 방법은 ☐☐☐이다.

시조 : 고려 말기에 발생하여 지금까지도 창작되고 있는 우리 고유의 정형시

시조의 형식

- 일반적으로 3장 6구 45자 내외의 형태를 지님
- 3 · 4조, 4 · 4조, 4음보의 운율을 지님
- 종장의 첫 음보는 3음절로 고정되어 있음

[초장] 이런들 / 어떠하며 / 저런들 / 어떠하리.

[중장] 만수산(萬壽山) / 드렁칡이 / 얽혀진들 / 어떠하리.

[종장] 우리도 / 이같이 얽혀져 / 백 년까지 / 누리리라.

→ 세 글자 고정

– 이방원, '하여가'

시조의 종류

시대에 따라	고시조	개화기(갑오개혁) 이전까지 창작된 시조
	현대 시조	개화기(갑오개혁) 이후부터 현재까지 창작되는 시조
길이에 따라	단시조	초장, 중장, 종장이 한 수로만 이루어진 시조
	연시조	두 개 이상의 평시조가 하나의 제목으로 엮어져 있는 시조
형식에 따라	평시조	3장 6구 45자 내외의 기본적인 형태의 시조
	엇시조	평시조에서 초장, 중장 중 어느 한 장의 한 구가 길어진 형태의 시조
	사설시조	평시조에서 두 구 이상이 길어진 형태의 시조로 일반적으로 중장이 제한 없이 길어짐(단, 종장의 첫 음보는 3음절로 고정됨)

이 몸이 죽어 죽어 일백 번 고쳐 죽어,
백골이 진토 되어 넋이라도 있고 없고,
임 향한 일편단심이야 가실 줄이 있으랴.

– 정몽주, '단심가'

평시조
- 고려말 ~ 조선 전기 성행
- 3장 6구 45자 내외의 형식
- 작자 층은 사대부 양반 계층
- 유교적 사상, 자연에서 느끼는 한가로운 삶 등을 다룸

창 내고자 창을 내고자 이내 가슴에 창 내고자.
고모장지 세살장지 들장지 열장지 암톨쩌귀 수톨쩌귀 배목걸쇠 크나큰 장도리로 둑닥 박아 이내 가슴에 창 내고자.
이따금 하 답답할 제면 여닫아 볼까 하노라.

– 작자 미상, '창 내고자~'

사설시조
- 조선 중기 이후에 성행하고, 평시조에 비해 두 구 이상 길어짐
- 대체로 작가 미상으로, 작자 층은 평민 계층
- 남녀 간의 애정, 서민 생활에 대한 애환, 현실에 대한 비판과 풍자를 다룸

개념 테스트

16 다음 설명이 평시조의 특징이면 '평', 사설시조의 특징이면 '사', 공통적인 특징이면 '공'이라고 쓰시오.

(1) 3장 6구 45자 내외의 기본적인 형태를 갖는다. (　　　)

(2) 종장의 첫 음보는 3음절로 고정된다. (　　　)

(3) 주로 삶의 애환과 현실에 대한 비판 및 풍자를 중심 내용으로 한다. (　　　)

개념 체크 리스트!

- 시가 무엇인지 설명할 수 있나요? ☐
- 시의 3요소를 말해 보세요. ☐
- 시에서 운율이 형성되는 이유는 무엇인가요? ☐
- 심상의 종류 6가지를 모두 말할 수 있나요? ☐
- 시어의 특징에 대해 말해 보세요. ☐
- 시적 화자에 대해 설명할 수 있나요? ☐
- 직유법, 은유법, 의인법에 대해 설명해 보세요. ☐
- 반어법과 역설법의 차이를 설명할 수 있나요? ☐
- 시조의 기본 형식은 무엇인가요? ☐
- 시조에서 3글자로 고정되는 곳은 어디인가요? ☐

○가 7개 이상이면 → 16쪽 개념 색깔 입히기로 Go! ☺

○가 7개 미만이면 → 9쪽 개념 스케치하기로 Back! ☹

| 개념 색깔 입히기 | 01 시

[1~2] 다음 글을 읽고, 물음에 답하시오.

갈래	서정시, 자유시	성격	민요적, 동시적
운율	내재율	제재	강변, 엄마, 누나
주제	자연 속에서 평화롭게 살고 싶은 소망		
특징	• 어린 소년을 화자로 설정하여 동요적 분위기를 자아냄 • 시각적 심상과 청각적 심상을 통해 감각적으로 표현함 • 3음보의 율격으로 리듬감을 형성하고, 수미 상관의 구조로 화자의 소망을 강조함		

엄마야 누나야, 강변 살자.
뜰에는 반짝이는 금모래 빛
뒷문 밖에는 갈잎의 노래
엄마야 누나야, 강변 살자.

– 김소월, '엄마야 누나야'

◉시의 특징 파악하기 – p. 9

01 이와 같은 글에 대한 설명으로 알맞지 않은 것은?

① 운율이 느껴지는 언어를 사용한다.
② 느낌이나 감정이 직접적으로 드러난다.
③ 비유적 표현을 통해 깊은 의미를 전달한다.
④ 함축적인 언어를 통해 새로운 의미를 전달한다.
⑤ 사전에 풀이된 뜻과 다른 새로운 의미의 시어를 사용한다.

◉운율 형성 요소 파악하기 – p. 10

02 이 시에서 운율이 느껴지는 이유는? (정답 2개)

① 각 행의 글자 수를 통일하였다.
② 의성어와 의태어를 사용하였다.
③ 같은 문장을 반복해서 사용하였다.
④ 각 행의 마지막 글자를 같게 하였다.
⑤ 대체로 3음보로 끊어 읽을 수 있게 하였다.

[3~4] 다음 글을 읽고, 물음에 답하시오.

갈래	자유시, 서정시	성격	감각적, 서정적
운율	내재율	제재	풀잎
주제	풀잎처럼 아름답게 살고 싶은 소망		
특징	• 대상을 의인화함 • 대화체를 사용하여 독자에게 친근감을 형성함 • 밝고 경쾌한 분위기가 드러남		

풀잎은
퍽도 아름다운 이름을 가졌어요.
우리가 '풀잎' 하고 그를 부를 때는,
우리들의 입속에서는 ㉠푸른 휘파람 소리가 나거든요.

바람이 부는 날의 풀잎들은
왜 저리 몸을 흔들까요.
소나기가 오는 날의 풀잎들은
왜 저리 또 몸을 통통거릴까요.

– 박성룡, '풀잎'

◉시의 정서와 분위기 파악하기 – pp. 9~15

03 이 시에 나타난 정서와 분위기로 알맞은 것은?

① 밝고 경쾌함
② 외롭고 쓸쓸함
③ 평화롭고 한가함
④ 차분하고 고요함
⑤ 힘차고 역동적임

◉시의 심상 파악하기 – p. 11

04 ㉠과 같은 심상이 쓰인 것은?

① 밥티처럼 따스한 별들
② 간간하고 짭조름한 미역
③ 새파란 초생달이 시리다.
④ 뒷문 밖에는 갈잎의 노래
⑤ 뜰에는 반짝이는 금모래 빛

정답과 해설 2쪽

[5~6] 다음 글을 읽고, 물음에 답하시오.

갈래	자유시, 서정시	성격	감각적, 음악적
운율	내재율	제재	봄 하늘
주제	봄 하늘에 대한 동경		
특징	• 3음보의 율격, 같은 소리와 비슷한 문장 구조의 반복으로 운율을 형성함 • 울림소리(ㄴ, ㄹ, ㅁ, ㅇ)의 사용으로 부드럽고 경쾌한 느낌이 나타남		

돌담에 속삭이는 햇발같이
풀 아래 웃음짓는 샘물같이
내 마음 고요히 고운 봄 길 위에
오늘 하루 하늘을 우러르고 싶다.
새악시 볼에 떠 오는 부끄럼같이
시의 가슴에 살포시 젖는 물결같이
보드레한 에메랄드 얇게 흐르는
실비단 하늘을 바라보고 싶다.

– 김영랑, '돌담에 속삭이는 햇발'

◉시를 읽는 즐거움 파악하기 – pp. 9~15

05 이와 같은 글을 읽을 때 얻을 수 있는 즐거움이 아닌 것은?

① 심상을 파악하는 즐거움
② 말의 리듬을 느끼는 즐거움
③ 새로운 지식을 배우는 즐거움
④ 시어에 함축된 의미를 파악하는 즐거움
⑤ 시에 사용된 표현 방법을 파악하는 즐거움

◉시의 표현 방법 파악하기 – pp. 13~14

06 이 시에 쓰인 표현 방법을 바르게 나열한 것은?

① 의인법, 직유법, 은유법
② 직유법, 대구법, 반어법
③ 설의법, 의인법, 대구법
④ 역설법, 점층법, 은유법
⑤ 반어법, 직유법, 은유법

[7] 다음 글을 읽고, 물음에 답하시오.

갈래	자유시, 서정시	성격	여성적, 상징적
운율	내재율	제재	나룻배, 행인
주제	인내와 희생을 통한 사랑의 실천		
특징	• 비유적 표현을 통해 희생적 사랑의 태도를 보여 줌 • 수미 상관의 구조로 의미를 강조하고 안정감을 부여함		

나는 나룻배 / 당신은 행인.
당신은 흙발로 나를 짓밟습니다.
나는 당신을 안고 물을 건너갑니다.
나는 당신을 안으면 깊으나 옅으나 급한 여울이나 건너갑니다.
만일 당신이 아니 오시면 나는 바람을 쐬고 눈비를 맞으며 밤에서 낮까지 당신을 기다리고 있습니다.
당신은 물만 건너면 나를 돌아보지도 않고 가십니다그려.
그러나 당신이 언제든지 오실 줄만은 알아요.
나는 당신을 기다리면서 날마다 날마다 낡아 갑니다.

– 한용운, '나룻배와 행인'

◉시의 주제 파악하기 – p. 11

07 이 시의 주제를 바르게 파악한 것은?

① 이별 후에 겪는 절망감
② 이별을 통한 영혼의 성숙
③ 자연과 조화를 이루는 삶
④ 소외된 이웃에 대한 관심
⑤ 인내와 희생을 통한 사랑의 실천

[8] 다음 글을 읽고, 물음에 답하시오.

갈래	정형시(현대 시조)	성격	서정적, 향토적
운율	외형률(4음보)	제재	봉선화
주제	누님과 봉선화 꽃물을 들이던 어린 시절에 대한 그리움		
특징	향토적인 정서를 일으키는 시어를 사용하여 누님과 어린 시절에 대한 그리움을 절실하게 노래함		

비 오자 장독대에 봉선화 반만 벌어
해마다 피는 꽃을 나만 두고 볼 것인가.
세세한 사연을 적어 누님께로 보내자.

– 김상옥, '봉선화'

◉시조의 형식 파악하기 – p. 15

08 이 시에서 반드시 글자 수를 맞추어 써야 할 부분을 쓰시오.

○가 5개 이상이면 → 18쪽 소설로 Go! ☺ ○가 5개 미만이면 → 틀린 문제로 Back! ☹

02 소설

선생님, 소설은 꾸며 쓴 글이라서 현실에서는 일어날 수 없는 이야기들이죠?

'소설'은 작가가 마음껏 상상해서 꾸며 쓴 이야기가 맞아. 그렇다고 절대 있을 수 없거나 말도 안 되는 이야기를 쓰면 안 되지. 꾸며서 쓰지만 현실에서 일어날 만한 이야기를 진짜처럼 보이도록 쓰는 것이 소설이란다.

빈칸에 알맞은 말을 채우면서, '소설'의 개념을 머릿속에 그려 보자.

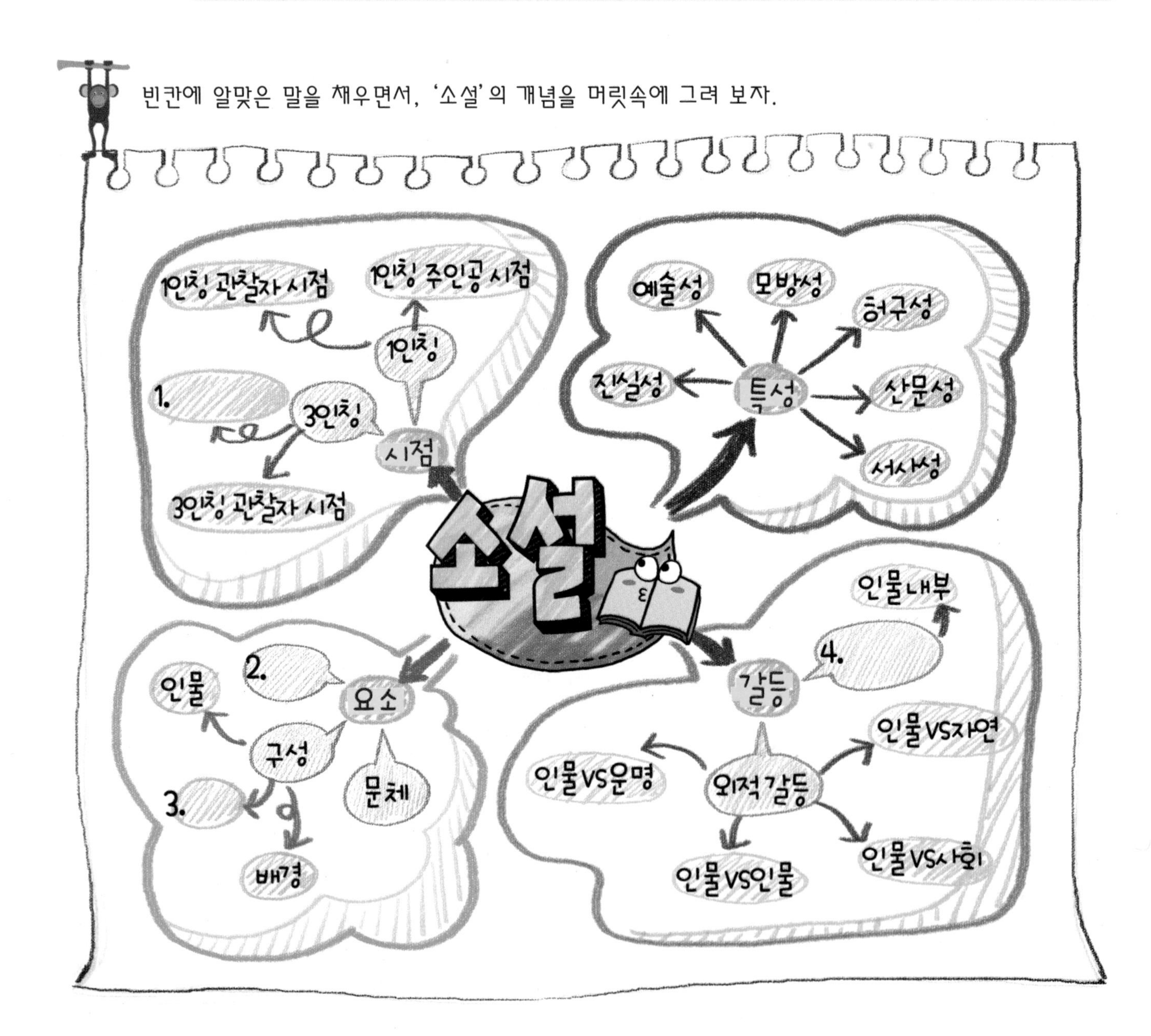

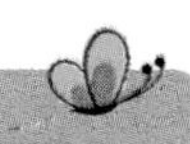

소설의 개념

현실에 있음 직한 일을 바탕으로 작가가 상상하여 꾸며 낸 이야기

개연성

소설의 특성

허구성	작가가 상상을 통하여 꾸며 낸 이야기임
서사성	일정한 시간의 흐름에 따라 전개되는 이야기의 형식을 지님
모방성	허구의 문학이지만 현실 세계를 모방하고 반영함
예술성	예술의 한 형식으로 아름다움과 감동을 느낄 수 있음
진실성	삶의 진실을 추구하고 바람직한 인간상을 찾고자 함
산문성	줄글로 표현하는 산문 문학임

소설의 3요소

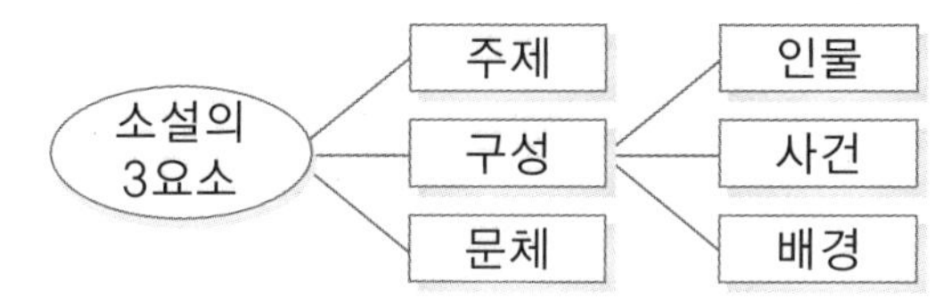

소설의 3요소	주제	소설을 통해 작가가 전달하고자 하는 중심 생각
	구성	인과 관계나 일정한 흐름에 얽힌 이야기의 짜임새
	문체	작품에 드러나는 작가의 개성적인 표현

소설 구성의 3요소	인물	작품 속에 등장하여 사건을 이끄는 주체
	사건	인물들이 일으키는 행동과 갈등
	배경	인물들이 처한 시간과 공간, 사회적 환경

소설의 구성 단계

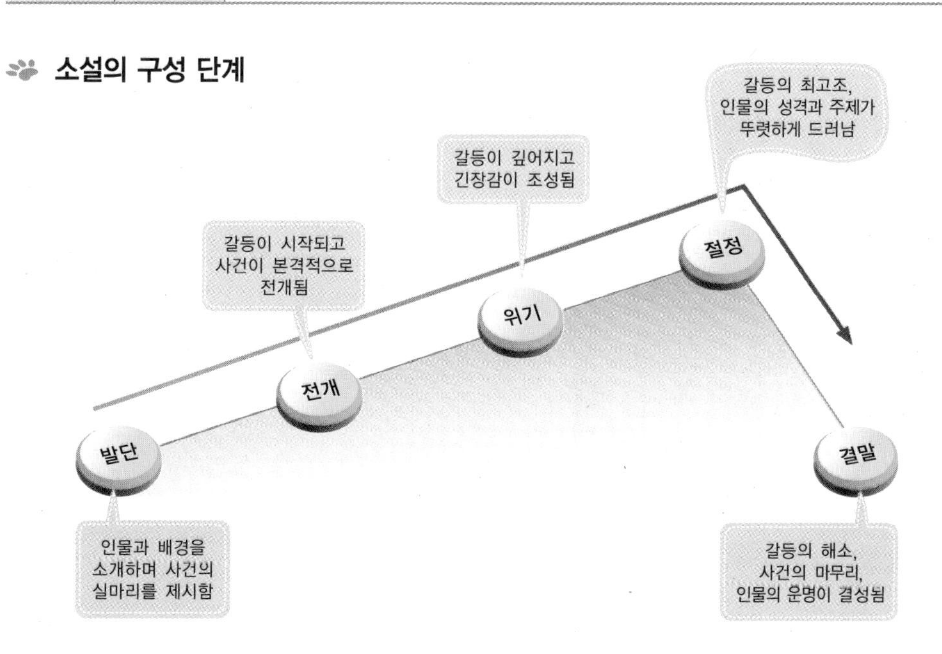

개념 멘토링

Q **소설에서 배경이 하는 역할이 무엇인지 궁금해요.**

A 배경은 작품의 분위기를 조성하고, 사건의 사실성과 현장감을 유발해. 또한 상징적 의미를 나타내기도 하고, 인물의 행동과 사건 전개의 기본적인 제약 조건이 되기도 하지.

개념 테스트

1 소설은 현실 세계에서 있음 직한 일을 작가가 □□하여 꾸며 낸 허구적인 글이다.

2 소설의 특성을 나타내는 말이 아닌 것을 골라 ○표 하시오.

사실성　산문성　서사성　진실성　예술성

3 소설의 3요소는 □□, □□, □□이고, 소설 구성의 3요소는 □□, □□, □□이다.

4 소설의 구성 단계 중, 인물 간의 갈등이 최고조에 이르는 부분은 (발단, 위기, 절정)이다.

(서술자: 이야기 속에서 인물의 성격이나 행위, 사건 등을 전달하는 사람)

소설의 시점 : 서술자가 인물이나 사건을 바라보는, 또는 이야기를 서술해 나가는 방식

구분	시점	특징
1인칭	1인칭 주인공 시점	• 작품 속의 '나'가 자신의 이야기를 함 • 주인공이 직접 자신의 이야기를 하므로 독자에게 친근감과 신뢰감을 줌 • '나' = 서술자 = 주인공
	1인칭 관찰자 시점	• 작품 속의 '나'가 주인공의 이야기를 관찰하여 전달함 • 주인공의 내면이 드러나지 않아 긴장감이 생김 • '나' = 서술자 ≠ 주인공
3인칭	3인칭 관찰자 시점	• 서술자가 작품 밖 관찰자의 위치에서 인물의 행동과 사건을 객관적으로 전달함 • 독자의 상상력이 개입할 여지가 많음
	전지적 작가 시점	• 서술자가 전지전능한 위치에서 사건의 속사정, 인물의 심리까지 모두 파악하여 서술함 • 독자의 상상이 제한됨

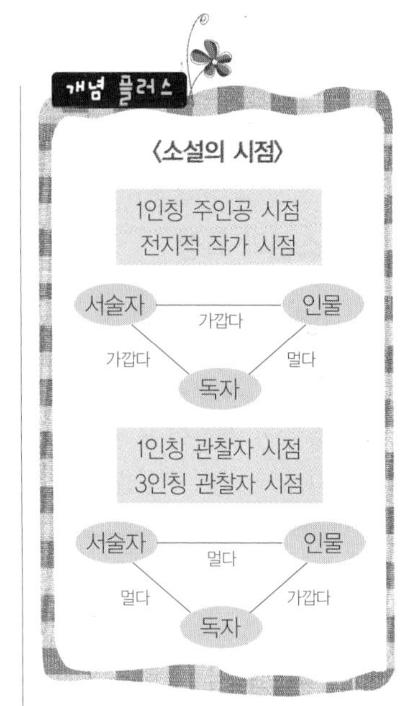

소설의 갈등

• 갈등의 뜻 : 의견이나 주장, 이해 등이 뒤엉킨 복잡한 상태로, 문학 작품에서는 인물의 내적 심리, 인물 간의 의견이나 관계가 서로 복잡하게 얽혀 있는 상태를 말함

텔레비전을 볼지, 시험 공부를 할지 마음속으로 고민하는 갈등

〈내적 갈등〉

〈외적 갈등〉

텔레비전을 보려는 '나'와 들어가서 공부하라는 엄마의 갈등

• 내적 갈등 : 한 인물의 마음속에서 대립되는 마음이 생겨 일어나는 갈등

• 외적 갈등 : 인물과 인물이 대립하거나, 인물과 그 인물을 둘러싼 외부적인 환경 사이에서 일어나는 갈등

5 작품 속의 '나'가 주인공의 이야기를 관찰하여 전달하는 시점을 (1인칭 관찰자 시점 / 3인칭 관찰자 시점)이라고 한다.

6 소설에서 인물의 내적 심리, 인물 간의 의견이나 관계가 서로 복잡하게 얽혀 있는 상태를 ☐☐(이)라고 한다.

7 다음 설명에 알맞은 갈등 유형은 무엇인지 쓰시오.

(1) 여자답게 행동하기를 바라는 사회의 시각과 야구 선수가 되고 싶은 여학생 사이의 갈등

(2) 시험 공부를 할지, 재미있는 텔레비전 프로그램을 볼지 고민하는 학생의 갈등

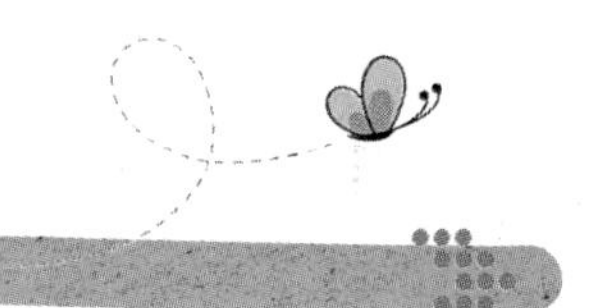

인물과 인물의 갈등	인물의 대립적인 성격이나 상황에 따른 입장 차이, 가치관의 차이 등에 의해 겪는 갈등
인물과 사회의 갈등	인물이 사회 제도나 윤리에 의해 겪는 갈등
인물과 운명의 갈등	인물이 타고난 운명에 의해 겪는 갈등
인물과 자연의 갈등	자연 재해(홍수, 가뭄, 전염병 등)로 인해 발생하는 갈등
집단과 집단의 갈등	서로 다른 입장과 가치관을 지닌 집단 사이에서 일어나는 갈등

• 갈등의 역할
- 사건을 전개시키고 사건 전개에 필연성을 부여함
- 이야기에 긴장감을 주어 독자의 흥미를 불러일으킴
- 인물의 성격을 드러내고 갈등 해결의 과정을 통해 주제를 제시함

소설의 인물

• 인물의 특징
- 작품 속에서 행동을 하는 이로, 주제를 효과적으로 드러냄
- 다른 인물이나 주변의 상황과 갈등을 일으켜 사건을 전개함
- 작가가 꾸며 낸 인물이지만 현실의 인간상을 반영함

• 인물의 유형

'흥부전'의 흥부 :
작품의 주인공으로
사건이나 행위의 주체가 되는
'주동 인물'

'흥부전'의 놀부 :
주동 인물을 방해하며 갈등을
일으키는 '반동 인물'

'춘향전'의 변학도, 월매 :
작품에서 차지하는
비중이 크지 않은
'보조적 인물'

'춘향전'의 성춘향, 이몽룡 :
작품 전체에서 차지하는
비중이 큰 '중심 인물'

'춘향전'의 이몽룡 :
작품의 처음부터
끝까지 성격이 변하지
않는 '평면적 인물'

'소나기'의 소년 :
작품 속 상황이나 환경의
변화에 따라 성격이 변하는
'입체적 인물'

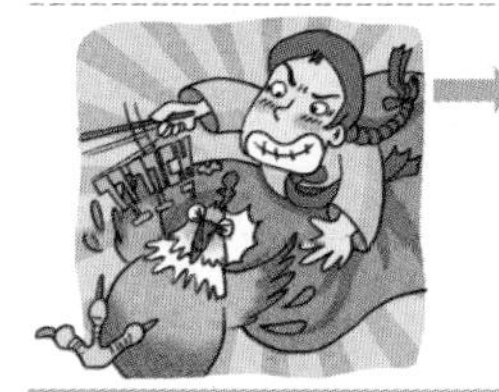

'동백꽃'의 점순 :
그 인물만의 독특한
개성이 나타나는
'개성적 인물'

'심청전'의 심청 :
어떤 사회 계층이나
특정 세대를 대표하는
'전형적 인물'

개념 멘토링

Q 소설 속 인물의 성격은 무엇을 통해 파악할 수 있나요?

A 작가가 인물의 성격에 대해 직접 어떠하다고 말해 줄 때에는 바로 알아차릴 수 있지. 그런데 작가가 간접적으로 인물의 성격을 보여 줄 때에는 인물들이 하는 '말이나 행동'을 보고 그 인물의 성격을 파악해야 해.

개념 테스트

8 다음 내용이 갈등에 대한 설명으로 옳으면 ○표, 옳지 않으면 ×표 하시오.

> 갈등은 등장인물 간의 대립에 의해서만 생겨난다.

9 '흥부전'의 흥부는 (주동 인물 / 반동 인물)이면서 (중심 인물 / 주변 인물)이다.

10 작품 속 상황이나 환경의 변화에 따라 성격이 변하는 인물을 □□□ □□(이)라고 하고, 작품의 처음부터 끝까지 성격이 변하지 않는 인물을 □□□□□(이)라고 한다.

• 인물 제시 방법

– 직접 제시(말하기) : 서술자가 등장인물의 성격이나 심리를 직접 설명해 줌

– 간접 제시(보여 주기) : 인물의 행동, 대화, 외양 묘사 등을 통해 독자가 등장인물의 성격을 짐작하게 함

> "애! 너 혼자만 일하니?"
> 하고 긴치 않은 수작을 하는 것이다.
> 어제까지도 저와 나는 이야기도 잘 않고 서로 만나도 본척만척하고 이렇게 점잖게 지내던 터이련만, 오늘로 갑작스레 대견해졌음은 웬일인가. 항차 망아지만 한 계집애가 남 일하는 놈 보구…….
> "그럼 혼자 하지 떼루 하디?"
> – 김유정, '동백꽃'

무뚝뚝한 '나'의 성격을 무뚝뚝하다고 말해 주는 것이 아니라, "그럼 혼자 하지 떼루 하디?"라는 말로 보여 줌 → 간접 제시

> 밥을 열 끼를 굶는 한이 있더라도 그 경환이 앞에 나비를 잡아 가지고 가서 머리를 숙이기는 무엇보다 싫었다. 아들의 그만한 체면쯤 보아줄 줄 모르고 자기네 요구만 고집하는 아버지가, 그리고 어머니까지 바우는 무척 야속했다. 노여웠다.
> – 현덕, '나비를 잡는 아버지'

바우의 야속하고 노여운 감정이 직접적으로 드러남 → 직접 제시

소설의 복선 : 뒤에 일어날 사건을 독자가 미리 짐작할 수 있도록 넌지시 알려 주어 사건에 필연성을 부여하는 장치

> **전개**
> 논이 끝난 곳에 도랑이 하나 있었다. 소녀가 먼저 뛰어 건넜다. 거기서부터 산 밑까지는 밭이었다. 수숫단을 세워 놓은 밭머리를 지났다.
>
> **위기**
> 소란하던 수숫잎 소리가 뚝 그쳤다. 밖이 멀게졌다.
> 수숫단 속을 벗어 나왔다. 멀지 않은 앞쪽에 햇빛이 눈부시게 내리붓고 있었다. 도랑 있는 곳까지 와 보니, 엄청나게 물이 불어 있었다. 빛마저 제법 붉은 흙탕물이었다. 뛰어 건널 수가 없었다.
> – 황순원, '소나기'

고전 소설

조선 고종 31년(1894) 7월부터 고종 33년(1896) 2월 사이에 추진되었던 개혁 운동

• 뜻 : 일반적으로 갑오개혁(1894년) 이전까지 지어진 소설을 현대 소설과 구분하여 부르는 말

• 고전 소설의 특징

일대기적 구성	인물의 출생부터 죽음에 이르기까지를 시간의 흐름에 따라 전개함
운문체, 문어체	운율이 있어 낭송하기 좋은 운문체와 일상생활에서는 쓰이지 않고 문장에서만 주로 쓰이는 문어체를 사용함

개념 플러스

〈고전 소설과 현대 소설의 비교〉

구분	고전 소설	현대 소설
구성	시간 순서에 따른 일대기적 구성	입체적 구성 등 다양한 구성
문체	운문체, 문어체	산문체, 구어체
사건	우연적, 비현실적	필연적
인물	전형적, 평면적	개성적, 입체적
배경	뚜렷하지 않거나 비현실적	구체적
주제	권선징악	다양한 주제
시점	대부분 전지적 작가 시점	다양한 시점
결말	대부분 행복한 결말	다양한 결말

개념 테스트

11 '국어 선생님은 다정다감하고 상냥하다.'는 (직접 제시 / 간접 제시)이다.

12 소설에서 뒤에 일어날 사건을 독자가 미리 짐작할 수 있도록 넌지시 알려 주어 사건에 필연성을 부여하는 장치를 (암시, 복선)(이)라고 한다.

13 다음 내용이 고전 소설의 특징으로 알맞으면 ○, 알맞지 않으면 ×표 하시오.

(1) 입체적 구성 등 다양한 구성이 나타난다. ( )

(2) 대부분 전지적 작가 시점으로 쓰인다. ( )

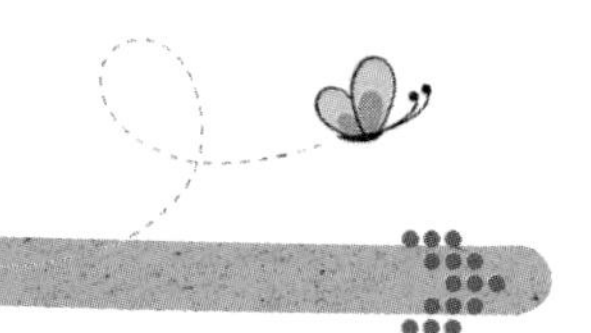

권선징악적 주제	착한 사람은 복을 받고 악한 사람은 벌을 받는다는 권선징악적인 주제가 대부분임
우연성, 비현실성	이야기의 앞뒤가 이유 없이 우연히 맞아떨어지는 사건이 발생하고, 현실에서는 일어나기 어려운 사건들이 전개됨
전형적, 평면적 인물	성격의 변화가 없는 평면적 인물과 특정 집단의 성격을 대표하는 전형적 인물이 주로 등장함
막연한 배경	시간적 배경은 막연한 경우가 대부분이며, 공간적 배경은 중국과 우리나라로 나눌 수 있으나 비현실적인 경우가 많음
전지적 작가 시점	작가가 신처럼 모든 것을 알고 있는 상황에서 서술함
행복한 결말	주인공이 원하는 것을 얻는 결말로 끝맺음

설화

- 뜻 : 사람들의 입에서 입으로 전해 내려오는 옛날이야기
- 특징
  - 입에서 입으로 전해지는 과정에서 민중들의 삶과 생각이 담김
  - 등장인물의 행동을 통해 삶의 지혜를 깨닫게 함
- 설화의 종류
  - 신화 : 한 민족 안에서 전승되는 신적 존재나 영웅에 대한 이야기로, 전승자는 신화의 내용이 신성하고 진실하다고 믿음
  - 전설 : 인간과 그 행위를 주체로 하는 이야기로, 구체적인 배경과 증거물이 제시되며 주로 비극적인 결말로 끝남
  - 민담 : 흥미와 교훈 위주의 이야기로, 구체적인 배경은 제시되지 않으며 주로 행복한 결말로 끝남

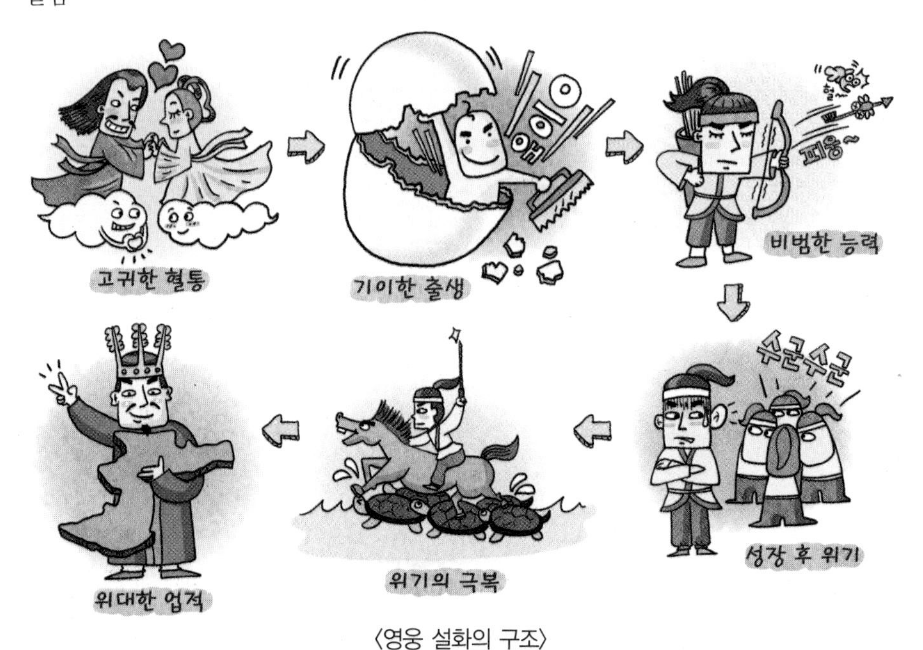

〈영웅 설화의 구조〉

개념 테스트

14 사람들의 입에서 입으로 전해 내려오는 옛날이야기를 ☐☐(이)라고 하는데, 설화의 종류로는 신화, 전설, 민담이 있다.

15 영웅 이야기의 구조를 정리하여 쓰시오.

> 고귀한 혈통 ➡ ☐☐한 출생 ➡ ☐☐한 능력 ➡ 성장 후 위기 ➡ 위기의 극복 ➡ 위대한 업적

개념체크 리스트!

- 소설이 무엇인지 설명할 수 있나요? ☐
- 소설의 3요소를 말해 보세요. ☐
- 소설 구성의 3요소를 말해 보세요. ☐
- 소설의 구성 단계 다섯 가지를 말할 수 있나요? ☐
- 소설 속 갈등의 종류로는 무엇무엇이 있나요? ☐
- 1인칭 시점과 3인칭 시점의 차이는 무엇인가요? ☐
- 역할에 따른 인물의 유형 두 가지를 말해 보세요. ☐
- 소설에 사용되는 복선에 대해 설명할 수 있나요? ☐
- 고전 소설의 특징을 세 가지 이상 말해 보세요. ☐
- 설화가 무엇인지 설명할 수 있나요? ☐

○가 7개 이상이면 → 24쪽 개념 색깔 입히기로 Go! ☺

○가 7개 미만이면 → 19쪽 개념 스케치하기로 Back! ☹

| 개념 색깔 입히기 | 02 소설

갈래	단편 소설, 농촌 소설, 성장 소설	성격	서정적, 향토적, 해학적
시점	1인칭 주인공 시점	배경	1930년대 농촌
제재	감자, 닭싸움, 동백꽃	주제	사춘기 산골 남녀의 순박한 사랑
특징	• 비속어와 사투리의 사용으로 토속적인 분위기를 형성함 • 시골을 배경으로 하여 사춘기 남녀의 순수한 사랑을 서정적으로 표현함 • 압축과 생략을 통해 사건을 빠르게 전개하고, 역순행적 구성(현재 → 과거 → 현재)을 취함		

가 오늘도 또 우리 수탉이 막 쪼이었다. 내가 점심을 먹고 나무를 하러 갈 양으로 나올 때였다. 산으로 올라서려니까 등 뒤에서 "푸드덕푸드덕" 하고 닭의 횃소리가 야단이다. 깜짝 놀라서 고개를 돌려 보니 아니나 다르랴, 두 놈이 또 얼리었다.

어울렸다. → 여기서는 '싸움을 하다'의 의미

▶ 점순네 수탉과 '나'의 수탉이 닭싸움을 함

점순네 수탉(대강이가 크고 똑 오소리 같이 실팍하게 생긴 놈)이 덩저리가 작은 우리 수탉을 함부로 해내는 것이다. 그것도 그냥 해내는 것이 아니라 "푸드덕" 하고 면두를 쪼고 물러섰다가 좀 사이를 두고 또 "푸드덕" 하고 모가지를 쪼았다. 이렇게 멋을 부려 가며 여지없이 닦아 놓는다. 그러면 이 못생긴 것은 쪼일 적마다 주둥이로 땅을 받으며 그 비명이 "킥킥"할 뿐이다. 물론 미처 아물지도 않은 면두를 또 쪼이어 붉은 선혈은 뚝뚝 떨어진다. 이걸 가만히 내려다 보자니 내 대강이가 터져서 피가 흐르는 것같이 두 눈에 불이 번쩍 난다. 대뜸 지게막대기를 메고 달려들어 점순네 닭을 후려칠까 하다가 생각을 고쳐먹고 헛매질로 떼어만 놓았다.

실팍하게: 사람이나 물건 따위가 보기에 매우 든든하고 튼튼하게
해내는: 상대편을 여지없이 이겨 내는
면두: '볏'의 방언

▶ 우리 수탉이 점순네 수탉에게 당하지만 어쩌지 못하는 '나'

이번에도 점순이가 쌈을 붙여 놨을 것이다. 바짝바짝 내 기를 올리느라고 그랬음에 틀림없을 것이다. 고놈의 계집애가 요새로 접어들어서 왜 나를 못 먹겠다고 고렇게 아르릉거리는지 모른다.

▶ 점순이가 닭싸움을 붙이는 이유를 알지 못하는 '나'

나 나흘 전 감자 쪼간만 하더라도 나는 저에게 조금도 잘못한 것은 없다. 계집애가 나물을 캐러 가면 갔지 남 울타리 엮는 데 쌩이질을 하는 것은 다 뭐냐? 그것도 발소리를 죽여 가지고 등 뒤로 살며시 와서, / "얘! 너 혼자만 일하니?"

쌩이질: 한창 바쁠 때에 쓸데없는 일로 남을 귀찮게 구는 짓

하고 긴치 않은 수작을 하는 것이다. / 어제까지도 저와 나는 이야기도 잘 않고 서로 만나도 본척만척하고 이렇게 점잖게 지내던 터이련만, 오늘로 갑작스레 대견해졌음은 웬일인가. 항차 망아지만 한 계집애가 남 일하는 놈보구 …….

수작: 남의 말이나 행동, 계획을 낮잡아 이르는 말

㉠ "그럼 혼자 하지 떼루 하디?" / 내가 이렇게 내뱉는 소리를 하니까,

내뱉는: 마음에 내키지 아니하거나 못마땅한 어조로 불쑥 말하다

"너 일하기 좋니?" / 또는, / "한여름이나 되거든 하지, 벌써 울타리를 하니?"

▶ '나'에게 관심을 보이는 점순이

다 게다가 조금 뒤에는 제 집께를 할끔할끔 돌아보더니 행주치마 속으로 꼈던 오른손을 뽑아서 나의 턱밑으로 불쑥 내미는 것이다. 언제 구웠는지 아직도 더운 김이 확 끼치는 굵은 감자 세 개를 손에 뿌듯이 쥐었다.

"느 집엔 이거 없지?" / 하고, 생색 있는 큰소리를 하고는 제가 준 것을 남이 알면 큰일 날 테니 얼른 먹어버리란다. 그리고 또 하는 소리가,

"너, 봄 감자가 맛있단다." / "난 감자 안 먹는다. 너나 먹어라."

▶ '나'에게 감자를 주며 관심을 보이는 점순이

– 김유정, '동백꽃'

정답과 해설 2쪽

핵심 정리

• **이 글에 드러난 갈등** : 외적 갈등

'나'
'나'의 집 닭이 괴롭힘을 당하는 것에 화가 남

↕

점순이
일부러 닭싸움을 붙여 '나'를 괴롭힘

• **이 글의 시점** : 소설 속의 주인공인 '나'가 자신의 이야기를 서술함 → 1인칭 주인공 시점

• **이 글에 드러난 서술상의 특징** : 점순이의 마음을 이해하지 못하는 '나'의 어리숙한 태도로 독자의 웃음을 유발함

• **이 글의 제재** : 감자
- '나'에 대한 점순이의 마음
- 두 인물 간 갈등 유발의 원인
- 향토적, 토속적 분위기 형성

ㅇ가 3개 이상이면
→ 26쪽 개념 색깔 입히기로 Go! ☺

ㅇ가 3개 미만이면
→ 틀린 문제로 Back! ☹

◉소설을 읽는 방법 파악하기 - p. 19

01 이와 같은 글을 읽는 방법으로 적절한 것은?

① 함축적 표현에 유의하며 읽는다.
② 사실과 의견을 구분하며 읽는다.
③ 사건의 흐름을 파악하며 읽는다.
④ 글쓴이의 체험에 공감하며 읽는다.
⑤ 글쓴이의 주장과 근거를 파악하며 읽는다.

◉소설의 시점 파악하기 - p. 20

02 이 글의 시점에 대한 설명으로 알맞은 것은?

① 독자의 상상력이 제한된다.
② 작품 속 '나'가 자신의 이야기를 전달한다.
③ 작품 속 '나'가 소설 속의 다른 인물을 관찰한다.
④ 작품 밖 서술자가 등장인물을 객관적으로 관찰한다.
⑤ 작가가 신과 같은 위치에서 인물의 행동과 심리를 서술한다.

◉소설의 구성 단계 파악하기 - p. 19

03 (가)의 구성 단계상의 특징으로 알맞은 것은?

① 사건의 실마리가 제시된다.
② 사건이 발전하고 갈등이 형성된다.
③ 갈등이 심화되고 위기감이 고조된다.
④ 갈등이 최고조에 이르고 주제가 드러난다.
⑤ 갈등이 해소되고 주인공의 운명이 결정된다.

◉소설의 인물 제시 방법 파악하기 - p. 22

04 ㉠에 나타난 인물의 성격 및 심리 제시 방법과 다른 하나는?

① 위그든 씨는 골라 놓은 사탕을 봉지에 넣은 다음, 잠시 기다리는 버릇이 있었다.
② 본시 부끄러움을 타는 계집애도 아니거니와 또한 분하다고 눈에 눈물을 보일 얼병이도 아니다.
③ "울긴 짜아식, 할 수 없다. 너나 나나 오늘 재수 옴 붙은 걸로 치고 반반씩 손해 보자. 오천 원만 내."
④ "얘, 이게 무슨 조개지?" / 자기도 모르게 돌아섰다. 소녀의 맑고 검은 눈과 마주쳤다. 얼른 소녀의 손바닥으로 눈을 떨구었다.
⑤ 할머니는 못을 또 하나 들어서 박았다. 그것을 본 엄마는 입을 앙다물고 눈을 한 번 꼭 감았다 뜨더니 떨리는 목소리로 외쳤다.

| 개념 색깔 입히기 | 02 소설

갈래	현대 소설, 단편 소설, 성장 소설, 사회 소설	성격	교훈적, 상징적, 서사적, 사회 비판적
시점	전지적 작가 시점(부분적 1인칭 주인공 시점)	배경	• 시간적 : 1970년대 • 공간적 : 서울 청계천 세운 상가 뒷길
제재	자전거		
주제	우리가 지켜야 할 정신적 가치(양심)의 중요성		
특징	• 주인공의 내면 심리가 섬세하게 나타남 • 어린 소년의 눈을 통해 이해타산적인 현대인들의 메마른 정서와 부도덕성을 드러냄		

가 수남이는 ㉠청계천 세운 상가 뒷길의 전기용품 도매상의 꼬마 점원이다.

'수남' 이란 어엿한 이름이 있는데도 꼬마로 통한다. 열여섯 살이라지만 볼은 아직 어린아이처럼 토실하니 붉고, 눈 속이 깨끗하다. 숙성한 건 목소리뿐이다. 제법 굵고 부드러운 저음이다.

▶ 청계천 세운 상가 뒷길의 전기용품 도매상의 점원인 수남이

나 낮에는 이 가게 골목에서 사고까지 났다. 전선을 도매하는 집 아크릴 간판이 다 마른 빨래처럼 훨훨 나는가 했더니, 곧장 땅으로 떨어지면서 때마침 지나가던 아가씨의 정수리를 들이받고 떨어졌다.

피가 아가씨의 분결 같은 볼을 타고 흘러 흰 스웨터에 선명한 붉은 반점을 줄줄이 그렸다. 피를 보자 다 큰 아가씨가 어린애처럼 앙앙 울어 댔다. / 가게마다에서 사람들이 뛰어나왔으나 아가씨를 부축해서 병원으로 달려간 것은 바람에 간판을 날린 전선 도매집 주인 아저씨였다. 〈중략〉

수남이는 문득 자기도 재수 옴 붙을 것 같은 예감이 들었다. 그래서 화들짝 놀라 큰 간판을 다시 점검하고 힘껏 흔들어 보고, 대롱대롱 매달린 아크릴 간판은 아예 떼어서 안에다 갖다 두고, 떼어 세워 놓은 빈지문은 좁은 옆 골목 변소 앞에 끼워 놓았다.

빈지문: 한 짝씩 끼웠다 떼었다 하게 만든 문

▶ 세찬 바람에 간판이 떨어져 지나가던 아가씨가 다침

다 "인마, 네놈의 자전거가 쓰러지면서 내 차를 들이받았단 말이야. 이런 고급 차를 말이야. 이런 미련한 놈, 왜 눈을 째려, 째리긴. 그러니 내 차에 흠이 안 나고 배겼겠냐. 내 차는 인마, 여자들 손톱만 살짝 닿아도 생채기가 나는 고급 차야 인마, 알간?"

그리고는 거울처럼 티 하나 없이 번들대는 차체를 면면히 훑어보더니 "그러면 그렇지." 하고 환성을 질렀다. 아마 생채기를 찾아낸 모양이다.

"일은 컸다. 인마, 칠만 살짝 긁혔어도 또 모르겠는데 여봐라, 여기가 이렇게 우그러지기까지 했으니 일은 컸다, 컸어."

신사가 덩치값도 못하게 팔짝팔짝 뛰면서, 잘 봐 두라는 듯이 수남이의 얼굴을 차에다 바싹 밀어붙였다.

▶ 수남이의 자전거 때문에 차가 우그러졌다는 신사

라 "토껴라 토껴. 그까짓 것 갖고 토껴라." / 그것은 악마의 속삭임처럼 은밀하고 감미로웠다. 수남이의 가슴은 크게 뛰었다. 이번에는 좀 더 점잖고 어른스러운 소리가 나섰다. / "그래라, 그래. 그까짓 거 들고 도망가렴. 뒷일은 우리가 감당할게."

그러자 모든 구경꾼이 수남이의 편이 되어 와글와글 외쳐 댔다.

"도망가라, 어서어서 자전거를 번쩍 들고 도망가라, 도망가라."

수남이는 자기편이 되어 준 이 많은 사람을 도저히 배반할 수 없었다. 이상한 용기가 솟았다. 수남이는 자전거를 마치 검부러기처럼 가볍게 옆구리에 끼고 질풍같이 달렸다.

검부러기: 가느다란 마른 나뭇가지, 마른 풀, 낙엽 따위의 부스러기

▶ 구경꾼들이 부추겨 자전거를 들고 도망친 수남이

– 박완서, '자전거 도둑'

정답과 해설 2쪽

• **이 글에 나타난 복선**

수남이는 문득 자기도 재수 옴 붙을 것 같은 예감이 들었다.
수남이의 예감은 이후에 수남이에게 좋지 않은 일이 벌어질 것임을 암시함

• **이 글에 드러난 갈등** : 외적 갈등

신사
수남이의 자전거가 자신의 차를 우그러뜨렸다며 수리비를 요구함

수남
자전거를 들고 도망침

• **이 글의 인물 유형**
인색하고 인정이 없는 신사 → 수남이와 갈등하며 사건을 점점 위기 국면으로 몰아가는 역할 → **반동 인물**

○가 3개 이상이면
→ 28쪽 희곡 · 시나리오로 Go! ☺

○가 3개 미만이면
→ 틀린 문제로 Back! ☹

◉소설의 인물 유형 파악하기 – p. 21

01 **수남이와 신사의 인물 유형을 바르게 파악한 것은?**

	수남	신사
①	주변 인물	중심 인물
②	주동 인물	반동 인물
③	개성적 인물	전형적 인물
④	평면적 인물	입체적 인물
⑤	전형적 인물	개성적 인물

◉배경의 역할 파악하기 – p. 19

02 **(가)의 ㉠이 하는 역할로 알맞지 않은 것은?**

① 글의 분위기를 조성한다.
② 글에 현실감을 부여한다.
③ 사건이 일어나는 공간이다.
④ 물질 중심의 사회를 상징한다.
⑤ 갈등을 해결해 주는 요인이 된다.

◉소설의 복선 파악하기 – p. 22

03 **(나)에서 수남이에게도 안 좋은 일이 발생할 것임을 암시하는 문장을 찾아 첫 어절과 끝 어절을 쓰시오.**

◉소설의 갈등 유형 파악하기 – pp. 20~21

04 **(다)에 두드러지게 나타난 갈등의 유형은?**

① 인물의 내적 갈등
② 인물과 인물의 갈등
③ 인물과 사회의 갈등
④ 인물과 자연의 갈등
⑤ 인물과 운명의 갈등

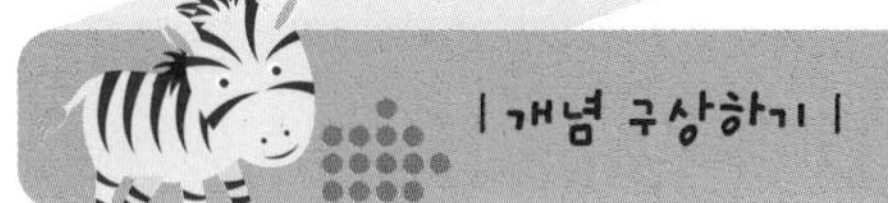

03 희곡, 시나리오

선생님, 희곡과 시나리오는 뭐가 다른 거죠?

연극, 영화 모두 본 적 있지? 희곡은 연극을 하기 위해 쓴 글이고, 시나리오는 영화를 찍기 위해 쓴 글이야. 연극은 무대라는 정해진 공간에서 공연하므로 제약이 많지만, 시나리오는 언제, 어디서든 카메라로 촬영하면 되니까 비교적 제약이 적지.

빈칸에 알맞은 말을 채우면서 '희곡'과 '시나리오'의 개념을 머릿속에 그려 보자.

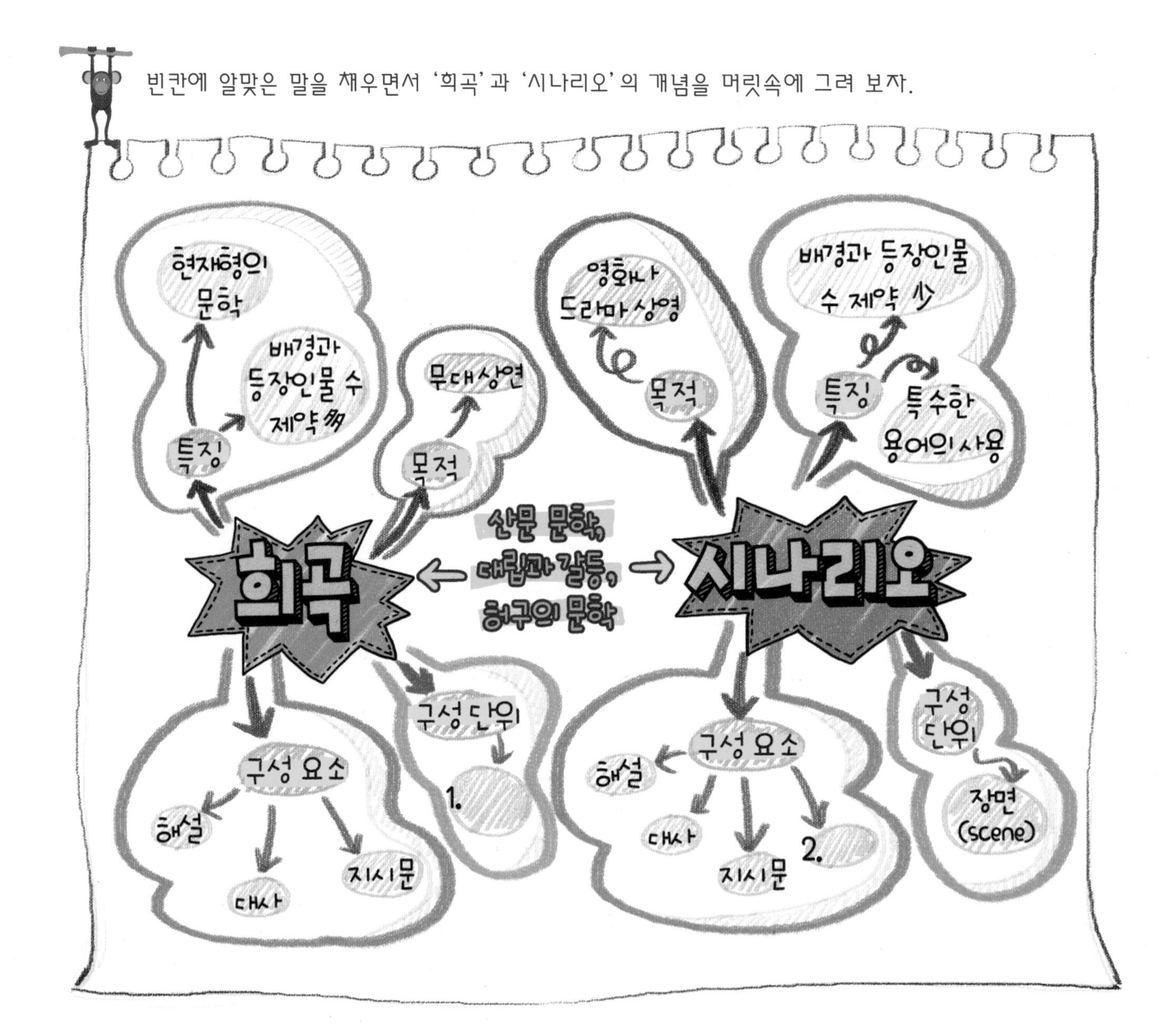

희곡

희곡의 뜻 : 무대에서 공연할 것을 전제로 하는 연극의 대본

희곡의 특징

- 무대 위에서 인생을 직접 표현하므로 사건을 현재형으로 제시함
- 대사와 행동, 대립과 갈등의 문학임
- 시간, 공간, 인물 수의 제약을 받음

희곡의 구성 단위

막	한 편의 연극을 나누는 큰 단위. 무대의 휘장이 오르고 내리는 것으로 처리됨
장	막보다 작은 단위. 대체로 조명에 의해 처리됨

희곡의 구성 요소

- 내용적 요소

인물	희곡의 등장인물로, 갈등을 빚는 주체를 말함
사건	등장인물들이 벌이는 행위로, 갈등과 긴장을 유발하는 원인임
배경	사건이 일어나는 구체적인 시간과 장소를 말함

- 형식적 요소

해설		희곡의 첫머리에서 등장인물, 배경, 무대 장치를 설명하는 글
대사	대화	등장인물 사이에 주고받는 말
	독백	한 명의 등장인물이 상대방 없이 혼자 하는 말
	방백	관객에게는 들리지만 상대 배우에게는 들리지 않는다는 약속 아래 하는 말
지시문 (지문)	무대 지시문	무대 장치, 음향 효과, 시간과 공간 등을 지시하는 글
	동작 지시문	배우의 행동이나 표정, 말투 등을 지시하는 글

〈대화〉

〈독백〉

〈방백〉

개념 테스트

1 희곡의 특징을 다음과 같이 정리할 때, 빈칸 안에 알맞은 말을 쓰시오.

(1) □□와/과 행동, 대립과 갈등의 문학이다.

(2) 무대 위에서 인생을 직접 표현하므로 사건을 □□□(으)로 제시한다.

2 다음 설명에 해당하는 희곡의 구성 요소를 각각 쓰시오.

(1) 사건이 일어나는 구체적인 시간과 장소 (　　　　)

(2) 희곡의 첫머리에서 등장인물, 배경, 무대 장치를 설명하는 글 (　　　　)

희곡의 구성 단계 → 시나리오의 구성 단계도 동일함

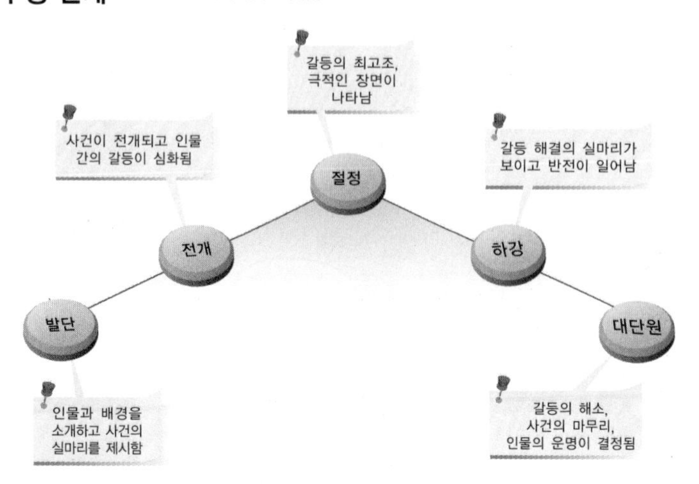

희곡의 갈래

막에 따라	단막극	1막으로만 구성된 것
	장막극	막이 2개 이상으로 구성된 것
내용에 따라	희극	웃고 즐길 수 있는 경쾌한 내용으로 이루어진 것
	비극	인생의 슬픔과 비참함을 제재로 하여 주인공의 파멸, 패배, 죽음 따위의 불행한 결말을 갖는 것
	희비극	희극적인 내용과 비극적인 내용이 섞여 있는 것

시나리오

시나리오의 뜻 : 영화나 드라마의 상영을 전제로 쓴 대본

시나리오의 특징

- 장면(Scene)을 단위로 함
- 대사와 행동을 통해 사건이 전개되고 인물의 성격이 제시됨
- 카메라 촬영을 위해 특수한 용어가 사용됨
- 시간, 공간, 인물 수의 제약을 거의 받지 않음

시나리오의 구성 요소

해설	시나리오의 첫머리에서 등장인물, 장소, 시간 등을 제시한 부분
대사	배우들끼리 주고받는 말이나 혼잣말
지시문(지문)	인물의 행동, 표정, 말투 및 조명, 음향 효과, 카메라의 위치 등을 지시하는 부분
장면 번호(S#)	장면의 극중 순서, 전환, 시간의 흐름, 장소의 이동 등을 알리는 부분

개념 플러스

〈시나리오를 읽는 방법〉

- 영화적 요소와 관련시켜 읽음
- 장면을 생각하며 읽음
- 등장인물의 심리나 갈등을 파악하며 읽음
- 인물의 대사와 행동에 담긴 함축적 의미를 파악하며 읽음

개념 테스트

3 희곡과 시나리오의 구성 단계에 대한 설명으로 알맞은 것끼리 연결하시오.

(1) 발단 • • ㉠ 사건의 반전
(2) 전개 • • ㉡ 인물 간의 갈등 심화
(3) 절정 • • ㉢ 갈등의 최고조
(4) 하강 • • ㉣ 갈등의 해소
(5) 대단원 • • ㉤ 인물과 배경 소개

4 무대에서 공연할 것을 전제로 하는 연극의 대본을 □□(이)라고 하고, 영화나 드라마의 상영을 전제로 쓴 대본을 □□□□(이)라고 한다.

5 시나리오의 특징을 다음과 같이 정리할 때, 빈칸 안에 들어갈 알맞은 말을 쓰시오.

(1) □□을/를 단위로 한다.
(2) □□와/과 □□을/를 통해 사건이 전개되고 인물의 성격이 제시된다.
(3) 카메라 촬영을 위해 특수한 □□이/가 사용된다.

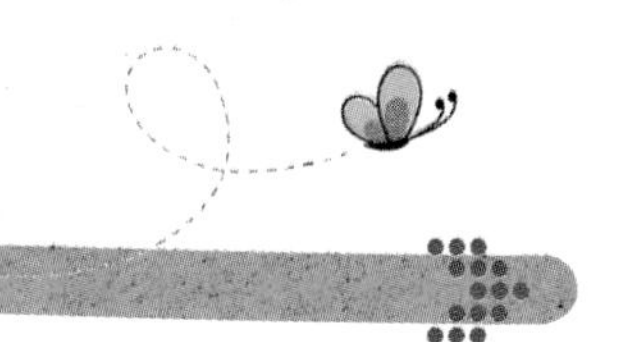

〈나오는 사람들〉

동민(중학생) 윤 선생님(국어 선생님) ─ 해설
어머니(동민의 어머니) 김 선생님(체육 선생님) ─┘

장면 표시 번호
S# 1 동민 방(밤)

동민, 다리 사이에 베개를 끼고 뭔가 기분 좋은 꿈을 꾸는 듯 웃으며 잔다. → 지시문

동민 : 으으. 엄마, 엄마, 엄마, 엄마, 아버지. 으……. → 대사

시나리오 용어

S#(Scene number)	장면 번호
F.I.(Fade In)	화면이 처음에 어둡다가 점차 밝아지는 기법
F.O.(Fade Out)	화면이 처음에 밝았다가 점차 어두워지는 기법
C.U.(Close Up)	대상의 일부분을 크게 확대하여 나타내는 기법
O.L.(Over Lap)	하나의 화면이 끝나기 전에 다음 화면이 겹치면서 이전 화면이 점차 사라지게 하는 기법
Ist.(Insert)	화면과 화면 사이에 다른 화면을 끼워 넣는 것
E.(Effect)	효과음(음향 효과)
몽타주(Montage)	따로따로 촬영한 화면을 떼어 붙여 편집하는 기법
내레이션(Narration)	화면 밖에서 들려오는 설명 형식의 대사
F.(Filter)	전화를 통해 들리는 대사
플래시백	과거를 회상하는 장면
디졸브	한 화면이 사라짐과 동시에 다른 화면이 점차로 나타나는 장면 전환 기법

소설, 희곡, 시나리오의 공통점과 차이점

	소설	희곡	시나리오
공통점	• 산문 문학임 • 인생의 진실을 추구함 • 대립과 갈등을 본질로 함 • 작가의 상상력으로 꾸며 낸 허구의 문학임		
차이점	서술자의 서술을 통해 이야기가 전개됨	등장인물들의 대사와 행동으로 이야기가 전개됨	
	직접적 심리 묘사가 가능함	직접적 심리 묘사가 불가능함	
	·	막과 장으로 구성됨	장면으로 구성됨
	시간적, 공간적 제약이 없음	시간적, 공간적 배경 및 등장인물의 수 등에 제약을 받음	시간적, 공간적 배경 및 등장인물의 수 등에 제약이 적음
	·	무대 상연이 목적임	영화나 드라마 상영이 목적임

개념 테스트

6 다음 설명에 해당하는 시나리오 용어를 〈보기〉에서 찾아 쓰시오.

〈 보기 〉
S# E. C.U. O.L.
F.I. F.O. 몽타주

(1) 효과음 ( )
(2) 화면이 처음에 어둡다가 점차 밝아지는 기법 ( )
(3) 대상의 일부분을 크게 확대하여 나타내는 기법 ( )

개념 체크 리스트!

- 희곡과 시나리오의 목적을 구분할 수 있나요? ☐
- 희곡의 특징을 설명해 보세요. ☐
- 희곡과 시나리오의 구성 단위는 무엇인가요? ☐
- 희곡의 구성 요소를 말해 보세요. ☐
- 희곡과 시나리오의 구성 단계를 말할 수 있나요? ☐
- 시나리오의 특징을 설명해 보세요. ☐
- 시나리오의 구성 요소는 무엇인가요? ☐
- 시나리오 용어에 대해 이해했나요? ☐
- 희곡과 시나리오의 차이점을 말해 보세요. ☐
- 소설, 희곡, 시나리오의 공통점을 말해 보세요. ☐

O가 7개 이상이면 → 32쪽 개념 색깔 입히기로 Go! ☺

O가 7개 미만이면 → 29쪽 개념 스케치하기로 Back! ☹

| 개념 색깔 입히기 | 03 희곡, 시나리오

갈래	희곡 (시간적 배경)	성격	풍자적, 비판적
배경	현대, 오아시스 세탁소 (공간적 배경)	제재	오아시스 세탁소에서 일어난 일
주제	정직하고 올바른 삶의 가치 추구		
특징	• 하루 동안에 벌어진 일을 시간 순서대로 전개함 • 물질 만능 주의와 탐욕에 대한 비판과 풍자가 나타남		

가 장민숙 : (남편이 말하기를 기다리다 못해) 애들 아버지예요. 이 오아시스 세탁소 사, (사장이라기 뭐해서) 주인이에요.

장민숙 : (답답하여) 어디 일 저지를 사람으로 보여요? / 강태국 : (괜한 기침) 어험.

장민숙 : (또 기다리다가) 보시면 알겠지만, 법 없이도 살 사람이에요.

▶ 남편 강태국을 변호하는 장민숙

나 장민숙 : (달려들며) 어머나 어머나, 아니 저 여자가 미쳤나, (붙잡아 막으며) 왜 남의 세탁물은 망가뜨려요?

허영분 : ㉠(장민숙을 밀어 넘기며) 옷이 지금 문제야? 지금 재산이 왔다 갔다 하는 판국에.

장민숙 : (잘못 넘어져 삐끗한 손목을 흔들며) 아이고, 손이야. 야, 염소팔, 뭐 해?

염소팔 : (달려와 허영분을 말리며) 아니, 이 아줌마가 돌았나?

허영분 : 그래, 돌았다. 건드리기만 해, 아주 폭행죄로 집어넣을 테니까.

염소팔 : 뭐야? / 장민숙 : (손목을 흔들어 보이며) 아구구, 폭행은 누가 했는데.

서옥화 : (양은 대야를 두들기며) 잠깐만! 제 말 좀 들어요. 아니 뭘 찾든지 간에 이름을 알든지 옷을 알든지 해야지. (안씨 가족에게) 찾으시는 게 뭐래요? 할머니 이름은요? / 허영분 : (당황하여) 여보, 뭐지? / 안미숙 : (안경우에게) 김순례 아냐?

안경우 : 아냐, 안중댁이라고 그러는 거 같던데. / 허영분 : 그거야 어머님 고향이 안중이고…….

▶ 세탁소에 안씨 가족이 들이닥쳐 난장판을 만듦

다 사람들, 점점 더 음흉스럽게 짐승 소리로 으르렁댄다.

강태국 : (알겠다는 듯이 짐짓 과장스럽게) 우리 세탁소에 도둑고양이들이 단체로 들어왔나? / 사람들 : (단체로) 야옹!

강태국 : (잡기장을 단단히 말아 손에 움켜쥐고) 알았습니다. 그럼 사람은 이만 물러가야지. 이거 어두워서, 빨리 비워 드리지 못하겠는걸.

(잡기장: 여러 가지 잡다한 것을 적는 공책)

▶ 세탁소에 사람들이 침입한 사실을 알아챈 강태국

라 강태국 : 안 돼, 할머니 갖다 드려야 해. 왠지 알아? 이건 사람 것이거든. 당신들은 형상만 사람이지 사람이 아니야. 당신 같은 짐승들에게 사람의 것을 줄 순 없어. (나선다.) / 안유식 : 에이! (달려든다.) / 강태국 : (도망치며) 안 돼!

사람들이 강태국을 향해 서로 밀치고 잡아당기고 뿌리치며 간다. 사람들 때문에 세탁기로 밀리는 강태국, 재빨리 옷을 세탁기에 넣는다. 사람들이 옷을 먼저 차지하려고 세탁기로 몰려 들어간다. 강태국이 얼른 세탁기 문을 닫는다.

▶ 할머니의 옷 보따리를 차지하기 위해 강태국에게 달려드는 사람들

마 음악 높아지며 할머니의 혼백처럼 눈부시게 하얀 치마저고리가 공중으로 올라간다. 세탁기 속에 있던 사람들도 어느새 흰 옷을 입고 빨래집게에 꽂힌 채 빨랫줄에 걸려 있다. / 강태국 : (빨랫줄을 바라보며) 깨끗하다! 빨래 끝! (크게 웃는다.) 하하하!

▶ 사람들을 세탁한 강태국

– 김정숙, '오아시스 세탁소 습격 사건'

나의 이해 정도: ☆☆☆☆☆ 나의 기분:

정답과 해설 3쪽

핵심 정리

• **이 글에 드러난 갈등** : 외적 갈등

세탁소 사람들
(강태국, 장민숙, 염소팔)

안씨 가족

- **갈등의 발생** : 인씨 가족이 할머니의 재산 때문에 세탁소에 들이닥쳐 세탁물을 마구 뒤짐으로써 갈등이 발생함
- **갈등의 해소** : 강태국이 사람들을 세탁기에 가둬 세탁함으로써 해소됨

• **이 글에 반영된 우리 사회의 모습**

- 자식의 도리를 다하지 않음 → 인간의 기본 도리마저 하지 않는 모습
- 인간다운 모습보다 돈을 우선시하는 물질 만능 주의적인 모습

○가 3개 이상이면
→ 34쪽 개념 색깔 입히기로 Go! ☺

○가 3개 미만이면
→ 틀린 문제로 Back! ☹

◉ 희곡의 특징 파악하기 – p. 29

01 **이와 같은 글에 대한 설명으로 적절하지 <u>않은</u> 것은?**

① 막과 장으로 구성된다.
② 대사와 행동의 문학이다.
③ 무대 상연을 전제로 한다.
④ 사건을 현재형으로 제시한다.
⑤ 등장인물의 수에 큰 제약을 받지 않는다.

◉ 대사의 역할 파악하기 – p. 29

02 **이와 같은 글에서 대사가 하는 역할이 <u>아닌</u> 것은?**

① 배경을 암시한다.
② 주제를 드러낸다.
③ 사건을 전개시킨다.
④ 인물의 성격을 표현한다.
⑤ 등장인물의 행동과 표정을 지시한다.

◉ 희곡의 구성 단계 파악하기 – p. 30

03 **(가)~(마) 중, 다음 설명에 해당하는 구성 단계는?**

> 갈등 해소의 실마리가 등장하고 사건의 극적 반전이 이루어짐

① (가) ② (나) ③ (다)
④ (라) ⑤ (마)

◉ 희곡의 구성 요소 파악하기 – p. 29

04 **㉠에 대한 설명으로 알맞은 것은?**

① 희곡의 첫머리에서 등장인물을 설명한다.
② 등장인물이 상대역 없이 혼자 하는 말이다.
③ 무대 장치, 분위기, 효과음, 조명 등을 지시한다.
④ 등장인물의 행동, 표정, 심리, 말투 등을 지시한다.
⑤ 상대역에게는 들리지 않고 관객에게만 들리는 것으로 약속하고 하는 말이다.

| 개념 색깔 입히기 | 03 희곡, 시나리오

갈래	시나리오(드라마 대본) 공간적 배경	성격	교훈적, 희극적
배경	현대, 고등학교와 가정집 시간적 배경	제재	유서 쓰기로 인해 벌이지는 소동
주제	가족은 서로에게 힘과 위로를 주는 소중한 존재이다.		
특징	• 사소한 사건을 통해 가족의 소중함을 깨닫게 되는 내용을 전달함 • 사건의 전개에 따른 등장인물의 심리가 잘 드러나 있고, 인물의 성격이 대사와 행동을 통해 나타나 있음		

가 ㉠S# 1 교실 (낮) / 조용한 교실. 학생들은 글을 쓰고 있고, 담임 선생님은 학생들 사이를 오가고 있다. 칠판에 '나의 삶을 마감하며(유서 작성하기)' 라고 쓰여 있다. 최강은 썼다 지웠다 하고, 훈은 한 줄도 쓰지 않고 있다. 채린은 또박또박 진지하게 쓰고 있고, 은기는 훌쩍이며 쓰고 있다.

▶ 가상의 유서 쓰기

나 S# 45 최강의 집 밖 (밤) / 최강 어머니 (㉡) : (소스라치게 놀라며) 으악!

깜짝 놀라 몸을 갑자기 떠는 듯이 움직이며

S# 46 최강의 집 거실 (밤) / 최강의 어머니, 냉수를 벌컥벌컥 마신다. 최건이 걱정스레 엄마를 보며 한숨짓는다.

최강 아버지 : (최강의 유서를 읽는데 손이 부들부들 떨린다.) 길다면 길고 짧다면 짧은 17년 인생을 돌아보니, 오직 후회뿐입니다. 공부도 못하고 속만 썩이다가 이렇게 (울먹거리며) 이렇게……. (여기까지 읽고 눈물이 나서 더는 읽지 못한다.)

▶ 최강의 유서를 본 가족들이 놀라 혼란스러워함

다 S# 47 최강의 방 (밤)

최강의 어머니, 최강의 책상을 만져 본다. 시계는 벌써 밤 10시를 가리킨다. 쓰레기통에서 쓰다 구겨 버린 유서들을 찾아서 펼쳐 보며 가슴 아파한다.

플래시백 (# 주방에서 쌀 씻던 최강)

최강 : (겸연쩍게 웃으면서 쌀알을 주워 모으며) 아니, 내가 생각해 보니까, 지금껏 살면서 부모님께 따뜻한 진지 한 끼 해 드린 적이 없는 거 같아서.

최강 어머니 : (달려와 최강의 등을 때리며 화를 낸다.) 못 살아, 내가 너 땜에. 누가 너한테 밥 얻어먹재? 응! 너까지 왜 그래! 왜! 공부를 못하면 철이라도 좀 들든가. 맨 처먹을 생각이나 하고. 밥은 무슨 밥이야? 굶어!

▶ 최강의 방에서 가슴 아파하며 과거를 회상하는 최강 어머니

라 S# 58 최강의 집 거실 (밤)

훈이 귀가해서 최강의 어머니와 얘기를 나누고, 최강의 할머니는 최강 아버지와 함께 서서 훈이를 보고 있다.

최강 어머니 : (유서를 보며) 이게 학교 숙제란 말이야?

훈 : 예, 국어 숙제예요. 수행 평가에 반영되는 거라 열심히 쓰던데요?

▶ 훈이를 통해 '유서 쓰기'가 국어 숙제임을 알게 됨

– 박정화, 조은, 김경민, '최강 울 엄마'

나의 이해 정도: ☆☆☆☆☆ 나의 기분:

정답과 해설 3쪽

핵심 정리

• 이 글의 짜임

발단
수업 시간에 수행 평가 과제로 유서를 작성함

↓

전개
최강이 남긴 유서로 인해 가족들이 슬픔에 빠짐

↓

절정
최강을 걱정하며 자신의 행동을 후회하는 어머니

↓

하강
'유서 쓰기'가 국어 숙제임이 밝혀지고 어머니한테 혼나는 최강

↓

대단원
최강 아버지와 최강의 다정한 모습

• 이 글에 나타난 갈등

최강
어머니를 도우려고 밥을 짓다가 실수하여 어머니께 몹시 혼이 남

↕

최강 어머니
밥을 지으려는 최강의 행동을 엉뚱하게 보고, 열심히 공부하기를 바라는 자신의 마음을 아들이 알아주지 못한다고 생각함

○가 3개 이상이면
→ 36쪽 수필로 Go! ☺

○가 3개 미만이면
→ 틀린 문제로 Back! ☹

◉ 시나리오를 읽는 방법 파악하기 – p. 30

01 이와 같은 글을 읽을 때 유의할 점으로 보기 어려운 것은?

① 영화적 요소와 관련시켜 읽는다.
② 머릿속에 장면을 떠올려 가며 읽는다.
③ 등장인물의 심리나 갈등을 파악하며 읽는다.
④ 대사와 행동에 담긴 함축적 의미를 파악하며 읽는다.
⑤ 현실에서 일어날 수 있는 일인지를 따져 가며 읽는다.

◉ 희곡과 시나리오의 공통점 파악하기 – p. 31

02 이 글과 〈보기〉의 공통점으로 알맞은 것은?

〈 보기 〉

제3막 제3장

하라스 : 물러나오, 물러나! 태수님이시오!

게슬러 : 저놈들을 물러가게 하라! 왜 이놈들이 이렇게 모여 있느냐? 살려 달라고 한 놈은 누구냐? (모두 가만히 있다.) 어느 놈이야? 말하지 못할까?

① 장면(Scene)을 구성단위로 한다.
② 서술자의 서술에 의해 사건의 진행된다.
③ 카메라 촬영을 위해 특수한 용어가 사용된다.
④ 대사와 행동을 통해 인물들의 심리를 표현한다.
⑤ 공간적 제약을 극복하기 위해 여러 장치를 이용한다.

◉ 시나리오의 구성 요소 이해하기 – p. 30

03 ㉠의 역할에 대한 설명으로 적절한 것은?

① 등장인물과 배경을 제시한다.
② 장면의 극중 순서나 전환을 나타낸다.
③ 인물의 행동, 말투, 표정 등을 지시한다.
④ 인물의 성격을 제시하고 사건을 진행한다.
⑤ 조명, 음향 효과와 카메라의 위치를 지시한다.

◉ 시나리오 용어 이해하기 – p. 31

04 ㉡에 들어갈 말이 하는 역할로 알맞은 것은?

① 음향 효과를 나타낸다.
② 장면이 바뀜을 나타낸다.
③ 과거 회상 장면을 나타낸다.
④ 전화를 통해 들리는 대사를 나타낸다.
⑤ 화면 밖에서 들려오는 대사를 나타낸다.

04 수필(설, 기행문, 편지글)

선생님, 저도 수필을 쓸 수 있나요?

물론이지. 수필은 누구나 자유롭게 쓸 수 있는 글이야. 시, 소설과 달리 형식이 자유롭기 때문에 더 쉽게 쓸 수 있지. 오늘 하루 동안 경험했던 일들을 써 보는 것도 수필이야. 그런데 수필도 문학의 한 장르이기 때문에 사람들이 감동받을 수 있고 공감할 수 있는 내용으로 써야 한단다.

다음 그림을 보면서, '수필'의 개념을 머릿속에 그려 보자.

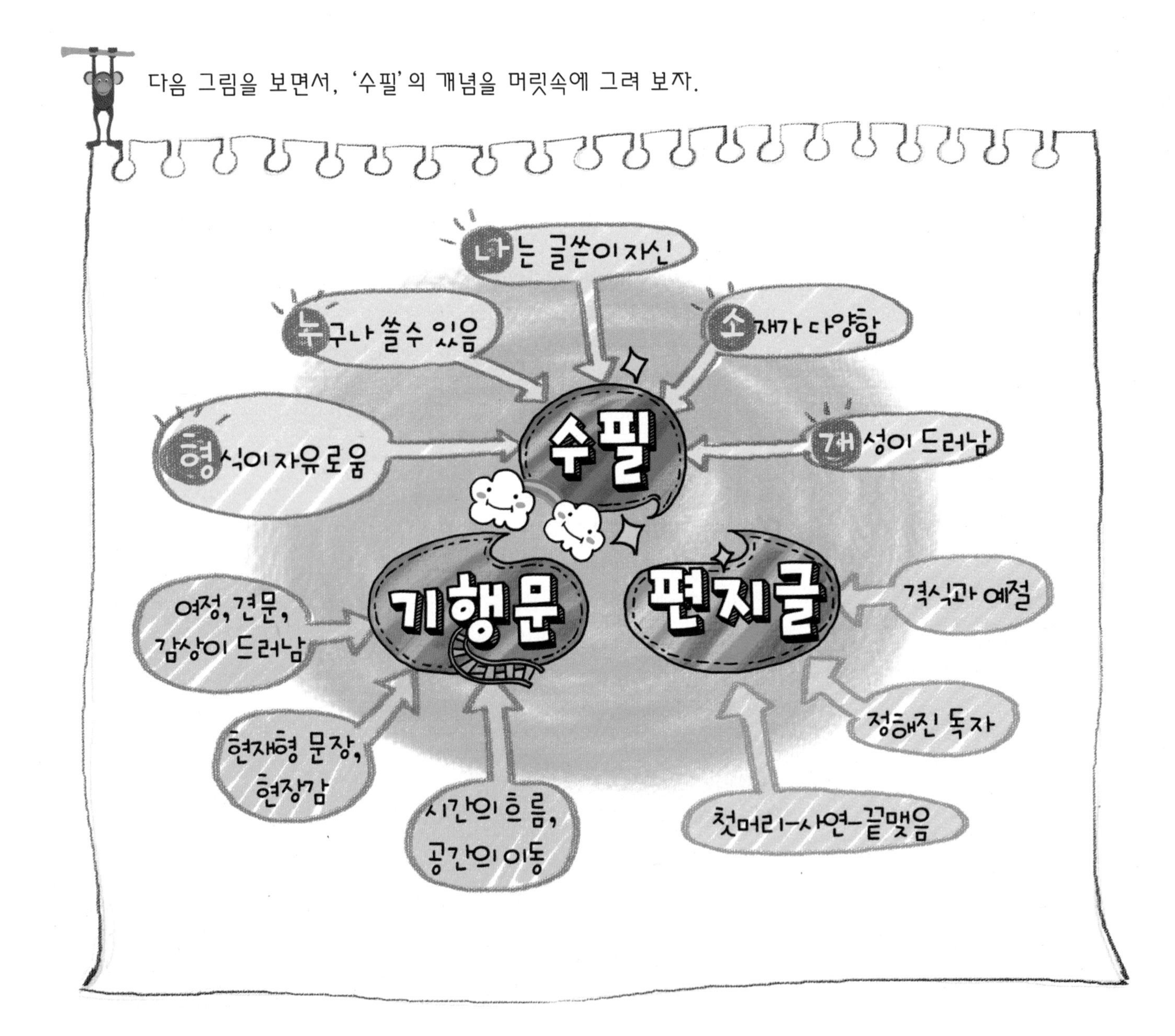

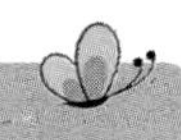

수필

수필의 뜻

작가가 일상생활 속에서 얻은 생각과 느낌을 일정한 형식에 얽매이지 않고 자유롭고 솔직하게 표현한 산문 문학

수필의 특징

자유로운 형식	형식의 구애를 받지 않는 자유로운 형식의 문학임
개성의 문학	작가의 체험, 생활 태도, 성격, 인생관 및 세계관 등 개성적인 면모가 글 속에 직접적으로 드러남
소재의 다양성	생활에서 경험하거나 생각한 모든 것들이 소재가 될 수 있음
비전문적인 문학	전문적인 작가가 아니더라도 누구나 쓸 수 있는 대중적인 문학임
체험적, 고백적, 주관적	자신의 체험에 대한 생각이나 느낌을 솔직하게 드러냄
1인칭의 문학	글 속의 '나'는 글쓴이 자신임
유머와 위트	유머와 위트를 통해 웃음과 함께 지혜와 성찰을 전함
교훈과 감동	작가의 삶의 지혜가 담겨 있어 교훈과 감동을 주기도 함

수필의 종류

	경수필	중수필
내용	일상생활에서 일어나는 여러 가지 일들과 글쓴이의 느낌, 생각을 가볍게 쓴 정서적인 글	사회적인 문제에 대한 글쓴이의 생각을 논리적이고 객관적인 근거를 들어 쓴 무거운 내용의 글
성격	감정적, 주관적, 개인적, 고백적, 체험적, 신변잡기적 (• 자신의 주변에서 일어나는 여러 가지 일을 적은 수필체의 글)	시사적, 사회적, 객관적, 지적, 철학적, 논리적(논설문에 가까움)
예문	 한번은 식구들이 저녁상을 놓고 둘러앉았는데 아버지가 들어오셨다. 일어나서 같이 드시기를 권하는 두 누님들처럼 나도 아버지를 반겨 맞았으면 얼마나 흡족해 하셨을까? 그러나 나는 모처럼 상에 오른 고등어에 정신이 팔려 고개도 들지 않고 밥 먹는 데만 열중하였다. 크게 화가 난 아버지는 처음으로 나에게 회초리를 들었고 나는 난생처음 당하는 호된 매에 까무러칠 지경이었다. – 이현세, '고등어와 크레파스'	 우리나라는 어디를 가나 온통 음식점 간판들로 요란하다. 도시에서 조금만 벗어나면 '가든'이 왜 그리도 많은지, 서너집 건너마다 가든이다. 숯불 갈비집을 '가든'이라고 부르는 모양이다. 사철탕에다 흑염소집, 무슨 연극의 제목 같은 '멧돼지와 촌닭집'도 심심찮게 눈에 띈다. 이 땅에서 이미 소멸해 버렸다는 토종닭을 요리하는 집도 버젓이 간판을 내밀고 있다. – 법정, '먹어서 죽는다'

개념 멘토링

Q 앞에서 배운 소설과 수필은 글쓴이만 다른 건가요?

A 수필 속 '나'는 작가 자신이고 소설 속 '나'는 허구적 인물이라는 것도 차이점이지만 또 다른 차이점도 있단다. 다음 표를 보면 쉽게 이해될 거야.

구분	수필	소설
'나'	작가 자신	허구적 인물
내용	사실적	허구적
글쓴이	누구나 가능	대체로 전문 작가
형식	자유로운 형식	일정한 형식이 있음
작가의 가치관	대체로 겉으로 드러남	대체로 숨겨져 있음

개념 테스트

1 일상생활 속에서 얻은 글쓴이의 생각이나 느낌을 형식에 얽매이지 않고 자유롭게 쓴 글을 ☐☐(이)라고 한다.

2 수필에 대한 설명으로 알맞은 것에 ○표 하시오.

(1) 수필의 글쓴이는 자신의 체험에 대한 생각이나 느낌을 (객관적 / 주관적)으로 드러낸다.

(2) 수필 속 '나'는 (글쓴이가 만든 인물 / 글쓴이 자신)이다.

3 다음 내용이 경수필에 대한 것이면 '경', 중수필에 대한 것이면 '중'이라고 쓰시오.

(1) 사회적인 문제에 대한 글쓴이의 생각이 나타난다. ( )

(2) 고백적이고 개인적이며 체험적인 글이다. ( )

(3) 문장이 딱딱하고 무거운 편이다. ( )

| 개념 스케치하기 |

04 수필(설, 기행문, 편지글)

가치 있는 체험을 수필로 쓰기

생활 체험에서 내용 선정하기
- 생활 체험을 구체적으로 떠올려 보기
- 의미 있는 생활 체험 선정하기

생활 체험이 잘 드러나도록 표현하기
- 진솔하게 쓰기
- 개성 있게 쓰기
- 삶의 의미와 교훈을 살려 표현하기

⬇

독자 고려하기
- 독자를 고려하여 글의 내용과 표현 방법, 주제가 삶에 미치는 효과 등을 결정하기
- 독자의 나이, 성별, 직업, 사는 곳 등에 따라 체험에 차이가 있음을 고려하기

수필을 감상하는 방법

- 글 속의 감동과 깨달음을 느끼며 읽음
- 작가의 생각과 가치관 등을 자신과 비교하며 읽음
- 작가의 개성적이고 독특한 표현이나 문체 등을 살피며 읽음
- 글 속에서 작가가 처한 상황과 그에 따른 작가의 행동을 파악하며 읽음
- 글 속에 드러난 사회적, 역사적 상황과 그와 관련된 작가의 처지를 살피며 읽음.
- 작가가 대상을 바라보는 태도를 바탕으로 작가의 인생관 및 세계관 등을 파악하며 읽음

설

설(說) – 고전 수필

- 뜻 : 사물의 이치를 밝히면서 자신의 의견을 서술하는 글
- 특징
  - 한문 문학 양식의 하나이며, 국문학 양식으로는 수필에 가까움
  - 비유나 우의적인 표현을 통해 자신의 생각을 나타냄 (우의적인: 다른 사물에 빗대어 비유적인 뜻을 나타내거나 풍자함)
  - 일상의 체험을 통해 사물의 이치를 밝히고 도리를 일깨우는 글임
  - 교훈적이고 설득적인 내용을 담고 있음
  - 일반적으로 '사실(예화)+의견(주제)'의 2단 구성을 취함

개념 플러스

〈수필의 문체〉

- 길이에 따라
  - 간결체 : 짧은 문장으로 선명한 인상을 나타냄
  - 만연체 : 많은 어구를 통해 감정을 세세히 나타냄
- 느낌에 따라
  - 강건체 : 힘차고 꿋꿋함
  - 우유체 : 부드럽고 우아함
- 수식의 정도에 따라
  - 건조체 : 내용의 정확한 전달을 위해 수식이나 군더더기를 자제함
  - 화려체 : 글을 아름답게 표현하기 위해 다양한 표현법을 사용함
- 운율에 따라
  - 산문체 : 운율이 느껴지지 않음
  - 운문체 : 운율이 느껴짐

4 다음 설명에 해당하는 수필의 문체를 〈보기〉에서 골라 쓰시오.

〈 보기 〉
간결체 만연체 강건체
우유체 건조체 화려체
산문체 운문체

(1) 글을 아름답게 표현하기 위해 다양한 표현법을 사용함 (　　　)
(2) 많은 어구를 통해 감정을 세세히 나타냄 (　　　)
(3) 힘차고 꿋꿋함 (　　　)

5 '설'에 대해 다음과 같이 정리할 때, 빈칸에 들어갈 말을 쓰시오.

(1) 설은 사물의 이치를 밝히고 그에 대한 글쓴이의 □□을/를 서술하는 글이다.
(2) 설은 국문학 갈래상 □□에 가깝다.

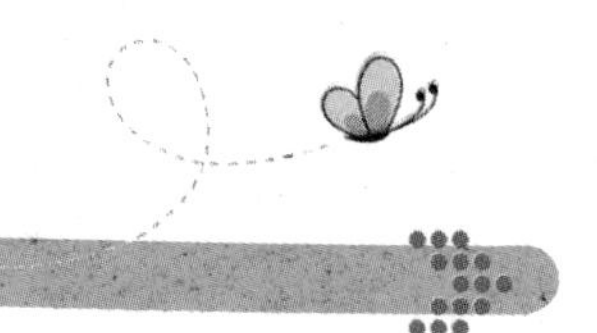

기행문

기행문의 뜻 : 여행하는 동안에 보고, 듣고, 느낀 것을 주로 시간의 흐름이나 공간의 이동에 따라 적은 글

기행문의 특징

- 여행 중의 체험이나 감상이 드러남
- 주로 현재형 문장을 사용하여 현장감을 줌
- 주로 시간의 흐름이나 공간의 이동에 따라 서술함
- 여행한 지방의 풍습, 풍물, 사투리 등의 시방색이 나타남

기행문의 3요소

여정	언제, 어디서, 어디를 거쳐 여행했는가의 경로
견문	여행을 하면서 보고, 듣고, 경험한 내용
감상	견문에 대한 글쓴이의 생각과 느낌

볼 견(見) 들을 문(聞)

기행문의 구성

처음 : 여행의 동기, 목적, 출발의 기쁨	중간 : 여행한 경로와 경험한 내용	끝 : 여행에 대한 글쓴이의 전체적 감상

편지글

편지글의 뜻 : 정해진 대상에게 안부, 소식, 용무 따위를 적어 보내는 글

편지글의 특징

- 정해진 독자에게 용건을 전하는 실용적인 글임
- 일정한 형식(첫머리–사연–끝맺음)이 있음
  - 첫머리(서두) : 받는 사람, 첫인사, 자기 안부
  - 사연(본문) : 편지를 쓴 목적과 내용
  - 끝맺음(결미) : 끝인사, 편지를 쓴 날짜, 보내는 사람
  - 추신 : 편지를 다 쓴 후 빠뜨린 내용을 덧붙일 때 씀
- 친교적인 글로, 격식과 예절을 갖추어 써야 함

개념 테스트

6 기행문에 대한 설명으로 알맞은 것에 ○표 하시오.

(1) 주로 (현재형 / 과거형) 문장을 사용하여 현장감을 준다.

(2) 주로 (시간 / 시선)의 흐름에 따라 서술한다.

7 편지글의 특징을 다음과 같이 정리할 때, 빈칸에 들어갈 말을 쓰시오.

(1) 정해진 □□에게 용건을 전하는 실용적인 글이다.

(2) 일정한 형식(첫머리–□□–끝맺음)이 있다.

개념 체크 리스트!

- 수필의 특성을 세 가지 이상 말할 수 있나요? □
- 경수필과 중수필을 구분할 수 있나요? □
- 소설과 수필의 차이점을 설명해 보세요. □
- 가치 있는 체험을 수필로 쓰기 위해서는 어떻게 해야 하나요? □
- 수필은 어떻게 감상해야 할까요? □
- 설의 특징을 설명할 수 있나요? □
- 기행문의 특징을 세 가지 이상 말해 보세요. □
- 기행문의 3요소는 무엇인가요? □
- 편지글의 특징을 세 가지 이상 말해 보세요. □
- 편지글의 기본 형식은 무엇인가요? □

○가 7개 이상이면 → 40쪽 개념 색깔 입히기로 Go! ☺

○가 7개 미만이면 → 37쪽 개념 스케치하기로 Back! ☹

| 개념 색깔 입히기 |

04 수필(설, 기행문, 편지글)

갈래	수필	성격	교훈적, 체험적, 회상적, 자기 고백적
제재	어린 시절 골목에서 있었던 일	주제	타인의 처지를 이해하고 배려하는 자세의 소중함
특징	• 어린 시절의 일들을 회상하는 형식으로 되어 있음 • 체험을 통해 삶의 깨달음을 얻는 과정으로 이야기가 전개됨		

초등학교 때 우리 집은 제기동에 있는 작은 한옥이었다. 골목 안에는 고만고만한 한옥 네 채가 서로 마주 보고 있었다. 그때만 해도 한 집에 아이가 네댓은 되었으므로 그 골목길에만 초등학교 아이들이 줄잡아 열 명이 넘었다. 학교가 파할 때쯤 되면 골목 안은 시끌벅적 아이들의 놀이터가 되었다.

고만한 정도로 여럿이 다 비슷비슷한

어떤 일을 마치거나 그만둠

▶ 내가 살았던 동네에 대한 설명

어머니는 내가 집에서 책만 읽는 것을 싫어하셨다. 그래서 방과 후 골목길에 아이들이 모일 때쯤이면 어머니는 대문 앞 계단에 작은 방석을 깔고 나를 거기에 앉혀 주셨다. 아이들이 노는 것을 구경이라도 하라는 뜻이었다.

▶ 아이들과 어울리게 하려는 어머니의 배려

딱히 놀이 기구가 없던 그때 친구들은 대부분 술래잡기, 사방치기, 공기놀이, 고무줄놀이 등을 하고 놀았지만 나는 공기놀이 외에는 어떤 놀이에도 참여할 수 없었다. 하지만 골목 안 친구들은 나를 위해 꼭 무언가 역할을 만들어 주었다. 고무줄놀이나 달리기를 하면 내게 심판을 시키거나 신발주머니와 책가방을 맡겼다. 그뿐인가. 술래잡기를 할 때는 한곳에 앉아 있는 내가 답답할까 봐, 미리 내게 어디에 숨을지를 말해 주고 숨는 친구도 있었다.

▶ 친구들이 나를 배려하며 함께 놀아 준 기억

우리 집은 골목 안에서 중앙이 아니라 구석 쪽이었지만 내가 앉아 있는 계단 앞이 친구들의 놀이 무대였다. 놀이에 참여하지 못해도 나는 전혀 소외감이나 박탈감을 느끼지 않았다. 아니, 지금 생각하면 내가 소외감을 느낄까 봐 친구들이 배려를 해 준 것이었다.

자신의 권리나 자격 따위를 빼앗겼다고 여기는 느낌이나 기분

남에게 따돌림을 당하여 멀어진 듯한 느낌

▶ 소외감이나 박탈감을 느끼지 않게 배려해 준 친구들

그 골목길에서의 일이다. 초등학교 1학년 때였던 것 같다. 하루는 우리 반이 좀 일찍 끝나서 나는 혼자 집 앞에 앉아 있었다. 그런데 그때 마침 깨엿 장수가 골목길을 지나고 있었다. 그 아저씨는 가위만 쩔렁이며 내 앞을 지나더니 다시 돌아와 내게 깨엿 두 개를 내밀었다. 순간 그 아저씨와 내 눈이 마주쳤다. 아저씨는 아무 말도 하지 않고 아주 잠깐 미소를 지어 보이며 말했다.

"괜찮아."

▶ 미소를 짓고 '괜찮다'고 말하며 엿을 준 깨엿 장수 아저씨

무엇이 괜찮다는 것인지는 몰랐다. 돈 없이 깨엿을 공짜로 받아도 괜찮다는 것인지, 아니면 목발을 짚고 살아도 괜찮다는 것인지……. 하지만 그건 중요하지 않다. 중요한 건 내가 그날 마음을 정했다는 것이다. 이 세상은 그런대로 살 만한 곳이고, 좋은 사람들이 있고, 선의와 사랑이 있고, '괜찮아'라는 말처럼 용서와 너그러움이 있는 곳이라고 믿기 시작했다는 것이다.

▶ 깨엿 장수 아저씨로부터 들은 '괜찮아'라는 말에 담긴 의미

참으로 신기하게도 힘들어서 주저앉고 싶을 때마다 난 내 마음속에서 작은 속삭임을 듣는다. 오래전 따뜻한 추억 속 골목길 안에서 들은 말. '괜찮아! 조금만 참아. 이제 다 괜찮아질 거야.' 아, 그래서 '괜찮아'는 이제 다시 시작할 수 있다는 희망의 말이다.

▶ 나에게 희망의 말이 된 '괜찮아'

– 장영희, '괜찮아'

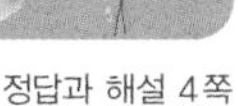

정답과 해설 4쪽

핵심 정리

• 이 글의 짜임

처음
어린 시절, 친구들이 노는 것을 볼 수 있게 배려해 주신 어머니와 '나'에게 역할을 맡긴 골목길 친구들

중간
깨엿 장수 아저씨의 '괜찮아'라는 말을 통해 세상에 대한 아름다움을 깨닫게 되는 '나'

끝
'나'에게 희망을 주는 '괜찮아'라는 말의 의미와 가치

• 이 글이 주는 교훈

- '괜찮아'와 같은 한마디의 말이 많은 사람들에게 희망과 위로를 줌
- 다른 사람을 배려하고 함께하는 삶을 살아야 함

○가 3개 이상이면
→ 42쪽 개념 색깔 입히기로 Go! ☺

○가 3개 미만이면
→ 틀린 문제로 Back! ☹

◉수필의 특성 파악하기 - p. 37

01 이와 같은 글의 특성이 아닌 것은?

① 교훈과 감동을 준다.
② 작가의 개성이 잘 드러난다.
③ 일정한 형식 없이 자유롭게 쓴다.
④ 전문 작가가 아니더라도 누구나 쓸 수 있다.
⑤ 글 속의 '나'는 작가가 만들어 낸 허구의 인물이다.

◉수필의 종류 파악하기 - p. 37

02 이와 같은 글의 성격으로 알맞지 않은 것은?

① 주관적 ② 체험적
③ 개인적 ④ 논리적
⑤ 신변잡기적

◉수필을 감상하는 방법 이해하기 - p. 38

03 이와 같은 글을 읽는 방법으로 적절하지 않은 것은?

① 글쓴이가 처한 상황을 파악하며 읽는다.
② 글쓴이의 가치관이 무엇인지 파악하며 읽는다.
③ 글쓴이의 생각과 자신의 생각을 비교하며 읽는다.
④ 글쓴이의 주장과 근거가 무엇인지 파악하며 읽는다.
⑤ 글쓴이의 개성적 문체와 표현 방법을 파악하며 읽는다.

◉수필의 주제 파악하기 - pp. 37~38

04 이 글의 글쓴이가 궁극적으로 말하고자 하는 바는?

① 남을 너그럽게 용서할 줄 알아야 한다.
② 장애인에 대한 정부 차원의 지원이 필요하다.
③ 현실에 얽매이지 말고 자유로운 삶을 살아야 한다.
④ 자신의 삶을 스스로 선택하는 주체적인 삶을 살아야 한다.
⑤ 다른 사람의 처지를 이해하고 배려하는 삶을 살아야 한다.

| 개념 색깔 입히기 |

04 수필(설, 기행문, 편지글)

갈래	설(고전 수필)	성격	교훈적, 경험적, 예시적
제재	지붕 수리	주제	잘못을 알고 즉시 고치는 자세의 중요성
특징	• 유추의 방법을 사용하여 글을 전개함 • 체험과 깨달음이라는 2단 구성을 보임 • 구체적 사물에 대한 개인적 체험을 국가적 문제로 확대하고 있음		

행랑채가 퇴락하여(무너지고 떨어져) 지탱할 수 없게끔 된 것이 세 칸이었다. 나는 마지못하여 이를 모두 수리하였다. 그런데 그중의 두 칸은 앞선 장마에 비가 샌 지가 오래되었으나, 나는 그것을 알면서도 이럴까 저럴까 망설이다가 손을 대지 못했던 것이고, 나머지 한 칸은 비를 한 번 맞고 샜던 것이라 서둘러 기와를 갈았던 것이다. 이번에 수리하려고 본즉 비가 샌 지 오래된 것은 그 서까래(마룻대에서 도리 또는 보에 걸쳐 지른 나무), 추녀, 기둥, 들보가 모두 썩어서 못 쓰게 되었던 까닭으로 수리비가 엄청나게 들었고, 한 번밖에 비를 맞지 않았던 한 칸의 재목들은 완전하여 다시 쓸 수 있었던 까닭으로 그 비용이 많지 않았다.

▶ 행랑채가 퇴락하여 수리함(개인적 체험)

나는 이에 느낀 것이 있었다. 사람의 몸에 있어서도 마찬가지라는 사실을. 잘못을 알고서도 바로 고치지 않으면 곧 그 자신이 나쁘게 되는 것이 마치 나무가 썩어서 못 쓰게 되는 것과 같으며, 잘못을 알고 고치기를 꺼리지 않으면 해를 받지 않고 다시 착한 사람이 될 수 있으니, 저 집의 재목처럼 말끔하게 다시 쓸 수 있는 것이다. 그뿐만 아니라 나라의 정치도 이와 같다. 백성을 좀먹는 무리들을 내버려 두었다가는 백성들이 도탄(몹시 곤궁하여 고통스러운 지경)에 빠지고 나라가 위태롭게 된다. 그런 연후에 급히 바로잡으려 하면 이미 썩어 버린 재목처럼 때는 늦은 것이다. 어찌 삼가지 않겠는가.

▶ 사람이 삶을 살아가는 바른 자세와 정치 개혁의 필요성(깨달음)

– 이규보, '이옥설'

정답과 해설 4쪽

• **이 글의 짜임**

경험(예화)
• 비가 샌 지 오래되었으나 망설이다 수리하지 못한 두 칸은 수리비가 많이 듦 • 한 번밖에 비를 맞지 않은 한 칸은 수리비가 많이 들지 않음

깨달음(의견)
• 사람의 경우 : 잘못을 알고도 고치지 않으면 곧 그 자신을 망치게 됨 • 정치의 경우 : 백성을 좀먹는 무리들을 내버려 두었다가는 백성들이 도탄에 빠지고 나라가 위태롭게 됨

• **이 글의 전개 방법** : 유추

행랑채 수리
비가 새는 부분을 바로 수리하지 않아 재목을 못 쓰게 되어 수리비가 많이 나옴

사람의 몸
잘못을 알고서도 바로 고치지 않으면 그 자신이 해를 입게 됨

나라의 정치
백성을 괴롭히는 부패한 관리들도 내버려 두면 나라가 위태로워짐

○가 3개 이상이면
→ 44쪽 개념 색깔 입히기로 Go! ☺

○가 3개 미만이면
→ 틀린 문제로 Back! ☹

◉설의 특징 파악하기 – p. 38

01 이와 같은 글의 특징으로 알맞지 않은 것은?

① 국문학의 갈래로는 수필에 가깝다.
② 비유나 우의적인 표현을 많이 사용한다.
③ 주로 '사실+의견' 의 2단 구성을 취한다.
④ 현실에서 있음 직한 이야기를 상상하여 쓴다.
⑤ 일상적인 소재를 통해 글쓴이의 인생관을 드러낸다.

◉설의 서술상의 특징 파악하기 – p. 38

02 이 글의 서술상의 특징으로 알맞지 않은 것은?

① 짧은 내용 속에 함축적 교훈을 담고 있다.
② 주제를 먼저 제시하고 그 근거를 들고 있다.
③ 구체적 사물을 이야기의 실마리로 삼고 있다.
④ 개인적 체험을 국가적 문제로 확대하고 있다.
⑤ 일상적 체험에서 얻은 깨달음을 제시하여 호소력을 지니고 있다.

◉설의 주제 파악하기 – p. 38

03 이 글의 글쓴이가 말하고자 하는 바와 어울리는 속담은?

① 공든 탑이 무너지랴
② 백지장도 맞들면 낫다
③ 아니 땐 굴뚝에 연기 나랴
④ 호미로 막을 것을 가래로 막는다
⑤ 열 손가락 깨물어 안 아픈 손가락 없다

◉설 감상하기 – p. 38

04 이 글을 읽고 난 후의 감상으로 가장 적절한 것은?

① 한옥에 살면 수리 비용이 많이 드는군.
② 장마 때는 집이 썩는지 잘 살펴봐야겠군.
③ 백성들이 중심이 되는 정치를 해야 하는구나.
④ 사람의 몸을 잘 알아야 해를 받지 않을 수 있겠구나.
⑤ 잘못된 습관이나 버릇이 있는 것을 알면 바로 고쳐야겠구나.

| 개념 색깔 입히기 |

04 수필(설, 기행문, 편지 글)

갈래	기행문	성격	서정적, 감상적, 묘사적
제재	섬진강의 풍경	주제	섬진강의 아름다움과 그 곳 사람들의 따뜻한 마음
특징	• 대상의 모습 및 느낌을 비유를 통해 효과적으로 전달함 • 시간의 흐름과 공간의 이동에 따른 견문과 그에 따른 글쓴이의 감상이 잘 드러남		

가 ㉠자전거를 타고 새벽에 여우치 마을을 떠나 옥정 호수를 동쪽으로 돌아 나왔다. 호수의 아침 물안개가 산골짝마다 퍼져서 고단한 사람들의 마을을 이불처럼 덮어 주고 있었다. ▶ 자전거를 타고 여우치 마을을 출발하여 섬진강을 향함

27번 국도를 따라 20여 킬로미터를 남쪽으로 달렸다. 임실군 덕치면 회문리 덕치 마을 앞 정자나무 아래로 흐르는 섬진강은 아직은 강이라기보다는 큰 개울에 가까웠다.

산맥과 맞서지 못하는 어린 강은 노령산맥의 가파른 위엄을 멀리 피하면서 가장 유순한(성질이 부드럽고 온순한) 굽이만을 골라서 이리저리 굽이쳤다. 멀리 돌아서, 마침내 멀리 가는 강은 길의 생리(생물이 살아가는 원리)를 닮아 있었는데, 이 어린 강물 옆으로 이제는 거의 버려진 늙은 길이 강물과 함께 굽이치고 있었다. ▶ 오래 된 길 옆으로 흐르는 강

강은 인간의 것이 아니어서 흘러가면 돌아올 수 없지만, 길은 인간의 것이므로 마을에서 마을로 되돌아온다. 모든 길은 그 위를 오가는 사람이 주인(主人)이어서 이 강가 마을 사람들의 사랑과 결혼도 상류와 하류 사이의 물가 길을 오가며 이루어졌다. 자전거는 길을 따라서 강물을 바짝 끼고 달렸다. ▶ 인간의 삶과 밀착되어 있는 물가 길을 따라 달림

– 김훈, '섬진강 기행'

갈래	편지글	성격	의지적, 저항적, 고백적
제재	심훈의 감옥 생활	주제	조국 독립에 대한 강한 의지와 어머니에 대한 위로
특징	• 일제에 대한 강한 저항 의식과 독립에 대한 염원이 잘 드러나 있음 • '어머니'라는 호칭을 반복적으로 사용하여 간절한 마음을 효과적으로 표현함		

나 어머니! / 오늘 아침에 차입해(교도소나 구치소에 갇힌 사람에게 음식, 의복, 돈 따위를 들여보냄) 주신 고의적삼을 받고서야 제가 이곳에 와 있는 것을 집에서도 아신 줄 알았습니다. 잠시도 어머니의 곁을 떠나지 않던 막내둥이의 생사를 한 달 동안이나 아득히 아실 길 없으셨으니 그동안에 오죽이나 애를 태우셨겠습니까?

저는 이 곳에 굴러 오는 동안에 꿈에도 생각지 못하던 고생을 겪었지만, 그래도 몸 성히 배포 유하게(배짱 있고 편안하게) 큰집에 와서 지냅니다. 쇠고랑을 차고 용수는 썼을망정 난생 처음으로 자동차에다가 보호 순사까지 앉히고 거들먹거리며(주눅 들지 않고) 남산 밑에서 무학재 밑까지 내려 긁는 맛이란 바로 개선문(승리를 기념하기 위한 건축물)으로 들어가는 듯하였습니다. 〈중략〉 ▶ 어머니에 대한 문안 인사와 자기 안부

어머니! / 어머니께서는 조금도 저를 위하여 근심하지 마십시오. 지금 조선에는 우리 어머니 같으신 어머니가 몇 천 분이요, 또 몇만 분이나 계시지 않습니까? 그리고 어머니께서도 이 땅의 이슬을 받고 자라나신 공로 많고 소중한 따님의 한 분이시고, 저는 어머니보다도 더 크신 어머니를 위하여 한 몸을 바치려는 영광스러운 이 땅의 사나이외다. ▶ 조국애와 어머니에 대한 위로의 말

– 심훈, '옥중에서 어머니께 올리는 글월'

정답과 해설 4쪽

핵심 정리

(가) '섬진강 기행'
• 이 글에 나타난 기행문의 3요소

여정	여우치 마을 → 옥정 호수 → 27번 국도 → 덕치 마을
견문	옥정 호수의 아침 물안개, 굽이치는 강과 길, 갈파른 노령 산맥
감상	고단한 사람들의 마을을 이불처럼 덮어 주는 호수의 물안개, 어린 강과 늙은 길

(나) '옥중에서 어머니께 올리는 글월'
• **이 글의 목적** : 어머니에 대한 위로, 조국을 위해 헌신하겠다는 다짐
• **작가의 처지를 드러내는 소재** : 차입, 큰집, 쇠고랑, 용수, 보호 순사

◉기행문의 특성 파악하기 - p. 39

01 (가)와 같은 글에 대한 설명으로 알맞지 않은 것은?

① 설득적이고 교훈적인 성격이 강하다.
② 여행 중의 체험이나 감상이 드러난다.
③ 풍습, 풍물, 사투리 등의 지방색이 나타난다.
④ 주로 현재형 문장을 사용하여 현장감을 준다.
⑤ 주로 시간의 흐름이나 공간의 이동에 따라 서술한다.

◉기행문의 3요소 이해하기 - p. 39

02 ㉠에 두드러지게 나타나는 기행문의 요소는?

① 여정 ② 견문 ③ 감상
④ 지방색 ⑤ 현장감

◉편지글의 특성 파악하기 - p. 39

03 (나)와 같은 글에 대한 설명으로 알맞지 않은 것은?

① 정해진 독자가 없다.
② 글쓴이의 처지가 나타난다.
③ 글을 쓴 목적과 내용이 드러난다.
④ 상대방에 따라 격식과 예절을 갖추어 쓴다.
⑤ 안부, 축하, 위로, 감사 등의 용건이 나타난다.

◉편지글의 목적 파악하기 - p. 39

04 (나)의 작가가 (나)를 쓴 목적으로 가장 알맞은 것은?

① 어머니께 죄송한 마음을 전하기 위해
② 감옥 안 생활의 어려움을 말하기 위해
③ 감옥에 갇힌 아들을 걱정하실 어머니를 안심시키기 위해
④ 독립운동을 하다가 감옥에 간 사람이 많다는 것을 알리기 위해
⑤ 작가의 어머니 역시 감옥에 갇힌 아들을 둔 어머니 중의 한 명임을 알리기 위해

O가 3개 이상이면
→ 46쪽 논설문, 건의문으로 Go! ☺

O가 3개 미만이면
→ 틀린 문제로 Back! ☹

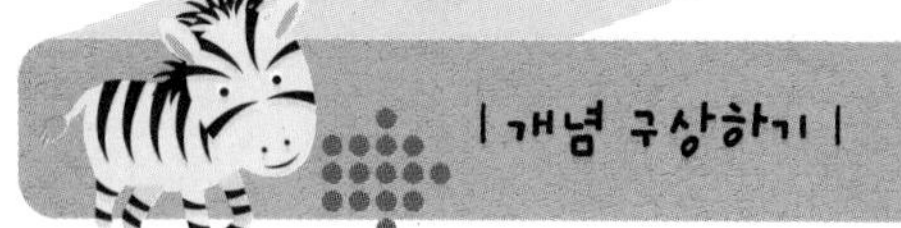

| 개념 구상하기 | 05 논설문, 건의문

선생님, 상대방을 설득하려면 어떻게 해야 하나요?

누군가한테 무언가를 달라고 할 때 그냥 무작정 달라고만 하면 안 되겠지? 글도 마찬가지야. 그렇게 말하는 이유를 밝혀야 원하는 바를 얻을 수 있는데, 그 이유를 '근거'라고 한단다. "엄마, 배고파요."보다 "엄마, 밥 주세요. 점심시간에 책을 읽느라 밥을 못 먹었어요."에 주장과 근거가 더 잘 나타나 있어 훨씬 설득력 있게 느껴지지? 이렇게 상대방을 설득하려면 확실한 근거가 뒷받침되어야 해.

빈칸에 알맞은 말을 채우면서, '논설문', '건의문'의 개념을 머릿속에 그려 보자.

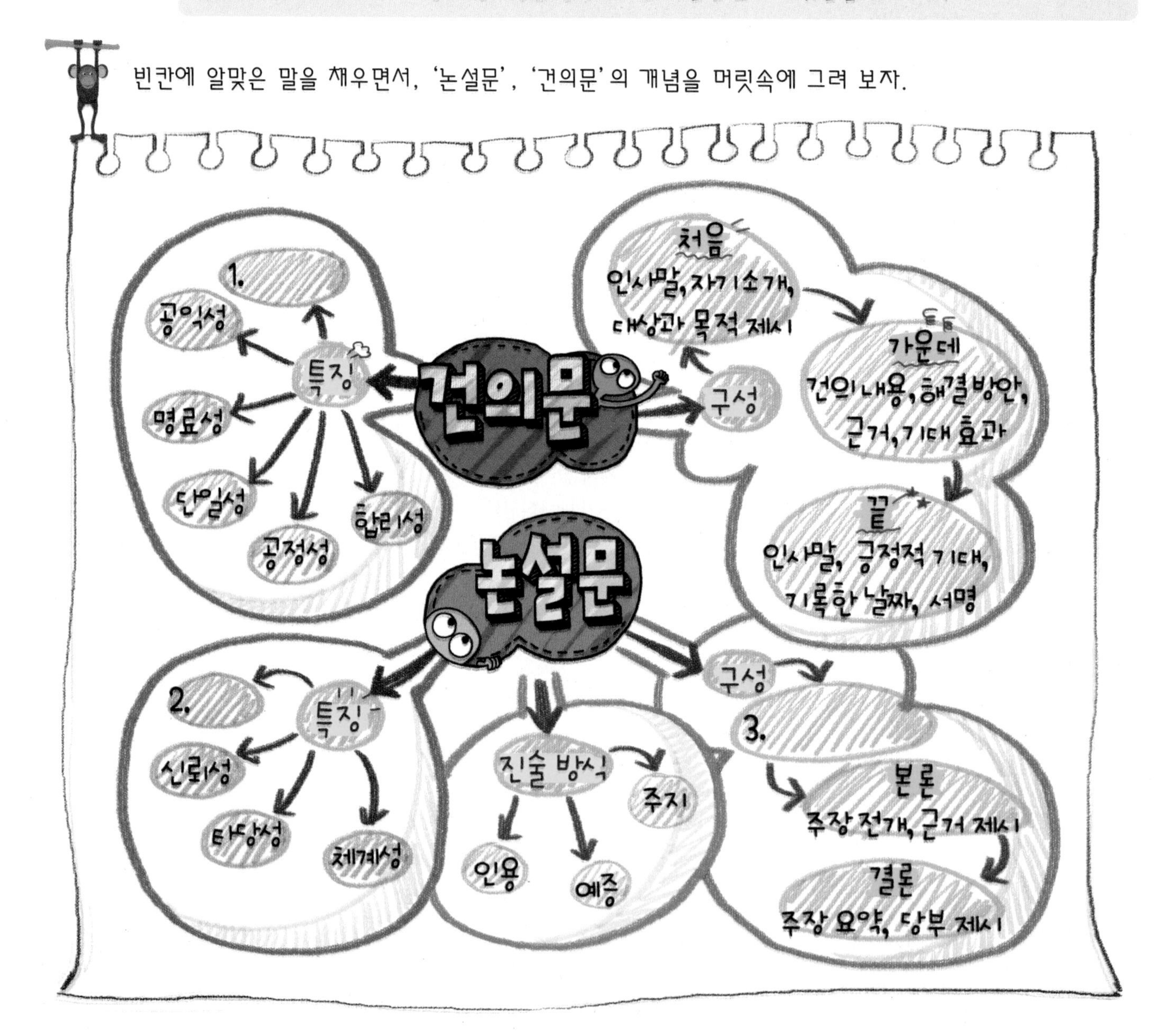

논설문

논설문의 뜻 : 글쓴이가 자신의 주장이나 의견에 대한 타당한 근거를 들어 논리적인(논리에 맞는) 전개로 독자를 설득하는 글

논설문의 특징

주관성	글쓴이의 생각과 주장이 뚜렷하게 드러나야 함
신뢰성	근거는 출처가 분명하고 믿을 만한 것이어야 함
타당성	주장을 뒷받침하는 근거나 이유가 타당하고 논리적이어야 함
체계성	글이 '서론 – 본론 – 결론'에 따라 짜임새 있게 전개되어야 함
명료성	주장이 명확하게 드러나야 함
독창성	글쓴이의 주장이나 의견이 독창적이어야 함

논설문의 구성

서론	➡	본론	➡	결론
• 독자의 흥미 유발 • 문제 제기 및 글을 쓰게 된 동기나 목적 제시		• 주장의 구체적 전개 • 타당한 이유나 근거 제시		• 주장의 요약 및 강조 • 앞으로의 전망과 과제 제시 및 당부

논설문의 진술 방식

주지	주장이 제시되어 있는 부분
예증	구체적인 예를 들어 주장을 증명하는 부분
인용	다른 사람의 견해를 통해 주장을 뒷받침하는 부분

논설문을 읽는 방법

개념 멘토링

Q 논설문이 설득하는 글이라고 했는데, 그럼 효과적으로 설득하기 위해서는 어떻게 해야 하나요?

A 효과적으로 설득하기 위해서는 우선 정확하고 충분한 정보를 제공해야 해. 또한 구체적이고 명확한 용어를 사용해야 하고, 전문가나 권위자의 말을 인용하는 것도 좋은 방법이지. 그리고 자신의 의견을 반복하여 강조하면 설득의 효과가 배가되겠지?

개념 테스트

1 논설문의 특징을 다음과 같이 정리할 때, 빈칸에 들어갈 말을 쓰시오.

(1) 글쓴이의 생각과 ☐☐이/가 뚜렷하게 드러난다.

(2) ☐☐은/는 출처가 분명하고 믿을 만한 것이어야 한다.

2 논설문의 서론, 본론, 결론에 들어갈 내용에 맞게 선으로 연결하시오.

(1) 서론 •   • ㉠ 주장의 전개와 근거 제시

(2) 본론 •   • ㉡ 글을 쓰게 된 동기나 목적 제시

(3) 결론 •   • ㉢ 앞으로의 전망과 과제 제시

논설문의 논증 방식

• 논증의 뜻 : 독자를 설득하기 위해 객관적이고 신빙성 있는 근거를 제시하여 주장의 타당성을 논리적으로 증명하는 것을 말함

• 논증의 구성 요소

주장(결론, 논지)	글쓴이가 하고 싶은 말로, 의견을 내세운 것
근거(전제, 논거)	주장을 뒷받침하는 것
추론(추리)	주장과 근거를 이치에 맞게 연결하는 논리적인 전개 과정

• 논증의 방법

– 연역 추리 : 일반적인 원리에서 특수한(구체적인) 사실을 이끌어 내는 방법

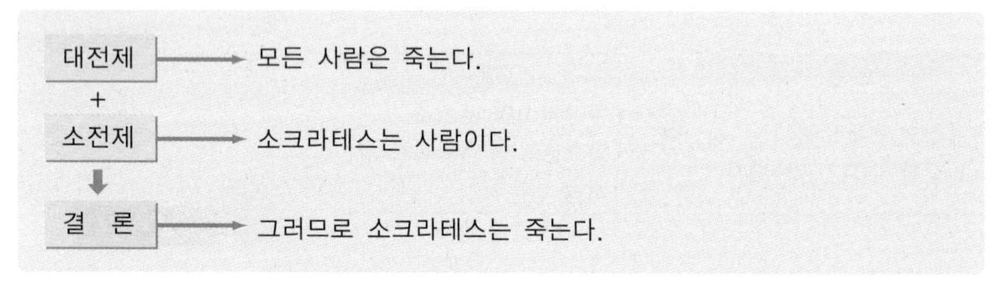

– 귀납 추리 : 구체적인 개별 사실로부터 일반적인 원리를 이끌어 내는 방법

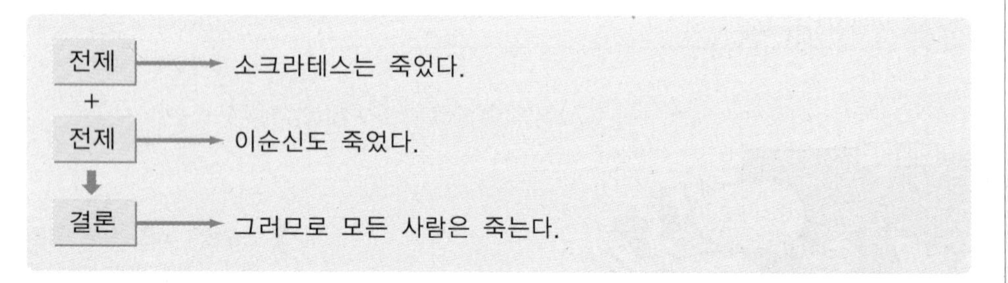

– 유비 추리 : 두 대상의 공통된 속성을 바탕으로 다른 부분도 비슷할 것이라는 결론을 이끌어 내는 방법

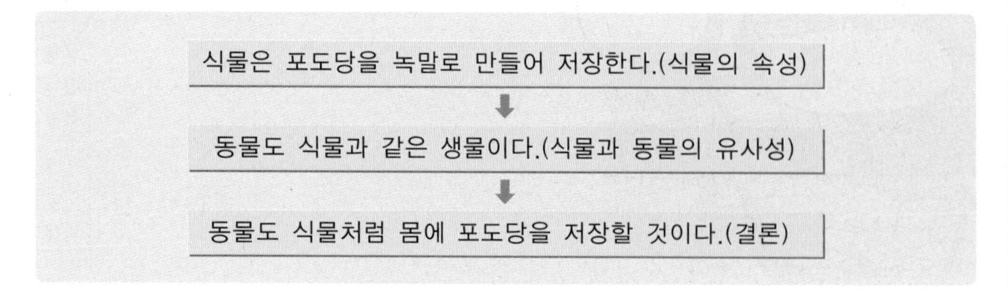

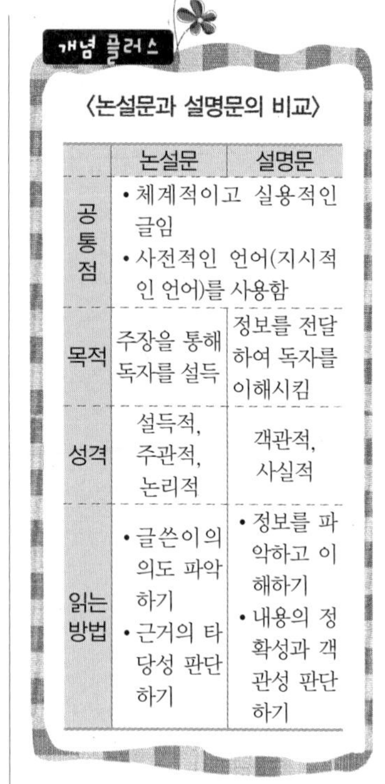
개념 플러스

〈논설문과 설명문의 비교〉

	논설문	설명문
공통점	• 체계적이고 실용적인 글임 • 사전적인 언어(지시적인 언어)를 사용함	
목적	주장을 통해 독자를 설득	정보를 전달하여 독자를 이해시킴
성격	설득적, 주관적, 논리적	객관적, 사실적
읽는 방법	• 글쓴이의 의도 파악하기 • 근거의 타당성 판단하기	• 정보를 파악하고 이해하기 • 내용의 정확성과 객관성 판단하기

3 독자를 설득하기 위해 객관적이고 신빙성 있는 근거를 제시하여 주장의 타당성을 논리적으로 증명하는 것을 □□(이)라고 한다.

4 다음에 제시된 추론 과정이 연역 추리, 귀납 추리, 유비 추리 중 어느 것에 해당하는지 쓰시오.

홍길동은 사과를 좋아한다.
⬇
홍길동은 수박을 좋아한다.
⬇
홍길동은 과일을 좋아한다.

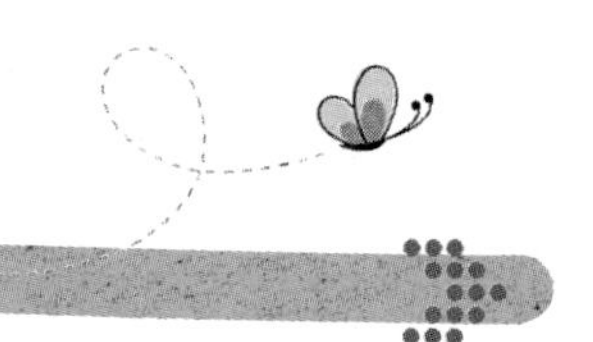

건의문

건의문의 뜻 : 개인이나 단체가 문제 상황을 해결하기 위한 의견을 당사자나 관련 단체인 독자에게 알려, 그 독자가 문제를 해결하기 위해 행동하도록 설득하는 글

건의문의 특징

단일성	건의하는 내용과 문제 상황을 인식하는 관점이 하나로 통일되어야 함
명료성	건의하는 내용이 분명하고 명확하게 드러나야 함
공익성	단체와 관련된 건의는 구성원 모두에게 이익이 돌아가야 함
공정성	글쓴이의 편견, 독단, 선입견 등을 배제해야 함
합리성	건의하는 내용이 이론이나 이치에 합당해야 함
실현 가능성	건의하는 내용이 실현 가능한 것이어야 함

건의문의 구성

- 처음 : 정중한 인사말과 함께 자신을 소개하고 건의의 대상과 목적을 제시함
- 가운데 : 건의 내용과 해결 방안을 근거 및 기대 효과와 함께 제시함
- 끝 : 경청에 감사하는 인사말과 건의 내용에 대한 긍정적인 기대, 기록한 날짜와 서명 등을 제시함

건의문을 읽는 방법

- 글에 드러난 문제 상황, 요구 사항, 건의 사항 등을 파악하며 읽기
- 건의 내용이 합리적인지, 타당한지, 실현 가능한 것인지 판단하며 읽기
- 해결 방안의 공익성, 객관성, 적절성 등을 판단하며 읽기

건의문을 쓰는 방법

계획하기(문제 상황 파악, 목적과 주제 결정, 예상 독자 분석) ➡ 내용 생성하기(자료 수집, 관련 있는 사람들과 문제 상황에 대해 협의) ➡ 내용 조직하기(계기, 문제 상황, 해결 방안, 근거, 기대 효과가 드러나게 구성) ➡ 표현하기(예상 독자 고려) ➡ 고쳐 쓰기(해결책이 실현 가능하며 정당한지 살피기)

개념 테스트

5 개인이나 단체가 □□ □□을/를 해결하기 위한 의견을 당사자나 관련 단체에게 알려, 그 독자가 문제를 해결하기 위해 행동하도록 □□하는 글을 건의문이라고 한다.

6 건의문은 글에 드러난 문제 상황은 배제하고 해결 방안에만 집중하여 읽어야 한다. (○ / ×)

개념 체크 리스트!

- 논설문의 개념을 설명해 보세요. □
- 논설문의 특징을 세 가지 이상 말할 수 있나요? □
- 논설문은 어떻게 구성되나요? □
- 논설문은 어떻게 읽어야 하나요? □
- 연역 추리, 귀납 추리, 유비 추리를 구분할 수 있나요? □
- 논설문과 설명문의 공통점과 차이점은 무엇인가요? □
- 건의문의 개념을 설명해 보세요. □
- 건의문의 특징을 세 가지 이상 말할 수 있나요? □
- 건의문의 구성을 세 단계로 말해 보세요. □
- 건의문은 어떻게 읽고 써야 하나요? □

○가 7개 이상이면 → 50쪽 개념 색깔 입히기로 Go! ☺

○가 7개 미만이면 → 47쪽 개념 스케치하기로 Back! ☹

| 개념 색깔 입히기 |

05 논설문

갈래	논설문	성격	설득적, 논리적, 체계적, 비판적
제재	보이지 않는 돈		
주제	겉으로 드러나는 경제적 수치뿐만 아니라 무보수 활동도 포함시켜 경제적 가치를 평가해야 한다.		
특징	• 구체적인 예를 근거로 들어 주장을 뒷받침함 • 문답법을 사용하여 독자의 호기심을 불러일으킴		

가 인간의 삶에서 돈의 힘은 막강하다. 지구 상에는 돈의 힘을 누리는 부자도 많지만 하루에 1달러도 안 되는 돈으로 연명하는 사람도 10억 명 이상은 된다. 물론 그보다 더 못한 여건 속에서 겨우 생존만 하는 사람도 많이 있다. 그러나 이처럼 가난한 사람이 많은데도 오늘날 전 세계의 화폐 경제는 연간 총 생산액이 50조 달러, 한국 돈으로 약 4경 7,500조에 이른다. 상상이 안 될 만큼 정말 어마어마한 금액이다. 만약 그 액수가 연간 50조 달러가 아니라 100조 달러라면 어떨까? 보이지 않는 곳에 또 다른 50조 달러가 있다고 한다면 말이다. 그런 돈이 어디 있느냐고 되묻겠지만 그 돈은 분명히 우리 주위에 있다.

막강하다: 더할 수 없이 세다 / 연명하는: 목숨을 겨우 이어 살아가는

▶ 우리 주위에는 보이지 않는 돈이 있음

나 미국에 사는 엔키 탠 씨는 2004년 12월 한밤중에 캘리포니아에서 인도네시아의 아체 지역으로 비행기를 타고 날아갔다. 당시 그곳은 갑자기 밀어닥친 지진 해일로 폐허가 되어 있었다. 내과 의사인 엔키 씨는 그곳에서 다친 아이들을 치료하고 피해자들을 살리기 위해 노력했다. 엔키 씨뿐만 아니라 자원봉사자 수천 명이 대재앙의 피해자들을 돕기 위해 28개국에서 모여들었다.

아체: 인도네시아 수마트라 섬 북부에 위치한 지역 / 지진 해일: 지진으로 해저에 지각 변동이 생겨서 일어나는 해일

▶ 엔키 씨를 비롯한 많은 자원봉사자들이 지진 해일 피해 현장에 모여듦 – 근거 ①

다 한편 영국에 사는 샤론 베이츠 씨는 관절염으로 움직이기가 불편하면서도, 간질병 환자인 남편을 간병한다. 자녀 둘을 돌보는 그녀는 '최고의 엄마상'을 받기도 했다. 그녀는 남편을 보살피는 일로 돈을 받지는 않는다. 물론 앞에서 얘기했던 엔키 씨의 자원봉사도 당연히 보수를 받지 않고 하는 활동이다. 바로 이런 것들에 보이지 않는 부가 숨어 있다. 이런 무보수 활동은 돈을 받고 하는 경제 활동과 마찬가지로 무척 가치 있는 일이다.

무보수: 일한 대가로 주는 돈이나 물품이 없음

▶ 대가 없이 남편을 보살피는 샤론 베이츠 씨 – 근거 ②

라 돈을 받지는 않지만 아주 중요하고도 가치 있는 활동이 하나 더 있다. 그것은 어머니의 가사 노동이다. 대부분의 어머니는 집에서 가족을 위해 음식을 만들고 빨래와 청소를 한다. 그런데 어머니가 만약 다른 집에 가서 그와 같은 일을 한다면 어떻게 될까? 당연히 보수를 받을 것이다. 그러니까 자원봉사 활동이나 헌신적으로 가족을 돌보는 일, 어머니의 가사 노동은 돈만 오가지 않을 뿐이지, 그 하나하나가 모두 돈이 되는 생산적인 일인 것이다. 이러한 활동을 위해 사람을 고용한다면 어마어마한 돈을 지급해야 하기 때문이다.

▶ 중요하고 가치 있는 어머니의 가사 노동 – 근거 ③

마 이제 우리는 겉으로 보이는 경제적인 수치만으로 부를 평가하는 데서 벗어나야 한다. 그런데 자본주의 사회에서는 눈에 보이는 돈만으로 부를 평가하고, 그것으로 행복의 기준을 삼는 사람이 많다. 하지만 행복하게 사는 것의 기준이 눈에 보이는 돈에 있는 것이 아니다. 돈은 적게 벌지만 부자보다 훨씬 더 행복하게 살고 더 가치 있는 일을 하는 사람도 많다. 경제적인 수치만으로 부를 평가하고 그 속에서 행복을 찾으려고 하는 사회는 머지않아 수명을 다하게 될 것이다.

▶ 겉으로 드러나는 경제적 수치뿐만 아니라 무보수 활동도 포함시켜 경제적인 가치를 평가해야 함

– 엘빈 토플러, '보이지 않는 돈'

나의 이해 정도: ☆☆☆☆☆ 나의 기분:

정답과 해설 4쪽

핵심 정리

• 이 글의 주장과 근거

근거 1	자원봉사자 엔키 씨
근거 2	남편을 보살피는 샤론 베이츠 씨
근거 3	어머니의 가사 노동

↳ 돈이 오가지는 않지만 가치 있고 생산적인 일임

⬇

주장 : 겉으로 보이는 경제적인 수치만으로 부를 평가하는 데서 벗어나야 한다. 경제적인 수치만으로 부를 평가하고 행복을 찾으려고 하는 사회는 머지않아 끝나게 될 것이다.

• 이 글의 논지 전개 방법

객관적인 자료나 예를 들어 주장을 뒷받침함

⬇

예증

◉ 논설문의 개념 파악하기 - p. 47

01 이와 같은 글의 특징으로 알맞은 것은?

① 작가의 상상에 의해 꾸며 내는 글이다.
② 여정에 따라 감상과 견문을 쓰는 글이다.
③ 주장과 근거를 통해 독자를 설득하는 글이다.
④ 생각이나 느낌을 자유롭게 표현하는 글이다.
⑤ 정보를 전달하여 독자를 이해시키는 글이다.

◉ 논설문을 읽는 방법 파악하기 - p. 47

02 이와 같은 글을 읽는 방법을 바르게 말한 사람은?

① 효미 : 내용의 정확성과 객관성을 판단하며 읽어야 해.
② 선혜 : 글쓴이의 주장을 무조건 받아들이며 읽어야 해.
③ 나리 : 글 전체의 분위기나 정서를 파악하며 읽어야 해.
④ 태현 : 글에 나타난 글쓴이의 개성을 파악하며 읽어야 해.
⑤ 미선 : 글쓴이의 주장과 의도가 무엇인지 파악하며 읽어야 해.

◉ 논설문의 구성 파악하기 - p. 47

03 (가)~(마)를 관련된 문단끼리 바르게 묶은 것은?

① (가) / (나), (다) / (라), (마)
② (가) / (나), (다), (라) / (마)
③ (가) / (나) / (다), (라), (마)
④ (가), (나) / (다), (라) / (마)
⑤ (가), (나) / (다) / (라), (마)

◉ 논설문의 주제 파악하기 - p. 47

04 이 글의 글쓴이가 궁극적으로 말하고자 하는 바는?

① 자원봉사 활동에 앞장서야 한다.
② 자본주의 논리를 버리고 살아야 한다.
③ 눈에 보이는 것만으로 사람을 평가해서는 안 된다.
④ 무보수 활동도 부를 평가하는 기준이 되어야 한다.
⑤ 사회의 변화를 정확하게 인식하고 이에 대비해야 한다.

○가 3개 이상이면
→ 52쪽 설명문으로 Go! ☺

○가 3개 미만이면
→ 틀린 문제로 Back! ☹

06 설명문

선생님, 설명문에 대해 설명해 주세요.

설명문은 글자 그대로 '설명해 주는' 글이야. 요리를 하기 위해 보는 '요리책', '핸드폰 사용 설명서', 연고에 함께 들어 있는 '약품 사용법' 등이 모두 설명문의 한 예야. 우리가 매일 보는 교과서도 설명문의 일종이란 걸 몰랐지?

빈칸에 알맞은 말을 채우면서, '설명문'의 개념을 머릿속에 그려 보자.

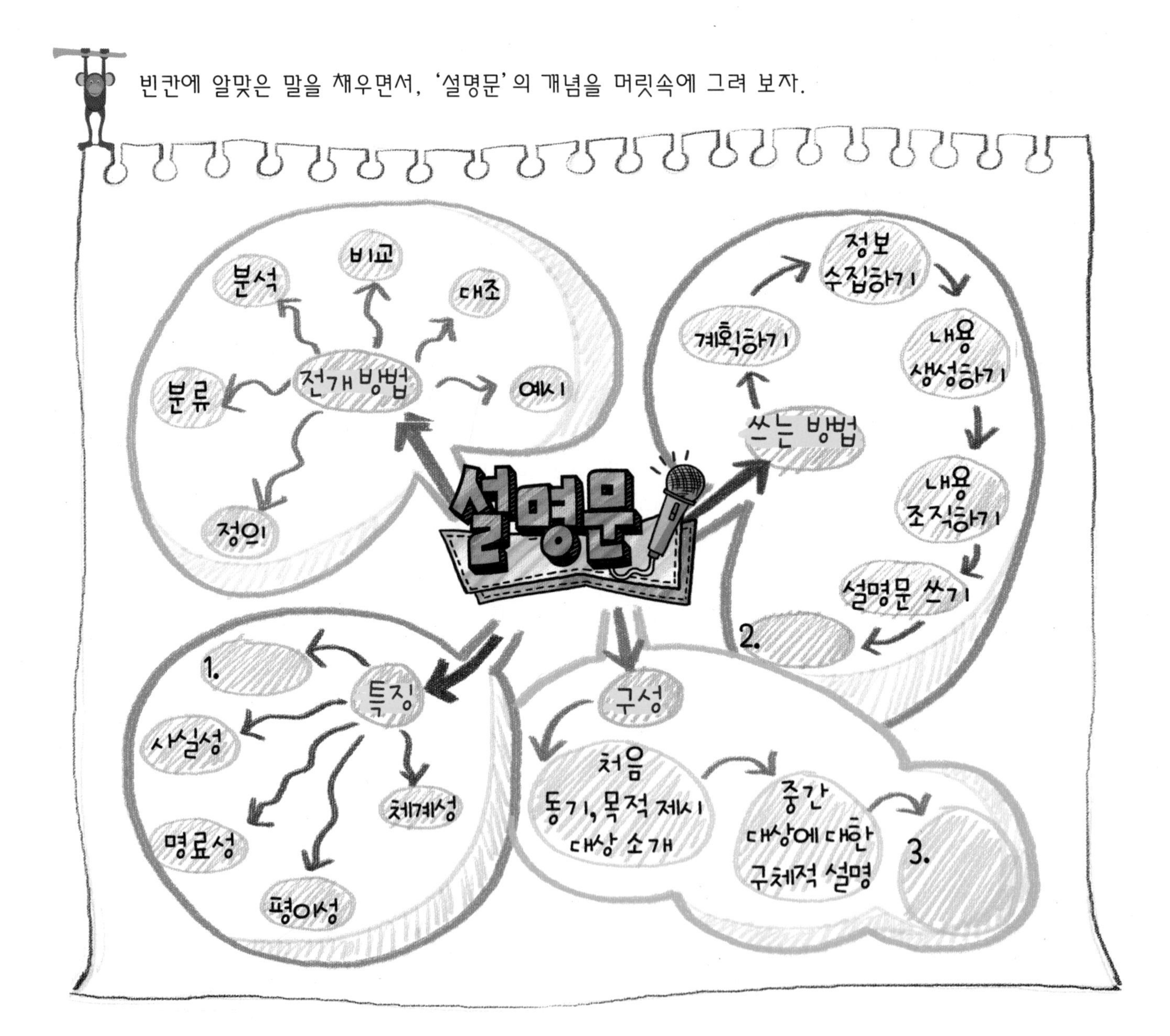

설명문의 뜻 : 정보 전달을 목적으로 하여, 어떤 대상에 대한 지식이나 정보 등을 독자들이 이해하기 쉽도록 체계적으로 풀어 쓴 글

→ 체계적: 일정한 원리에 따라서 낱낱의 부분이 짜임새 있게 조직되어 통일된 전체를 이루는

설명문의 특징

객관성	글쓴이의 주장이나 의견 없이 사실을 객관적으로 전달함
사실성	정확한 지식이나 정보를 사실에 근거하여 전달함
명료성	뜻이 분명하게 전달되도록 문장을 정확하고 간결하게 씀
평이성	독자들이 잘 이해할 수 있도록 쉬운 어휘를 사용하여 설명함
체계성	일정한 순서에 따라 내용을 짜임새 있게 구성함

설명문의 구성

처음(머리말)	중간(본문)	끝(맺음말)
독자의 관심을 유도하고, 설명할 대상을 소개하며, 글을 쓰게 된 동기 또는 목적을 제시함 ➡	여러 가지 설명 방법을 사용하여 대상에 대해 구체적으로 설명함 ➡	중간에서 설명한 내용을 요약 · 정리 및 마무리함

설명문을 읽는 방법

(1) 설명 대상을 정확히 파악하기
(2) 글의 짜임과 전개 방식을 파악하기
(3) 내용의 사실성과 객관성을 판단하기
(4) 지시어와 접속어에 유의하여 내용을 파악하기
(5) 문단 간의 연결 관계와 글 전체의 통일성을 파악하기
(6) 각 문단의 핵심어와 중심 문장을 찾아 중심 내용을 파악하기
(7) 각 문단의 중심 내용을 바탕으로 글의 주제를 파악하기

→ 지시어: 사물이나 사람, 장소, 방향 등을 대신 가리키는 말

설명문의 문단 구성 방식

두괄식 구성	중심 문장을 앞부분에 두고 뒷받침 문장을 뒷부분에 제시	
미괄식 구성	중심 문장을 뒷부분에 두고 뒷받침 문장을 앞부분에 제시	
중괄식 구성	중심 문장을 글의 가운데에 제시	
병렬식 구성	여러 개의 중심 문장을 대등하게 나열하여 제시	
양괄식 구성	중심 문장을 글의 앞부분과 뒷부분에 제시	

개념 멘토링

Q 선생님, 정보 전달을 목적으로 쓴 글인 설명문은 왠지 딱딱하고 지루한 글일 것 같아요.

A 설명문이라고 해서 모두 딱딱한 글은 아니란다. 음식 만드는 방법을 쓴 글도 설명문이 될 수 있어. 그런 글은 문학 작품처럼 단순히 감상하고 느끼기 위해 읽는 것이 아니라, 만드는 방법에 대한 정보를 확실하게 파악하여 맛있는 음식을 만들기 위해 읽는 것이지. 어릴 때 로봇을 만들어 본 적이 있지? 로봇을 잘 조립하기 위해서는 함께 들어 있는 설명서를 꼼꼼하게 읽어야 하잖니? 이러한 사용 설명서가 모두 설명문의 일종이란다.

개념 테스트

1 설명문이란 □□ □□을/를 목적으로 하여, 어떤 대상에 대한 지식이나 정보 등을 독자들이 □□하기 쉽도록 체계적으로 풀어 쓴 글을 말한다.

2 다음 내용이 설명문에 대한 설명으로 옳으면 ○표, 옳지 않으면 ×표 하시오.

(1) 설명문에는 글쓴이의 개인적인 생각이 주로 드러난다. (○ / ×)

(2) 설명문은 주제가 간접적으로 드러난다. (○ / ×)

설명문의 내용 전개 방법

정의	대상의 뜻을 풀이하여 설명하는 방법 예 콩은 콩과의 한해살이풀이다.	
비교	둘 이상의 대상을 견주어 공통점이나 비슷한 점을 중심으로 설명하는 방법 예 가야금과 하프는 줄을 튕겨서 연주한다는 공통점이 있다.	
대조	둘 이상의 대상을 견주어 차이점을 중심으로 설명하는 방법 예 가야금은 우리나라의 전통 악기이고, 하프는 서양의 악기이다.	
예시	대상에 대한 구체적인 예를 들어 설명하는 방법 예 봄에 피는 꽃에는 진달래, 개나리 등이 있다.	
분류	대상을 일정한 기준에 따라 나누거나 묶어서 설명하는 방법 예 콩은 색, 모양, 크기에 따라 완두콩, 메주콩, 강낭콩 등으로 나눌 수 있다.	
분석	대상을 구성하고 있는 요소로 나누어 설명하는 방법 예 식물은 뿌리, 줄기, 잎, 꽃으로 이루어져 있다.	

개념 멘토링

Q 분류와 분석은 어떻게 구분해야 하나요?

A '분류'는 대상을 나누거나 묶는 일정한 기준이 있는데, '분석'은 그렇지 않아. 그리고 '분류'는 흩어져 있는 것을 모아서 나누는 개념인 데 반해, '분석'은 하나를 쪼갠다는 개념이야. 예를 들어 '참치 캔의 종류로는 고추 참치, 야채 참치, 짜장 참치 등이 있다.'는 분류이고, '야채 참치는 다랑어, 야채, 양념으로 이루어져 있다.'는 분석인 거야.

개념 테스트

3 다음 예문에 사용된 내용 전개 방법을 쓰시오.

- 나리와 소리는 둘 다 중학생이다. ➡ (   )

4 □□은/는 대상을 일정한 기준에 따라 나누거나 묶어서 설명하는 방법이고, □□은/는 대상을 구성하고 있는 요소나 부분들로 나누어 설명하는 방법이다.

5 '사람보다 장수하는 나무에는 느티나무, 밤나무, 은행나무 등이 있다.'에 쓰인 내용 전개 방법은 □□이다.

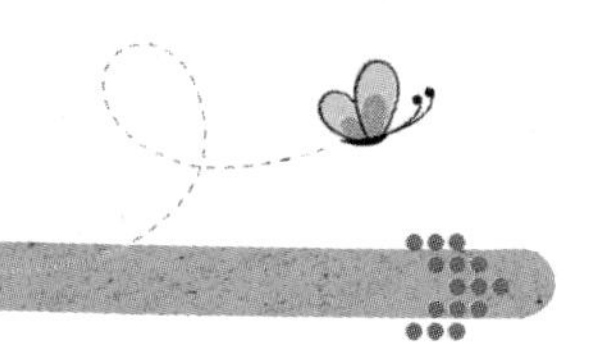

설명문을 쓰는 방법

〈계획하기〉 → 〈정보 수집하기〉 → 〈내용 생성하기〉

〈설명문 쓰고 고쳐 쓰기〉 ← 〈내용 조직하기〉

계획하기	• 설명하고자 하는 대상과 목적, 주제를 정함 • 예상 독자에 대해 분석함
정보 수집하기	• 주제와 관련하여 정보를 어떻게 찾으면 좋을지 생각함 • 정보 수집에 알맞은 매체를 선정하여 정보를 수집함 • 수집한 정보에 출처를 적고 정리함
내용 생성하기	• 수집한 정보 중에서 주제에 맞는 내용을 선정함 • 선정한 내용이 출처가 분명하고 정확한 사실인지 확인함
내용 조직하기	• 선정한 내용을 바탕으로 글의 개요를 작성함 (개요: 간결하게 추려 낸 주요 내용) • '처음 – 중간 – 끝'의 3단 구성으로 짜임새 있게 조직함
설명문 쓰고 고쳐 쓰기	• 독자에게 의미가 분명히 전달되도록 쉬운 어휘를 통해 간결하고 정확하게 표현함 • 단어, 문장, 문단, 구성, 글 전체 수준에서 통일성을 고려하여 고쳐 씀 (고쳐 씀: 퇴고(推敲))

통일성: 한 편의 글에 담긴 내용들 간의 '의미적 연결 관계'

개념 테스트

6 설명문을 쓰거나 고칠 때에는 단어, 문장, 문단, 구성, 글 전체 수준에서 ☐☐☐을/를 고려하여야 한다.

7 설명문을 쓸 때, '계획하기' 단계에서는 설명하고자 하는 대상과 목적, ☐☐을/를 정하고, ☐☐ ☐☐을/를 분석해야 한다.

개념 체크 리스트!

- 설명문의 개념을 설명해 보세요. ☐
- 설명문의 특징을 세 가지 이상 말할 수 있나요? ☐
- 설명문은 어떻게 구성되나요? ☐
- 설명문은 어떻게 읽어야 하나요? ☐
- 설명문의 내용 전개 방법에는 어떤 것이 있나요? ☐
- 비교와 대조의 차이점을 설명할 수 있나요? ☐
- 예시에 대해 설명해 보세요. ☐
- 정의에 대해 설명해 보세요. ☐
- 분류와 분석의 차이점을 설명할 수 있나요? ☐
- 설명문은 어떤 순서로 쓰나요? ☐

○가 7개 이상이면 → 56쪽 개념 색깔 입히기로 Go! ☺
○가 7개 미만이면 → 53쪽 개념 스케치하기로 Back! ☹

| 개념 색깔 입히기 |

06 설명문

갈래	설명문	성격	해설적, 객관적, 체계적
제재	한지	주제	한지의 우수성
특징	• 한지의 우수성을 대조의 방법으로 설명함 • 한지가 질기고 수명이 길다는 사례를 들어 독자의 호기심을 유발함 • 한지의 우수성과 한지의 질을 향상시킨 제조 비법을 나열하여 설명함		

가 '한지(韓紙)'는 한국 고유의 종이를 이르는 말이다. 조히(종이), 조선종이, 창호지, 문종이, 참종이, 닥종이 등으로 불렸던 우리 종이가 한지로 불리기 시작한 것은 20세기 초 · 중반 서양 종이인 '양지(洋紙)'가 들어와 널리 알려지기 시작하면서부터였다.

양지(洋紙): 서양에서 들여온 종이

▶ 한국 고유의 종이를 한지라고 함(한지의 의미)

나 한지가 우리나라에서 처음으로 만들어지기 시작한 것은 대체로 4세기에서 7세기 초로 볼 수 있다. 지금까지 7세기 초로 여겨지는 신라 종이가 발견된 예가 있으며, 고구려의 담징이 610년에 일본에 종이 만드는 기술을 전해 주었다는 기록이 있는 것으로 보아 이런 사실을 짐작해 볼 수 있다.

▶ 한지는 4세기에서 7세기 초에 만들어지기 시작함(한지의 유래)

다 천 년 세월을 숨 쉬며 살아온 한지는 알고 보면 이 땅에 자라는 질 좋은 닥나무가 있었기에 가능한 것이었다. 한지는 질기고 수명이 오래간다는 것 외에도 보온성과 통풍성이 뛰어나다. 이런 한지의 우수성은 양지와 비교해 보면 금방 알 수 있다. 한지는 빛과 바람, 그리고 습기와 같은 자연 현상에 대한 친화력이 강해 창호지로 많이 쓰인다. 한지를 창호지로 쓰면 문을 닫아도 바람이 잘 통하고 습기를 잘 흡수해서 습도 조절의 역할까지 한다. 흔히 한지를 '살아 있는 종이'라고 하는 이유도 여기에 있다. 반면 양지는 바람이 잘 통하지 않고 습기에 대한 친화력도 한지에 비해 약하다. 한지가 살아 숨 쉬는 종이라면, 양지는 뻣뻣하게 굳어 있는 종이라고 할 것이다.

▶ 한지는 질기고 수명이 오래가며 보온성과 통풍성이 뛰어남(한지의 우수성)

라 한지는 주로 닥나무 껍질에서 뽑아낸 섬유를 원료로 하여 사람의 손으로 직접 만든다. 양지는 나무껍질에서 목질부(물과 양분의 이동 통로로 식물체를 지탱해 주는 부분)를 가공해 만든 펄프를 원료로 하여 기계로 대량 생산한다. 한지의 주원료인 닥나무는 섬유의 길이가 양지의 원료인 침엽수나 활엽수보다 훨씬 길기 때문에 질긴 종이를 만들 수 있다.

▶ 한지는 닥나무를 원료로 하여 강하고 질김(한지의 질을 향상시킨 비법 ①)

마 한지가 천 년의 수명을 가질 수 있는 또 다른 이유는 화학 반응에 잘 견디는 중성지라는 점이다, 신문지나 오래된 교과서가 누렇게 색깔이 변하는 이유는 종이의 원료가 산성이기 때문이다. 양지는 산성지로서 고작 50~100년 정도만 지나도 누렇게 변하여 삭아 버린다. 그러나 한지는 중성지로서 세월이 가면 갈수록 결이 고와지고 수명이 오래간다.

화학 반응: 두 가지 이상의 물질 사이에 화학 변화가 일어나서 다른 물질로 변화하는 과정

중성지: 잉크가 번지는 것을 방지하기 위하여 탄산칼슘 따위의 중성 재료를 첨가한 종이

산성지: 잉크가 번지는 것을 방지하기 위하여 황산알루미늄을 쓴 산성 종이

삭아: 물건이 오래되어 본바탕이 변하여 썩은 것처럼 되다.

▶ 한지는 중성지여서 수명이 오래감(한지의 질을 향상시킨 비법 ②)

바 이처럼 우리 조상들의 슬기가 담긴 한지는 한지만의 독특한 원료와 기법에 따라 대량으로 생산하게 되었다. 하지만 임진왜란을 겪으며 한지 제작이 쇠퇴하기 시작했고, 근대에 들어 펄프를 원료로 한 종이가 대량으로 들어오면서 한지는 일상생활에서 점차 자취를 감추었다. 그러나 최근에는 펄프 종이와 비교할 수 없을 정도로 우수한 한지의 특질이 알려지면서 다시금 한지에 대한 관심이 높아지고 있다. 특히 잘 상하지 않고 질기며 오래 보존할 수 있어서 여러 분야에서 첨단 소재로 널리 이용될 가능성도 열려 있다.

▶ 우수한 특질로 한지에 대한 관심이 높아짐

– 김형자, '천년을 가는 한지의 비밀'

정답과 해설 5쪽

• **이 글의 구성**

처음
한지의 의미와 유래

⬇

중간
– 한지의 질적 우수성 – 한지의 질을 향상시킨 제조 비법

⬇

끝
한지에 대해 높아지는 관심과 미래의 전망

• **이 글의 주된 설명 방법** : 대조

한지
– 살아 있는 종이임 – 주원료가 닥나무임

↕

양지
– 뻣뻣하게 굳어 있는 종이임 – 주원료가 침엽수, 활엽수임

○가 3개 이상이면
→ 58쪽 전기문으로 Go! ☺

○가 3개 미만이면
→ 틀린 문제로 Back! ☹

◉ 설명문의 특징 파악하기 – p. 53

01 이와 같은 글의 특징으로 적절하지 않은 것은?

① 대상에 대한 정보 전달을 목적으로 한다.
② 글쓴이의 의견을 뒷받침하는 근거를 제시한다.
③ 뜻이 분명하게 전달되도록 정확한 문장으로 쓴다.
④ 일정한 순서에 따라 내용을 짜임새 있게 구성한다.
⑤ 정확한 지식이나 정보를 사실에 근거하여 전달한다.

◉ 설명문의 중심 내용 파악하기 – pp. 53~55

02 (가)~(마)에 붙인 제목으로 알맞지 않은 것은?

① (가) : 한지의 의미
② (나) : 한지의 유래
③ (다) : 한지의 우수성
④ (라) : 한지의 주원료
⑤ (마) : 한지의 질을 향상시킨 비법

◉ 설명문의 구성 단계 파악하기 – p. 53

03 (가)~(나)의 구성 단계상의 특징이 아닌 것은?

① 글을 쓴 목적을 제시한다.
② 읽는 이의 관심을 유도한다.
③ 설명할 대상을 간단히 소개한다.
④ 대상에 대해 구체적으로 설명한다.
⑤ 앞으로 어떤 내용을 다루게 될지 알려 준다.

◉ 설명문의 내용 전개 방식 파악하기 – p. 54

04 (다)~(마)에 주로 쓰인 설명 방법과 같은 것은?

① 우리는 일을 해낼 수 있는 힘을 통틀어서 에너지라고 부른다.
② 자동차는 엔진, 기어, 핸들, 의자, 바퀴 등으로 구성되어 있다.
③ 시는 그 형태에 따라서 자유시, 정형시, 산문시로 나눌 수 있다.
④ 사람보다 장수하는 나무들이 있다. 느티나무, 밤나무, 은행나무는 수명이 천 년이나 된다.
⑤ 텔레비전은 수신자들의 시각과 청각에 호소하지만, 라디오는 수신자들의 청각에만 호소한다.

07 전기문

선생님, 전기문은 평소에 읽어 보기 힘든 글인가요?

아니야. 어릴 때 위인전 많이 읽었지? 그 위인전이 바로 전기문의 일종이란다. 위인전을 읽으면 감동도 받고 나도 훌륭한 사람이 되어야겠다는 교훈을 얻을 수 있었지? 이렇게 어떤 인물의 삶을 읽고서 감동과 교훈을 얻을 수 있는 글이 전기문이야.

빈칸에 알맞은 말을 채우면서, '전기문'의 개념을 머릿속에 그려 보자.

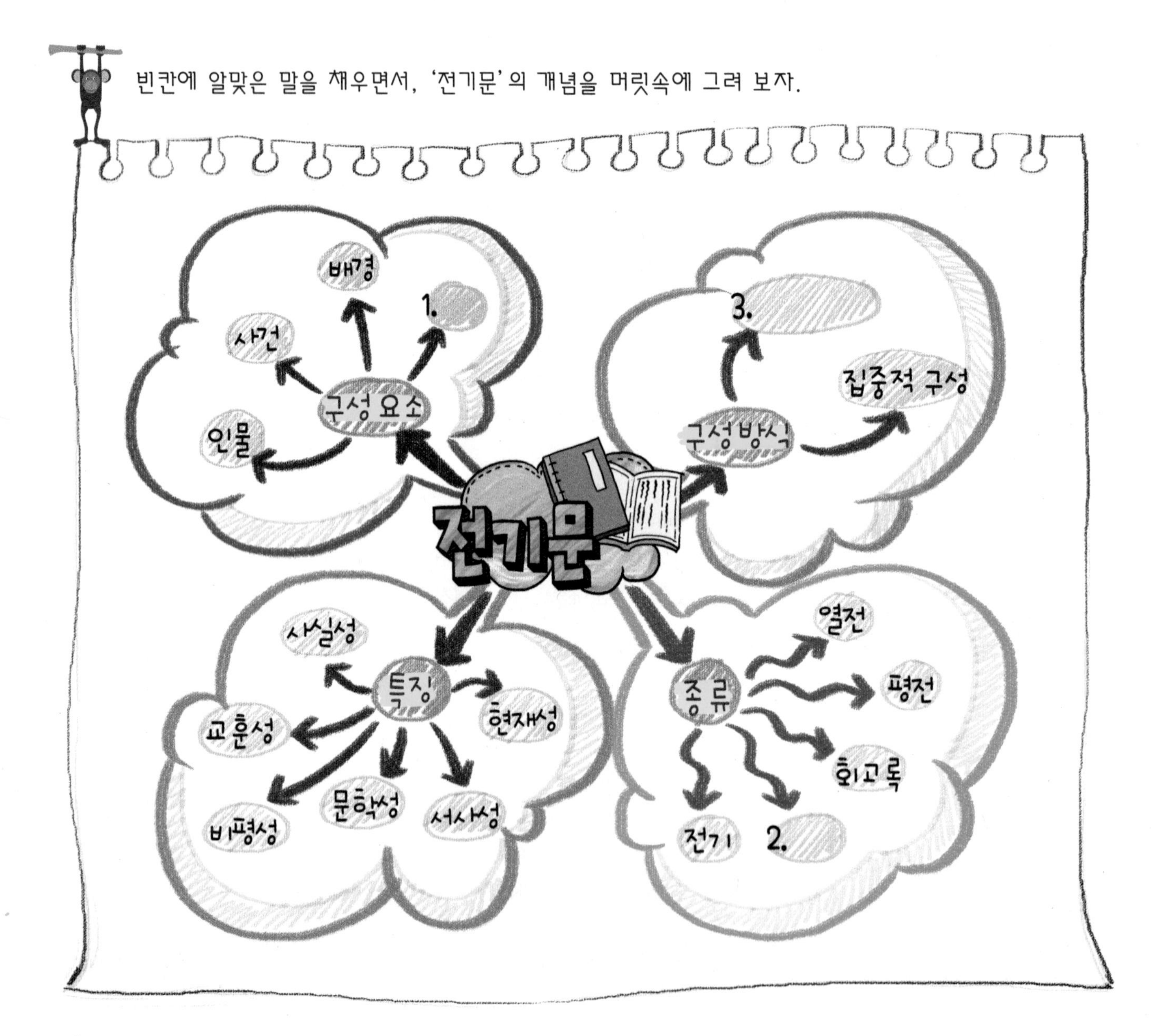

전기문의 뜻

역사적 업적을 남기거나 사회적으로 공헌한 실존 인물의 생애, 성품, 업적 등을 기록한 글

전기문의 특징

사실성	실존 인물과 실제 있었던 일을 소재로 함
교훈성	인물의 성품이나 업적 등을 통해 교훈을 줌
비평성	인물에 대한 작가의 평가가 드러남
문학성	사실의 기록이지만 문학적인 구성과 서술로 감동을 줌
서사성	대체로 사건을 시간의 흐름에 따라 서술함
현재성	과거의 일이지만 현장감과 생동감을 위해 현재형으로 기록함

전기문의 구성 요소

인물	인물의 출생, 성장 과정, 교육, 성격, 죽음 등이 나타남
사건	인물의 업적, 일화, 활동이 나타남
배경	인물이 활동했던 시대적, 공간적, 사회적 배경이 나타남
평가(비평)	인물에 대한 작가의 평가와 의견, 생각, 느낌이 나타남

전기문의 종류

전기	특정한 인물의 일생 동안의 행적이나 일부 사건을 다른 사람이 기록한 글
자서전	자신의 일생을 자신이 직접 기록한 글
회고록	자신의 생애 중에서 중요한 활동이나 업적에 대해 쓴 글
평전	인물의 일생에 대한 비평을 중심으로 쓴 글
열전	여러 사람의 전기를 한데 모아 차례로 기록한 글

전기문의 구성 방식

일대기적 구성 : 인물의 출생부터 사망까지의 전 생애를 기록하는 방법

집중적 구성 : 인물의 일생 가운데 중요한 시절의 사건만 집중적으로 기록하는 방법

전기문을 읽는 방법

- 인물의 생애와 업적을 파악하며 읽기
- 일화에 나타난 인물의 가치관이나 성격 등을 파악하며 읽기
- 인물이 살았던 당시의 시대적, 사회적, 공간적 배경을 고려하며 읽기
- 인물의 생애와 업적을 통해 얻을 수 있는 교훈과 감동이 무엇인지 생각하며 읽기

개념 테스트

1 다음 내용이 전기문에 대한 설명으로 옳으면 ○표, 옳지 않으면 ×표 하시오.

(1) 전기문에 등장하는 주인공은 작가가 상상하여 만들어 낸 허구적 인물이다. (○ / ×)

(2) 전기문과 소설의 구성 요소는 같다. (○ / ×)

2 전기문의 구성 요소 중 □□ 은/는 인물의 업적이나 가치관에 대한 작가의 의견이나 생각이 드러나는 부분이다.

3 다음 설명에 해당하는 전기문의 구성 방식을 쓰시오.

(1) 인물의 출생부터 사망까지의 전 생애를 기록하는 방법
( )

(2) 인물의 생애 가운데 중요한 시절의 사건만을 기록하는 방법
( )

개념 체크 리스트!

- 전기문의 뜻을 설명할 수 있나요? □
- 전기문의 구성 요소 네 가지는 무엇인가요? □
- 전기문의 종류를 다섯 가지로 말할 수 있나요? □
- 전기문의 구성 방식을 두 가지로 나누어 설명해 보세요. □
- 전기문은 어떻게 읽어야 하나요? □

○가 3개 이상이면 → 60쪽 개념 색깔 입히기로 Go! ☺

○가 3개 미만이면 → 59쪽 개념 스케치하기로 Back! ☹

| 개념 색깔 입히기 | 07 전기문

갈래	전기문(자서전)	성격	고백적, 사실적, 주관적, 서사적
제재	을사조약	주제	위급한 나라를 구하고 독립을 이루고자 하는 조국애
특징	• 글쓴이의 경험 중 주제와 관련이 있는 일화를 중심으로 이야기를 전개함 • 시간의 흐름에 따라 이야기를 전개하고, 대화체 문장을 통해 말하고자 하는 바를 효과적으로 전달하고 있음		

가 1905년 을사(乙巳)년이 되었다. / 러일 전쟁이 일본의 승리로 끝난 뒤에, 이토 히로부미가 한국으로 건너와 정부를 위협하여 강제로 맺은 5조약이 삼천리강산과 이천만 인심을 뒤흔들어 놓았다.

▶ 강제로 맺은 5조약으로 충격을 받은 우리나라

나 아버지께서는 심신의 울분(답답하고 분함)으로 병이 더욱 중하게 되었다. 나는 아버지와 비밀히 상의하였다.

"일본과 러시아가 전쟁을 시작했을 때 일본이 전쟁을 선포하는(세상에 널리 알림) 글 가운데, 동양의 평화를 유지하고 한국의 독립을 굳건히 하겠다고 한 말이 있었습니다. 그러나 이제 일본이 스스로 밝힌 대의(大義)(사람으로서 마땅히 지키고 행하여야 할 큰 도리)를 지키지 않고 있는데, 이것은 모두 일본의 정치가인 이토의 정치적인 책략(어떤 일을 꾸미고 이루어 나가는 교묘한 방법)입니다. 먼저 강제로 조약을 정하고, 다음으로 뜻있는 사람들의 모임을 없앤 뒤에 우리 강토(나라의 경계 안에 있는 땅)를 삼키려는 것이 나라를 망치려는 지금의 을사조약입니다."

▶ 을사조약에 대한 방책을 상의하는 안중근과 아버지

다 나는 집 안에 있는 민영익에게 들리도록 크게 꾸짖어 말했다.

"그대는 한국인으로서 한국 사람을 만나지 않는다면 어느 나라 사람을 만나는 것인가. 더욱이 그대는 한국에서 여러 대에 걸쳐 국록(國祿)(나라에서 주는 녹봉)을 먹은 신하로서, 이같이 어려운 때를 만나, 전혀 사람 사랑하는 마음이 없이 베개를 높이 하고 편안히 누워 조국의 흥망(잘되어 일어남과 못되어 없어짐)을 잊어버리고 있으니, 세상에 어찌 이 같은 도리가 있을 수 있는가. 오늘날 나라가 위급해진 것은, 그 죄가 전적으로 그대들과 같은 대관들한테 있는 것이요. 민족의 허물에 달린 것이 아니기 때문에 얼굴이 부끄러워서 만나지 않는 것인가."

하고 한참 동안 욕을 퍼붓고는 돌아와 더 이상 그를 찾지 않았다.

▶ 한국 사람을 만나지 않는 민영익을 꾸짖는 안중근

라 "만일 나라가 없다면 백성이 어찌 있을 것이오? 더구나 나라란 몇몇 대관들의 나라가 아니라 당당한 이천만 민족의 나라인데, 국민이 국민 된 의무를 행하지 않는다면 어찌 국민의 권리와 자유를 얻을 수 있을 것이오? 그리고 지금은 민족이 나라를 이루는 세계인데, 어째서 홀로 한국 민족만이 남의 밥이 되어 앉아서 멸망하기를 기다리는 것이 옳겠소?"

그러자 그가 대답하였다.

"공의 말이 그렇기는 하나, 나는 다만 장사치로서 입에 풀칠만 하면 그만이니, 다시는 내게 정치 이야길랑 하지 마시오."

▶ 나랏일에 힘을 합치기를 거절하는 사업가의 말에 탄식하는 안중근

마 "가족을 외국으로 옮긴다는 것은 그릇된 계획입니다. 뜻있는 사람들이 온통 외국으로 피해 간다면 누가 남아서 싸울 수 있겠습니까? 또한, 열강(여러 강한 나라)이 안 선생의 억울한 설명을 듣고서는 가엾다고 하기는 할 것이나, 그렇다고 한국을 위하여 군사를 일으키지는 않을 겁니다. 각각 제 나라 일이 바빠서 전혀 남의 나라를 돌봐 줄 겨를이 없습니다. 옛글에 일렀으되 '하늘은 스스로 돕는 자를 돕는다.' 고 했으니, 속히 본국으로 돌아가서, 안 선생이 할 일을 하십시오. 첫째는 교육의 발달이요, 둘째는 사회의 확장이요, 셋째는 민심의 단합이요, 넷째는 실력의 양성입니다."

그 말을 다 들은 뒤에 나는 대답하였다. / "신부님 말씀이 옳습니다. 그대로 따르겠습니다."

– 안중근, '안중근 자서전'

▶ 본국으로 돌아가서 일 하라는 곽 신부의 조언을 받아들인 안중근

나의 이해 정도: ☆☆☆☆☆ 나의 기분:

정답과 해설 5쪽

핵심 정리

• 글쓴이의 가치관
- 나라가 없다면 백성도 없다. → 국가의 필요성
- 나라의 주인은 백성이다. → 주권 재민 사상
- 권리와 자유를 얻으려면 국민으로서의 의무를 다해야 한다. → 자유와 권리를 위한 의무(투쟁)의 필요성, 국가주의
- 민족이 나라를 이루는 세계이다. → 민족 국가주의

• 이 글의 주된 표현 방법
- **대화** : 인물들이 주고받는 말. 이 글에서는 인물의 심리나 성격, 가치관, 사건의 경과 등이 주로 대화를 통해 드러남
- **관용적 표현** : 상황에 적절한 격언, 관용적 표현 등을 적절히 활용함

• 전기문과 소설

공통점	- 삶의 진실을 추구함 - 문학적, 서사적 방법을 사용함 - 바람직한 인간상을 찾고자 함
차이점	- 전기문의 인물, 사건, 배경은 실재했던 것이고, 소설의 인물, 사건, 배경은 작가가 창조한 것임

○가 3개 이상이면
→ 62쪽 보고서, 기사문으로 Go! ☺

○가 3개 미만이면
→ 틀린 문제로 Back! ☹

◉전기문의 특성 파악하기 - p. 59

01 이와 같은 글에 대한 설명으로 옳지 않은 것은?

① 독자에게 감동과 교훈을 준다.
② 경험에 상상을 더하여 재창조된 글이다.
③ 실존 인물과 실제 있었던 일을 소재로 한다.
④ 대체로 사건을 시간의 흐름에 따라 서술한다.
⑤ 인물이 살았던 당시의 역사적 상황이 드러난다.

◉전기문을 읽는 방법 파악하기 - p. 59

02 이와 같은 글을 읽는 방법으로 적절하지 않은 것은?

① 인물의 업적을 파악하며 읽는다.
② 새로운 정보를 파악하며 읽는다.
③ 인물의 가치관을 파악하며 읽는다.
④ 일화를 통해 나타난 인물의 성격을 파악하며 읽는다.
⑤ 인물의 생애를 통해 얻을 수 있는 교훈과 감동을 생각하며 읽는다.

◉전기문과 소설의 차이점 파악하기 - p. 59

03 소설과 비교할 때, 이 글이 지닌 가장 큰 특징은?

① 문학성 ② 교훈성 ③ 사실성
④ 상징성 ⑤ 서사성

◉전기문에 나타난 인물의 가치관 파악하기 - p. 59

04 이 글을 통해 알 수 있는 안중근의 가치관과 거리가 먼 것은?

① 나라의 주인은 백성이다.
② 국민으로서 의무를 다해야 자유와 권리도 누릴 수 있다.
③ 국록을 먹은 신하라면 당연히 조국을 걱정하고 조국을 위해 일해야 한다.
④ 나라가 위급해진 것은 국민들의 허물이 아니라 정치를 못한 대관들의 잘못이다.
⑤ 일본이 한국의 독립을 굳건히 한다는 대의를 지키지 않은 것은 당시 국제 정세로 보아 어쩔 수 없는 일이다.

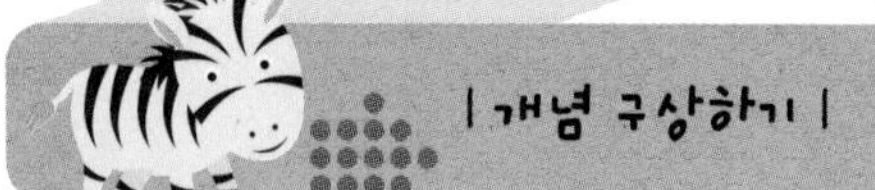

| 개념 구상하기 |

08 보고서, 기사문

선생님, 보고서와 기사문의 공통점은 뭔가요?

보고서와 기사문은 무언가를 '알리는 글'이라는 공통점이 있단다. 보고서는 실험 관찰 보고서처럼 어떤 일을 보고해서 알리기 위해 쓰는 글이고, 기사문은 신문 기사처럼 알릴 만한 가치가 있는 일을 알리기 위해 쓰는 글이야.

빈칸에 알맞은 말을 채우면서, '보고서, 기사문'의 개념을 머릿속에 그려 보자.

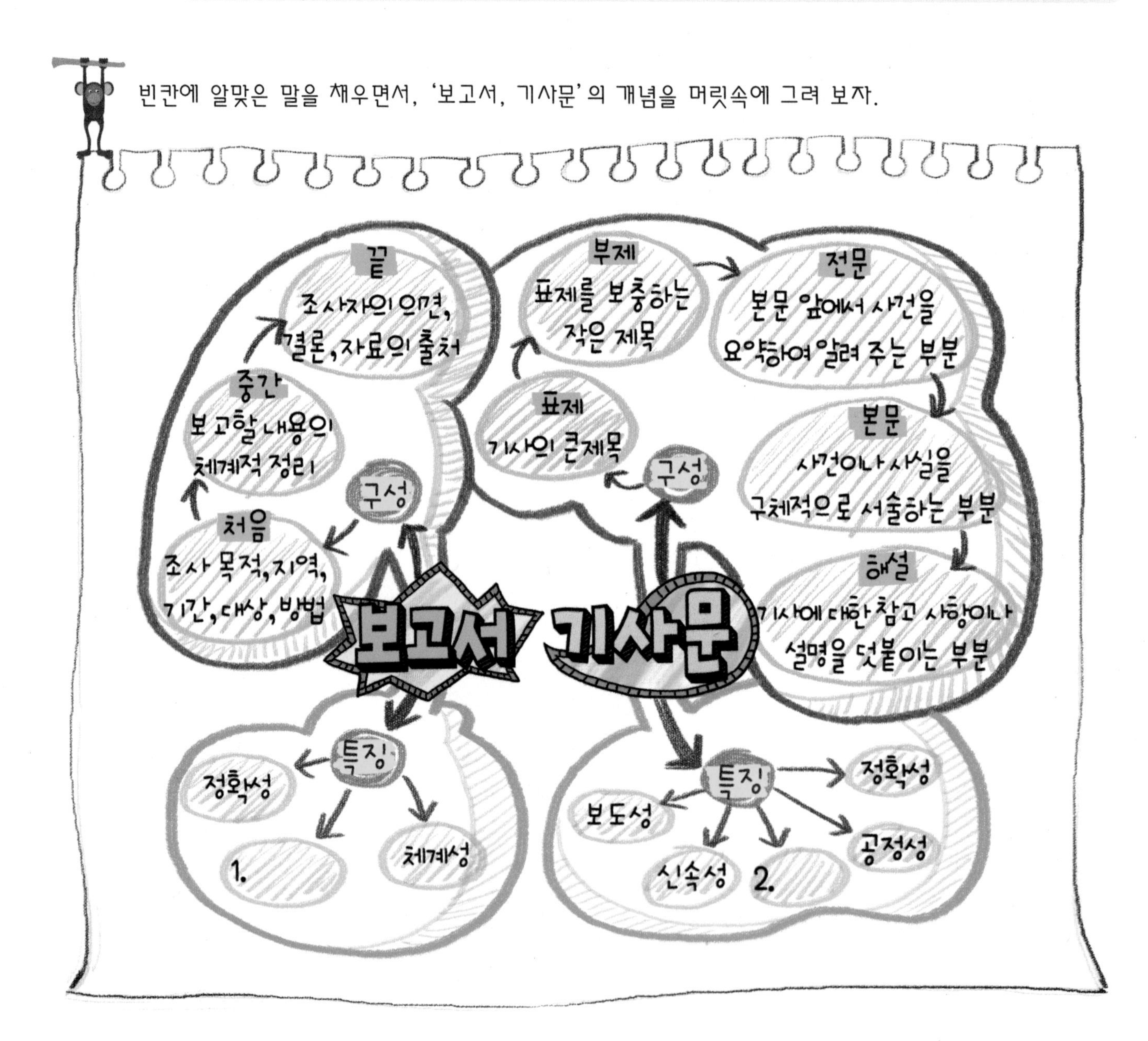

보고서

보고서의 뜻 : 어떤 목적을 가지고 조사, 관찰, 실험, 견학 등의 과정이나 결과를 체계적으로 정리하여 다른 사람에게 전달하는 글

보고서의 특징

정확성	보고서의 내용 및 결과는 명확한 사실을 바탕으로 작성해야 함
객관성	보고서의 내용 및 결과에 다른 사람들도 동의할 수 있어야 함
체계성	일정한 형식에 따라 짜임새 있게 체계적으로 내용을 전개해야 함

보고서의 구성

처음	조사 목적, 지역, 기간, 대상, 방법 등을 제시함
중간	조사한 결과(보고할 내용)를 체계적으로 정리함
끝	조사자의 의견, 결론을 제시하고 참고한 자료의 출처를 밝힘

우리 마을 가게 이름 실태

우리 학교 향토 조사반에서는 우리 마을 가게 이름의 실태를 알아보기 위해, 10월 13일부터 15일까지 3일 동안 향토 조사반원 24명이 도보로 거리를 답사하여 가게 이름을 조사하였습니다. 조사 결과 전체 가게 113개 중, 우리말 이름 가게는 22개, 외국말 이름 가게는 53개, 우리말 이름과 외국말 이름이 섞인 가게는 31개, 우리말인지 외국말인지 구분이 안 가는 이름의 가게도 7개나 되었습니다.

조사 목적 : 조사를 하려는 이유

조사 과정 : 기간, 대상, 방법 등

조사 결과 : 조사한 내용의 분석, 그 의미에 대한 구체적 설명

보고서를 쓸 때 유의할 점

- 조사, 관찰, 실험의 절차와 결과가 잘 드러나도록 써야 함
- 정확하고 객관적인 사실에 근거해서 써야 함
- 도표나 그림 등을 활용하여 보고서를 작성하면 더욱 효과적임
- 사실과 의견을 구별하여 간결하면서도 명확하게 표현해야 함
- 연구 결과를 과장하거나 왜곡하지 말아야 함
- 다른 사람의 글을 몰래 가져와서 쓰지 말아야 함
- 참고한 자료의 출처나 도움을 준 사람들의 이름을 밝혀야 함

개념 플러스

〈보고서 작성의 태도〉

직접 조사, 관찰, 실험하여 써야 하며, 다른 사람의 글을 몰래 가져와서는 안 된다.

개념 테스트

1 보고서의 특징을 다음과 같이 정리할 때, ㉠과 ㉡에 들어갈 말을 각각 쓰시오.

> 보고서는 내용 및 결과를 명확한 사실을 바탕으로 작성해야 하는 (㉠)와/과 내용 및 결과에 다른 사람들도 동의할 수 있어야 하는 (㉡)을/를 특징으로 하는 글이다.

2 보고서의 특징으로 알맞지 않은 것에 ○표 하시오.

> 정확성 주관성 체계성

3 보고서를 쓸 때 □□(이)나 □□ 등을 활용하면 더욱 효과적이다.

08 보고서, 기사문

보고서를 쓰는 방법

기사문

기사문의 뜻 : 알릴 만한 가치가 있는 사실을 객관적이고 신속 · 정확하게 알리는 글

기사문의 특징

정확성	정확한 사실을 바탕으로 함
공정성	어느 한쪽에 치우치지 않고 공정하고 올바르게 작성함
객관성	사실을 육하원칙에 따라 있는 그대로 기록함
신속성	새로운 정보를 빠르게 전달하는 것을 목표로 함
보도성	새로운 정보나 소식 등을 대중에게 전달하고 알림

기사문의 작성 원칙 – 육하원칙

개념 멘토링

Q **기사문을 읽는 방법은 알았는데, 기사문을 쓰는 방법은 무엇인지 궁금해요.**

A 기사문을 쓸 때에는 육하원칙에 따라 써야 하고, 필요에 따라 도표나 그림, 사진 등을 이용하여 독자의 이해를 도울 수 있어. 또한 정확한 사실을 간결하고 명료하게 쓰며, 표제와 부제를 적절히 사용해야겠지? 객관성, 공정성을 지키고 주관적인 표현은 가급적 삼가는 것도 잊지 말자.

개념 테스트

4 **다음 내용이 기사문에 대한 설명으로 옳으면 ○표, 옳지 않으면 ×표 하시오.**

(1) 가치 있는 정보라면 누구나 알고 있는 지나간 정보여도 기사문의 소재가 될 수 있다. (○ / ×)

(2) 사실을 육하원칙에 따라 그대로 기록해야 한다. (○ / ×)

5 **다음 설명에 해당하는 기사문의 특징을 〈보기〉에서 찾아 쓰시오.**

〈 보기 〉
정확성 공정성 객관성
신속성 보도성

(1) 새로운 정보나 소식 등을 대중에게 전달하고 알린다.
( )

(2) 사실을 육하원칙에 따라 있는 그대로 기록한다.
( )

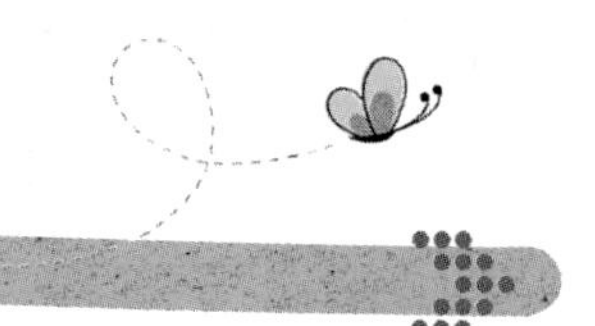

기사문의 구성

표제	기사의 제목, 큰 제목
부제	표제를 보충하는 작은 제목
전문	'본문' 앞에서 사실이나 사건을 요약하여 알려 주는 부분
본문	사건이나 사실을 구체적으로 서술하는 부분
해설	기사에 대한 참고 사항이나 설명을 덧붙이는 부분

〈제 ○○호〉 ○○○○년 ○월 ○일

훈민정음 완성되다 ➡ 표제

28자의 자모음 체계, 누구나 쉽게 문자 혜택 ➡ 부제

일부 지식인들 반대 상소… 전면 보급에는 시일 걸릴 듯

전문 ⬅ 1446년 9월, 우리도 우리말을 정확히 표기할 수 있는 문자를 비로소 가지게 되었다. 지난 1443년, 세종의 주도로 만들어졌던 우리 글자 훈민정음(訓民正音)이 3년간의 검토 과정을 거쳐 전국에 반포된 것이다.

본문 ⬅ 『28자의 자모음 체계로 구성된 훈민정음은 우리말을 가장 자연스럽게 표현할 수 있는 과학적인 문자이다. 이 새 문자는 소리 나는 대로 쓸 수 있기 때문에 한문보다 익히기가 훨씬 쉬워, 많은 백성들이 문자의 혜택을 누릴 수 있게 될 전망이다.

세종은 훈민정음 서문을 통해 "나랏말이 중국과 달라 어리석은 백성들이 말하고 싶은 것이 있어도 제 뜻을 펴지 못하는 사람이 많다. 내가 이를 딱하게 여겨 새로 28자를 만들었다."라고 훈민정음 창제의 취지를 밝혔다.』

조정은 현재 시가(詩歌)와 각종 경서를 훈민정음으로 번역하여 백성들에게 보급 중인데, 특히 여성층과 서민들의 호응도가 높은 것으로 알려지고 있다. 그러나 최만리, 김문 등 상당수 관리들은 "중국과 다른 문자를 만드는 것은 사대(事大)의 예에 어긋나며, 스스로 오랑캐가 되는 것"이라며 훈민정음의 보급을 탐탁지 않게 생각하고 있어 전면적인 보급에는 다소의 어려움이 따를 것으로 보인다. ➡ 해설

기사문을 읽는 방법

- 사실과 의견을 구분하며 읽음
- 비판적인 시각으로 내용의 객관성, 정확성, 공정성을 판단하며 읽음
- 표제를 통해 전체 내용을 추측하고, 육하원칙에 따라 내용을 정리하며 읽음

개념 테스트

6 기사문의 구성 요소와 그에 대한 설명을 연결하시오.

(1) 표제 • • ㉠ 사실이나 사건을 구체적으로 서술한 부분

(2) 부제 • • ㉡ 본문 앞에서 기사의 내용을 요약하여 서술한 부분

(3) 전문 • • ㉢ 기사의 큰 제목

(4) 본문 • • ㉣ 표제를 보충하는 작은 제목

개념 체크 리스트!

- 보고서가 무엇인지 설명할 수 있나요? ☐
- 보고서의 특징을 세 가지로 말해 보세요. ☐
- 보고서는 어떻게 구성되나요? ☐
- 보고서는 어떤 순서로 쓰나요? ☐
- 보고서를 쓸 때에는 무엇에 유의해야 하나요? ☐
- 기사문의 뜻을 말해 보세요. ☐
- 기사문의 특성을 세 가지 이상 말할 수 있나요? ☐
- 기사문의 작성 원칙은 무엇인가요? ☐
- 기사문의 구성을 다섯 단계로 말해 보세요. ☐
- 기사문은 어떻게 읽어야 하나요? ☐

○가 7개 이상이면 → 66쪽 개념 색깔 입히기로 Go! ☺

○가 7개 미만이면 → 63쪽 개념 스케치하기로 Back! ☹

| 개념 색깔 입히기 | 08 보고서, 기사문

갈래	관찰 보고서	성격	객관적, 사실적
제재	양파의 생장 관찰	주제	햇빛이 식물의 성장에 영향을 미친다.
특징	• 보고서의 특성에 맞게 절차와 결과가 잘 드러나 있음 • 실패한 실험 내용도 그대로 기록함으로써 쓰기 윤리를 준수하고 있음		

가

양파의 생장 관찰 보고서

1. **목적** : 과학 동아리 활동으로 식물의 생장 관찰 보고서를 써 보기로 했다. 관찰 대상은 양파로 정했다. 생육 환경의 차이에 따른 양파의 생육 과정을 비교해 봄으로써 생육 환경이 양파의 성장에 어떤 영향을 미치는지 알아보기 위해서이다.

▶ 보고서의 목적

2. **실험 과정** : 이 실험에서 중점을 둔 양파의 생육(생물이 나서 길러짐) 환경은 햇빛의 양이다. 그래서 두 개의 양파를 구해 하나는 양지에서, 다른 하나는 음지에서 길러 보기로 하였다. 실험 기간 동안 매주 양파의 뿌리와 줄기의 길이, 그리고 중량의 변화를 관찰해 보기로 하였다. 실험에 앞서 양지에서 자라는 양파는 광합성이 활발하므로 음지에서 자라는 양파보다 성장이 빠를 것이라는 가설(어떤 사실을 설명하거나 어떤 이론 체계를 연역하기 위하여 설정한 가정)을 세웠다.

▶ 실험의 조건과 가설

3. **결과와 정리** : 생육 환경에 따른 뿌리의 길이 변화는 처음 예상한 것과는 조금 다른 결과가 나타났다. 두 양파의 뿌리 길이 차이가 별로 없었던 것이다. 양파의 중량 변화도 예상한 것과 다른 결과를 보였다. 양파의 중량 변화는 양지보다는 음지에서 더 크게 나타났다. 이 실험에서는 양파의 줄기가 전혀 자라지 않았다. 이는 양파의 껍질을 벗겼기 때문에 생긴 실수인 것 같은데 정확한 원인은 알 수 없었다.

▶ 실험의 결과

갈래	기사문	성격	사실적, 객관적
제재	옛 도읍 지구	주제	'옛 도읍 지구' 지정과 주요 사업 내용 소개
특징	'옛 도읍 지구' 지정에 대한 정보를 육하원칙에 따라 전달함		

나

옛 도읍 지구 지정

경북 경주, 충남 공주 · 부여, 전북 익산 등 네 곳이 역사 문화 도시 조성을 위한 '옛 도읍 지구'로 지정됐다.

▶ '옛 도읍 지구' 지정

문화재청은 5일 이 내용을 포함한 '문화재 보존 · 관리 · 활용 5개년 기본 계획'을 발표했다. '옛 도읍 지구' 지정은 2004년 제정한 '고도 보존에 관한 특별법'을 근거로 관계 부처 협의 등을 거쳐 8년 만에 이뤄진 것이다. 옛 도읍의 핵심 지역 가운데 원형 보존이 필요한 곳은 '특별 보존 지구'로, 역사적 문화 환경 유지가 필요한 곳은 '역사 문화 환경 지구'로 나뉘어 지정됐다.

▶ '옛 도읍 지구'의 유형

경주 옛 도읍 지구에는 황룡사 터, 첨성대, 석빙고(얼음을 넣어 두던 창고) 등 72건, 공주 옛 도읍 지구에는 공산성과 송산리 고분군(고대에 만들어진 무덤) 등 41건, 부여 옛 도읍 지구에는 부소산성과 나성 등 18건, 익산 옛 도읍 지구에는 향교 은행나무와 금마 도토성 등 3건의 문화재가 포함됐다.

▶ '옛 도읍 지구'에 포함된 문화재

문화재청은 향후 10년간 총 81건(경주 24건 · 부여 21건 · 공주 19건 · 익산 17건)의 보존 사업을 추진할 계획이다. 주요 사업으로는 경주 읍성 복원 · 신라 도심 고분 공원 조성, 공주 공산성 발굴 · 고마나루('곰나루'의 옛말. '공주'의 옛 이름) 경관 회복, 부여사비 왕궁 터 · 부소산 경관 정비, 익산 금마 도토성 발굴 · 향교 정비 등이 있다.

▶ 전망과 주요 사업

나의 이해 정도: ☆☆☆☆☆ 나의 기분:

정답과 해설 5쪽

핵심 정리

(가) '양파의 생장 관찰 보고서'
- **실험의 목적** : 생육 환경이 양파의 성장에 미치는 영향을 알아보기 위함
- **실험의 결과**
  - 생육 환경에 따른 뿌리의 길이 변화는 별로 없었음
  - 양파의 중량 변화는 양지보다는 음지에서 더 크게 나타남
  - 양파의 줄기는 전혀 자라지 않음(→ 실패한 실험 내용도 그대로 기록함으로써 쓰기 윤리를 준수한 부분)

(나) '옛 도읍 지구 지정'
- **이 글의 중심 내용** : 경북 경주, 충남 공주 · 부여, 전북 익산 등 네 곳이 역사 문화 도시 조성을 위한 '옛 도읍 지구'로 지정됨
- **이 글을 쓴 목적** : '옛 도읍 지구'로 지정된 지역 안내와 주요 사업 내용을 소개하기 위함

O가 3개 이상이면
→ 68쪽 광고문으로 Go!

O가 3개 미만이면
→ 틀린 문제로 Back!

◉ 보고서의 특성 파악하기 – p. 63

01 (가)와 같은 글에 대한 설명으로 알맞지 않은 것은?

① 일정한 형식을 취한다.
② 사실과 의견을 구분하여 쓴다.
③ 정보 전달을 주된 목적으로 한다.
④ 독자의 흥미 유발을 위해 과장된 표현을 쓴다.
⑤ 어떤 주제에 대해 조사한 결과를 정리한 글이다.

◉ 보고서의 내용 파악하기 – p. 63

02 (가)에 대한 설명으로 알맞지 않은 것은?

① 글쓴이가 제시한 생육 환경 조건은 '햇빛의 양'이다.
② 연구 결과를 왜곡한 부분이 있어 쓰기 윤리를 준수하지 못했다.
③ 글쓴이가 세운 가설과 실험의 결과가 일치하지 않는 부분이 있다.
④ 글쓴이는 양지에서 자라는 양파의 성장이 더 빠를 것이라고 예상하였다.
⑤ 목적은 생육 환경이 양파의 성장에 미치는 영향을 알아보기 위한 것이다.

◉ 기사문을 읽는 방법 파악하기 – p. 65

03 (나)와 같은 글을 읽는 방법으로 적절하지 않은 것은?

① 사실과 의견을 구분하며 읽는다.
② 육하원칙에 따라 내용을 정리하며 읽는다.
③ 표제를 통해 전체 내용을 추측하며 읽는다.
④ 비판적인 시각으로 내용의 객관성을 판단하며 읽는다.
⑤ 긍정적인 태도로 내용이 전개되었는지 판단하며 읽는다.

◉ 기사문의 작성 원칙 파악하기 – p. 64

04 (나)를 육하원칙에 따라 정리한 내용으로 알맞지 않은 것은?

① 누가 : 문화재청이
② 언제 : 향후 10년간
③ 왜 : 역사 문화 도시 조성을 위하여
④ 무엇을 : '문화재 보존 · 관리 · 활용 5개년 기본 계획'의 발표를
⑤ 어떻게 : '고도 보존에 관한 특별법'을 근거로 관계 부처 협의 등을 거쳐

| 개념 구상하기 |

09 광고문

선생님, 광고문은 어떤 글이에요?

광고문은 '관심을 끄는 글'이야. 텔레비전에서 맛있는 피자를 선전하면 군침이 돌지? 이렇게 소비자의 관심을 끌어서 물건을 구입하게 하려는 글이 광고문이야. 또한 '에너지를 절약하자'와 같이 좋은 일을 함께하자고 사람들의 관심을 끄는 것도 광고문의 한 종류란다.

빈칸에 알맞은 말을 채우면서, '광고문'의 개념을 머릿속에 그려 보자.

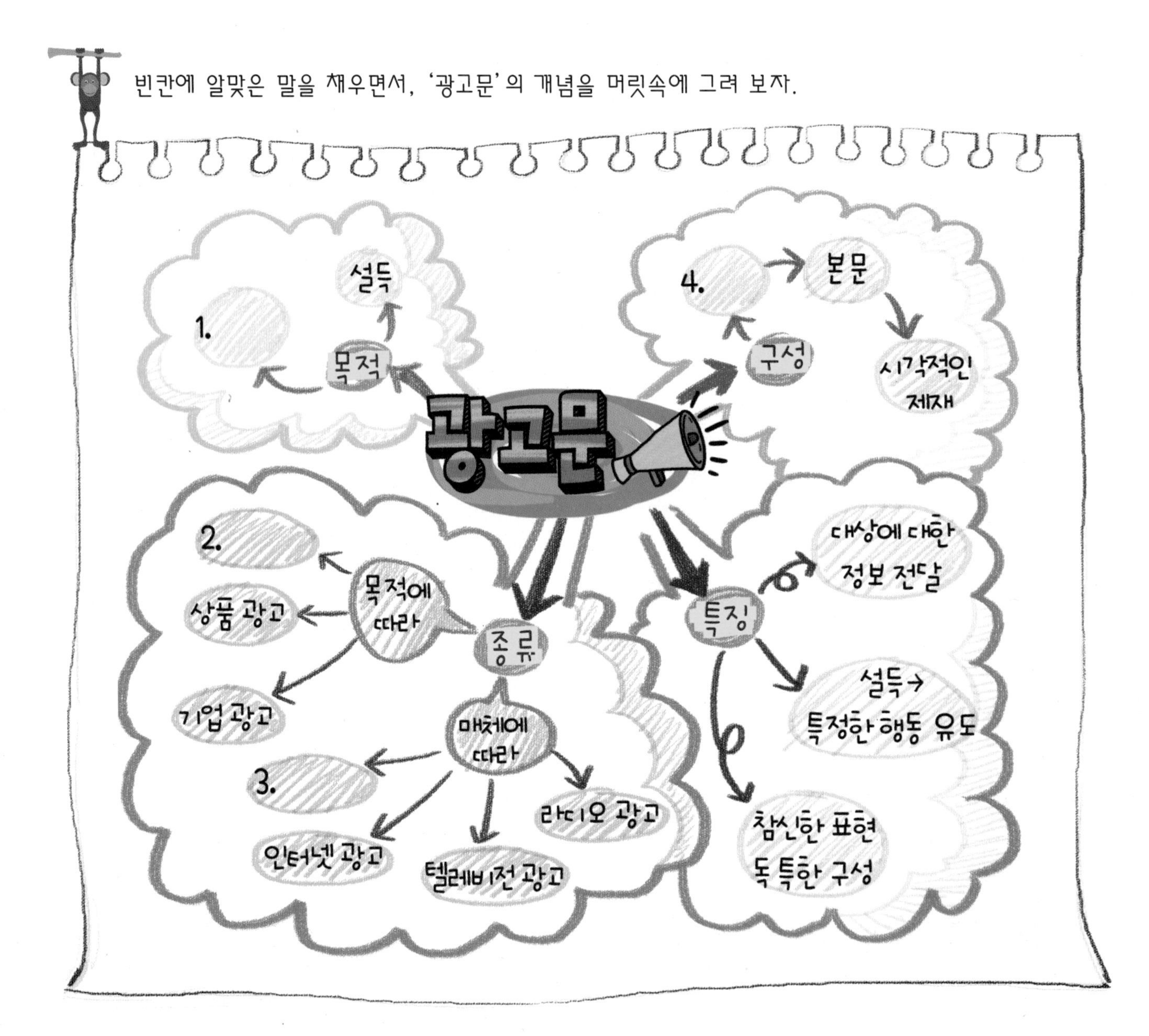

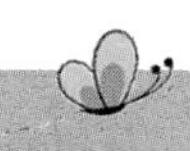

광고문의 뜻 : 어떠한 대상에 대한 정보를 세상에 널리 알림으로써 사람들의 공감을 얻어 특정한 행동을 이끌어 내려는 글

광고문의 특징

- 광고 대상에 대한 정보를 전달함
- 광고를 보는 사람들을 설득하여 특정한 행동을 하도록 유도함
- 참신한 표현과 독특한 구성으로 사람들의 관심을 끎

목적에 따른 광고문의 종류

공익 광고	상품 광고	기업 광고
사회 발전을 위해 규범을 제시하여, 공공의 문제에 대한 관심과 해결을 구하기 위한 광고	상품의 특징과 좋은 점을 알려, 상품을 구입하도록 유도하려는 광고	기업에 대해 좋은 인상을 심어 주기 위한 광고

매체에 따른 광고의 종류

신문 광고	인터넷 광고	텔레비전 광고	라디오 광고

광고문을 읽을 때 유의할 점

- 허위나 과장된 내용이 있지는 않은지 판단하며 읽음
- 광고문을 통해 알리고자 하는 것이 무엇인지 파악하며 읽음
- 광고문의 내용이나 보조 자료가 믿을 만한 것인지 판단하며 읽음
- 광고문에 사용된 설득 전략이 광고의 내용을 효과적으로 전달하여 사람들을 설득하는 데 적절한 것인지 평가해 봄

개념 멘토링

Q **광고문의 목적은 정보 전달인가요? 설득인가요?**

A 광고문의 목적은 '정보 전달+설득'이라고 볼 수 있어. 어떤 사실이나 상품 또는 서비스에 대한 정보를 제공하기도 하고, 상품 판매와 기업 홍보, 공공의 이익을 목적으로 그것에 대한 사람들의 태도나 행동에 변화가 생기도록 설득하기도 하기 때문이지. 예를 들어 신발 광고는 신발에 대한 정보를 전달하는 동시에, 신발을 사 달라고 독자를 설득하는 것이지.

Q **그럼 독자를 설득하기 위해 과장된 표현이나 거짓된 표현을 사용하기도 하겠네요? 이 약만 먹으면 1주일에 5킬로그램이 빠진다는 다이어트 약 광고를 본 적이 있어요.**

A 맞아. 그래서 광고문은 꼼꼼하게 읽어야 해. 특히 상품 광고의 경우 소비자들의 합리적인 소비를 방해하는 경우가 많기 때문이지.

개념 테스트

1 어떠한 대상에 대한 정보를 세상에 널리 알림으로써 사람들의 공감을 얻어 특정한 행동을 이끌어 내려는 글을 □□□(이)라고 한다.

2 광고문에서는 광고 효과를 높이기 위해 사진, 그림, 도표 등을 이용하기도 한다. (○ / ×)

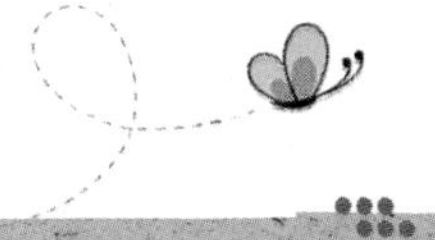

광고문의 구성

시각적인 제재 :
광고 효과를 높이기 위해 사진, 도표, 그림 등을 이용함

표제 :
독자의 관심과 흥미를 끌기 위해 핵심 내용을 간결하고 명확하게 드러내는 부분

본문 :
독자의 이해를 돕기 위해 정보를 제공하고 광고의 기획 의도를 구체적으로 드러내는 부분으로, 표제에서 압축한 내용을 상세하게 설명함

광고문을 쓰는 방법

- 과장이나 허위가 없어야 함
- '표제+본문' 의 형식에 맞게 작성하는 것이 좋음
- 대상 독자를 파악하여 독자의 수준과 취향에 맞게 작성함
- 독자의 관심과 흥미를 끌 수 있는 개성적이고 참신한 표현을 사용함
- 내용을 뒷받침할 수 있는 그림이나 사진, 도표 등의 보조 자료를 이용함

개념 테스트

3 광고문은 주로 □□와/과 □□(으)로 구성되며 시각적인 제재를 이용하기도 한다.

4 다음 내용이 광고문을 쓰는 방법으로 옳으면 ○표, 옳지 않으면 ×표 하시오.

(1) 광고문은 대중을 상대로 하는 것이므로 개성적인 표현을 사용할 필요는 없다. (○ / ×)

(2) 대상 독자를 파악하여 독자의 수준과 취향에 맞게 작성하는 것이 좋다. (○ / ×)

개념 체크 리스트!

- 광고문의 특징을 설명할 수 있나요? □
- 광고문의 종류를 말해 보세요. □
- 광고문은 어떻게 구성되나요? □
- 광고문을 읽을 때에는 어떤 점에 유의해야 하나요? □
- 광고문은 어떻게 써야 하나요? □

○가 3개 이상이면 → 71쪽 개념 색깔 입히기로 Go! ☺

○가 3개 미만이면 → 69쪽 개념 스케치하기로 Back! ☹

| 개념 색깔 입히기 | 09 광고문

나의 이해 정도: ☆☆☆☆☆

나의 기분:

정답과 해설 6쪽

◉ 광고문의 특징 파악하기 – p. 69

01 **광고문에 대한 설명으로 알맞지 않은 것은?**

① 특정한 광고 대상에 대한 정보를 전달한다.
② 정보 전달과 설득이라는 두 가지 목적을 갖는다.
③ 관심을 끌기 위해 과장된 표현을 사용하기도 한다.
④ 참신한 표현과 독특한 구성으로 사람들의 관심을 끈다.
⑤ 광고를 보는 사람들이 특정한 행동을 하도록 유도한다.

◉ 광고문을 쓰는 방법 파악하기 – p. 70

02 **광고문을 쓰는 방법으로 알맞지 않은 것은?**

① 과장이나 허위가 없어야 한다.
② 광고문의 형식에 맞게 작성하는 것이 좋다.
③ 독자를 파악하여 그 수준과 취향에 맞게 작성한다.
④ 독자의 관심을 끌 수 있는 개성적인 표현을 사용한다.
⑤ 보조 자료는 광고문의 내용을 헷갈리게 하므로 사용하지 않는 것이 좋다.

◉ 광고문의 구성 파악하기 – p. 70

03 **㉠~㉢에 대한 설명으로 알맞은 것은?**

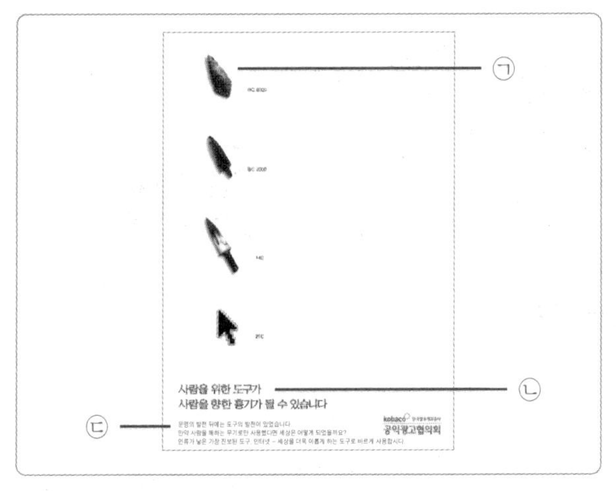

① ㉠은 광고의 효과를 높이는 시각적인 제재이다.
② ㉡은 기획 의도를 구체적으로 드러내는 표제이다.
③ ㉡은 독자의 이해를 돕기 위해 정보를 제공하는 표제이다.
④ ㉢은 핵심 내용을 간결하게 드러내는 본문이다.
⑤ ㉢은 강조하는 내용을 압축하여 표현하는 본문이다.

◉ 광고문의 종류 파악하기 – p. 69

04 **다음과 같은 광고문의 성격으로 알맞은 것은?**

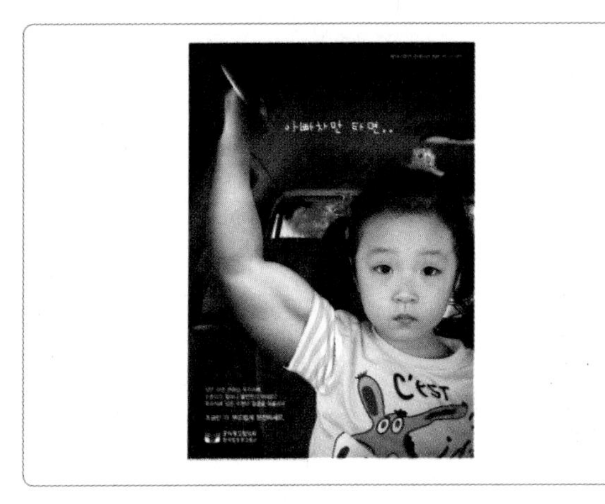

① 객관성 ② 허구성 ③ 상업성
④ 예술성 ⑤ 공익성

◉ 광고문을 읽을 때 유의할 점 파악하기 – p. 69

05 **다음과 같은 광고문을 읽을 때 유의할 점이 아닌 것은?**

① 광고문의 내용이 믿을 만한 것인가?
② 허위나 과장된 내용이 있지는 않은가?
③ 광고문에서 내세운 사람이 유명한 사람인가?
④ 광고문을 통해 알리고자 하는 것이 무엇인가?
⑤ 사용된 설득 전략이 내용을 효과적으로 전달하는가?

O가 3개 이상이면 → 72쪽 비평문으로 Go!
O가 3개 미만이면 → 틀린 문제로 Back!

10 비평문

선생님, 비평문이 뭐예요?

비평문은 '평가하는 글'이야. '개미와 베짱이'를 읽고 어떤 학생은 베짱이가 노래만 부르고 일을 안 해서 먹을 것이 없었던 거라고 베짱이에 대해 부정적으로 생각할 수도 있지만, 또 어떤 학생은 베짱이의 직업이 노래 부르는 일이니까 베짱이가 잘못했다고 볼 수만은 없다고 생각할 수도 있지. 이렇게 문학 작품에 대한 해석은 읽는 사람이 어떻게 생각하느냐에 따라 달라진단다.

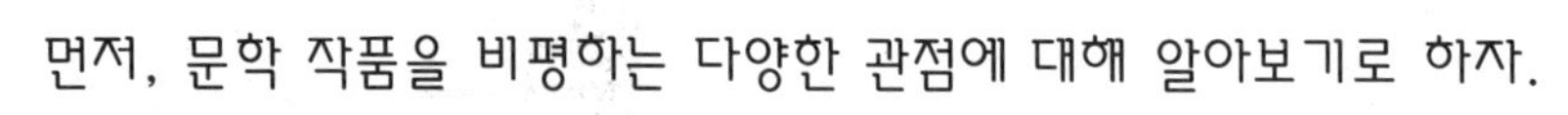

먼저, 문학 작품을 비평하는 다양한 관점에 대해 알아보기로 하자.

현실 세계

반영론적 관점
작품을 현실 세계의 반영으로 보는 관점

표현론적 관점
작품을 작가의 체험, 사상, 감정 등의 반영물로 보는 관점

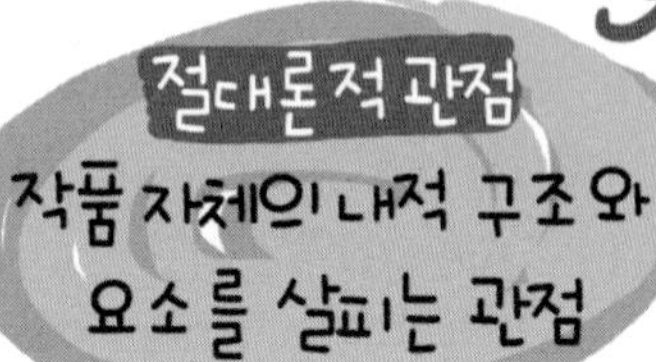

효용론적 관점
작품이 독자에게 준 영향을 중심으로 감상하는 관점

비평문의 뜻 : 문학 작품을 감상하고 해석한 후에 적절한 근거를 논리적으로 제시하여 그 작품의 가치를 평가하여 쓰는 글

비평문의 특징

- 비평의 대상이 영화, 연극 등으로 확장될 수 있고 공적인 글로서의 성격이 강하며, 비평하고자 하는 대상에 대한 글쓴이의 의견이 논리적으로 드러남
- 작품에 대한 선입견을 배제한 채 납득할 만한 근거를 갖추어 자신의 견해를 제시함

선입견: 어떤 대상에 대하여 이미 마음속에 가지고 있는 고정적인 관념이나 관점

비평문의 구성 요소

비평의 전제	어떤 주장을 펴기 위해 먼저 제시하는 사실이나 의견, 견해 등 작품 해석의 바탕이 되는 생각으로 작품 해석의 관점을 결정함
해석의 근거	작품의 해석을 뒷받침하고 이끌어 낼 수 있는 논리적이고 타당한 이유
해석(결론)	전제와 근거를 바탕으로 이끌어 낸 작품 해석의 결과

비평문을 읽는 방법과 그 효용

방법	• 글쓴이가 어떤 전제를 내세워 자신의 해석을 주장하고 있는지 파악함 • 무엇을 해석의 근거로 내세우고 있는지 파악함 • '비평의 전제'와 '해석의 근거'의 타당성 및 논리적 관계를 평가하여 결론의 타당성을 판단함 • 글쓴이의 의견은 무조건적 수용이 아닌 비판적 태도로 받아들여야 함
효용	• 자신과 다른 해석을 통해 생각의 폭을 넓히게 됨 • 자신이 문학 작품을 감상하면서 몰랐던 사실을 깨닫게 됨 • 문학 작품을 바라보는 안목과 작품에 대한 해석 능력을 기를 수 있음

문학 작품 비평의 다양한 관점

절대론적 관점	표현론적 관점	반영론적 관점	효용론적 관점

작품 자체만을 요소로 하여 분석, 비평, 감상하는 관점	작품을 작가의 체험, 사상, 감정 등의 반영물로 보는 관점	작품을 현실 세계의 반영으로 보는 관점	작품이 독자에게 준 영향을 바탕으로 감상하는 관점

개념 테스트

1 다음 ( ) 안의 말 중에서 알맞은 것을 골라 ○표 하시오.

(1) 비평문은 (사적 / 공적)인 글로서의 성격이 강하다.

(2) 비평문에는 비평하고자 하는 대상에 대한 글쓴이의 의견이 (논리적 / 함축적)으로 드러난다.

2 효용론적 관점으로 작품을 감상한 것에 ○표 하시오.

(1) 이 작품은 우리가 사는 현실 세계를 거울처럼 보여 주고 있어. ( )

(2) 이 작품을 읽고 내 삶을 되돌아보게 되었어. ( )

개념 체크 리스트!

- 비평문의 뜻과 특징을 설명할 수 있나요? ☐
- 비평문의 구성 요소 세 가지는 무엇인가요? ☐
- 비평문은 어떻게 읽어야 하나요? ☐
- 비평문을 읽으면 어떤 점이 좋은가요? ☐
- 문학 작품 비평의 다양한 관점을 네 가지로 말해 보세요. ☐

○가 3개 이상이면 → 74쪽 개념 색깔 입히기로 Go! ☺

○가 3개 미만이면 → 73쪽 개념 스케치하기로 Back! ☹

| 개념 색깔 입히기 |

10 비평문

갈래	비평문	성격	분석적, 비평적
제재	김소월의 '진달래꽃'	주제	'진달래꽃'의 올바른 해석
특징	• '진달래꽃'을 쉽게 이해할 수 있도록 분석하여 설명함 • '진달래꽃'에 대한 기존의 견해를 비판하며 서술자의 의견을 논리적으로 제시함		

가 한국 사람이면 김소월의 시 '진달래꽃'을 모르는 사람은 없을 것입니다. 그리고 백이면 백 모두 그것을 '이별을 노래한 시'라고만 생각하고 있을 것입니다. 그러나 초등학교 학생 정도의 국어 실력만 가지고 선입견이나 고정 관념 없이 조심스럽게 이 시를 다시 읽어 보면, 이 시가 이별만을 노래한 단순한 시가 아니라는 것을 곧 알게 될 것입니다.

▶ 김소월의 시 '진달래꽃'의 해석에 대한 사람들의 그릇된 인식

나 우선 '진달래꽃'은 '가실 때에는', '드리오리다'와 같은 말에 명백하게 드러나 있듯이 미래 추정형으로 쓰여 있습니다. 영문 같았으면 'If'로 시작되는 가정법으로 서술되었을 문장입니다. 이 시 전체의 서술어는 '드리오리다', '뿌리오리다', '가시옵소서', '흘리오리다'로 의지나 바람을 나타내는 미래의 시제로 되어 있습니다. 그렇기 때문에 지금 '임'은 자기를 역겨워하지도 않으며 떠난 것도 아닙니다. 오히려 그들은 지금 이별은커녕 열렬히 사랑을 하고 있는 중임을 알 수 있습니다.

(미래 추정형: 현재가 아닌 앞으로 일어날 것을 가정하는 진술)
(시제: 어떤 사건이나 사실이 일어난 시간 선상의 위치를 표현하는 문법 범주)

▶ '진달래꽃'은 이별의 이야기가 아닌 사랑의 이야기임

다 '진달래꽃'의 시적 의미를 결정짓는 것, 그리고 그것이 다른 시들과 차별화될 수 있는 가장 기본적인 요소는 이 같은 시의 시제에 있다고 할 수 있습니다. 가령 미래 추정형의 시제를 실제 일어났음을 의미하는 과거형으로 바꿔서 '나 보기가 역겨워 가신 그대를 말없이 고이 보내 드렸었지요.'로 고쳐 보면 어떻게 될까요? 그것은 이미 소월의 '진달래꽃'과는 전혀 다른 시가 되고 맙니다. 그렇기 때문에 '진달래꽃'을 이별의 노래라고 하는 것은 '만약에 백만 원이 생긴다면은……'이라는 옛 가요를 듣고 그것이 백만장자의 노래라고 말하는 것과 똑같은 시 음치가 되고 마는 것입니다.

▶ '진달래꽃'의 미래 추정형 시제를 고려하지 않은 해석은 잘못된 해석임

라 또 이별의 가정을 통해 현재의 사랑하는 마음을 나타낸 '진달래꽃'은 이별을 이별로 노래하거나 사랑을 사랑으로 노래하는 평면적 의미와 달리, 사랑의 시점에서 이별을 노래하는 겹 시각을 통해서 언어의 복합적 공간을 만들어 내고 있습니다. 사랑의 기쁨과 이별의 슬픔이라는 대립된 정서, 대립된 시간 그리고 대립된 상황을 이른바 '반대의 일치'라는 역설의 시학으로 함께 묶어 놓은 시입니다.

(평면적: 겉으로 나타난 일반적 사실만을 논의하거나 표현하는)
(시학: 시의 형식이나 본질, 시 창작의 원리나 방법 따위를 연구하는 학문)

▶ '진달래꽃'은 이별의 슬픔을 통해 사랑의 기쁨을 강조하는 시임

마 즉, 밤의 어둠을 바탕으로 삼지 않고서는 별빛의 영롱함을 그려 낼 수 없듯이 이별의 슬픔을 바탕으로 하지 않고서는 사랑의 기쁨을 그려 낼 수 없다는 역설로 빚어진 것이 바로 소월의 '진달래꽃'인 것입니다.

▶ '진달래꽃'은 역설을 통해 사랑의 기쁨을 노래함

바 김소월의 '진달래꽃'은 한 세기 가까이 긴 세월을 두고 잘못 해석되어 온 셈입니다. '진달래꽃'은 단순한 이별의 노래가 아닙니다. 역겨움과 떠남이 미래형으로 서술되어 있는 한 '사랑'은 언제나 '지금'인 것입니다. 사랑을 현재형으로, 이별을 미래형으로 이야기하고 있는 이 시의 특이한 시제 속에서는 언제나 이별은 그 반대편에 있는 사랑의 열정을 가리키는 손가락 구실을 합니다.

▶ '진달래꽃'은 단순한 이별의 노래가 아니라는 글쓴이의 견해

– 이어령, ''진달래꽃' 다시 읽기'

나의 이해 정도: ☆☆☆☆☆ 나의 기분:

정답과 해설 6쪽

핵심 정리

- **이 글의 전제**: '초등학교 학생 정도의 국어 실력만~알게 될 것입니다.' → 작품을 꼼꼼하게 읽어야 함  내재적 관점

- **'진달래꽃'에 대한 글쓴이의 견해**

일반적 해석
'진달래꽃'은 이별의 노래임
⬇
미래 추정형 시제를 고려하지 않음
사람들은 오랜 세월 '진달래꽃'을 잘못 해석하여 왔음
⬇
오히려 사랑을 노래하는 시임
'진달래꽃'은 사랑의 기쁨이 넘치는 현재에서 미래형의 이별을 이야기함
⬇
글쓴이의 해석
'진달래꽃'은 이별의 가정을 통해 현재의 사랑을 역설적으로 노래하고 있음

ㅇ가 3개 이상이면
→ 76쪽 토의, 토론으로 Go! ☺

ㅇ가 3개 미만이면
→ 틀린 문제로 Back! ☹

◉비평문의 특징 파악하기 - p. 73

01 이와 같은 글에 대한 설명으로 적절하지 않은 것은?

① 작품에 대한 해석이 체계적으로 나타난다.
② 글쓴이가 체험을 통해 깨달은 교훈이 나타난다.
③ 비평의 대상이 영화, 연극 등으로 확장되기도 한다.
④ 글쓴이는 납득할 만한 근거로 자신의 견해를 펼친다.
⑤ 비평하고자 하는 대상에 대한 글쓴이의 의견이 논리적으로 드러난다.

◉비평문을 읽는 방법 파악하기 - p. 73

02 이와 같은 글을 읽는 방법으로 적절하지 않은 것은?

① 글쓴이의 의견을 무조건적으로 수용하며 읽는다.
② 글쓴이가 작품을 해석한 전제를 파악하며 읽는다.
③ 해석의 근거로 내세우고 있는 것을 파악하며 읽는다.
④ 수긍할 수 없는 의견에는 비판적 의견을 덧붙이며 읽는다.
⑤ 전제와 근거의 논리적 관계를 평가하여 결론의 타당성을 판단하며 읽는다.

◉비평문의 구성 요소 파악하기 - p. 73

03 이 글의 글쓴이가 '진달래꽃' 해석의 전제로 제시한 것은?

① 작품을 쓴 글쓴이의 생애를 확인하여야 한다.
② 선입견 없이 작품 자체를 꼼꼼하게 읽어야 한다.
③ 작품에 대한 기존의 여러 견해를 확인하여야 한다.
④ 작품을 둘러싼 사회 · 문화적 상황을 확인하여야 한다.
⑤ 작품이 우리 사회에 주는 효용을 생각하며 읽어야 한다.

◉비평문의 근거 파악하기 - p. 73

04 이 글을 바탕으로 ( ) 안에 들어갈 알맞은 말을 쓰시오.

> 글쓴이는 (   ) 시제를 근거로 김소월의 '진달래꽃'을 열렬한 사랑의 시로 해석하고 있다.

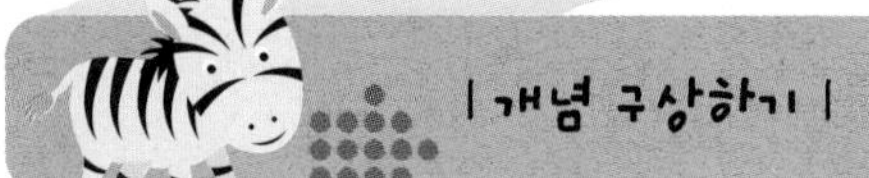

| 개념 구상하기 | 11 토의, 토론

선생님, 토론과 토의는 같은 건가요? 다른 건가요?

토론과 토의는 합리적인 결론을 위해 사람들이 함께 이야기를 나눈다는 점에서는 같아. 어떤 문제의 해결을 위해 같이 머리를 맞대고 협동적으로 이야기를 나누는 것은 '토의'이고, '된다', '안 된다'로 편을 갈라 경쟁적으로 이야기를 나누는 것은 '토론'인 거야.

빈칸에 알맞은 말을 채우면서, '토의, 토론'의 개념을 머릿속에 그려 보자.

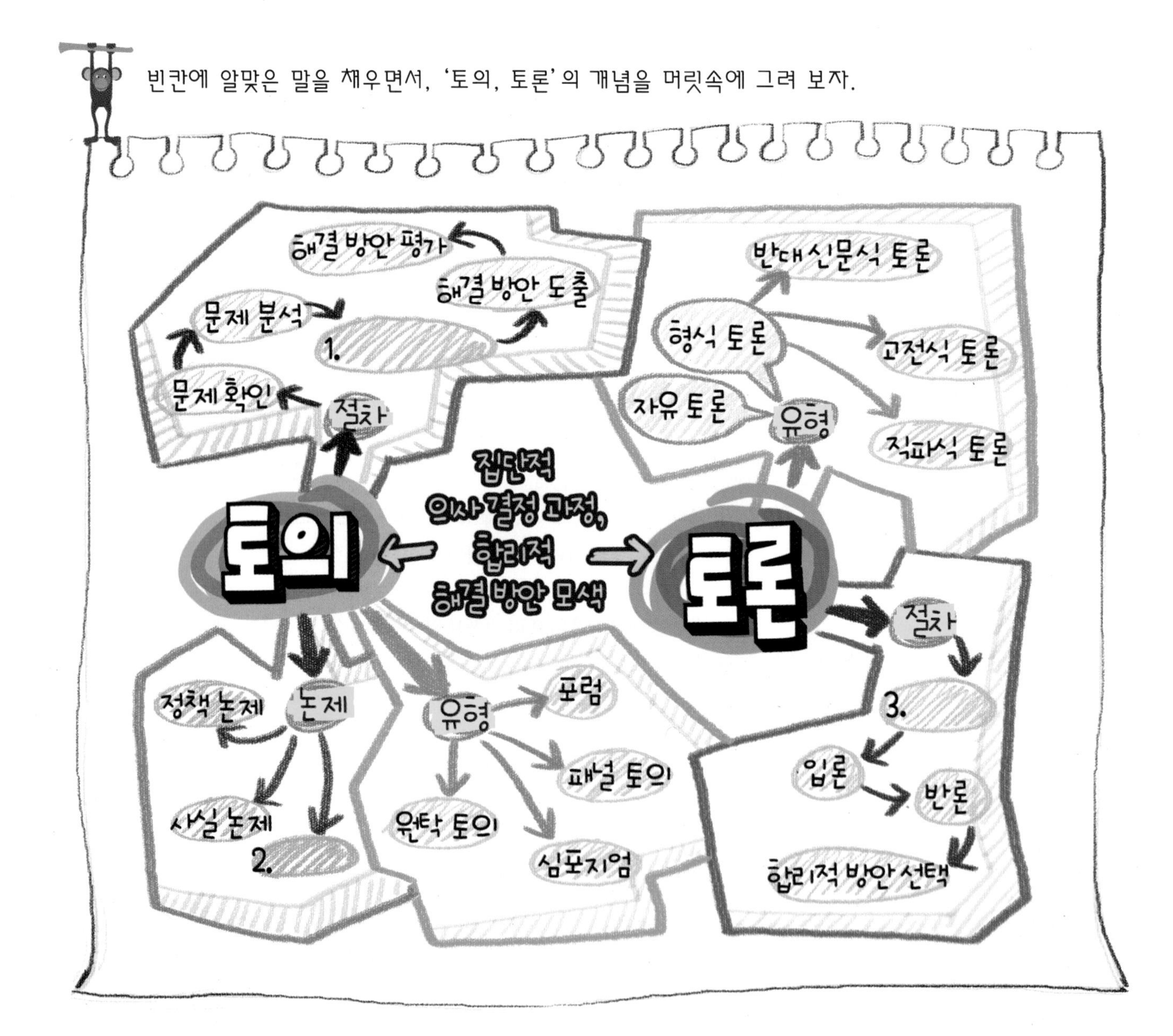

토의

토의의 뜻 : 문제 해결을 위해 여러 사람이 의견이나 생각을 주고받는 협력적인 말하기

토의의 유형

유형	그림	설명
포럼		• 전문가가 어떤 문제에 대한 해결 방안을 발표한 다음, 청중과 질의응답 하는 방식 • 처음부터 청중의 적극적인 참여로 진행됨 • 의견 교류가 활발하여 공공 정책을 추진하기 위해 여론을 수렴할 때 많이 활용됨
패널 토의		• 서로 다른 견해를 가진 전문가들이 청중 앞에서 문제에 대한 해결 방안을 발표하고 서로 의견을 조정하는 방식 • 먼저 패널들이 토의한 다음 청중에게 질의응답 시간이 주어짐 • 토의자 간의 의견 교류가 활발하여 서로 다른 의견을 조정할 때 유용하며, 주로 의견이 다양하게 나오는 시사 문제를 다룸
심포지엄		• 여러 전문가들이 하나의 주제에 대하여 각자의 관점에서 의견을 발표하고 해결책을 제안하는 방식 • 토의자 간의 의견 조정은 없으며 청중은 주제에 대한 전문적이고 권위 있는 설명을 들을 수 있음 • 청중과의 질의응답 시간이 주어짐
원탁 토의		• 소규모 집단이 특별한 규칙을 정하지 않고 자유롭게 의견을 나누는 방식 • 참가자 모두에게 발언할 기회가 주어져 자유롭고 활발한 의사 교환이 가능함

토의의 절차

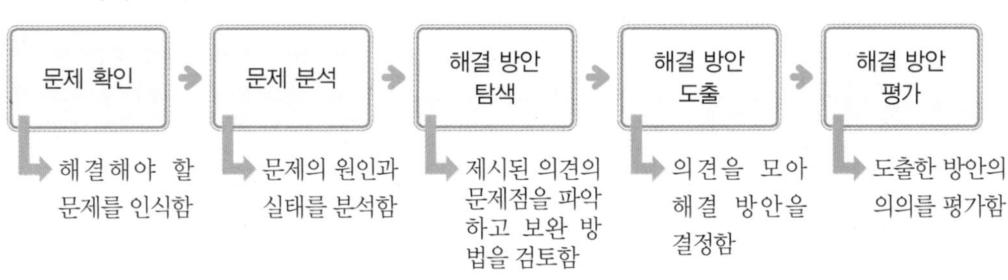

1 토의란 문제를 해결하기 위해 여러 사람이 의견이나 생각을 주고받는 (협력적인 / 경쟁적인) 말하기이다.

2 다음 그림과 어울리는 토의의 유형을 찾아 선으로 연결하시오.

(1) • ㉠ 포럼
(2) • ㉡ 심포지엄
(3) • ㉢ 패널 토의
(4) • ㉣ 원탁 토의

| 개념 스케치하기 | 토의, 토론

토의 참여자의 역할

토의의 논제

- 뜻 : 토의에서 논의할 문제
- 종류

사실 논제	어떤 사실의 참, 거짓을 따지는 논제 예 '지구 온난화로 인한 피해 상황은 어느 정도인가?'
가치 논제	어떤 사물이나 인간, 상황의 가치 등에 대해 좋은지 나쁜지, 바람직한지 아닌지 등에 대한 판단을 요구하는 논제 예 '봉사 활동을 제도화하는 것은 바람직한가?'
정책 논제	어떤 문제의 해결을 위해 행동이나 변화를 요구하는 논제 예 '교통 체증 현상을 어떻게 해결할 것인가?'

토론

토론의 뜻 : 어떤 논제에 대하여 찬성자와 반대자가 각자 논리적인 근거를 제시하면서 자기 의견의 정당함과 상대방 의견의 부당함을 주장하는 말하기 형태

토론의 절차

논제 설정 → 찬성 측 주장(입론) → 주장에 대한 반박(반론) → 합리적인 방안 선택

개념 멘토링

Q 토의를 하면 어떤 점이 좋은가요?

A 여러 사람이 모여 다양한 경험이나 전문적인 지식 등을 나누면 좋은 해결 방안을 쉽게 찾을 수 있지. 그리고 여러 의견을 조정하는 과정에서 오해도 풀고 갈등도 줄일 수 있어.

개념 테스트

3 '지구 온난화의 피해 상황은 어느 정도인가?'는 (가치 논제 / 정책 논제 / 사실 논제)이고, '교통 체증 현상을 어떻게 해결할 것인가?'는 (가치 논제 / 정책 논제 / 사실 논제)이다.

4 토의를 할 때 다음 역할을 하는 사람은 누구인지 쓰시오.

> 토의의 계획과 준비, 진행, 결과 정리 및 보고

5 어떤 논제에 대하여 찬성자와 반대자가 각자 논리적인 근거를 제시하면서 자기 의견의 정당함과 상대방 의견의 부당함을 주장하는 말하기 형태를 □□(이)라고 한다.

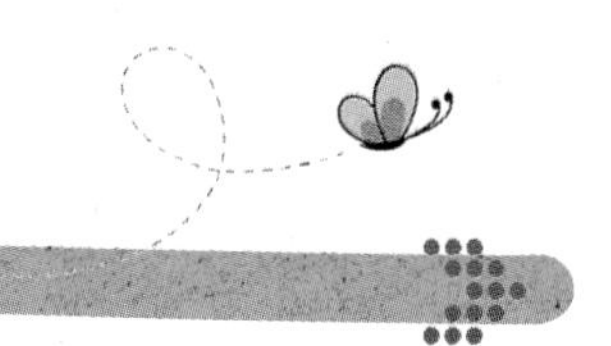

토론의 유형

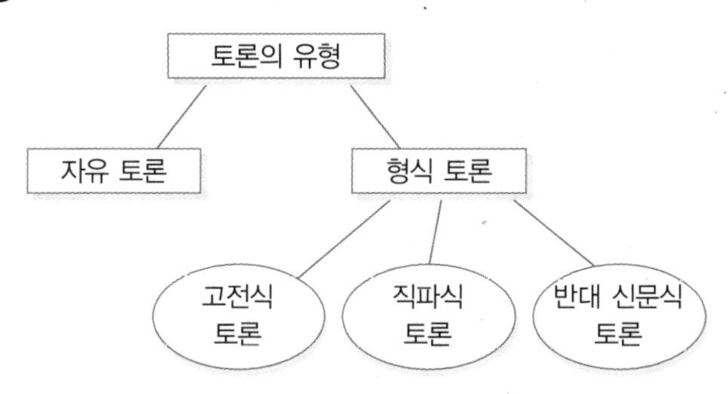

토론의 방법과 규칙

토론 전	• 사회자 : 논제와 토론 배경을 설명하고, 토론의 절차와 규칙을 간략히 소개함 • 배심원 : 심사 항목과 배점 등 심사 기준을 설명함
토론 중	• 사회자 : 토론 순서와 시간을 엄격히 통제하고 시간이 경과하면 토론자의 발언을 중단시킬 수 있음 • 토론자 : 토론의 순서와 시간을 분명히 지키고, 입론과 반론을 적절히 활용하며, 같은 편끼리 토론 전략을 상의하는 '숙의 시간'을 요청할 수 있음
토론 후	• 배심원 : 토론 심사 기준에 의해 평가하여 승자를 결정하고 토론을 마무리함(혹은 배심원의 투표로 결정짓기도 함) • 토론자 : 판정에 승복함

승복함: 납득하여 따름

토의와 토론

		토의	토론
공통점		– 집단적인 의사 결정 과정임 – 합리적인 해결 방안을 모색함	
차이점	주제	어떤 장소나 문제 해결 방법 등 함께 상의해서 결정할 수 있는 이야깃거리를 다룸	'된다', '안 된다' 등 상반된 의견을 말할 수 있는 이야깃거리를 다룸
	참여자	공동의 문제를 해결하기 위한 방안을 모색함	특정 문제에 대한 찬성과 반대의 의견을 가짐
	문제 해결 방법	구성원 모두가 협력하여 해결 방안을 탐색함	자신의 주장에 대한 논거를 제시하고 상대방 주장의 모순을 밝힘
	목적	최선의 문제 해결 방안을 모색함	자신의 주장이 옳음을 상대방이 인정하도록 설득함

개념 테스트

6 토론의 방법과 규칙에 대한 설명으로 옳으면 ○표, 옳지 않으면 ×표 하시오.

(1) 토론 전에 사회자는 심사 항목과 배점 등 심사 기준을 설명한다. (○ / ×)

(2) 토론 중 토론자는 같은 편끼리 절대 토론 전략을 상의할 수 없다. (○ / ×)

7 토의와 토론은 모두 집단적인 의사 결정 과정으로, 합리적인 □□ □□을/를 모색한다는 공통점이 있다.

개념 체크 리스트!

- 토의가 무엇인지 설명할 수 있나요? □
- 토의의 유형을 네 가지로 나누어 말해 보세요. □
- 토의는 어떤 절차로 진행되나요? □
- 토의 참여자에게는 각각 어떤 역할이 주어지나요? □
- 토의의 논제를 세 가지로 나누어 설명해 보세요. □
- 토론이 무엇인지 설명할 수 있나요? □
- 토론은 어떤 절차로 진행되나요? □
- 토론의 유형에 대해 알고 있나요? □
- 토론은 어떤 방법과 규칙으로 진행되나요? □
- 토의와 토론의 차이점을 설명해 보세요. □

○가 7개 이상이면 → 80쪽 개념 색깔 입히기로 Go! ☺

○가 7개 미만이면 → 77쪽 개념 스케치하기로 Back! ☹

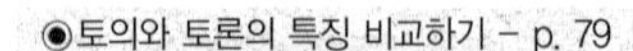

| 개념 색깔 입히기 | 11 토의, 토론

◉토의와 토론의 특징 비교하기 - p. 79

01 토의와 토론을 비교한 내용으로 알맞지 않은 것은?

	토의	토론
①	집단적인 의사 결정 과정으로, 합리적인 해결 방안을 모색함	
②	어떤 장소나 문제 해결 방법 등 함께 상의해서 결정할 수 있는 이야깃거리를 다룸	'된다', '안 된다' 등 상반된 의견을 말할 수 있는 이야깃거리를 다룸
③	참여자는 공동의 문제를 해결하기 위한 방안을 모색함	참여자는 특정 문제에 대한 찬성과 반대의 의견을 가짐
④	자신의 주장에 대한 논거를 제시하고 상대방 주장의 모순을 밝힘	구성원 모두가 협력하여 해결 방안을 탐색함
⑤	최선의 문제 해결 방안을 모색함	자신의 주장이 옳음을 상대방이 인정하도록 설득함

◉토의의 유형 파악하기 - p. 77

02 (가), (나)에 어울리는 토의의 유형이 바르게 연결된 것은?

|가| 엘론드 : 절대 반지의 처리 문제는 굉장히 민감하고 어려운 일이라네. 전문가들이 해결 방안을 발표하고, 상호 간에 의견을 조정하는 토의 방식이 필요하다고 보네.
|나| 레골라스 : 비공개적인 자유 토의 형태로 각 종족의 대표를 모아서 의견을 듣는 건 어떨까요? 개성이 강한 분들이니 모든 참여자들이 동등한 자격으로 자유롭게 토의에 참여하는 것이 더 좋을 것 같아요.

	(가)	(나)
①	포럼	심포지엄
②	포럼	원탁 토의
③	패널 토의	심포지엄
④	패널 토의	원탁 토의
⑤	원탁 토의	패널 토의

◉토의 참여자의 역할 파악하기 - p. 78

03 토의를 할 때 사회자의 역할로 적절하지 않은 것은?

① 토의의 주제를 소개한다.
② 토의를 계획하고 준비한다.
③ 토의의 결과를 정리하고 보고한다.
④ 토의가 진행되는 순서를 알려 준다.
⑤ 토의자들의 의견을 뒷받침하는 근거를 제시한다.

◉토의의 논제 파악하기 - p. 78

04 다음 글에 나타난 논제와 그 유형이 같은 것은?

사회자 : 우리 학교 신문 '희망 소식'에 의하면, 학교 급식소에서 배출되는 음식물 쓰레기의 양이 매월 증가하는 추세에 있다고 합니다. 이번 도의에서는 학교 급식 음식물 쓰레기를 줄이는 방법에 대하여 이야기를 나누도록 하겠습니다.

① 인간은 이기적인 존재인가?
② 봉사 활동의 제도화는 바람직한가?
③ 주5일 수업제의 문제점은 무엇인가?
④ 학생 중심의 동아리 활동은 유익한가?
⑤ 깨끗한 교실 환경을 만들 수 있는 방법은 무엇인가?

◉토론의 방법과 규칙 파악하기 - p. 79

05 토론의 방법과 규칙에 대한 설명으로 바르지 않은 것은?

① 토론 전에 사회자는 토론의 절차와 규칙을 간략히 소개한다.
② 토론 중에 토론자는 같은 편끼리 토론 전략을 상의할 수 없다.
③ 토론 전에 배심원은 심사 항목과 배점 등 심사 기준을 설명한다.
④ 토론 중에 사회자는 토론 순서와 시간을 엄격히 통제할 수 있다.
⑤ 토론 후에 배심원은 토론 심사 기준에 의해 평가하여 승자를 결정한다.

정답과 해설 6쪽

◉토론의 절차 파악하기 - p. 78

06 토론의 절차로 알맞은 것은?

① 논제 설정 → 찬성 측 주장 → 주장에 대한 반박 → 합리적인 방안 선택
② 찬성 측 주장 → 주장에 대한 반박 → 논제 설정 → 합리적인 방안 선택
③ 문제 확인 → 문제 분석 → 해결 방안 탐색 → 해결 방안 도출 → 해결 방안 평가
④ 문제 분석 → 문제 확인 → 해결 방안 도출 → 해결 방안 평가 → 해결 방안 탐색
⑤ 문제 확인 → 해결 방안 탐색 → 문제 분석 → 해결 방안 도출 → 해결 방안 평가

◉토의의 유형 파악하기 - p. 77

07 ㉠~㉢에 들어갈 토의의 유형이 바르게 연결된 것은?

상경 : 우리는 청중들 앞에서 토의를 하며 봉사 활동의 진정한 의미를 찾아보려고 하는 거니까 원탁 토의보다는 심포지엄, 패널 토의, 포럼과 같은 방식이 좋겠어.
효진 : 그중에서도 우리가 정한 주제와 가장 잘 어울리는 토의 방식을 찾아야겠지? (㉠)은/는 청중들이 주제와 관련된 지식을 어느 정도 마련해 와서 적극적으로 참여해야 하는 것이니까 현실적으로 불가능할 것 같아. 그리고 우리는 토의에서 다양한 의견을 주고받고자 하는 것이니까 토론자 간에 의견 교환이 거의 없는 (㉡)도 맞지 않아.
인애 : 그러면 토론자들이 의견을 활발하게 주고받을 수 있는 (㉢)이/가 가장 좋겠다. 청중들의 참여도 가능하고 말이야.

	㉠	㉡	㉢
①	포럼	패널 토의	심포지엄
②	포럼	심포지엄	패널 토의
③	심포지엄	포럼	패널 토의
④	패널 토의	포럼	심포지엄
⑤	패널 토의	심포지엄	포럼

◉토론의 방법과 규칙 파악하기 - p. 79

08 토론 과정에 따른 토론 방법을 잘못 설명한 것은?

① 토론 전 : 사회자는 논제와 토론 배경을 설명한다.
② 토론 전 : 배심원은 심사 항목과 배점 등 심사 기준을 설명한다.
③ 토론 중 : 사회자는 시간이 경과한 토론자의 발언을 중단시킬 수 없다.
④ 토론 중 : 토론자는 토론의 순서와 시간을 분명히 지키고 입론과 반론을 적절히 활용해야 한다.
⑤ 토론 후 : 배심원은 토론 심사 기준에 의해 평가하여 승자를 결정하고 토론을 마무리한다.

◉패널 토의 참여자의 역할 파악하기 - pp. 77~78

09 패널 토의에서 참가자의 역할 및 태도로 알맞지 않은 것은?

① 패널은 자신의 생각을 정확하고 분명하게 말한다.
② 패널은 자신의 생각을 뒷받침하는 자료를 미리 준비한다.
③ 패널은 논제에 대하여 찬성과 반대의 태도를 분명히 밝힌다.
④ 사회자는 패널의 발언을 요약해 주어 듣는 이들의 이해를 돕는다.
⑤ 사회자는 토의를 시작하기 전에 토의 주제, 진행 절차, 참석한 패널들을 소개한다.

◉토의에 참여하는 바람직한 태도 파악하기 - p. 77

10 토의를 하는 태도로 바람직하지 않은 것은?

① 다른 사람의 의견을 경청한다.
② 다른 사람의 의견을 능동적으로 수용한다.
③ 일관성 있는 태도로 자신의 의견을 내세운다.
④ 어법에 어긋나거나 논제에서 벗어난 말은 삼간다.
⑤ 발언권을 독점하거나 다른 사람의 말을 가로막지 않는다.

○가 7개 이상이면 → 82쪽 강연, 협상, 발표로 Go!
○가 7개 미만이면 → 틀린 문제로 Back!

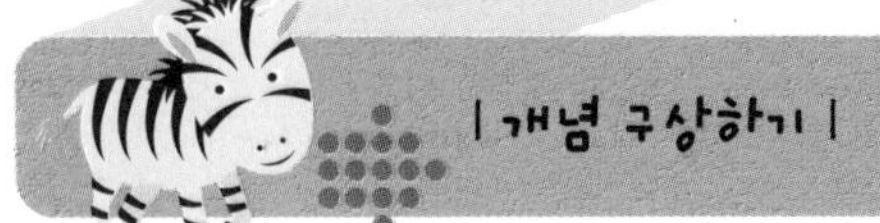

| 개념 구상하기 | 12 강연, 협상, 발표

선생님, 강연, 협상, 발표는 언제 하는 건가요?

'강연, 협상, 발표'는 모두 '말하기'의 일종으로, '강연'은 일정한 주제에 대해 강연자가 자신의 생각을 청중 앞에서 말할 때 하는 것이고, '협상'은 의견 차이를 좁히거나 갈등 해소를 위해 하는 것이며, '발표'는 다수를 상대로 어떤 주제에 대해 설명적으로 말할 때 하는 거야.

빈칸에 알맞은 말을 채우면서, '강연, 협상, 발표'의 개념을 머릿속에 그려 보자.

강연 : 일정한 주제에 대하여 강연자가 청중 앞에서 강의하는 말하기 방식

청중: 강연이나 설교, 음악 따위를 듣기 위해 모인 사람들

강연의 특성

- 일정한 주제에 대해 강연자가 청중 앞에서 강의함으로써, 그 주제에 대한 청중의 이해를 높이는 것을 목적으로 함
- 강연의 주제는 쉽고 친근한 것부터 어렵고 전문적인 내용에 이르기까지 다양함
- 청중의 규모는 다양할 수 있음
- 강연 중에 청중과의 상호 작용이 나타나기도 하지만 강연자의 일방적인 말하기가 주를 이루며, 의사소통 과정에서 상대적으로 청중이 차지하는 역할이 적음

강연을 듣는 방법

듣기 전	강연 포스터를 찾아보거나, 인터넷 검색을 통해 다양한 분야의 강연 소식을 미리 알아보고, 알고 싶은 분야의 것인지, 강연의 수준이 나에게 적절한지, 강연자가 그 분야의 전문가인지 등을 고려하여 강연 고르기
⬇	
듣는 중	• 호기심과 관심을 가지고 듣기 • 분석하며 듣기 • 메모 · 질문하며 듣기 • 필요에 따라 녹음 · 녹화하며 듣기
⬇	
들은 후	• 강연 내용 정리하기(강연 기록장 작성하기) – 메모를 바탕으로 강연 기록장을 작성함 : 강연 기록장에는 제목, 날짜, 장소, 강연자, 주제와 중심 내용, 소감 등을 기록함

〈강연을 들을 때 필요한 자세〉

- 새로운 것을 알고자 하는 호기심과 적극적인 마음가짐
- 어렵거나 흥미가 없는 주제라도 즐겁게 들으려는 자세
- 강연 내용을 분석하는 태도
- 강연 내용에 대해 조리 있게 질문하는 자세

1 다음 내용이 강연에 대한 설명으로 옳으면 ○표, 옳지 않으면 ×표 하시오.

(1) 강연에서 강연자와 청중의 상호 작용은 일어나지 않는다. (○ / ×)

(2) 강연의 주제는 쉽고 친근한 것부터 어렵고 전문적인 내용에 이르기까지 다양하다. (○ / ×)

2 강연을 듣기 전에 하는 일로 알맞은 것에 ○표 하시오.

(1) 인터넷 검색을 통해 다양한 분야의 강연 소식을 미리 알아본다. ( )

(2) 호기심과 관심을 갖고 분석하며 듣는다. ( )

(3) 강연 내용을 녹음한 경우에는 다시 들으며 정리한다. ( )

협상 : 개인 · 집단 간에 존재하는 의견 차이나 갈등의 해소를 위해 대표가 협의하는 일

협상의 목적 : 의견 차이와 갈등을 합리적으로 조정함으로써 개인이나 집단 간의 충돌을 막고 조화로운 관계를 유지하기 위함

협상이 필요한 구체적 상황

가격을 깎아 주기를 원하는 고객과 서비스 상품을 주겠다는 판매자 간의 갈등	하수 처리장을 건설하려는 ○○시와 건설을 막으려는 환경 단체 간의 갈등	교실을 빌려 주지 않으려는 학급 학생과 동아리 부서원 간의 갈등	층간 소음으로 갈등을 겪고 있는 아파트 주민 간의 갈등

협상의 절차

1. 문제 상황 진단 및 협상 전략 세우기	• 문제 상황과 갈등의 원인을 따지고, 문제의 해결 가능성을 살펴봄 • 상대편의 반대 의견을 예상하고 대응 전략을 세움
2. 협상안 제시하기	• 시간과 장소를 정하여 상대방과 만나 문제를 확인함 • 상대방에 대한 나의 요구 사항을 분명히 전달함
3. 상대방의 처지와 요구 사항 파악하기	• 상대방의 의견을 경청하여 상대방의 처지와 요구 사항을 파악함 • 양보할 것과 수용할 것이 무엇인지 판단함
4. 협의와 조정을 통해 문제 해결하기	• 양보와 배려로 서로에게 이익이 되는 합의점을 이끎 • 충분한 협의와 조정을 거쳐 해결 방안을 검토하고 합의함

개념 플러스

〈협상의 전략〉

- 협상에서 얻고자 하는 목표를 최대한 크게 설정함
- 협상 과정의 혼란이나 논쟁을 막기 위해 권한과 한계를 분명하게 정해 두어야 함
- 협상이 이루어질 수 없는 상황에 대비하여 다른 대안을 마련해 두어야 함
- 협상 상대가 원하는 것, 처한 상황, 성향 등을 미리 파악해 두어야 함
- 예상되는 반론에 대한 대응책을 세워 협상 상대를 효과적으로 설득해야 함
- 상대를 존중하는 표현을 통해 공감대를 형성해야 함

개념 테스트

3 협상을 할 때에는 협상 과정의 혼란이나 논쟁을 막기 위해 ☐☐와/과 ☐☐을/를 분명하게 정해 두어야 한다.

4 다음 내용이 협상에 대한 설명으로 옳으면 ○표, 옳지 않으면 ×표 하시오.

(1) 협상을 할 때 가장 먼저 해야 할 일은 문제 상황을 진단하는 일이다. (○ / ×)

(2) 협상의 목적은 상대를 설득하여 자신에게 필요한 것을 최대한 많이 얻어 내기 위함이다. (○ / ×)

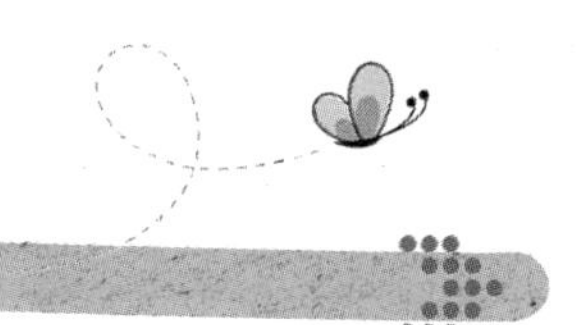

발표 : 수업이나 각종 행사 등에서 다수의 청중을 상대로 한 설명적 말하기

발표의 과정

발표 주제 정하기 ➡ 발표 내용 바련하기 ➡ 매체 활용 계획 세우기 ➡ 발표 연습하기 ➡ 발표하기

매체의 종류

매체: 정보를 전달하는 매개물로서 원활한 의사소통을 돕는 수단

매체 종류	시각 매체	청각 매체	복합 매체
매체의 예	도표, 그림, 사진 등	소리, 음악 등	동영상, 플래시 애니메이션 등
주제의 예	우리 지역의 문화재 소개, 우리 반 학생들의 컴퓨터 활용 실태 등	각 지역 민요의 특징, 새의 종류에 따른 울음소리 등	복잡한 실험 과정, 바른 자세로 운동하는 모습 소개 등
표시 장치	환등기, 실물 화상기, 실물 투영기(OHP) 등	카세트, 녹음기 등	텔레비전, 영상 화상기 등

매체를 활용하여 발표할 때 고려할 점

- 발표의 목적과 내용을 고려하여 매체 활용의 전략을 세움
- 발표할 내용을 글 정보와 시각 정보로 구분하여 전달 효과를 높임
- 발표 상황과 주제에 적합한 매체를 활용하고, 프레젠테이션 소프트웨어도 활용함
- 청중의 흥미를 끌고 주의를 집중시킬 수 있는 매체를 활용함
- 하나의 매체에만 의존하지 말고 상황이 허락하는 한 다양한 매체를 적절히 활용함

개념 테스트

5 발표의 과정에 맞게 〈보기〉를 기호로 나열하시오.

〈 보기 〉
㉠ 발표 주제 정하기
㉡ 발표 연습하기
㉢ 발표하기
㉣ 발표 내용 마련하기
㉤ 매체 활용 계획 세우기

6 발표에서 매체를 활용할 때에는 가급적 복합 매체 중심으로 활용하는 것이 좋다. (○ / ×)

개념 체크 리스트!

- 강연의 뜻을 설명할 수 있나요? ☐
- 강연의 특성을 세 가지 이상 말해 보세요. ☐
- 강연을 듣기 전, 듣는 중, 들은 후에 유의할 점을 말해 보세요. ☐
- 협상의 뜻과 목적을 말해 보세요. ☐
- 협상의 절차에 대해 설명할 수 있나요? ☐
- 협상의 전략을 세 가지 이상 말해 보세요. ☐
- 협상이 필요한 경우는 언제인지 예를 들어 설명해 보세요. ☐
- 발표의 뜻을 설명할 수 있나요? ☐
- 발표의 과정을 다섯 단계로 말해 보세요. ☐
- 매체를 활용하여 발표할 때에는 어떤 점을 고려해야 하나요? ☐

○가 7개 이상이면 → 86쪽 개념 색깔 입히기로 Go! ☺

○가 7개 미만이면 → 83쪽 개념 스케치하기로 Back! ☹

| 개념 색깔 입히기 |

12 강연, 협상, 발표

◉강연의 특징 파악하기 - p. 83

01 강연에 대한 설명으로 적절하지 않은 것은?

① 강연을 듣는 청중의 규모는 다양하다.
② 강연 중 의사소통에서는 청중이 차지하는 역할이 강연자보다 크다.
③ 강연은 특정 주제에 대해 전문가가 청중 앞에서 강의를 하는 것이다.
④ 강연 내용을 녹음하려면 반드시 강연자나 주최 측의 허락을 미리 받아야 한다.
⑤ 강연의 주제는 쉽고 친숙한 것부터 어렵고 전문적인 내용에 이르기까지 매우 다양하다.

◉강연을 들을 때의 자세 이해하기 - p. 83

02 강연을 듣는 자세로 바르지 않은 것은?

① 강연 내용을 빠짐없이 메모하며 듣는다.
② 새로운 정보를 알고자 하는 호기심을 갖는다.
③ 질문 사항이 있으면 질의응답 시간을 활용한다.
④ 사실과 의견, 주장과 근거 등을 구분하며 듣는다.
⑤ 강연 내용 중 더 알고 싶은 내용은 따로 정리한다.

◉강연을 듣는 방법 이해하기 - p. 83

03 다음 중 강연을 듣기 전에 해야 할 일로 알맞은 것은?

① 강연의 내용을 정리한다.
② 강연의 내용을 분석하며 듣는다.
③ 질의응답 시간에 적극적으로 질문한다.
④ 다양한 분야의 강연 소식을 미리 알아본다.
⑤ 새롭게 알게 된 내용이나 기억하고 싶은 내용을 기록한다.

[4~5] 다음 글을 읽고, 물음에 답하시오.

인터넷의 비대면성, 익명성, 죄의식의 희박성 등과 같은 특성으로 인해 전에 없던 다양한 범죄가 나타나서 사회 문제가 되고 있습니다. 이와 같은 범죄를 사이버 범죄라 합니다.

그런데 이런 사이버 범죄가 무서운 것은 인터넷을 사용하는 사람이라면 누구나 피해자가 될 수 있기 때문입니다. 따라서 사이버 범죄를 당했을 때 대응 방법을 알아 두어야 합니다. 사건이 발생하면 개인이 해결하지 말고 즉시 인터넷으로 경찰청 사이버 테러 대응 센터에 접속해 개인 실명 인증을 하고 신고자의 정보를 입력, 확인합니다. 그리고 화면에 나오는 관할 경찰서를 선택해 용의자 정보와 피해 내용을 차례로 입력하고 신고를 완료해야 합니다.

◉강연의 주제 파악하기 - p. 83

04 이 강연의 주제로 알맞은 것은?

① 사이버 범죄의 특성
② 인터넷의 부정적 영향
③ 인터넷 경찰청 접속 방법
④ 사이버 범죄를 예방하는 방법
⑤ 사이버 범죄에 대응하는 방법

◉강연 내용에 대한 질문 파악하기 - p. 83

05 이 강연을 듣고 질문할 내용으로 적절하지 않은 것은?

① 어떤 범죄를 사이버 범죄라고 하나요?
② 사이버 범죄의 예로는 어떤 사건이 있나요?
③ 중학생도 개인 실명 인증 절차를 거칠 수 있나요?
④ 경찰청 사이버 테러 대응 센터의 홈페이지 주소를 알려 주세요.
⑤ 신고한 다음에는 어떤 과정을 거쳐 사이버 범죄가 해결되나요?

정답과 해설 7쪽

◉ 협상의 특징 파악하기 – p. 84

06 협상에 대한 설명으로 바르지 않은 것은?

① 협상에서는 이겨야만 이익을 보장 받을 수 있다.
② 일상생활에서 물건 값을 흥정하는 것도 협상이다.
③ 이해관계가 얽혀 갈등을 겪는 개인에게 필요하다.
④ 양쪽 모두에게 이익이 되는 방안을 모색해야 한다.
⑤ 자신이 필요한 것을 얻기 위해 상대방의 제안을 탐색하는 과정을 거친다.

◉ 협상이 필요한 경우 파악하기 – p. 84

07 다음 중 협상이 필요한 경우가 아닌 것은?

① 소비자와 판매자 간의 가격 결정
② 아파트 앞 도로의 무단 횡단을 막는 문제
③ 층간 소음으로 인한 아파트 주민 간의 갈등
④ 가게 주인과 아르바이트 학생 간의 임금 결정
⑤ 공사 현장의 소음으로 인한 건설사와 주민 간의 갈등

◉ 협상의 전략 파악하기 – p. 84

08 문제 상황의 해결을 위해 사용하는 협상 전략이 아닌 것은?

① 협상에서 얻고자 하는 바를 구체적으로 정한다.
② 상대의 처지에 공감을 표시하며 존중하는 태도를 보인다.
③ 예상되는 반론에 어떻게 대응할 것인지 치밀하게 준비한다.
④ 상대의 처지나 성향, 원하는 것 등에 대한 정보를 수집한다.
⑤ 무조건 협상이 이루어질 수 있도록 그 외의 대안은 생각해 두지 않는다.

[09～10] 다음 글을 읽고, 물음에 답하시오.

서경 이북을 내주자는 조정의 여론을 잠재우고 직접 거란과의 담판에 나선 서희는 80만 대군을 거느리고 있는 소손녕의 진영으로 당당히 들어갔다.

서희가 거란 진영에 도착하자 소손녕이 큰소리로 말했다.

"고려의 사신은 뜰에서 절을 올리도록 하라."

그러자 서희는 조금도 주눅 들지 않고 맞받아쳤다.

"신하가 왕을 대할 때에만 뜰에서 절을 합니다. 그러니 양국의 대신끼리 만나는 자리에서 그런 일은 있을 수 없소이다."

"어허, 뜰에서 절을 올려야 만나 줄 터인데……."

소손녕은 뜰에서 절을 하라고 끈질기게 요구했지만 서희는 조금도 양보하지 않았다.

◉ 협상의 절차 파악하기 – p. 84

09 이와 같은 협상을 할 때, 가장 먼저 해야 할 일은?

① 협상안을 제시한다.
② 협상 전략을 세운다.
③ 문제 상황을 진단한다.
④ 상대의 처지와 요구 사항을 파악한다.
⑤ 협의와 조정을 통해 문제를 해결한다.

◉ 협상의 전략 파악하기 – p. 84

10 이 글에 나타난 서희의 협상 전략은?

① 협상 상대에 대한 정보를 수집하였다.
② 적진에서 한 협상에서 기선을 제압하였다.
③ 내부의 의견을 통일하여 협상의 목표를 정하였다.
④ 상대방과의 명분 싸움에서 논리적으로 대응하였다.
⑤ 상대방의 논리를 역이용하여 국가 현안을 해결하였다.

◉발표하기의 절차 파악하기 – p. 85

11 **발표하기의 과정을 순서에 맞게 나열한 것은?**

> ㉠ 발표하기
> ㉡ 발표 연습하기
> ㉢ 발표 주제 정하기
> ㉣ 발표 내용 마련하기
> ㉤ 매체 활용 계획 세우기

① ㉡ – ㉢ – ㉣ – ㉤ – ㉠
② ㉢ – ㉣ – ㉤ – ㉡ – ㉠
③ ㉢ – ㉤ – ㉣ – ㉡ – ㉠
④ ㉤ – ㉢ – ㉣ – ㉡ – ㉠
⑤ ㉤ – ㉣ – ㉢ – ㉡ – ㉠

◉매체 활용의 효과 파악하기 – p. 85

12 **발표할 때 매체를 활용하는 이유가 아닌 것은?**

① 전달 효과를 더욱 높이려고
② 듣는 사람에게 흥미를 주려고
③ 복잡한 내용을 간단하게 제시하려고
④ 자신의 수준에 맞는 발표 주제를 정하려고
⑤ 듣는 사람이 내용을 쉽게 이해할 수 있게 하려고

◉매체를 활용하여 발표할 때 고려할 점 파악하기 – p. 85

13 **발표에 활용할 매체를 정할 때 고려할 점으로 적절하지 않은 것은?**

① 매체는 구하거나 제작하기가 쉬워야 한다.
② 주제와 상황에 적합한 매체로 정해야 한다.
③ 매체를 충분히 활용할 수 있는 상황이어야 한다.
④ 정해진 시간 안에 매체를 활용할 수 있어야 한다.
⑤ 다양한 기능을 가진 복합 매체를 이용해야 한다.

◉매체 선정의 적절성 파악하기 – p. 85

14 **다음 내용을 발표할 때의 매체 활용 방법으로 적절한 것은?**

> 수평선 구도는 안정감을 느끼게 합니다. 가로로 된 구도가 정적인 미를 보여 주기 때문입니다. 대각선 구도는 화면에 운동감과 원근감을 주어 명랑하고 활동적인 분위기와 공간을 표현할 때 효과적입니다. 그래서 기념사진이나 작품 사진의 인물 배치에 많이 사용됩니다. 한곳에 눈을 집중시키는 원형 구도는 원모양을 중앙에 배치함으로써 단순한 주제를 부각할 때 사용합니다.

① 각각의 구도로 찍은 사진을 보여 준다.
② 발표 내용을 문서로 작성하여 OHP로 보여 준다.
③ 각각의 구도와 유사한 느낌을 주는 음악을 들려준다.
④ 사진에 많이 쓰이는 구도를 분석한 그래프를 보여 준다.
⑤ '좋은 구도로 사진 찍는 방법'에 대해 전문가와 인터뷰한 자료를 들려준다.

◉매체의 종류에 따른 주제 파악하기 – p. 85

15 **청각 매체를 활용하여 발표하기에 가장 적절한 주제는?**

① 우리 지역의 문화재
② 바른 자세로 운동하는 방법
③ 새의 종류에 따른 울음소리의 차이
④ 우리 반 학생들의 컴퓨터 사용 실태
⑤ 제주도의 자연 환경이 주민 생활에 끼친 영향

○가 11개 이상이면 → 89쪽 개념 덧바르기로 Go! ☺
○가 11개 미만이면 → 틀린 문제로 Back! ☹

I 갈래 그리기

이 단원의 내용을 정리하며
토순이에게 연애편지를 전달해 봅시다.
허헉 큰일났다! 빨리 토순이한테 가야 하는데.. 늦잠을 자 버렸어..
나? 토순이한테 줄 연애편지
Yes → No →
start
시의 3요소는 운율, 심상, 주제이다.
소설의 구성 단계는 '발단 – 전개 – 위기 – 절정 – 결말'이다.
논설문은 객관적이고 사실적인 글이다.
수필에는 글쓴이의 성품, 태도, 표현 방식 등이 직접적으로 드러난다.
퐁당!
에구구, 깜짝이야!
쯧 쯧!
바보! 이건 설명문의 특징이야!
퐁당!
꼬르륵..
여행하는 동안 보고 듣고 느낀 것을 쓴 글을 기행문이라고 한다.
시나리오는 희곡보다 등장인물 수의 제약이 더 크다.
토론과 토의 중 협력적인 말하기는 토의이다.
퐁당!
물을 너무 많이 마셨어. ㅠ.ㅠ
너..저기서 빠졌던 애 맞지? 아냐? 아님 말고~!
잉- 진흙탕에 빠졌어!! 시간도 없는데..
바보!
철퍼덕!
협상을 할 때 가장 먼저 해야 할 일은 문제 상황의 진단이다.
이휴.. 다행이다.. 토순이는 내가 물에 빠진 줄 모르는 것 같네!
아이 부끄~ 역시 우리 토식이는 똑똑해. 최고야~!

Ⅰ 갈래 그리기

정답과 해설 7쪽

이 단원의 내용을 정리하며 십자말 퍼즐을 풀어봅시다.

		2						
1								
		4			5			
3					6	7		
						8	9	
					10			
11				12				
						14	15	
			13					

가로 열쇠

1 개인이나 단체가 문제 상황을 해결하기 위한 의견을 당사자나 관련 단체인 독자에게 알려, 그 독자가 문제를 해결하기 위해 행동하도록 설득하는 글

2 서술자가 사건의 속사정, 인물의 심리까지 파악하여 서술하는 시점을 ○○○ ○○ 시점이라고 함

3 소설에서 작품의 처음부터 끝까지 성격이 변하지 않는 인물을 ○○○ 인물이라고 함

4 논설문의 구성 : ○○ – 본론 – 결론

6 사람들의 입에서 입으로 전해 내려오는 옛날이야기

8 정해진 형식이 없이 자유롭게 쓴 시

11 심상의 한 종류로, 하나의 감각을 다른 감각으로 옮겨 표현하여 둘 이상의 감각이 동시에 떠오르게 하는 느낌을 말함

13 정해진 대상에게 안부, 소식, 용무 따위를 적어 보내는 글

14 작품 자체만을 요소로 하여 분석, 비평, 감상하는 관점을 ○○○적 관점이라고 함(=내재적 관점)

세로 열쇠

2 사전 지식이 필요한 강연은 ○○ ○○을/를 참고하거나 인터넷 등을 검색하여 그 내용을 미리 알아 두는 것이 좋음

3 인물의 일생에 대한 비평을 중심으로 쓴 전기문

5 기사문에서 기사에 대한 참고 사항이나 설명을 덧붙이는 부분

7 시에서 말하는 이로, 시인의 생각과 느낌을 효과적으로 나타내기 위해 설정한 장치를 시적 ○○라고 함

9 ○○ 추리 : 두 대상의 공통된 속성을 바탕으로 다른 부분도 비슷할 것이라는 결론을 이끌어 내는 방법

10 개인이나 집단 간에 존재하는 의견 차이나 갈등을 해소하기 위해 대표가 협의하는 일

11 사회 발전을 위해 규범을 제시해 공공의 문제에 대한 관심과 해결을 구하기 위한 광고

12 여러 전문가들이 하나의 주제에 대하여 각자의 관점에서 의견을 발표하고 해결책을 제안하는 토론의 종류

15 둘 이상의 대상을 견주어 차이점을 중심으로 설명하는 방법

P / A / R / T

II

문법 그리기

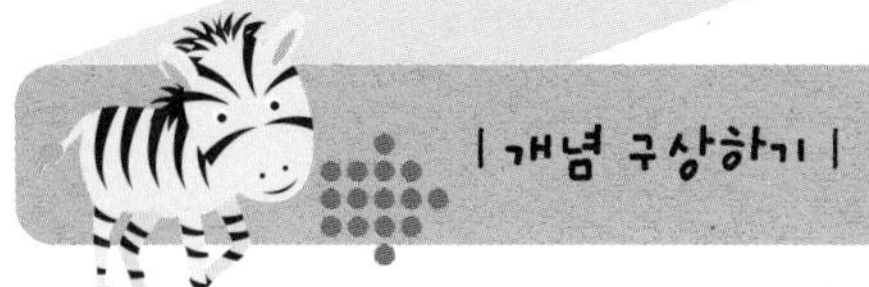

| 개념 구상하기 | 01 언어의 본질

선생님, 칠판을 왜 칠판으로 부르게 된 건가요? 지우개라고 할 수도, 교탁이라고 할 수도 있었을 텐데요?

칠판을 칠판이라고 부르는 까닭은 사람들이 그렇게 부르자고 약속을 했기 때문이야. 어떤 사람이 자기 혼자서만 '칠판'을 '교탁'으로 부른다면, 그 사람은 다른 사람들과 의사소통이 잘 안 되겠지? 이는 언어의 사회성과 관련이 있는데, 이 외에도 언어는 자의성, 역사성, 규칙성, 창조성을 갖고 있단다.

빈칸에 알맞은 말을 채우면서, '언어의 본질과 기능'의 개념을 머릿속에 그려 보자.

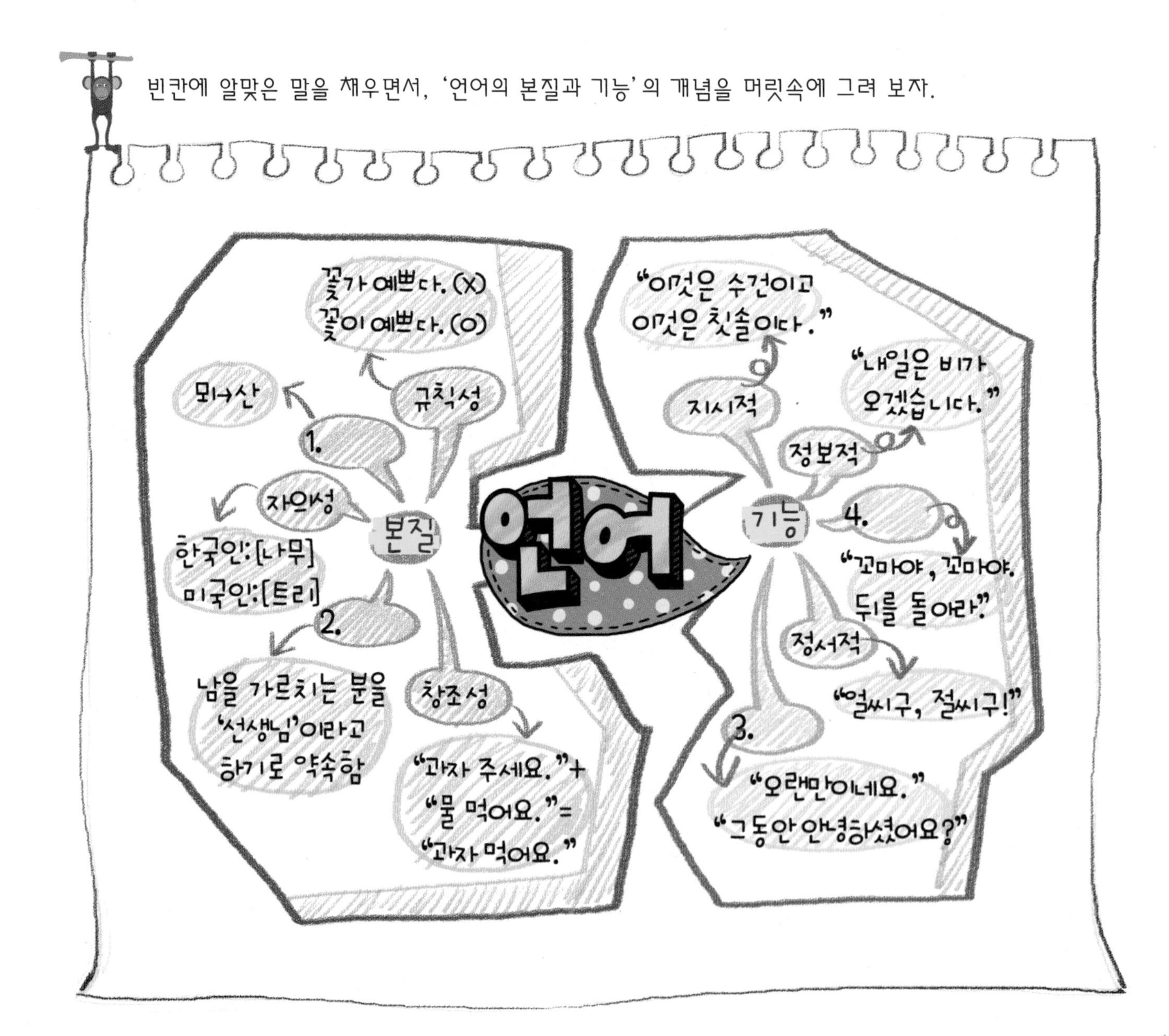

언어의 본질

언어의 자의성	언어의 의미(내용)와 말소리(형식)의 관계는 필연적이 아니라 임의적임 (임의적: 일정한 기준이나 원칙 없이 하고 싶은 대로 하는) 예 '나무'를 한국인은 [나무], 미국인은 [트리], 독일인은 [바움], 일본인은 [기]라고 부름
언어의 사회성	언어는 그 언어를 사용하는 사람들 사이의 사회적 약속임 예 '자기를 낳아 준 여자를 이르거나 부르는 말'을 영어권 사람들은 '맘'이라고 하기로, 한국인들은 '엄마(어머니)'라고 하기로 약속한 것임
언어의 역사성	언어는 시간의 흐름에 따라 끊임없이 생성, 소멸, 변화함 예 예전에는 '뫼'라고 하던 것을 오늘날에는 '산'이라고 함
언어의 규칙성	언어에는 일정한 규칙이 있어서 그것에 맞게 사용해야 함 예 '우유이 맛있다.'가 아니라 '우유가 맛있다.'라고 해야 함
언어의 창조성	이미 알고 있는 언어를 가지고 새로운 표현을 무한히 만들 수 있음 예 '우유 주세요.'와 '과자 먹어요.'를 배운 아이는 '과자 주세요.'와 '우유 먹어요.'라는 새로운 문장을 만들 수 있음

개념 멘토링

Q 언어의 규칙성에 의하면 '밥을 먹자.'라고 말하는 게 맞겠네요?

A 그렇지. 우리말은 '목적어+서술어'의 순으로 표현되니까.

Q 그런데 저는 '먹자, 밥을.'이라고 말할 때도 있어요. 그럼 이 문장은 틀린 건가요?

A 우리말의 규칙에 의하면 기본적으로 한국어의 어순은 '서술어-목적어'가 아니라, '목적어-서술어' 순이지. 그런데 '먹자, 밥을.'의 경우, 표현의 효과를 위해 잠시 어순을 바꾼 것일 뿐 틀린 문장은 아니야.

개념 플러스

〈언어의 기호성〉

언어는 일정한 내용(의미)을 일정한 형식(음성, 문자)으로 나타내는 기호 체계임

개념 테스트

1 다음 그림과 관련 있는 언어의 특성을 쓰시오.

(1)

영감 : 벼슬 이름 → 남자 노인

(   )

(2)

(   )

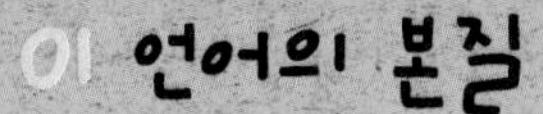

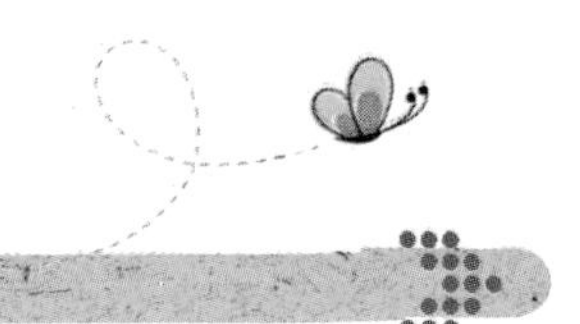

언어의 기능

기능	설명
지시적 기능	어떤 사물이나 개념을 가리키는 기능 예 "이것은 수건이고, 이것은 칫솔이며, 이것은 필기구이다."
정보적 기능	정보나 지식을 전달하는 기능 예 "내일은 비가 오겠습니다."
명령적 기능	상대방에게 특정 반응이나 행동을 요구하는 기능 예 "꼬마야, 꼬마야, 뒤를 돌아라."
정서적 기능	자신의 감정이나 생각을 표현하는 기능 예 "얼씨구! 절씨구!"
친교적 기능	다른 사람들과 친밀한 관계를 맺게 하는 기능 예 "오랜만이네요." / "그동안 안녕하셨어요?"

개념 테스트

2 **다음 내용이 언어의 기능에 대한 설명으로 옳으면 ○표, 옳지 않으면 ×표 하시오.**

(1) 어떤 사물이나 개념을 가리키는 기능을 '언어의 정보적 기능'이라고 한다. (○ / ×)

(2) "꼬마야, 꼬마야, 뒤를 돌아라."에는 언어의 명령적 기능이 담겨 있다. (○ / ×)

개념 체크 리스트!

- 언어의 자의성을 예를 들어 설명해 보세요. ☐
- 언어의 사회성을 예를 들어 설명해 보세요. ☐
- 언어의 역사성을 예를 들어 설명해 보세요. ☐
- 언어의 규칙성을 예를 들어 설명해 보세요. ☐
- 언어의 창조성을 예를 들어 설명해 보세요. ☐
- 언어의 지시적 기능을 예를 들어 설명해 보세요. ☐
- 언어의 정보적 기능을 예를 들어 설명해 보세요. ☐
- 언어의 명령적 기능을 예를 들어 설명해 보세요. ☐
- 언어의 정서적 기능을 예를 들어 설명해 보세요. ☐
- 언어의 친교적 기능을 예를 들어 설명해 보세요. ☐

○가 7개 이상이면 → 95쪽 개념 색깔 입히기로 Go! ☺

○가 7개 미만이면 → 93쪽 개념 스케치하기로 Back! ☹

정답과 해설 8쪽

◉언어의 특성 이해하기 – p. 93

01 언어에 대한 설명으로 적절하지 않은 것은?

① 모든 언어는 그 나름대로의 규칙이 있다.
② 모든 단어의 의미는 고정되어 바뀌지 않는다.
③ 사람들은 남이 사용한 문장을 변화시켜 사용하기도 한다.
④ 새로운 개념이 생기면 새로운 말이나 문장을 만들어 사용한다.
⑤ 새로 만든 말이 언어가 되기 위해서는 그 사회의 인정을 받아야 한다.

◉언어의 특성 이해하기 – p. 93

02 다음 글에 나타난 '남자'의 문제점을 언어의 특성과 관련하여 쓰시오.

> '왜 침대를 사진이라고 하면 안 되지?'
> 그 남자는 이렇게 생각하면서 미소를 지었다. 〈중략〉
> "이제 모든 것이 달라질 거야."
> 그는 이렇게 외치면서, 이제부터 침대를 '사진'이라고 부르기로 했다.

◉언어의 기능 이해하기 – p. 94

03 다음 문장에 두드러지게 나타난 언어의 기능으로 가장 적절한 것은?

> 어제 본 영화는 정말 슬프고 감동적이었어.

① 지시적 기능
② 정보적 기능
③ 명령적 기능
④ 정서적 기능
⑤ 친교적 기능

◉언어의 특성 이해하기 – p. 93

04 다음 중 언어의 자의성을 설명할 수 있는 예가 아닌 것은?

① '말(馬)–말(言)'과 같은 동음이의어가 존재한다.
② '부추–정구지–솔' 등의 방언은 모두 같은 대상을 가리키는 말이다.
③ 한국어의 '집[집]'을 영어로는 'House[하우스]', 중국어로는 '家[자]'라고 한다.
④ '죽다–숨지다–사망하다'는 비슷한 의미의 단어인데 서로 다른 음성으로 표현된다.
⑤ '어머니께서 아이에게 우유를 먹는다.'는 문법적으로 맞지 않으므로 '어머니께서 아이에게 우유를 먹인다.'라고 써야 한다.

◉언어의 기능 이해하기 – p. 94

05 다음 글에서 설명하는 언어의 기능이 잘 나타난 문장은?

> 사람들은 언어를 통하여 서로 친교를 맺기도 한다. 길을 가다가 친구를 만나 "어디 가?"라고 말하는 것은 꼭 어디 가는지를 묻는다기보다는 인사말이라고 볼 수 있다. 또한 이웃 사람들끼리 날씨가 좋다, 식사했느냐는 말을 주고받기도 하는데, 이 역시 상대방과의 친교를 다지는 데 그 목적이 있다. 이때 말을 듣는 사람이나 하는 사람에게 말이 전달하는 의미 자체는 그리 중요하지 않다.

① "물감 좀 빌려 줄래?"
② "궁금한 내용은 질문하세요."
③ "오랜만입니다. 잘 지내셨어요?"
④ "어제 본 드라마는 정말 재밌었어."
⑤ "이 사진 속 이 분은 우리 아버지야."

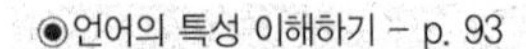

| 개념 색깔 입히기 | 01 언어의 본질

◉언어의 특성 이해하기 – p. 93

06 언어의 특성과 그 예가 바르게 연결되지 <u>않은</u> 것은?

① 언어의 역사성 : '인터넷', '블로그' 등의 새로운 말이 등장해서 쓰인다.
② 언어의 창조성 : '우유 마시자.'와 '선물 주세요.'를 배운 아이는 '우유 주세요.'라는 문장을 만들 수 있다.
③ 언어의 사회성 : 지역민들이 '우포'라는 지명을 사용해 왔기 때문에 인제 와서 지명을 '소벌'로 바꾸기는 어렵다.
④ 언어의 규칙성 : '철수가 사과를 먹었다.'는 자연스럽게 느껴지지만, '먹었다 철수가 사과를.'은 어색하게 느껴진다.
⑤ 언어의 자의성 : '개'를 다른 이름으로 부르기로 하면 '개'는 그 이름으로 불릴 테고, 나중에는 사전에도 그 이름이 올라가게 될 것이다.

◉언어의 특성 이해하기 – p. 93

07 다음에서 알 수 있는 언어의 특성은?

> 우리나라에서는 '가깝게 오래 사귄 사람'이라는 뜻을 나타낼 때, '친구'라는 말을 사용하기로 하였다.

① 언어의 창조성　② 언어의 사회성
③ 언어의 역사성　④ 언어의 규칙성
⑤ 언어의 자의성

◉언어의 특성 이해하기 – p. 93

08 다음 중 언어의 창조성과 관련 있는 내용은?

① 모든 언어는 언어마다 그 나름대로의 규칙이 있다.
② 언어는 시간이 지남에 따라 그 모습이 변하기도 한다.
③ 동일한 대상을 나타내는 여러 개의 다른 언어가 존재한다.
④ 언어는 그 언어를 사용하는 사람들 사이의 사회적 약속이다.
⑤ 인간은 한정된 언어로 무한히 많은 새로운 문장을 표현할 수 있다.

◉언어의 특성 이해하기 – p. 93

09 다음에 나타난 언어의 특성과 관련된 사례는?

> 바가지는 '무언가를 퍼내는' 그릇으로, 옛날에는 박을 두 쪽으로 쪼개어 만들었다. 요즘에는 플라스틱이나 쇠로 만든 것도 바가지라고 한다.

① '천(千)'을 뜻하던 '즈믄'은 오늘날 사용되지 않는다.
② '나는 학교에 간다.'를 '나는 간다. 학교에'라고 표기하면 안 된다.
③ 지은이는 '금낭화'라는 꽃 이름이 어려워 '지은꽃'이라고 부르기로 하였다.
④ '햇빛을 반사하여 밤에 밝은 빛을 내는 지구의 위성'을 한국어로는 '달[달]', 영어로는 'Moon[문]'이라고 한다.
⑤ '밥 주세요.'라는 문장을 배운 아이가 '과자 주세요.', '선물 주세요.' 등 배운 적 없는 새로운 문장을 만들어 쓸 수 있다.

◉언어의 기능 이해하기 – p. 94

10 다음 문장에 나타난 언어의 기능이 나머지와 <u>다른</u> 하나는?

① "문 닫아."
② "창문 좀 닫아 줄래?"
③ "절대로 뛰지 마세요."
④ "우리 집에 와서 감자 먹어!"
⑤ "안녕하세요?" / "오랜만이네."

◉언어의 기능 이해하기 – p. 94

11 다음 중 언어의 정보적 기능과 명령적 기능이 모두 나타난 문장은?

① 주말 잘 보내셨습니까?
② 현아야, 오늘은 왠지 울적하다.
③ 오늘 낮 기온은 24℃로 예상됩니다.
④ (카페에서) 주문하신 음료수가 나왔으니 가져가세요.
⑤ (교실에서 선생님이 창가에 앉은 학생에게) 좀 춥지 않니?

나의 이해 정도: ☆☆☆☆☆ 나의 기분:

정답과 해설 8쪽

◉ 언어의 특성 이해하기 – p. 93

12 다음 글에서 설명한 언어의 특성이 나타난 예는?

> 언어에는 단어나 구절, 문장을 만들 때 적용되는 일정한 규칙이 있는데, 이것을 언어의 규칙성이라고 한다. 예를 들어 우리는 '동생이 빠르게 걷는다.' 라는 문장은 바르다고 생각하고, '동생이 빠른 걷는다.' 라는 문장은 이상하다고 여긴다. 용언을 꾸며 주기 위해 '빠르다' 라는 말을 쓸 때에는 '빠르게' 라는 형태로 바꾸어야 한다는 한국어의 규칙을 어겼기 때문이다.

① '꽃을 피었다.' 와 같은 문장은 말이 되지 않는다.
② '나무' 를 한국인은 [나무], 미국인은 [트리], 독일인은 [바움], 일본인은 [기]라고 부른다.
③ 앵무새는 '밥' 이라는 말을 그대로 따라만 할 수 있지만, 인간은 '밥 주세요.', '밥 먹어요.' 라는 문장을 만들 수 있다.
④ 조상들은 강을 '가람' 이라고 했었는데, 한자어 '강(江)' 이 유입되어 함께 쓰이다가 점차 '강' 을 더 많이 사용하게 되었다.
⑤ '남을 가르치시는 분' 이라는 뜻을 나타낼 때 우리말을 쓰는 사람들 사이에서는 '선생님' 이라는 말을, 영어를 쓰는 사람들 사이에서는 '티처' 라는 말을 쓰기로 서로 약속하였다.

◉ 언어의 본질 이해하기 – p. 93

13 언어의 본질에 대한 설명으로 알맞지 않은 것은?

① 모든 언어에는 지켜야 할 일정한 규칙이 있다.
② 언어의 내용과 형식은 언어 사회마다 다르게 나타난다.
③ 언어의 의미(내용)와 말소리(형식)의 관계는 임의적이다.
④ 인간은 언어를 통해 새로운 단어를 무한히 만들어 낼 수 있다.
⑤ 언어는 사회적 약속이므로 한 번 정해진 이후에는 절대 바뀌지 않는다.

◉ 언어의 특성 이해하기 – p. 93

14 ㉠과 ㉡에 들어갈 말이 바르게 연결된 것은?

> 언어의 의미(내용)와 말소리(형식)의 관계는 필연적이 아니라 임의적인데, 이를 (㉠)이라고 한다. 예를 들어 '나무' 를 한국인은 [나무], 미국인은 [트리], 독일인은 [바움], 일본인은 [기]라고 부른다. 이때 의미와 기호 사이에 필연적인 관련성이 있는 것은 아니라는 뜻이다.
>
> 이와 같은 언어는 그 언어를 사용하는 사회 구성원 사이의 약속이기 때문에 개인이 함부로 바꿀 수 없는데, 이것을 (㉡)이라고 한다. 만약 한 사람이 '떡' 이라는 말을 '딸꾹' 이라 부르기로 하고, 떡 가게에 가서 "딸꾹 주세요."라고 말한다면 어떻게 될까? 주위 사람들은 그 말을 이해할 수 없을 뿐만 아니라 그를 이상한 사람으로 여길 것이다. '곡식 가루를 쪄서 만든 음식' 을 '떡' 이라고 부르기로 약속했는데, 이것을 어기고 '딸꾹' 이라고 했기 때문이다.

	㉠	㉡
①	언어의 자의성	언어의 사회성
②	언어의 자의성	언어의 역사성
③	언어의 규칙성	언어의 사회성
④	언어의 규칙성	언어의 창조성
⑤	언어의 역사성	언어의 창조성

◉ 언어의 기능 이해하기 – p. 94

15 언어의 기능과 그 예가 바르게 연결되지 않은 것은?

① 정서적 기능 : 어머나! 큰일났네!
② 명령적 기능 : 즐거운 하루 보내세요.
③ 친교적 기능 : 오랜만이에요. 별일 없으시죠?
④ 지시적 기능 : 그것은 우리들의 꿈이고 희망이야.
⑤ 정보적 기능 : 이 상품은 천연 재료를 사용하여 만들었습니다.

○가 1개 이상이면 → 98쪽 음운의 체계와 특성으로 Go! ☺

○가 1개 미만이면 → 틀린 문제로 Back! ☹

| 개념 구상하기 |

02 음운의 체계와 특성

휴대전화 메시지를 보낼 때 자음이나 모음 하나를 잘못 써 본 적 있니?

네, 어머니께 '밤'이 먹고 싶다고 메시지를 보냈는데 '밥'이 차려져 있었어요.

'밤'과 '밥'은 비슷하게 생겼는데 그 뜻은 전혀 다르지. 받침에 있는 'ㅁ'과 'ㅂ'이 둘의 뜻을 구별한 거야. 이렇게 말의 뜻을 구별해 주는 소리의 가장 작은 단위를 음운이라고 한단다.

빈칸에 알맞은 말을 채우면서, '음운'의 개념을 머릿속에 그려 보자.

음운
자음
소리 나는 위치
센입천장소리
잇몸소리
여린입천장소리
목청소리
1.
소리의 성질
울림소리
안울림소리
2.
예사소리
된소리
거센소리
소리 내는 방법
3.
유음
마찰음
파찰음
파열음
모음
혀의 높이
고모음
중모음
저모음
입술, 혀의 움직임
단모음
5.
입술 모양
4.
평순 모음
혀의 최고점의 위치
전설 모음
후설 모음

음운 : 말의 뜻을 구별해 주는 소리의 가장 작은 단위

밤 담
금 김
○ : 의미 구별 → 음운

모음(21개) : 발음할 때 허파에서 나온 공기가 장애를 받지 않고 나는 소리

입술이나 혀의 움직임에 따라

- **단모음(10개)** : 발음할 때 입술 모양이나 혀의 위치가 고정되어 도중에 바뀌지 않는 모음(ㅣ, ㅟ, ㅡ, ㅜ, ㅔ, ㅚ, ㅓ, ㅗ, ㅐ, ㅏ)

혀의 최고점의 위치 / 입술 모양 / 혀의 높낮이	전설 모음		후설 모음	
	평순 모음	원순 모음	평순 모음	원순 모음
고모음	ㅣ	ㅟ	ㅡ	ㅜ
중모음	ㅔ	ㅚ	ㅓ	ㅗ
저모음	ㅐ		ㅏ	

- **이중 모음(11개)** : 발음할 때 입술 모양이나 혀의 위치가 도중에 바뀌는 모음(ㅑ, ㅒ, ㅕ, ㅖ, ㅘ, ㅙ, ㅛ, ㅝ, ㅞ, ㅠ, ㅢ)

입술의 모양에 따라

ㅣ ㅔ ㅐ ㅡ ㅓ ㅏ

➡ **평순 모음** : 입술을 둥글게 오므리지 않고 발음하는 모음

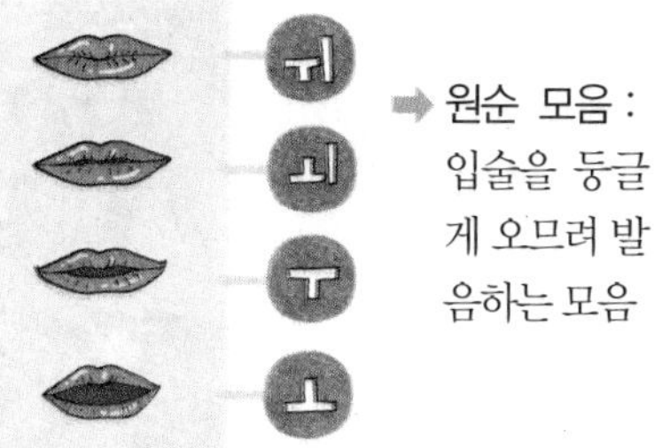

➡ **원순 모음** : 입술을 둥글게 오므려 발음하는 모음

혀의 최고점의 위치에 따라

- **전설 모음** : 발음할 때 혀의 최고점의 위치가 앞쪽에 있는 모음(ㅣ, ㅟ, ㅔ, ㅚ, ㅐ)
- **후설 모음** : 발음할 때 혀의 최고점의 위치가 뒤쪽에 있는 모음(ㅡ, ㅜ, ㅓ, ㅗ, ㅏ)

혀의 높이에 따라

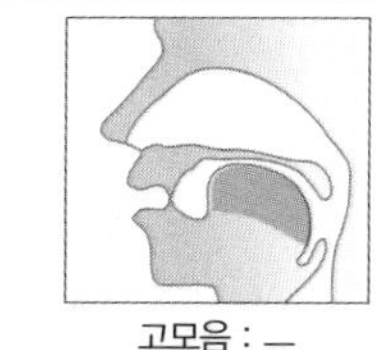
고모음 : ㅡ

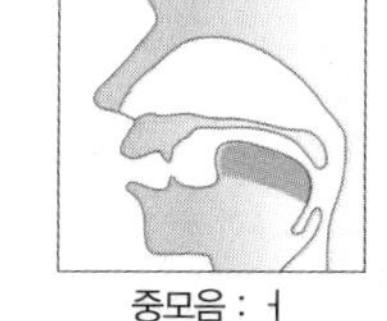
중모음 : ㅓ

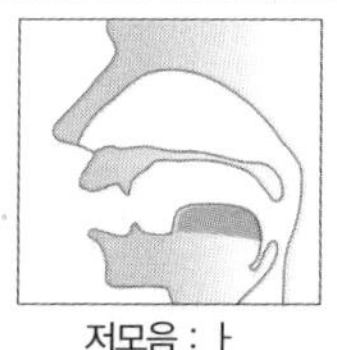
저모음 : ㅏ

- **고모음** : 발음할 때 혀가 높이 올라가는 모음(ㅣ, ㅟ, ㅡ, ㅜ)
- **중모음** : 발음할 때 혀가 중간쯤 올라가는 모음(ㅔ, ㅚ, ㅓ, ㅗ)
- **저모음** : 발음할 때 혀가 낮은 모음(ㅐ, ㅏ)

개념 멘토링

Q 단모음 체계표를 쉽게 외우는 방법이 궁금해요.

A 다음 표에 적힌 순서대로 표를 채운다고 생각하고, '으국어좋아'의 모음만 오른쪽에 넣어 보자.

		1	2
		3	4
		5	

		으	국
		어	좋
		아	

		ㅡ	ㅜ
		ㅓ	ㅗ
		ㅏ	

남은 왼쪽 칸에는 대칭으로 'ㅡ'를 세워서 'ㅣ'로 만들고, 적어 놓은 모음에 'ㅣ'만 추가한다고 생각하고 채우면 된다.

ㅣ	ㅟ	ㅡ	ㅜ
ㅔ	ㅚ	ㅓ	ㅗ
ㅐ		ㅏ	

개념 테스트

1 다음 중 단모음이 아닌 것에 ○표 하시오.

ㅡ ㅑ ㅜ ㅐ ㅣ

2 다음 모음이 고모음이면 '고', 중모음이면 '중', 저모음이면 '저'라고 쓰시오.

(1) ㅜ, ㅟ, ㅡ, ㅣ ( )
(2) ㅏ, ㅐ ( )
(3) ㅓ, ㅔ, ㅗ, ㅚ ( )

02 음운의 체계와 특성

자음(19개) : 발음할 때 공기가 발음 기관의 어느 부분에 닿아서 장애를 받고 나는 소리

소리 나는 위치에 따라	• 입술소리 : 두 입술 사이에서 소리 나는 자음(ㅁ, ㅂ, ㅍ, ㅃ) • 잇몸소리 : 혀끝이 잇몸에 닿아서 소리 나는 자음(ㄷ, ㄸ, ㅌ, ㅅ, ㅆ, ㄴ, ㄹ) • 센입천장소리 : 혓바닥이 딱딱한 입천장에 닿아서 소리 나는 자음(ㅈ, ㅉ, ㅊ) • 여린입천장소리 : 혀의 뒷부분이 부드러운 입천장에 닿아서 소리 나는 자음(ㄱ, ㄲ, ㅋ, ㅇ) • 목청소리 : 목청에서 소리 나는 자음(ㅎ) 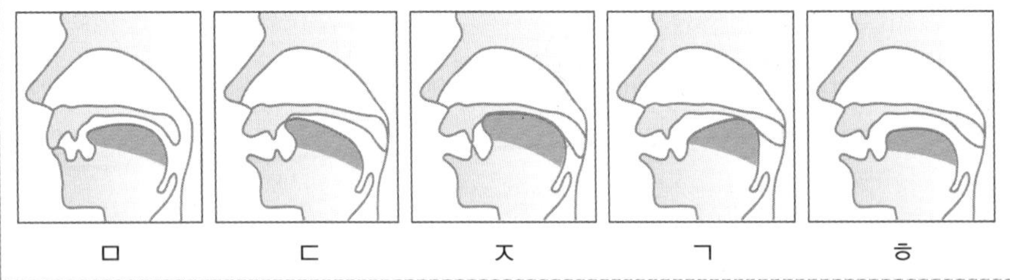 ㅁ ㄷ ㅈ ㄱ ㅎ
소리의 성질에 따라	• 울림소리 : 발음할 때 성대가 울리는 소리(ㄴ, ㄹ, ㅁ, ㅇ) • 안울림소리 : 발음할 때 성대가 울리지 않는 소리(ㄱ, ㄲ, ㄷ, ㄸ, ㅂ, ㅃ, ㅅ, ㅆ, ㅈ, ㅉ, ㅊ, ㅋ, ㅌ, ㅍ, ㅎ)
소리의 세기에 따라	• 예사소리 : 편한 느낌을 주는 소리(ㅂ, ㄷ, ㅅ, ㅈ, ㄱ) • 된소리 : 강하고 단단한 느낌을 주는 소리(ㅃ, ㄸ, ㅆ, ㅉ, ㄲ) • 거센소리 : 크고 거친 느낌을 주는 소리(ㅍ, ㅌ, ㅊ, ㅋ)  예사소리 거센소리 입 앞에 휴지를 대고 소리 내어 보면, 예사소리를 발음할 때보다 거센소리를 발음할 때 휴지가 많이 움직임
소리 내는 방법에 따라	• 폐쇄음(파열음) : 공기의 흐름을 완전히 막았다가 한꺼번에 터뜨리며 내는 소리(ㅂ, ㅃ, ㅍ, ㄷ, ㄸ, ㅌ, ㄱ, ㄲ, ㅋ) • 파찰음 : 공기의 흐름을 막았다가 서서히 터뜨리면서 마찰을 일으키며 내는 소리(ㅈ, ㅉ, ㅊ) • 마찰음 : 공기의 흐름을 완전히 막지 않고 입안이나 목청 사이의 통로를 좁혀 공기를 내보내어 마찰을 일으키며 내는 소리(ㅅ, ㅆ, ㅎ) • 비음 : 코로 공기를 내보내면서 내는 소리(ㅁ, ㄴ, ㅇ) • 유음 : 혀의 양 옆으로 공기를 흘려보내면서 내는 소리(ㄹ)

개념 플러스

〈발음 기관 단면도〉

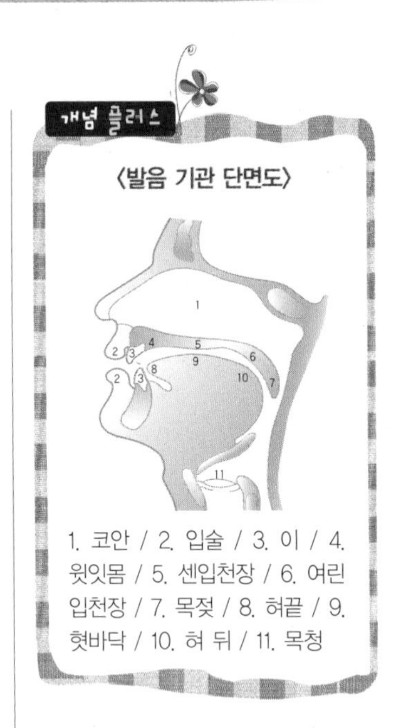

1. 코안 / 2. 입술 / 3. 이 / 4. 윗잇몸 / 5. 센입천장 / 6. 여린입천장 / 7. 목젖 / 8. 혀끝 / 9. 혓바닥 / 10. 혀 뒤 / 11. 목청

개념 테스트

3 발음할 때 허파에서 나온 공기가 장애를 받지 않고 나는 소리를 (모음 / 자음)이라고 하고, 발음할 때 공기가 발음 기관의 어느 부분에 닿아서 장애를 받고 나는 소리를 (모음 / 자음)이라고 한다.

4 우리말 자음 중에서 울림소리인 것을 모두 쓰시오.

5 우리말 자음 중에서 공기의 흐름을 막았다가 서서히 터뜨리면서 마찰을 일으키며 내는 파찰음으로는 ☐, ☐, ☐이 있다.

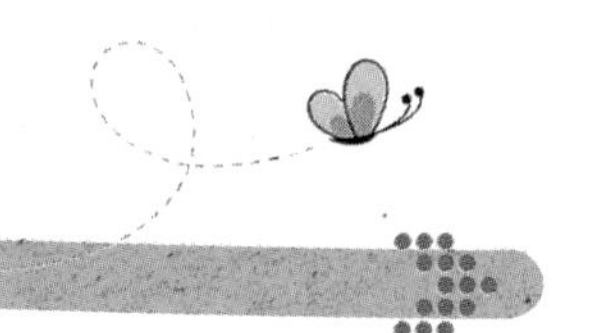

〈자음 체계표〉

발음 방법 \ 발음 위치			입술소리	잇몸소리	센입천장 소리	여린입천장 소리	목청소리
안울림소리	폐쇄음(파열음)	예사소리	ㅂ	ㄷ		ㄱ	
		된소리	ㅃ	ㄸ		ㄲ	
		거센소리	ㅍ	ㅌ		ㅋ	
	파찰음	예사소리			ㅈ		
		된소리			ㅉ		
		거센소리			ㅊ		
	마찰음	예사소리		ㅅ			ㅎ
		된소리		ㅆ			
울림소리	비음(콧소리)		ㅁ	ㄴ		ㅇ	
	유음(흐름소리)			ㄹ			

소리의 길이

- 국어에서는 같은 모음을 길게 혹은 짧게 소리 냄으로써 단어의 뜻을 구별하는 경우가 있음
- '소리의 길이'는 뜻을 구별하여 준다는 점에서 자음이나 모음과 같은 음운으로 인정할 수 있음

짧은 소리		긴 소리	
[밤]	해가 져서 어두워진 때부터 다음 날 해가 떠서 밝아지기 전까지의 동안	[밤:]	밤나무의 열매
[눈]	빛의 자극을 받아 물체를 볼 수 있는 감각 기관	[눈:]	대기 중의 수증기가 찬 기운을 만나 얼어서 땅 위로 떨어지는 얼음의 결정체
[말]	말과의 포유류	[말:]	사람의 생각이나 느낌 따위를 표현하고 전달하는 데 쓰는 음성 기호
[벌]	잘못하거나 죄를 지은 사람에게 주는 고통	[벌:]	벌목의 곤충 가운데 개미류를 제외한 곤충을 통틀어 이르는 말
[굴]	굴과의 연체동물을 통틀어 이르는 말	[굴:]	자연적으로 땅이나 바위가 안으로 깊숙이 패어 들어간 곳

개념 테스트

6 다음 밑줄 친 단어가 길게 소리 나는 단어이면 '길', 짧게 소리 나는 단어이면 '짧'이라고 쓰시오.

(1) 눈(　　　　)에
눈(　　　　)이 들어갔다.

(2) 벌(　　　　)에게 쏘였다.
숙제를 안 한 벌(　　　　)인가 보다.

(3) 밤(　　　　)에
밤(　　　　)을 먹었다.

개념 체크 리스트!

- 음운이 무엇인지 설명할 수 있나요? □
- 입술이나 혀의 움직임에 따른 모음의 종류를 말해 보세요. □
- 입술의 모양에 따른 모음의 종류를 말해 보세요. □
- 혀의 최고점의 위치에 따른 모음의 종류를 말해 보세요. □
- 혀의 높이에 따른 모음의 종류를 말해 보세요. □
- 소리 나는 위치에 따른 자음의 종류를 말해 보세요. □
- 소리의 성질에 따른 자음의 종류를 말해 보세요. □
- 소리의 세기에 따른 자음의 종류를 말해 보세요. □
- 소리 내는 방법에 따른 자음의 종류를 말해 보세요. □
- 소리의 길이에 따라 단어를 구별할 수 있나요? □

○가 7개 이상이면 → 102쪽 개념 색깔 입히기로 Go! ☺

○가 7개 미만이면 → 99쪽 개념 스케치하기로 Back! ☹

| 개념 색깔 입히기 | 02 음운의 체계와 특성

◉음운의 개념 파악하기 - p. 99

01 음운의 개념을 바르게 설명한 것은?

① 홀로 설 수 있는 말의 최소 단위
② 한 번에 소리 낼 수 있는 소리의 마디
③ 더 나누면 뜻을 잃어버리는 최소 단위
④ 끊어 읽는 대로 나누어진 도막도막의 마디
⑤ 말의 뜻을 구별해 주는 소리의 가장 작은 단위

◉음운의 특성 이해하기 - pp. 99~101

02 국어의 음운에 대한 설명으로 알맞지 않은 것은?

① 소리의 길이도 음운으로 인정할 수 있다.
② 국어의 자음은 19개이고, 모음은 21개이다.
③ 모음은 자음 없이도 홀로 소리 날 수 있다.
④ 국어에는 10개의 단모음과 11개의 이중 모음이 있다.
⑤ 모음은 발음할 때 공기가 발음 기관의 어느 부분에 닿아서 장애를 받고 나는 소리이다.

◉음운의 기능 파악하기 - p. 99

03 다음을 통해 알 수 있는 음운의 기능을 한 문장으로 쓰시오.

• 달 : ㄷ+ㅏ+ㄹ / • 탈 : ㅌ+ㅏ+ㄹ

◉모음의 성격 파악하기 - p. 99

04 다음 설명을 모두 만족하는 모음은?

• 입술을 둥글게 오므리지 않고 발음한다.
• 발음할 때 혀가 중간쯤 올라간다.
• 소리 낼 때 혀의 최고점이 앞쪽에 있다.

① ㅏ ② ㅐ ③ ㅔ
④ ㅡ ⑤ ㅚ

◉이중 모음의 종류 파악하기 - p. 99

05 발음할 때 입술 모양이 변하는 모음끼리만 짝지어진 것은?

① ㅑ, ㅒ, ㅖ, ㅠ ② ㅔ, ㅐ, ㅓ, ㅑ
③ ㅗ, ㅚ, ㅜ, ㅟ ④ ㅣ, ㅟ, ㅡ, ㅜ
⑤ ㅏ, ㅑ, ㅗ, ㅛ

◉원순 모음과 평순 모음 구별하기 - p. 99

06 입술을 둥글게 오므려 발음하는 모음이 아닌 것은?

① ㅏ ② ㅗ ③ ㅜ
④ ㅚ ⑤ ㅟ

◉전설 모음의 예 찾기 - p. 99

07 발음할 때 혀의 최고점이 앞쪽에 있는 모음끼리 바르게 묶은 것은?

① ㅏ, ㅐ, ㅓ, ㅔ ② ㅡ, ㅣ, ㅐ, ㅔ
③ ㅣ, ㅐ, ㅔ, ㅚ, ㅟ ④ ㅗ, ㅜ, ㅡ, ㅚ, ㅟ
⑤ ㅏ, ㅓ, ㅗ, ㅜ, ㅡ

◉고모음의 종류 파악하기 - p. 99

08 발음할 때 혀의 높이가 'ㅣ'와 같은 모음이 쓰인 낱말은?

① 귀 ② 감 ③ 법
④ 꽃 ⑤ 배

◉모음의 성질 파악하기 - p. 99

09 발음할 때 혀의 최고점이 앞쪽에 위치해 있고, 혀의 높이가 가장 낮은 모음으로 알맞은 것은?

① ㅣ ② ㅚ ③ ㅐ
④ ㅏ ⑤ ㅗ

◉단모음의 예 찾기 - p. 99

10 다음 중 단모음으로만 이루어진 낱말은?

① 외국어 ② 하와이 ③ 야구장
④ 유리병 ⑤ 예술가

◉모음 분류하기 – p. 99

11 모음의 분류가 바른 것은?

① ㅔ, ㅚ, ㅓ, ㅗ : 저모음
② ㅗ, ㅜ, ㅚ, ㅟ : 원순 모음
③ ㅑ, ㅒ, ㅕ, ㅖ, ㅘ : 단모음
④ ㅣ, ㅔ, ㅐ, ㅟ, ㅚ : 후설 모음
⑤ ㅡ, ㅓ, ㅏ, ㅜ, ㅗ : 전설 모음

◉낱말을 구성하는 음운 파악하기 – pp. 99~101

12 〈보기〉를 모두 만족시키는 낱말로 알맞은 것은?

〈 보기 〉
- 초성 : 여린입천장소리
- 중성 : 후설 모음이면서 원순 모음이면서 고모음
- 종성 : 잇몸소리 중 울림소리

① 꿀 ② 국 ③ 밥
④ 떡 ⑤ 창

◉울림소리의 성격 파악하기 – p. 100

13 다음 자음의 공통점으로 알맞은 것은?

ㄴ ㄹ ㅁ ㅇ

① 목청이 울리면서 나는 소리이다.
② 코로 공기가 흘러나가는 소리이다.
③ 단독으로 음절을 이룰 수 있는 소리이다.
④ 공기의 흐름을 완전히 막았다가 터뜨리면서 내는 소리이다.
⑤ 공기의 흐름이 장애를 받지 않고 순조롭게 나오는 소리이다.

◉자음의 조음 위치 파악하기 – p. 100

14 소리 나는 위치와 자음을 바르게 연결한 것은?

① 윗잇몸과 혀끝 – ㅎ
② 두 입술 – ㅁ, ㅂ, ㅃ, ㅍ
③ 목청 사이 – ㄱ, ㄲ, ㅋ, ㅇ
④ 여린입천장과 혀 뒤 – ㅈ, ㅉ, ㅊ
⑤ 센입천장과 혓바닥 – ㄴ, ㄷ, ㄸ, ㅌ, ㄹ

◉소리 내는 방법에 따른 자음의 종류 파악하기 – p. 100

15 다음 중 발음하는 방법이 다른 자음은?

① ㅂ ② ㄱ ③ ㄷ ④ ㄹ ⑤ ㅍ

◉자음 분류의 기준 파악하기 – p. 100

16 다음 낱말의 첫소리를 분류하는 기준은?

덜그덕덜그덕 – 떨그덕떨그덕 – 털그덕털그덕

① 소리의 길이 ② 소리의 세기 ③ 혀의 높낮이
④ 목청의 울림 ⑤ 소리 나는 위치

◉자음 체계 파악하기 – p. 101

17 ㉠~㉤에 들어갈 자음으로 알맞지 않은 것은?

발음 방법 \ 발음 위치		입술소리	잇몸소리	센입천장소리	여린입천장소리	목청소리
안울림소리	예사소리	㉠	ㄷ, ㅅ	ㅈ	ㄱ	
	된소리	ㅃ	ㅆ	ㅉ	㉡	ㅎ
	거센소리	ㅍ	㉢	ㅊ	ㅋ	
울림소리	비음	㉣	㉤		ㅇ	
	유음		ㄹ			

① ㉠ : ㅂ ② ㉡ : ㄲ ③ ㉢ : ㄸ
④ ㉣ : ㅁ ⑤ ㉤ : ㄴ

◉소리의 길이 파악하기 – p. 101

18 다음 중 소리의 길이가 다른 하나는?

① 벌을 서는 것 같았다.
② 제주도에서 말을 탔다.
③ 눈에 먼지가 들어갔다.
④ 바닷가에 가서 굴을 먹었다.
⑤ 밤이 들어간 식빵은 맛있다.

○가 13개 이상이면 → 104쪽 품사의 종류와 특성으로 Go!
○가 13개 미만이면 → 틀린 문제로 Back!

| 개념 구상하기 |

03 품사의 종류와 특성

선생님, '품사'가 뭐예요?

마트에 가면 과자는 과자끼리, 음료는 음료끼리, 과일은 과일끼리 진열되어 있지? 서점에 가도 사전은 사전끼리, 참고서는 참고서끼리 모여 있지. 이렇게 끼리끼리 모아 놓은 이유는 찾기 쉽고 기억하기 쉬워서야. 단어 역시 성질이 공통된 것끼리 모아 분류할 수 있는데 이렇게 분류한 단어의 갈래를 품사라고 해.

빈칸에 알맞은 말을 채우면서, '품사'의 개념을 머릿속에 그려 보자.

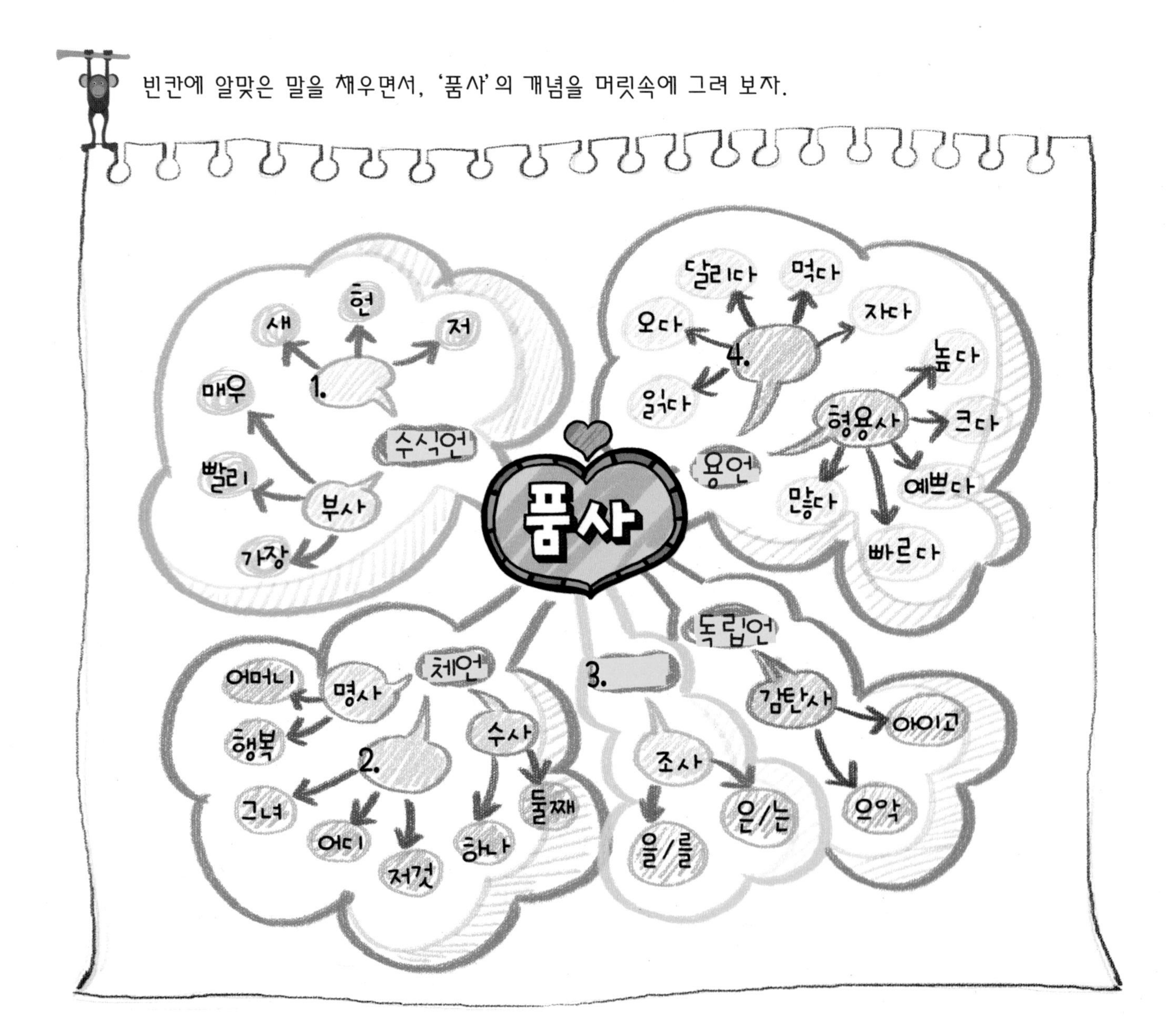

품사의 뜻 : 단어들을 공통된 성질에 따라 분류한 것. 우리말은 아홉 개의 품사로 나뉨

품사 분류의 기준

형태	단어의 형태가 변하느냐, 변하지 않느냐에 따라
기능	문장에서 어떤 기능을 하느냐에 따라
의미	단어들이 갖고 있는 공통된 의미에 따라

품사의 분류

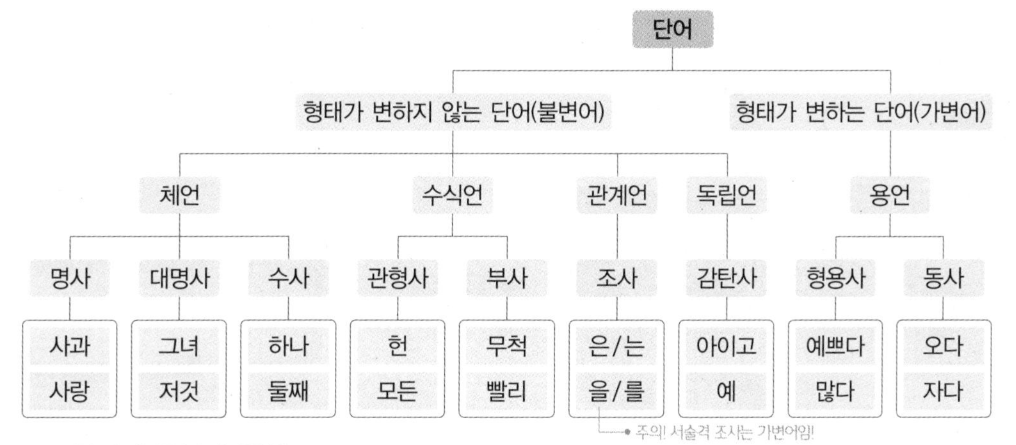

품사의 종류와 특성

체언

- 문장의 주체 역할을 하는 말로, '명사, 대명사, 수사'가 이에 해당함
- 문장에서 쓰일 때 형태가 변하지 않고, 주로 주어, 목적어, 보어로 쓰임
- 조사와 결합하여 쓰이거나 홀로 쓰임

명사	구체적인 대상의 이름이나 추상적인 대상의 이름을 나타내는 단어 예 어머니, 자동차, 이순신, 남대문, 성공, 행복 등
대명사	사람이나 사물, 또는 장소를 대신하여 가리키는 단어 예 나, 너, 우리, 이것, 저것, 여기, 저기, 어디, 무엇 등
수사	수량이나 순서를 가리키는 단어 예 하나, 둘, 셋, 첫째, 둘째, 셋째 등

개념 테스트

1 단어를 공통된 성질에 따라 나눈 것을 □□(이)라고 한다.

2 ( ) 안의 말 중에서 알맞은 것에 ○표 하시오.

(1) 우리말의 단어는 의미에 따라 (7개 / 8개 / 9개)의 품사로 나눌 수 있다.

(2) 사람이나 사물의 이름을 나타내는 품사를 (명사 / 대명사 / 동사)라고 한다.

(3) 조사는 (단어이다. / 단어가 아니다.)

3 체언에 포함되는 품사에 ○표 하시오.

명사	동사	형용사
수사	대명사	관형사
조사	감탄사	부사

4 체언은 문장에서 주로 주어, □□□, □□(으)로 쓰인다.

03 품사의 종류와 특성

용언

- 문장의 주체를 서술하는 말로, '동사, 형용사'가 이에 해당하며, 문장에서 주로 서술어로 쓰임
- 문장에서 쓰임에 따라 형태가 변하는데, 이를 '활용'이라고 함

동사	사람이나 사물의 움직임을 나타내는 단어 예 오다, 읽다, 먹다, 자다, 달리다 등
형용사	사람이나 사물의 상태나 성질을 나타내는 단어 예 높다, 크다, 예쁘다, 많다, 아름답다, 빠르다 등

수식언

- 다른 단어를 꾸며 주거나 한정하는 말로, '관형사, 부사'가 이에 해당하며, 생략해도 문장이 성립됨
- 형태가 고정되어 있어 활용할 수 없으며, 꾸밈을 받는 말의 의미를 보충하는 역할을 함
- 관형사는 조사 없이 홀로 쓰이고, 부사는 조사 없이 홀로 쓰이는 경우가 많지만 조사와 결합하기도 함

관형사	체언(명사, 대명사, 수사) 앞에 놓여 그 내용을 꾸며 주는 말 예 저 어린이, 새 신, 헌 옷 등
부사	용언(동사, 형용사) 또는 다른 말 앞에 놓여 그 뜻을 분명하게 해 주는 말 예 매우, 빨리, 무척, 가장 등

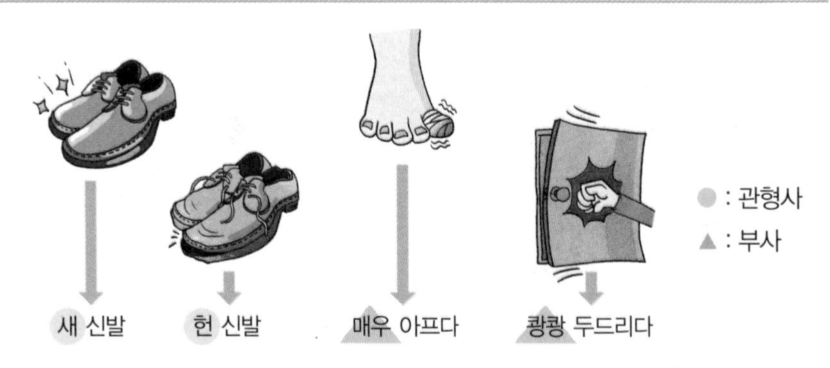

개념 멘토링

Q **동사와 형용사는 어떻게 구별해야 하나요?**

A 동사는 현재형, 명령형, 청유형이 가능하지만 형용사는 불가능해. '가다'와 '예쁘다'를 예로 들어서 생각해 보자. '학교에 간다.'는 가능하지만 '나리는 예쁜다.'는 불가능하지. 또한 '학교에 가라.'나 '학교에 가자.'는 가능하지만 '나리야, 예뻐라.'나 '나리야, 예쁘자.'는 어색하지? 즉, '가다'는 현재형, 명령형, 청유형이 가능하므로 동사이고, '예쁘다'는 현재형, 명령형, 청유형이 불가능하므로 형용사인 거야.

개념 테스트

5 동사와 형용사처럼 문장에서 사용될 때 그 형태가 변하는 말을 ☐☐(이)라고 한다.

6 다음 밑줄 친 단어가 동사이면 '동', 형용사이면 '형'이라고 쓰시오.

(1) 지은이가 과자를 먹는다. ( )

(2) 어제 본 영화는 슬펐다. ( )

(3) 창훈이가 학교에 간다. ( )

(4) 그녀가 노래하는 모습은 아름답다. ( )

7 관형사와 부사는 문장에서 다른 말을 꾸며 주는 단어로, ☐☐☐(이)라고 한다.

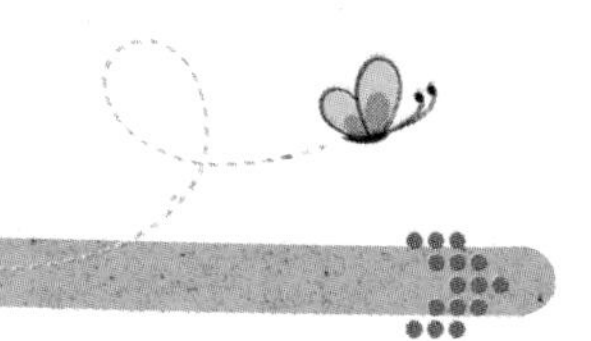

관계언

- 문장에 쓰인 단어들의 관계를 나타내는 말로, '조사'가 이에 해당함
- 주로 문장에서 다른 단어들과의 관계를 나타내지만 특별한 뜻을 더해 주기도 함
- 문장에서 홀로 쓰이지 못하고 다른 단어 뒤에 붙어서 쓰여, 자립성은 없지만 단어로 인정함
- 주로 체언 뒤에 붙지만, 보조사는 부사 뒤에도 붙을 수 있음
- 감탄사와 관형사에는 붙지 않음
  ㉠ 새 옷을 샀다. (◯) – 새는 옷을 샀다. (×)
- 서술격 조사 '이다'는 형태가 변함
  ㉠ 문제이다 / 문제이니 / 문제이며 / 문제이고

조사	체언이나 부사, 어미 따위에 붙어 그 말과 다른 말과의 문법적 관계를 표시하거나 그 말의 뜻을 도와주는 말 ㉠ 인생은 짧고, 예술은 길다.

경찰이 도둑을 잡았다.

도둑이 경찰을 잡았다.

두 문장의 뜻이 달라진 이유는 '이'와 '을' 때문임
→ '이'와 '을'이 어떤 단어 뒤에 붙느냐에 따라 문장의 뜻이 달라짐

독립언

- 다른 품사와 관련 없이 독립적으로 쓰이는 말로, '감탄사'가 이에 해당함
- 문장에서 독립적으로 쓰이고, 생략해도 문장의 성립에 큰 영향을 미치지 않음
- 문장에서 사용할 때 형태가 변하지 않고 문장에서의 위치가 자유로움

감탄사	놀람, 부름, 느낌, 대답 등을 나타내는 말 ㉠ 아이고, 에구머니, 예, 으악

8 다음 문장에서 조사를 모두 찾아 쓰시오.

> 승원이는 밥을 참 많이 먹는다.

9 다음 문장에서 감탄사를 모두 찾아 쓰시오.

> • 에구머니, 일이 왜 이렇게 되었지?
> • 아이코, 아파라.

개념 체크 리스트!

- 품사의 뜻을 말해 보세요. ☐
- 품사 분류의 기준 세 가지는 무엇인가요? ☐
- 체언의 뜻과 특징에 대해 말해 보세요. ☐
- 체언의 종류 세 가지는 무엇인가요? ☐
- 용언의 뜻과 특징에 대해 말해 보세요. ☐
- 동사와 형용사의 차이에 대해 설명할 수 있나요? ☐
- 수식언의 뜻과 특징에 대해 설명해 보세요. ☐
- 관형사와 부사에 대해 설명할 수 있나요? ☐
- 관계언 및 조사의 뜻과 특징에 대해 말해 보세요. ☐
- 독립언 및 감탄사의 뜻과 특징에 대해 말해 보세요. ☐

○가 개 이상이면 → 108쪽 개념 색깔 입히기로 Go! ☺

○가 개 미만이면 → 105쪽 개념 스케치하기로 Back! ☹

| 개념 색깔 입히기 | 03 품사의 종류와 특성

◉ 품사의 뜻과 특성 이해하기 - p. 105

01 품사에 대한 설명으로 적절하지 않은 것은?

① '명사, 대명사, 수사'는 체언에 속한다.
② 형태가 변하는 단어를 '가변어'라고 한다.
③ 단어를 공통된 성질에 따라 분류한 것이다.
④ 다른 단어를 꾸며 주는 말을 '수식언'이라고 한다.
⑤ 단어 간의 관계를 나타내는 말을 '체언'이라고 한다.

◉ 품사의 종류와 특성 파악하기 - pp. 105~107

02 품사에 대한 설명으로 옳지 않은 것은?

① 독립언 : 문장에서의 위치가 비교적 자유롭다.
② 수식언 : 다른 말을 꾸미거나 의미를 보충한다.
③ 용언 : 문장에 쓰일 때 활용을 하여 형태가 변한다.
④ 관계언 : 자립성이 없으므로 단어로 인정하지 않는다.
⑤ 체언 : 문장에서 주체 역할을 하는 말로, 명사, 대명사, 수사가 이에 속한다.

◉ 품사의 분류 기준 파악하기 - p. 105

03 단어를 다음과 같이 분류할 때, 그 기준으로 알맞은 것은?

> 연필, 모든, 매우, -와 / 길다, 예쁘다, 달리다, 넘다

① 홀로 쓰일 수 있다. / 홀로 쓰일 수 없다.
② 주어, 서술어로 쓰인다. / 서술어로만 쓰인다.
③ 형태가 변하지 않는다. / 형태가 변할 수 있다.
④ 성질이나 상태를 나타낸다. / 움직임을 나타낸다.
⑤ 다른 단어를 꾸며 준다. / 다른 단어의 꾸밈을 받는다.

◉ 품사의 종류 파악하기 - pp. 105~107

04 밑줄 친 단어와 품사의 연결이 바르지 않은 것은?

① 헌 신발을 버렸다. - 관형사
② 그는 점심을 먹었다. - 명사
③ 기차가 빨리 달린다. - 형용사
④ 그녀는 인형을 좋아한다. - 대명사
⑤ 아이코, 또 틀리고 말았네. - 감탄사

◉ 품사의 종류 파악하기 - pp. 105~107

05 다음 문장에서 쓰이지 않은 품사는?

> 그는 새 차를 살살 몰았다.

① 명사 ② 조사 ③ 부사
④ 관형사 ⑤ 형용사

◉ 체언의 특성 파악하기 - p. 105

06 다음과 같은 단어들의 특성으로 알맞지 않은 것은?

> 책상, 어머니, 셋째, 버스, 하나

① 형태에 따라 분류하면 가변어이다.
② 누구 또는 무엇을 나타내는 말이다.
③ 기능에 따라 분류하면 체언에 속한다.
④ 홀로 쓰이거나 조사와 결합하여 쓰인다.
⑤ 문장에서 주로 주어, 목적어, 보어의 역할을 한다.

◉ 체언의 종류 구분하기 - p. 105

07 밑줄 친 체언 중, 나머지와 성격이 다른 하나는?

① 그 사람이 일찍 떠났다.
② 우정과 용기가 중요하다.
③ 우리는 저곳에서 택시를 탄다.
④ 할머니께서는 수박을 좋아하신다.
⑤ 가수가 극장에서 아리랑을 부른다.

◉ 수사의 예 파악하기 - p. 105

08 밑줄 친 단어 중, 수사가 아닌 것은?

① 정현이는 배 둘을 사 왔다.
② 소리는 우유 한 잔을 먹었다.
③ 우산 셋이 나란히 걸어갑니다.
④ 게임을 못하는 사람이 하나도 없다.
⑤ 우리 집 가훈은 첫째는 사랑이고, 둘째는 믿음이다.

◉ 동사와 형용사의 공통점 이해하기 - p. 106

09 동사와 형용사의 공통점을 한 문장으로 쓰시오.

나의 이해 정도: ☆☆☆☆☆ 나의 기분:

정답과 해설 9쪽

◉동사와 형용사 구분하기 – p. 106

10 밑줄 친 단어 중, 품사가 나머지 넷과 다른 하나는?

① 창훈이는 매우 천천히 걸었다.
② 지은이는 친구에게 선물을 주었다.
③ 승원이는 금붕어 네 마리를 기른다.
④ 베짱이는 개미와 다르게 매우 게으르다.
⑤ 하루 종일 내리던 비가 저녁이 되어서야 그쳤다.

◉부사의 특성 파악하기 – p. 106

11 밑줄 친 단어의 품사에 대한 설명으로 옳지 않은 것은?

그날은 비가 정말 많이 내렸다.

① 형태가 고정되어 변하지 않는다.
② 조사와도 결합하여 쓰일 수 있다.
③ 항상 꾸며 주는 말 앞에 위치한다.
④ 주로 용언을 꾸며 주는 역할을 한다.
⑤ 문장 전체를 꾸미는 역할을 하기도 한다.

◉수식언의 특징 파악하기 – p. 106

12 〈보기〉의 빈칸에 공통적으로 들어갈 수 있는 품사의 특징으로 알맞은 것은?

〈 보기 〉
• 문을 ☐ 두드린다.
• 휴일에 ☐ 쉬었더니 몸이 개운하다.

① 문장의 주체를 서술한다.
② 문장에서 독립적으로 쓰인다.
③ 문장에서 동작이나 상태의 주체가 된다.
④ 문장에서 다른 단어를 꾸며 주는 역할을 한다.
⑤ 문장에 쓰인 단어들 간의 문법적 관계를 나타낸다.

◉관형사와 부사 구별하기 – p. 106

13 ㉠과 ㉡의 품사를 차례대로 쓰시오.

교실을 ㉠깨끗이 청소하기로 한 ㉡모든 사람들이 왔다.

◉관형사와 부사의 공통점 파악하기 – p. 106

14 다음 밑줄 친 단어들의 공통점을 쓰시오.

• 새 집 다오. / • 그는 노래를 잘 부른다.

◉조사의 특징 파악하기 – p. 107

15 조사에 대한 설명으로 알맞지 않은 것은?

① 주로 체언 뒤에 붙는다.
② 문장에서 홀로 쓰이지 못한다.
③ 단어로 인정하여 항상 띄어 쓴다.
④ 단어 사이의 문법적 관계를 나타낸다.
⑤ 단어에 특별한 의미를 더해 주기도 한다.

◉조사 찾기 – p. 107

16 다음 문장에 쓰인 조사의 개수를 쓰시오.

문학 작품은 현실을 바탕으로 꾸민 이야기이다.

◉감탄사 이해하기 – p. 107

17 밑줄 친 단어 중, 다음 설명에 해당하는 것은?

• 문장에서 독립적으로 쓰인다.
• 생략해도 문장의 성립에 큰 영향을 미치지 않는다.

① 어머, 깜짝이야.
② 나는 지금 매우 기쁘다.
③ 약속한 사람이 모두 왔다.
④ 아, 거기에 단풍나무가 있구나.
⑤ 나는 영화 보는 것을 좋아한다.

○가 12개 이상이면 → 110쪽 문장의 짜임으로 Go!
○가 12개 미만이면 → 틀린 문제로 Back!

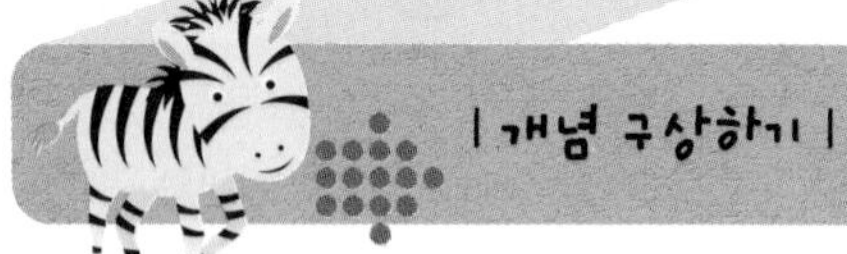

04 문장의 짜임

선생님, 왜 굳이 문장을 만들어서 길게 말해야 하나요?

선생님이 '이번 시간, 문장, 짜임, 공부'라고만 말했다면 단어의 뜻은 알겠지만 말하고자 하는 바가 무엇인지는 잘 몰랐을 거야. 자신의 생각을 제대로 전달하기 위해 문장으로 만들어서 말해야 하는 거란다.

빈칸에 알맞은 말을 채우면서, '문장의 짜임'의 개념을 머릿속에 그려 보자.

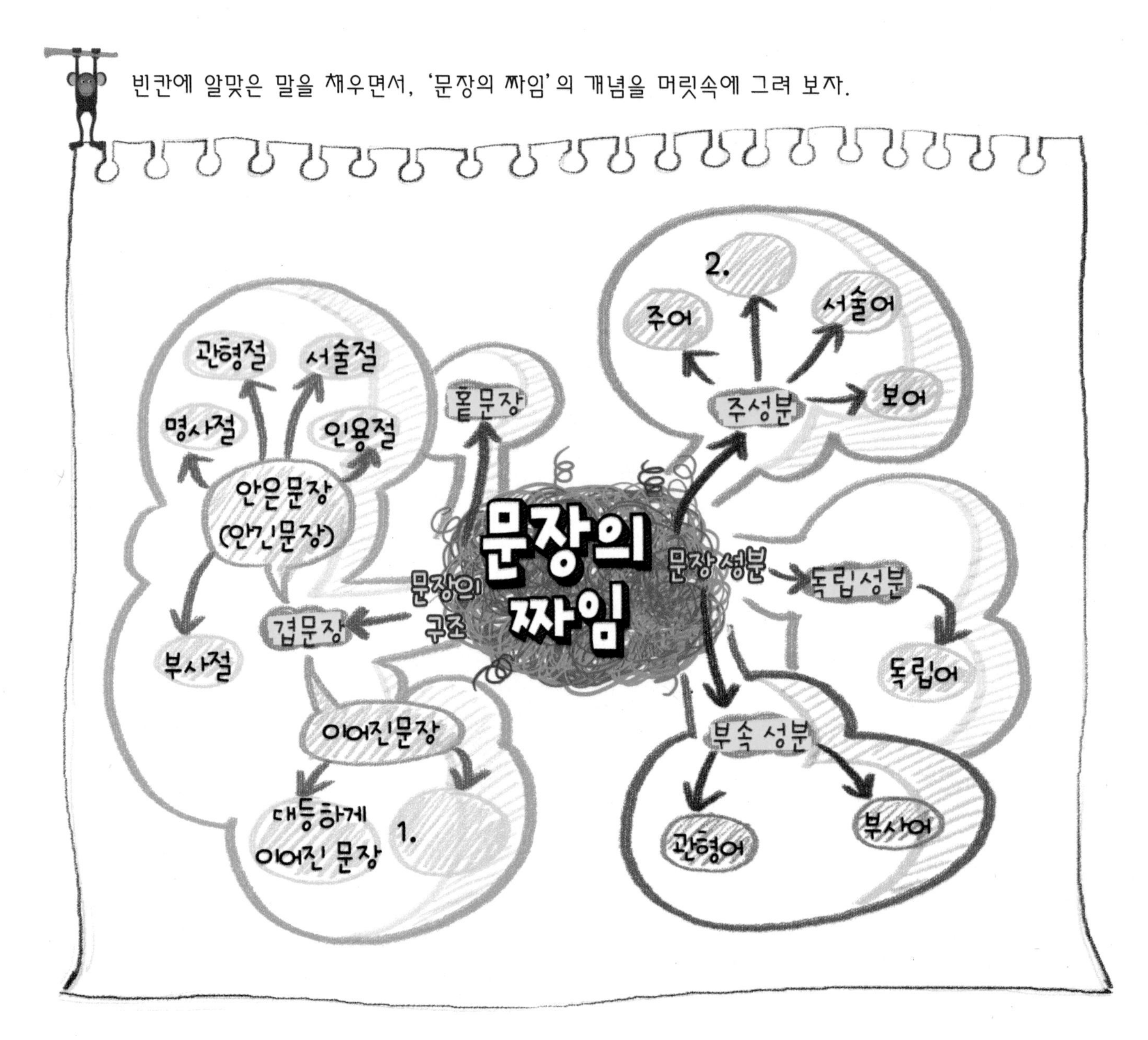

문장의 뜻 : 생각이나 감정을 말로 표현할 때 완결된 내용을 나타내는 최소의 단위

문장 성분 : 문장 성분은 문장 구성을 위한 필수 요소인지 아닌지에 따라 주성분과 부속 성분으로 나눌 수 있고, 주성분이나 부속 성분과 관련 없이 쓰이는 독립 성분이 있음

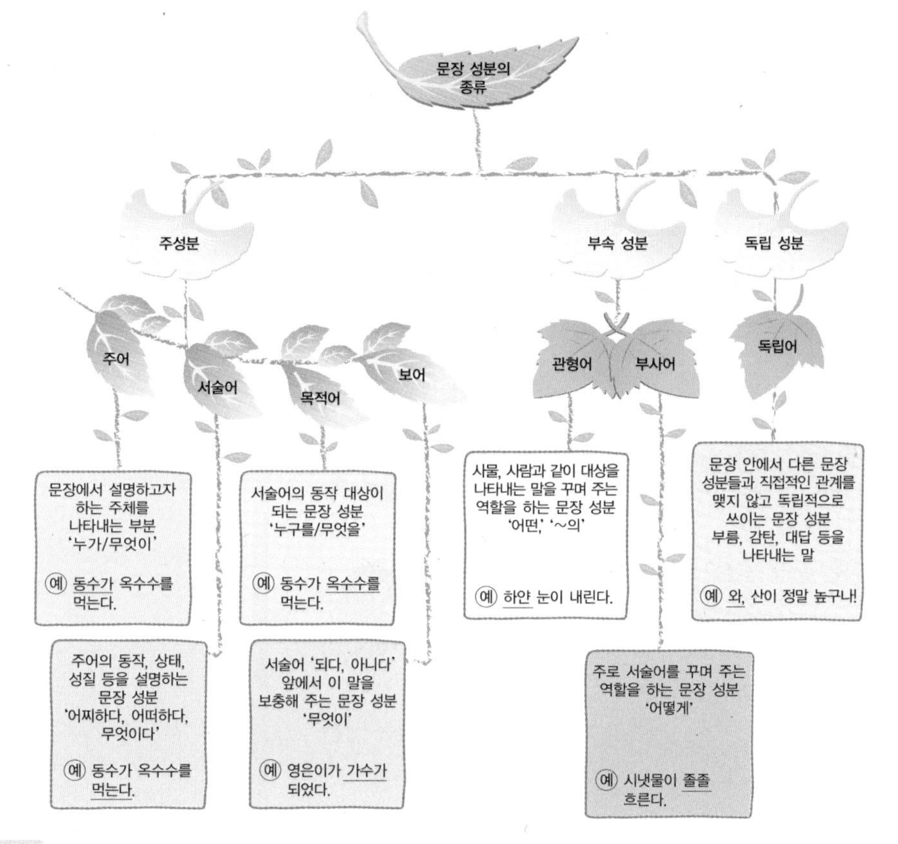

주성분

- 문장의 골격을 이루는 필수적인 성분으로, 주어, 서술어, 목적어, 보어가 이에 해당함
- 문장에 꼭 필요한 성분이기 때문에 생략하면 의미가 통하지 않거나 불완전해짐

주어	– 뜻 : 문장에서 설명하고자 하는 대상으로, 서술어가 나타내는 동작이나 상태의 주체가 되는 말. '누가', '무엇이' 에 해당함 – 특징 : 대부분 서술어의 앞에 놓이고, 필수 성분이지만 생략될 때도 있으며, 다른 성분에 영향을 주기도 함 예 상수는 야구를 잘한다.
서술어	– 뜻 : 한 문장에서 주어의 움직임, 상태, 성질 따위를 서술하는 말. '어찌하다', '어떠하다', '무엇이다' 에 해당함 – 특징 : 대부분 문장 끝에 놓이며, 생략이 가능함 예 인애는 학생이다.

개념 플러스

〈문장의 기본 구조〉

➡ 문장의 서술어는 '어찌하다', '어떠하다', '무엇이다' 셋 중 한 가지 형태를 취함. 문장에서 주어와 그에 딸린 부속 성분으로 이루어진 부분을 '주어부' 라고 하고, 서술어, 목적어, 보어와 그에 딸린 부속 성분으로 이루어진 부분을 '서술부' 라고 함

개념 테스트

1 ㉠~㉢에 들어갈 말을 쓰시오.

> 문장 성분은 문장 구성을 위한 필수 요소인지 아닌지에 따라 (㉠)와/과 (㉡)(으)로 나뉘고, (㉠)(이)나 (㉡)와/과 관련 없이 쓰이는 (㉢)이/가 있다.

2 다음 중 주성분이 아닌 것에 ○표 하시오.

> 주어 서술어 목적어 보어 부사어

3 '효진이가 고구마를 먹는다.' 에서 '효진이가' 는 □□이다.

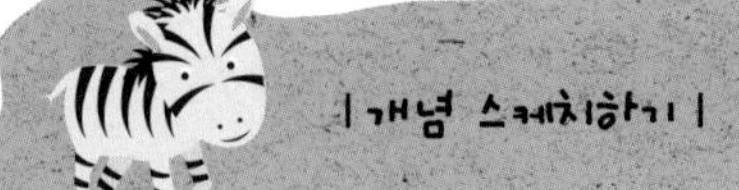

04 문장의 짜임

목적어	– 뜻 : 문장에서 서술어의 동작의 대상이 되는 말. '누구를', '무엇을'에 해당함 – 특징 : 목적격 조사를 생략할 수 있고, 보조사에 이어 목적격 조사가 나오기도 함 예 상경이가 연애편지를 쓴다.
보어	– 뜻 : 주어와 서술어만으로는 뜻이 완전하지 못한 문장에서, 그 불완전한 곳을 보충하여 뜻을 완전하게 하는 수식어. 국어에서는 '되다', '아니다' 앞에 조사 '이', '가'를 취하여 나타내는 문장 성분을 말함 – 특징 : 형태는 주어와 같은데, 오직 '되다', '아니다'의 대상일 때만 보어로 취급함 예 병아리가 닭이 되었다.

부속 성분 : 주성분의 내용을 꾸며 뜻을 더하여 주는 문장 성분으로, 생략해도 문장의 의미 구성에는 영향을 주지 않음

관형어	– 뜻 : 체언 앞에서 체언의 뜻을 꾸며 주는 구실을 하는 문장 성분 – 특징 : 단독으로 쓰이지 못하고, 반드시 체언 앞에만 놓임 예 엄마가 새 옷을 사 주셨다.
부사어	– 뜻 : 주로 용언의 내용을 한정하는 문장 성분으로, 다른 문장 성분이나 문장 전체를 수식하기도 함 예 소리는 엄마와 닮았다. – 특징 : 문장에서의 위치가 비교적 자유롭고, 필수 성분이 되는 경우도 있음

독립 성분 : 문장의 주성분이나 부속 성분과 직접적인 관련을 맺지 않고 따로 떨어져 있는 성분으로, 생략해도 문장의 구성에는 영향을 주지 않음

독립어	– 뜻 : 문장의 어느 성분과도 직접적인 관련이 없는 문장 성분으로, 부름, 응답, 감탄 등이 이에 속함 – 특징 : 생략해도 문장은 완전히 성립하며, 일반적으로 문장의 앞에 오지만 문장의 끝에 오는 경우도 있음 – 성립 : 감탄사 예 아이코 / 체언+서술어 예 지민아 / 제시어나 표제어 예 청춘, 이는 듣기만 해도 가슴이 설레는 말이다.

중의적 표현 : 두 가지 이상의 의미로 해석될 수 있는 표현

- **어휘적 중의성** : 예 저 배를 보십시오. → '배'가 신체의 일부인지, 배나무의 열매인지, 사람 · 짐을 싣고 다니는 배인지 중의적임 → '물 위에 떠 있는 저 배를 보십시오.'라고 단어의 의미를 명확하게 함
- **구조적 중의성** : 예 예쁜 나리의 동생을 좋아한다. → 나리가 예쁜 것인지, 동생이 예쁜 것인지 중의적임 → '나리의 예쁜 동생을 좋아한다.'라고 어절의 위치를 바꿈
- **범위의 부정확성** : 예 학생들이 다 오지 않았다. → 한 명도 오지 않은 것인지, 일부는 오고 일부는 안 온 것인지 중의적임 → '학생들이 다 오지는 않았다.'라고 조사를 사용하여 의미를 한정함

개념 멘토링

Q 관형사와 관형어는 같은 건가요?

A 관형어와 관형사의 차이를 알려면 품사와 문장 성분의 개념부터 확실히 알아야 해.

'나리'가 집에서는 '딸'이고, 동생에게는 '언니'이며, 학교에서는 '반장'이라고 해 보자. 상황에 따라 나리의 역할은 달라지지만 '나리'라는 이름은 바뀌지 않지?

'나리'라는 이름처럼 어떤 상황에서도 바뀌지 않는 것을 '품사'로 볼 수 있고, '딸', '언니', '반장'이라는 역할처럼 단어가 문장에서 어떤 역할을 하느냐에 따라 달라지는 것을 '문장 성분'으로 볼 수 있어.

그러니까 관형어는 문장 성분으로서의 이름이고, 관형사는 품사로서의 이름인 거지.

다시 말해, 단어 그 자체가 갖는 성질이 '품사'라면, 그 단어가 문장 속에 들어갔을 때 어떤 역할을 하느냐는 '문장 성분'인 거란다.

개념 테스트

4 다음 문장에서 목적어를 찾아 ○표 하시오.

(1) 소리가 고기를 먹었다.
(2) 길에서 돈을 주웠다.
(3) 배고픈 진영이는 밥을 먹었다.

5 밑줄 친 부분이 관형어인 것을 골라 기호로 쓰시오.

㉠ 그가 멀리 떠났다.
㉡ 선아는 엄마와 닮았다.
㉢ 토끼가 깡충깡충 뛰어간다.
㉣ 엄마가 새 신발을 사 주셨다.

홑문장과 겹문장

홑문장

'주어+서술어'의 관계가 한 번만 나타나는 문장

예 날씨가 덥다.

예 정민이는 수영을 하였다.

겹문장

'주어+서술어'의 관계가 두 번 이상 나타나는 문장
예 날씨가 더워서 정민이는 수영을 하였다.

안은 문장

- 다른 문장 속에 들어가 하나의 성분처럼 쓰이는 홑문장을 **'안긴문장'**이라고 하고, 이 홑문장을 포함한 문장을 **'안은문장'**이라고 함
- 안긴문장을 '절'이라고 하는데, 역할에 따라 명사절, 관형절, 부사절, 서술절, 인용절로 나눔

구분	설명
명사절	문장 안에서 명사처럼 쓰여 주어, 목적어, 보어 등의 기능을 하는 절 예 농부가 비가 오기를 기다렸다.
관형절	문장 안에서 관형어처럼 체언을 꾸며 주는 역할을 하는 절 예 비가 오는 소리를 들었다.
부사절	문장 안에서 부사어로 쓰이면서 서술어를 꾸며 주는 역할을 하는 절 예 승환이가 말도 없이 갔다.
서술절	문장 안에서 서술어로 쓰이는 절 예 학석이는 키가 크다.
인용절	문장 안에서 다른 사람의 말을 인용하는 절 예 그는 날씨가 좋다고 말했다.

이어진 문장

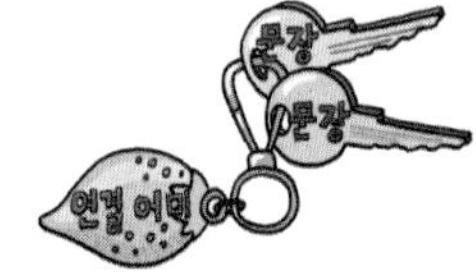

두 개 이상의 홑문장이 연결 어미로 결합되어 이루어진 문장

구분	설명
대등하게 이어진 문장	두 문장이 대등적 연결 어미 '-고, -며, -(으)나, -지만' 등에 의해 이어진 문장 예 바람이 불고 비가 내렸다.
종속적으로 이어진 문장	두 문장이 종속적 연결 어미 '-(으)면, -는데, -일지라도, -으니, -어서' 등에 의해 이어진 문장 예 단비가 내려서 농작물이 잘 자란다.

개념 테스트

6 **다음 문장이 대등하게 이어진 문장이면 '대', 종속적으로 이어진 문장이면 '종'이라고 쓰시오.**

(1) 가을이 오면 나뭇잎이 떨어진다. ( )
(2) 비가 내려서 집으로 갔다. ( )
(3) 바람이 불고 비가 내렸다. ( )

개념 체크 리스트!

- 문장 성분에 대해 설명해 보세요. ☐
- 문장의 기본 구조를 말해 보세요. ☐
- 주성분 네 가지를 말해 보세요. ☐
- 주어와 서술어의 특징을 설명할 수 있나요? ☐
- 목적어와 보어의 특징을 설명할 수 있나요? ☐
- 부속 성분을 두 가지로 나누어 설명해 보세요. ☐
- 독립 성분에 대해 말해 보세요. ☐
- 홑문장과 겹문장의 차이를 설명할 수 있나요? ☐
- 안긴문장의 종류를 말해 보세요. ☐
- 대등하게 이어진 문장과 종속적으로 이어진 문장의 예를 각각 들어 보세요. ☐

○가 7개 이상이면 → 114쪽 개념 색깔 입히기로 Go! ☺

○가 7개 미만이면 → 111쪽 개념 스케치하기로 Back! ☹

| 개념 색깔 입히기 | 04 문장의 짜임

◉문장 성분의 개념 이해하기 - p. 111

01 문장 성분에 대한 설명으로 알맞지 않은 것은?

① 우리말 문장 성분의 종류는 총 7가지이다.
② 주성분으로는 주어, 목적어, 서술어, 보어가 있다.
③ 독립 성분은 생략해도 문장의 구성에는 영향을 주지 않는다.
④ 문장 성분은 크게 주성분, 부속 성분, 독립 성분으로 나눌 수 있다.
⑤ 부속 성분은 주성분과 직접적인 관련을 맺지 않고 따로 떨어져 있는 성분을 말한다.

◉문장 성분의 종류 파악하기 - pp. 111~113

02 밑줄 친 부분을 생략해도 문장의 의미 구성에 영향을 주지 않는 것은?

① 물이 얼음이 되었다.
② 그는 숙제를 다 끝냈다.
③ 정현이는 노래를 잘 부른다.
④ 노란 나비가 훨훨 날아간다.
⑤ 정숙이는 오늘도 혼자서 청소를 했다.

◉부속 성분과 독립 성분의 개념 이해하기 - p. 112

03 부속 성분과 독립 성분에 대한 설명으로 알맞은 것은?

① 독립 성분은 문장의 앞에만 올 수 있다.
② 부속 성분은 부름, 응답, 감탄 등을 나타내는 말이다.
③ 부속 성분과 독립 성분은 문장의 필수 성분은 아니다.
④ 독립 성분은 주성분의 내용을 꾸며 뜻을 더하여 주는 문장 성분이다.
⑤ 부속 성분과 독립 성분은 문장의 의미 구성에 영향을 끼치므로 절대 생략할 수 없다.

◉생략된 주성분 파악하기 - p. 111

04 다음 문장에서 생략된 문장 성분을 쓰시오.

노란 화분을 깨뜨렸다.

◉문장의 기본 구조 파악하기 - p. 111

05 문장의 기본 구조가 나머지와 다른 것은?

① 상경이가 우유를 먹는다.
② 자명고가 갑자기 울린다.
③ 효진이는 정말 모범생이다.
④ 인애는 항상 아침밥을 먹는다.
⑤ 언니가 내 옷에 단추를 달았다.

◉문장 성분의 종류 파악하기 - pp. 111~112

06 밑줄 친 부분의 문장 성분을 바르게 파악한 것은?

① 날씨가 매우 춥다. - 관형어
② 지영이는 새 지전거를 샀다. - 부사어
③ 유미가 좋아하는 과일은 귤이다. - 서술어
④ 정한이는 더 이상 초등학생이 아니다. - 주어
⑤ 청춘, 이는 듣기만 하여도 가슴이 설레는 말이다. - 보어

◉주어와 보어 구별하기 - pp. 111~112

07 밑줄 친 부분의 문장 성분이 나머지와 다른 하나는?

① 시원한 바람이 분다.
② 효미가 회장이 되었다.
③ 내가 먼저 용서를 빌겠다.
④ 나는 변호사가 되고 싶다.
⑤ 갈매기가 하늘을 날고 있다.

◉문장에서 목적어 찾기 - p. 112

08 다음 중 목적어가 들어 있지 않은 문장은?

① 연화는 책을 읽었다.
② 나리는 점심을 굶었다.
③ 혜인이가 노래를 부른다.
④ 미영이는 커다란 빵을 먹었다.
⑤ 우리 집에는 먹을 것이 아주 많다.

나의 이해 정도: ☆☆☆☆☆ 나의 기분:

정답과 해설 10쪽

◉ 관형어 파악하기 – p. 112

09 **다음 중 관형어가 사용되지 않은 문장은?**

① 빨간 자동차를 샀다.
② 반찬이 아주 맛있었다.
③ 하얀 눈이 펑펑 내린다.
④ 메마른 논이 갈라져 있다.
⑤ 뚱뚱한 아저씨가 하품을 한다.

◉ 부사어 파악하기 – p. 112

10 **다음 밑줄 친 말이 부사어인 것은?**

① 태현이는 밥을 조금 먹었다.
② 그는 찢어진 가방을 들고 있다.
③ 검은 고양이는 장난꾸러기이다.
④ 정민이가 새로운 반장이 되었다.
⑤ 그 소식을 들으니 마음이 아프다.

◉ 독립 성분 파악하기 – p. 112

11 **다음 중 독립 성분이 들어 있지 않은 문장은?**

① 소리야, 밥 먹어.
② 엄마, 배가 고파요.
③ 결코, 그럴 리가 없다.
④ 어머나, 갑자기 나타나서 놀랐어.
⑤ 어휴, 아무리 일을 해도 끝나지 않네.

◉ 홑문장과 겹문장 파악하기 – p. 113

12 **주어와 서술어의 관계가 두 번 이상 나타나는 문장은?**

① 자동차가 이쪽으로 온다.
② 그 아이는 상당히 영리하다.
③ 넓은 밭에서 보리가 익어간다.
④ 하늘에 먹구름이 잔뜩 끼어 있다.
⑤ 오늘 형준이가 방에서 책을 읽었다.

◉ 문장의 연결 방식 파악하기 – p. 113

13 **문장의 연결 방식이 나머지와 다른 것은?**

① 우리는 네가 오기를 바란다.
② 가을이 오면 나뭇잎이 떨어진다.
③ 그는 내게 소리도 없이 다가왔다.
④ 부모는 자식이 선하게 자라기를 바란다.
⑤ 나는 어제 친구와 참 재미있는 영화를 보았다.

◉ 이어진문장의 짜임새 파악하기 – p. 113

14 **다음 중 대등하게 이어진 문장은?**

① 눈이 와서 길이 미끄럽다.
② 비가 내리지만 날씨는 춥지 않다.
③ 단비가 내려서 농작물이 잘 자란다.
④ 손님이 오시면 반갑게 맞이해야 한다.
⑤ 서리가 내리면 나뭇잎이 빨갛게 물든다.

◉ 안긴문장 이해하기 – p. 113

15 **〈보기〉에 쓰인 안긴문장과 같은 종류의 절이 사용된 것은?**

〈 보기 〉
나는 그가 입원했다는 소식을 들었다.

① 이 책은 글씨가 너무 작다.
② 비가 소리 없이 내리고 있다.
③ 시험이 어려웠음이 밝혀졌다.
④ 지민이가 읽던 책을 가져왔다.
⑤ 화경이가 이번 시험은 어려웠다고 말했다.

◉ 안긴문장의 유형 파악하기 – p. 113

16 **다음 문장에서 (1) 안긴문장을 찾고, (2) 그 유형을 쓰시오.**

우리는 주미가 합격하기를 바랐다.

○가 11개 이상이면 → 116쪽 담화의 개념과 특성으로 Go! ☺
○가 11개 미만이면 → 틀린 문제로 Back! ☹

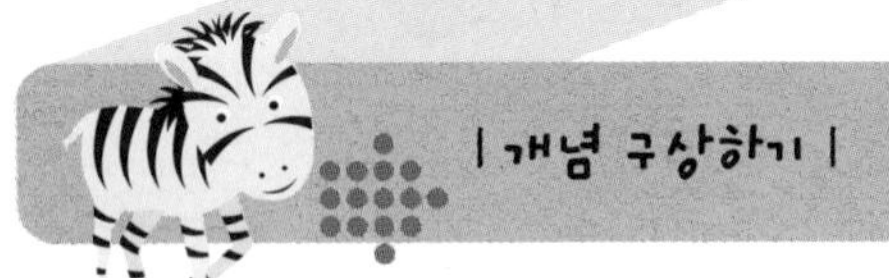

05 담화의 개념과 특성

아버지께 전화를 걸었는데, 아버지께서 "나 지금 운전 중이야."라고 말씀하셨다면 이건 무슨 뜻일까?

음……. 단순히 아버지께서 어디서 무슨 일을 하고 계시는지를 말씀하신 건 아닌 것 같아요. 이런 상황에서는 통화하기 곤란하니 이따 전화하자는 뜻 아닐까요?

맞아. 차 안이라는 '장소'와 운전 중이라는 '상황'을 고려할 때, 그 말을 들은 사람은 "네, 나중에 통화해요."라고 말하는 게 적절하겠지? 이렇게 대화가 이루어지는 상황을 잘 이해하여 그에 맞게 듣고 말할 수 있어야 서로 간의 의사소통이 순조로워진단다.

그럼 할머니와 손자 사이의 의사소통이 어려워진 이유를 생각하면서 다음 만화를 읽어 보자.

담화의 개념 : 일정한 상황 속에서 문장 단위로 실현되는 말을 '발화(發話)'라고 하고, 이러한 발화들이 모여서 이루어진 집합체를 '담화(談話)'라고 함

상황 맥락에 따른 담화 : 담화가 이루어지는 시간적 · 공간적 상황을 상황 맥락이라고 함. 상황에는 시간, 장소, 참여자, 배경지식, 매체 등이 포함됨. 말하는 이와 듣는 이의 위치, 말하는 이의 의도와 목적, 말하는 이와 듣는 이의 관계 등에 따라 상황 맥락이 다르게 나타나므로, 담화 상황을 잘 이해하여 올바르게 말하고 듣는 태도가 필요함

휴대 전화를 꺼 달라는 의미

야구를 할 수 없다는 의미

사회 · 문화적 맥락에 따른 담화 : 담화에서는 세대, 지역, 성별, 문화 등이 담화의 내용에 영향을 미치기도 함

지역에 따른 언어 차이 : '정구지'는 부추의 방언으로, '출신 지역'이 달라 의사소통이 안 된 경우

세대에 따른 언어 차이 : '열공'은 할머니 세대에서는 사용하지 않는 말로, '세대'가 달라 사용하는 언어에도 차이가 생긴 경우

담화의 구성 요소 : 담화가 성립되기 위해서는 말하는 이, 말하는 이와 듣는 이가 주고받는 발화(전달하려는 내용), 맥락이 필요함. 맥락은 상황 맥락과 사회 · 문화적 맥락으로 구분함.

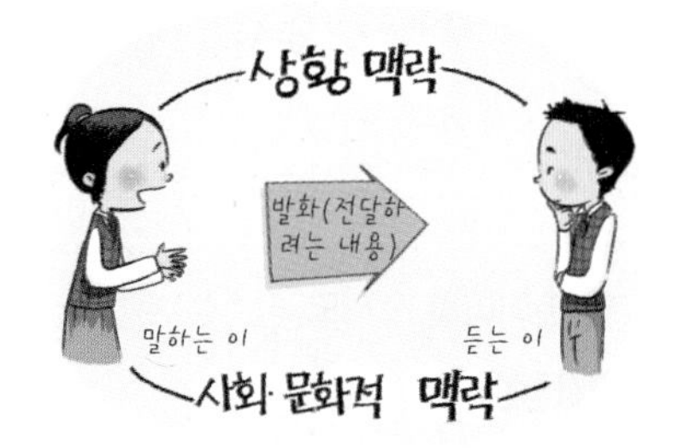

담화의 특성

- 담화는 일상적인 대화, 토론이나 토의, 발표, 연설 등을 포괄함.
- 일상적인 대화에서 쓰는 말인 구어(口語)와 문장에서 쓰는 말인 문어(文語)를 모두 포함함.
- 담화는 구체적인 맥락 속에서 이루어짐.
- 같은 말이라도 어떤 상황에 있느냐에 따라 의미가 달라짐.

개념 테스트

1 담화가 이루어지는 시간적 · 공간적 상황을 ☐☐ ☐☐(이)라고 하는데, 여기에는 ☐☐, 장소, 참여자, 배경지식, 매체 등이 포함된다.

2 다음 내용이 담화에 대한 설명으로 옳으면 ○표, 옳지 않으면 ×표 하시오.

(1) 배경지식은 담화에 영향을 미치지 않는다. (○ / ×)

(2) 세대에 따라 사용하는 언어에도 차이가 생길 수 있다. (○ / ×)

(3) 말하는 이와 듣는 이의 관계 등에 따라 상황 맥락이 다르게 나타나므로, 담화 상황을 잘 이해하여 올바르게 말하고 듣는 태도가 필요하다. (○ / ×)

개념 체크 리스트!

- 담화의 개념을 설명할 수 있나요? ☐
- 담화의 구성 요소를 말할 수 있나요? ☐
- 상황 맥락의 종류를 말해 보세요. ☐
- 사회 · 문화적 맥락의 종류를 말해 보세요. ☐
- 바람직한 의사소통의 방법 두 가지를 말할 수 있나요? ☐

○가 3개 이상이면 → 118쪽 개념 색깔 입히기로 Go! ☺

○가 3개 미만이면 → 117쪽 개념 스케치하기로 Back! ☹

| 개념 색깔 입히기 | 05 담화의 개념과 특성

◉담화의 특징 파악하기 – p. 117

01 담화에 대한 설명으로 알맞지 않은 것은?

① 담화는 일정한 맥락을 갖는다.
② 서로 이야기를 주고받는 것을 말한다.
③ 참여자를 고려하여 여러 주제를 담아야 한다.
④ 성별이나 문화가 담화에 영향을 미치기도 한다.
⑤ 담화가 이루어지는 시간이나 공간을 잘 이해해야 한다.

◉담화의 구성 요소 파악하기 – p. 117

02 다음은 담화의 구성 요소를 나타낸 것이다. 빈칸에 들어갈 알맞은 것끼리 짝지어진 것은?

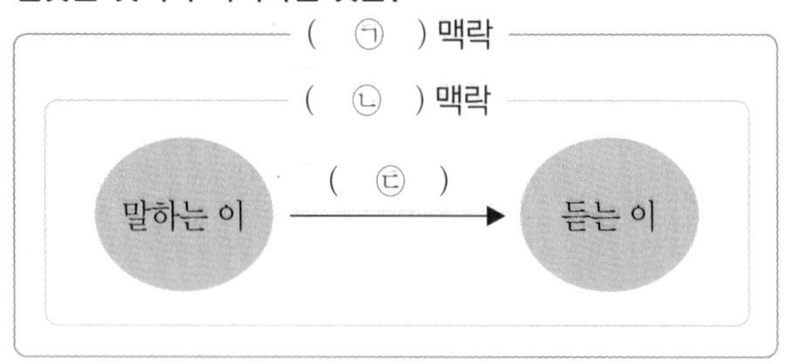

	㉠	㉡	㉢
①	상황	발화	사회 · 문화적
②	발화	상황	사회 · 문화적
③	사회 · 문화적	상황	발화
④	사회 · 문화적	발화	상황
⑤	발화	사회 · 문화적	상황

◉담화의 의미 파악하기 – p. 117

03 다음 그림의 "비 온다."라는 말에 담긴 의미를 쓰시오.

◉담화의 의미 파악하기 – p. 117

04 다음 상황에 나타난 담화의 의미를 바르게 파악한 것은?

① 부재중 전화가 왔는지 확인해 주세요.
② 휴대 전화 번호가 무엇인지 말씀해 주세요.
③ 휴대 전화를 어디에서 분실했는지 알려 주세요.
④ 휴대 전화가 고장 나지는 않았는지 확인해 주세요.
⑤ 휴대 전화 벨소리가 울리지 않게 전원을 꺼 주세요.

◉담화 상황 이해하기 – p. 117

05 다음 담화 상황에 대한 설명으로 알맞은 것은?

> 할머니 : 오늘 많이 늦었구나.
> 손자 : 친구 생파가 있었어요.
> 할머니 : 생파라니? 생으로 된 파?
> 손자 : 할머니, 생일파티를 줄여서 생파라고 해요.
> 〈잠시 후〉
> 손자 : 할머니, 저 용돈 좀 주세요. 친구 생선 사느라 돈을 다 썼어요.
> 할머니 : 생선? 친구 선물로 생선을 샀다는 뜻이니?
> 손자 : 할머니, 생일 선물을 줄여서 생선이라고 해요.
> 할머니 : 무슨 말인지…….

① 출신 지역이 달라 의사소통이 원활하지 않은 상황이다.
② 화자의 의도와 처지에 따라 담화 상황이 달라지고 있는 상황이다.
③ 시간과 장소라는 상황 맥락이 담화에 영향을 미치고 있는 상황이다.
④ 남녀라는 성별에 따라 언어 사용 양상이 달라서 의사소통이 원활하지 않은 상황이다.
⑤ 어른 세대와 청소년 세대 간의 언어 차이로 인해 의사소통이 원활하지 않은 상황이다.

정답과 해설 11쪽

◉담화의 의미 파악하기 - p. 117

06 다음 그림에서 밑줄 친 말에 담긴 의미로 알맞은 것은?

① 어디 가서 놀까?
② 너는 숙제 다 했니?
③ 텔레비전을 꺼 줄래?
④ 심부름을 할 수 없어.
⑤ 바빠서 같이 놀 수 없어.

◉담화의 의도 파악하기 - p. 117

07 다음 대화에서 여학생의 말에 담긴 의도로 알맞은 것은?

① 내일 날씨가 궁금하다.
② 안 가는 게 좋을 것이다.
③ 나도 같이 갔으면 좋겠다.
④ 누구랑 가는지 알고 싶다.
⑤ 야구장에 가고 싶지 않다.

◉대화할 때 고려할 점 파악하기 - p. 117

08 할머니와 대화를 나누는 태도로 가장 올바른 것은?

① 세대를 고려하여 대화한다.
② 은어를 많이 사용하여 대화한다.
③ 오랜 시간 동안의 대화는 피한다.
④ 담화 상황은 고려하지 않아도 된다.
⑤ 잘못된 표현을 바로잡으며 대화한다.

◉담화 종합적으로 이해하기 - p. 117

09 다음 말에 대한 설명으로 알맞지 않은 것은?

> "비 온다."

① 여러 가지 의미로 해석될 수 있는 말이다.
② '빨래를 걷자.'라는 의미로 해석될 수도 있다.
③ 담화 상황을 파악하면 정확한 의미를 알 수 있다.
④ "관심 없어요."라고 답하면 상대방의 기분을 상하게 할 수 있다.
⑤ 겉으로 드러나는 내용만으로도 말하는 이의 의도를 정확히 파악할 수 있다.

◉담화에 영향을 미치는 맥락 파악하기 - p. 117

10 다음 담화에서 둘 사이의 의사소통이 원활하지 않은 이유로 알맞은 것은?

① 시간에 따른 언어 차이
② 세대에 따른 언어 차이
③ 매체에 따른 언어 차이
④ 문화에 따른 언어 차이
⑤ 성별에 따른 언어 차이

○가 7개 이상이면 → 120쪽 어문 규범(단어의 발음과 표기)으로 Go! ☺
○가 7개 미만이면 → 틀린 문제로 Back! ☹

06 어문 규범(단어의 발음과 표기)

선생님, 어문 규범이 뭐예요?

도로에 신호등이 없고 교통 규칙이 존재하지 않는다면 큰 혼란이 생기겠지? 교통 규칙이 있기 때문에 보다 안전하게 차를 탈 수 있고 길을 건널 수 있는 거야. 말도 마찬가지지. 약속을 정하지 않으면 서로 의사소통하는 데 어려움이 생길 거야. 그래서 만든 약속이 바로 어문 규범이란다.

빈칸에 알맞은 말을 채우면서, '어문 규범'의 개념을 머릿속에 그려 보자.

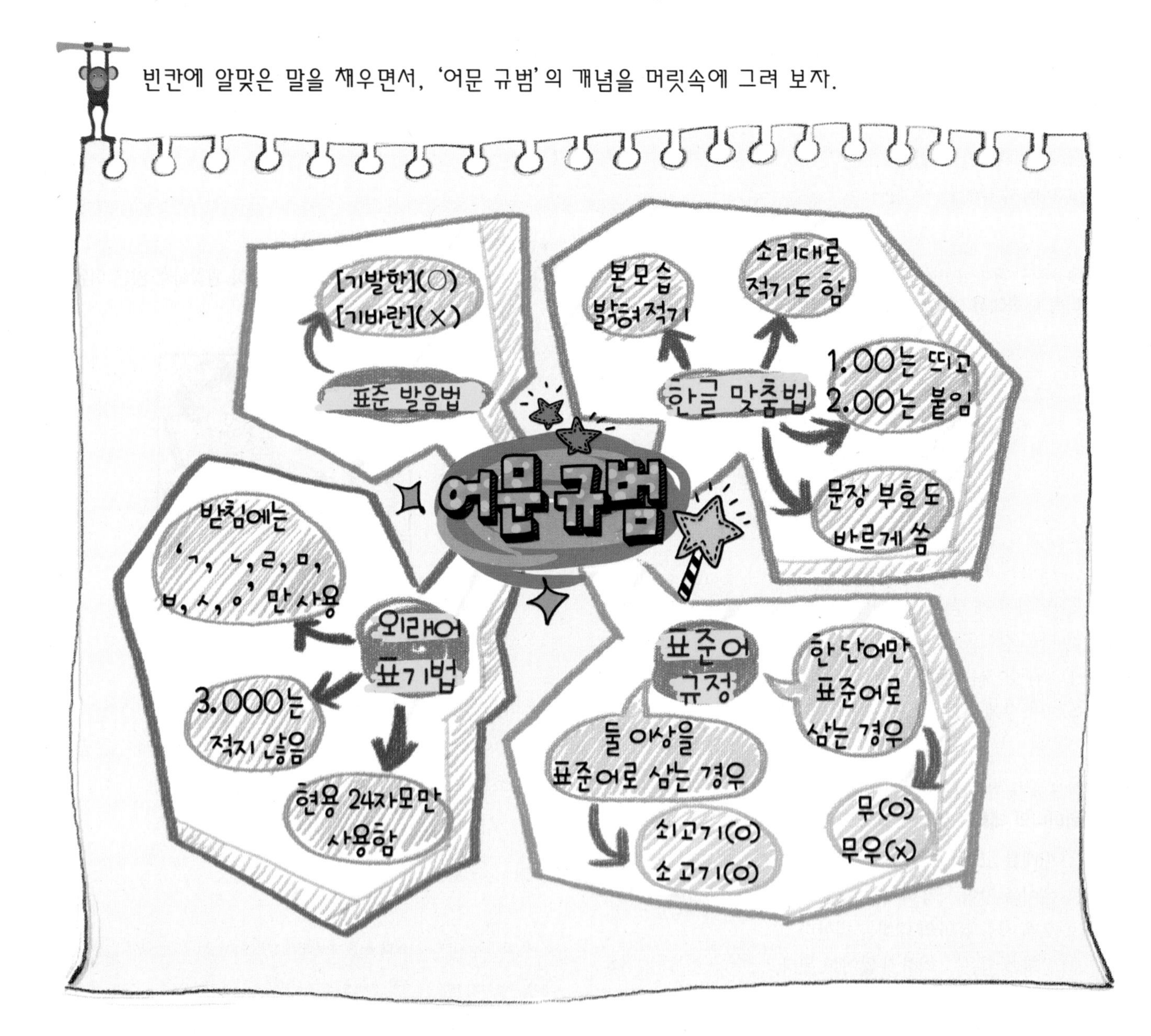

한글 맞춤법 : 표준어를 소리대로 적되, 어법에 맞도록 함

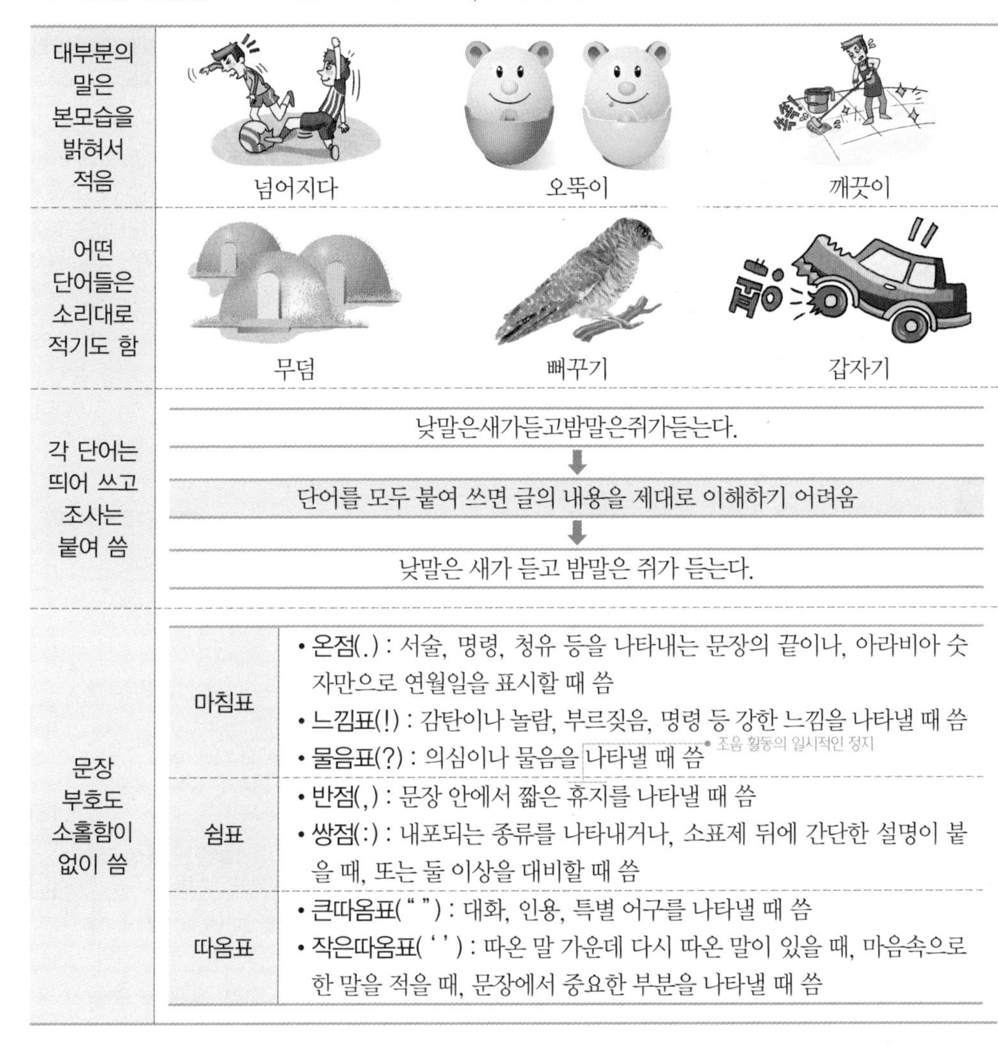

대부분의 말은 본모습을 밝혀서 적음	넘어지다 / 오뚝이 / 깨끗이
어떤 단어들은 소리대로 적기도 함	무덤 / 뻐꾸기 / 갑자기
각 단어는 띄어 쓰고 조사는 붙여 씀	낮말은새가듣고밤말은쥐가듣는다. ↓ 단어를 모두 붙여 쓰면 글의 내용을 제대로 이해하기 어려움 ↓ 낮말은 새가 듣고 밤말은 쥐가 듣는다.
문장 부호도 소홀함이 없이 씀	(아래 표 참조)

문장 부호도 소홀함이 없이 씀	마침표	• 온점(.) : 서술, 명령, 청유 등을 나타내는 문장의 끝이나, 아라비아 숫자만으로 연월일을 표시할 때 씀 • 느낌표(!) : 감탄이나 놀람, 부르짖음, 명령 등 강한 느낌을 나타낼 때 씀 • 물음표(?) : 의심이나 물음을 나타낼 때 씀
	쉼표	• 반점(,) : 문장 안에서 짧은 휴지를 나타낼 때 씀 (휴지: 조음 활동의 일시적인 정지) • 쌍점(:) : 내포되는 종류를 나타내거나, 소표제 뒤에 간단한 설명이 붙을 때, 또는 둘 이상을 대비할 때 씀
	따옴표	• 큰따옴표(“ ”) : 대화, 인용, 특별 어구를 나타낼 때 씀 • 작은따옴표(‘ ’) : 따온 말 가운데 다시 따온 말이 있을 때, 마음속으로 한 말을 적을 때, 문장에서 중요한 부분을 나타낼 때 씀

표준어 규정 : 표준어는 교양 있는 사람들이 두루 쓰는 현대의 서울말로 정함

같은 뜻의 여러 말 가운데 한 단어만 표준어로 삼기도 하고, 둘 이상의 단어를 표준어로 삼기도 함	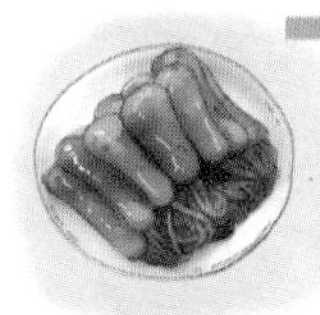 ‘알타리무’, ‘총각무’ 가운데 ‘총각무’만 표준어임	 ‘쇠고기’와 ‘소고기’는 모두 표준어임

표준 발음법 : 표준어의 실제 발음을 따르되, 국어의 전통성과 합리성을 고려하여 정함.

사람마다 각기 다른 발음의 차이에서 오는 혼란을 방지하기 위해 정한 약속	‘의사’를 사람에 따라 [이사], [으사]와 같이 발음하기도 하는데, 표준 발음에 따라 [의사]라고 정확히 발음하는 것이 바람직함

개념 멘토링

Q 대부분의 말을 본모습을 밝혀 적는 이유가 무엇인가요?

A 본모습을 밝혀 적는다는 것은 어법에 맞게 적는 것을 의미해. ‘꽃을’이라는 단어를 ‘꼬츨’이라고 적으면 ‘꽃’의 모습과 의미를 빨리 떠올리기 힘들지? 즉, ‘꽃을’과 같이 본모습을 밝혀 적어야 의미를 쉽게 알 수 있어 읽기도 편한 거야.

개념 테스트

1 한글 맞춤법에 대해 다음과 같이 정리할 때, ㉠~㉢에 들어갈 말을 쓰시오.

> 대부분의 말은 (㉠)을/를 밝혀서 적되, 어떤 단어들은 소리대로 적기도 한다. 또한 각 (㉡)은/는 띄어 쓰고, (㉢)은/는 붙여 써야 한다.

2 표준어는 □□ 있는 사람들이 두루 쓰는 □□의 □□□로 정한다.

3 같은 뜻의 여러 말 가운데 한 단어만 표준어로 삼기도 하고, 둘 이상의 단어를 표준어로 삼기도 한다. (○ / ×)

06 어문 규범(단어의 발음과 표기)

외래어 표기법 : 외래어를 한글로 적는 법을 정한 것

국어의 현용 24자모만 사용함	우리말 소리에 따라 발음하므로 국어에 없는 외국어 소리를 억지로 적기 위해 새 글자를 만들 필요는 없음
된소리 글자로 적지 않는 것을 원칙으로 함	 ➡ 모차르트(◯), 모짜르트(×)
받침에는 'ㄱ, ㄴ, ㄹ, ㅁ, ㅂ, ㅅ, ㅇ'만 사용함	 ➡ 케이크(◯), 케익(◯), 케잌(×)
관용적으로 널리 굳어진 대로 적기도 함	 ➡ 'camera'의 원음은 [캐머러]에 가깝지만, '카메라'가 이미 익숙해져서 바꿀 경우 무리가 따르기 때문에 관용적인 발음의 표기를 적용한 것임

국어의 로마자 표기법 : 표준 발음법에 따라 적는 것을 원칙으로 함

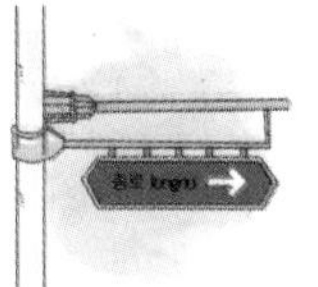

종로 Jongno

불국사 Bulguksa

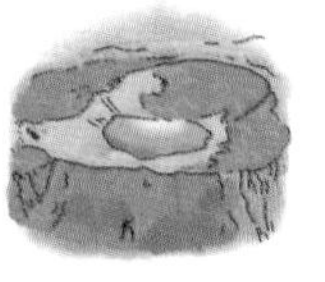

한라산 Hallasan

남북한 언어의 차이 : 남한은 '표준어'를, 북한은 '문화어'를 사용하고 있음

평양말을 공통어로 함

유형		남한	북한
소리	두음 법칙	노인, 여자, 양심, 노동	로인, 녀자, 량심, 로동
	자음 동화	십리[심니], 협력[혐녁]	십리[심리], 협력[혐력]
	억양과 어조	대체로 낮은 억양으로 부드럽게 흘러가듯 말함	높은 데서 낮은 데로 떨어지는 억양을 반복하며 단어를 끊어서 말함
어휘	한자어 수용	냉면, 분유, 출입문	찬국수, 가루소젖, 나들문
	외래어 수용	도넛, 다이어트, 투피스, 주스	가락지빵, 몸까기, 나뉜옷, 과일단물
표기	사이시옷	촛불, 뱃사공, 나뭇가지	초불, 배사공, 나무가지
띄어쓰기		먹고 싶다, 떨어진 곳, 최영 장군	먹고싶다, 떨어진곳, 최영장군

개념 테스트

4 어문 규범에 대한 설명으로 옳으면 ○표, 옳지 않으면 ×표 하시오.

(1) 외래어를 한글로 적는 법을 정한 것을 한글 맞춤법이라고 한다. (○ / ×)

(2) 국어의 로마자 표기법은 표준 발음법에 따라 적는 것을 원칙으로 한다. (○ / ×)

개념 체크 리스트!

- 한글 맞춤법의 원칙은 무엇인가요? ☐
- 한글 맞춤법에서 대부분의 말은 무엇을 밝혀 적나요? ☐
- 표준어의 규정을 한 문장으로 말해 보세요. ☐
- '총각무'와 '알타리무', '쇠고기'와 '소고기' 중에서 표준어는 무엇인가요? ☐
- 외래어 표기법의 원칙을 두 가지 이상 말할 수 있나요? ☐
- 외래어를 표기할 때 받침에 사용할 수 있는 자음은 무엇인가요? ☐
- 국어의 로마자 표기법의 원칙은 무엇인가요? ☐
- '종로'의 바른 로마자 표기법은 무엇인가요? ☐
- 두음 법칙과 자음 동화의 측면에서의 남북한 언어의 차이를 말해 보세요. ☐
- 외래어 수용에 있어서 남북한 언어의 차이를 말해 보세요. ☐

○가 7개 이상이면 → 123쪽 개념 색깔 입히기로 Go! ☺

○가 7개 미만이면 → 121쪽 개념 스케치하기로 Back! ☹

| 개념 색깔 입히기 | 06 어문 규범(단어의 발음과 표기)

나의 이해 정도: ☆☆☆☆☆
나의 기분:

정답과 해설 11쪽

◉어문 규범 종합적으로 이해하기 - pp. 121~122

01 어문 규범에 대한 설명으로 알맞은 것은?

① 표준어 규정은 외래어를 한글로 적는 법을 말한다.
② 어문 규범은 글을 쓸 때만 지키면 되는 규정들이다.
③ 한글 맞춤법은 우리말을 한글로 적을 때 지켜야 할 약속을 정한 것이다.
④ 표준 발음법은 사람마다 각기 다른 발음의 차이에서 오는 혼란을 방지하기 위해 정한 규칙이다.
⑤ 외래어 표기법은 우리말을 외국인들이 알아볼 수 있게 로마자로 바꾸어 표기할 때 지켜야 할 약속이다.

◉어문 규범에 맞는 문장 찾기 - pp. 121~122

02 다음 중 어문 규범에 맞는 문장은?

① 감기 얼른 낳으세요.
② 지수야, 가치 공부하자.
③ 내 동생은 여덜 살이다.
④ 아빠 생신이어서 케이크를 샀다.
⑤ 내 필통에는 연필 열 두 자루가 있다.

◉한글 맞춤법에 어긋한 단어 찾기 - p. 121

03 다음 중 한글 맞춤법에 어긋나는 것은?

① 오뚜기 ② 갑자기 ③ 뻐꾸기
④ 깨끗이 ⑤ 넘어지다

◉표준어의 예 파악하기 - p. 121

04 다음 중 표준어가 아닌 것은?

① 무우 ② 소고기 ③ 웃어른
④ 사글세 ⑤ 총각무

◉한글 맞춤법 이해하기 - p. 121

05 〈보기〉에서 맞춤법에 어긋나는 말을 두 가지 찾아 바르게 고쳐 쓰시오.

〈 보기 〉
창훈이는 수학 성적이 좋지 않았는데, 꾸준이 노력하여 기말고사에서 조은 성적을 거두었다.

◉표준 발음법 규정 이해하기 - p. 121

06 〈보기〉의 표준 발음법을 바탕으로 할 때 다음 중 표준 발음이 아닌 것은?

〈 보기 〉
겹받침 'ㄺ, ㄻ, ㄿ'은 어말 또는 자음 앞에서 각각 [ㄱ, ㅁ, ㅂ]으로 발음한다. 다만, 용언의 어간 말음 'ㄺ'은 'ㄱ' 앞에서 [ㄹ]로 발음한다.

① 닭[닥] ② 삶[삼ː] ③ 읊다[읍따]
④ 묽고[묵꼬] ⑤ 얽거나[얼거나]

◉외래어의 받침 표기 이해하기 - p. 122

07 다음 중 외래어의 받침 표기가 바르게 된 것은?

① cat : 캩 ② book : 붘
③ doughnut : 도넛 ④ diskette : 디스켙
⑤ coffee shop : 커피숖

◉외래어 표기법 이해하기 - p. 122

08 다음 중 외래어의 표기가 바르게 된 것은?

① bus : 뻐스 ② cafe : 까페
③ Paris : 빠리 ④ family : 패밀리
⑤ camera : 캐머러

◉로마자 표기법 이해하기 - p. 122

09 다음 중 국어의 로마자 표기가 바르게 된 것은?

① 신라[실라] : Sinra
② 종로[종노] : Jonglo
③ 경주[경주] : Kyungjoo
④ 한라산[할라산] : Hanlasan
⑤ 불국사[불국사] : Bulguksa

◉남북한의 언어 차이 이해하기 - p. 122

10 다음 중 북한에서 쓰는 단어가 아닌 것은?

① 노인 ② 녀자 ③ 량심
④ 로동 ⑤ 리용

○가 개 이상이면 → 124쪽 어휘의 체계와 양상으로 Go! ☺
○가 개 미만이면 → 틀린 문제로 Back! ☹

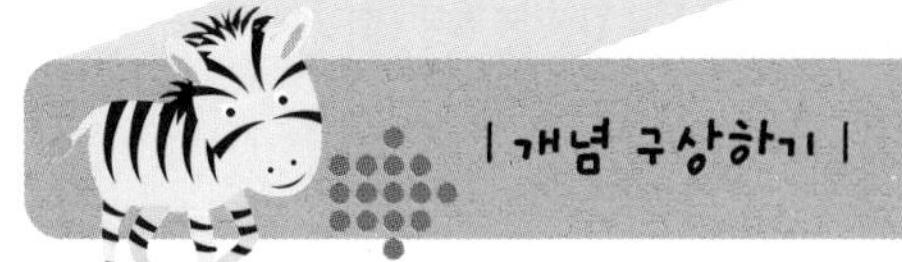

07 어휘의 체계와 양상

선생님, 오늘 배울 내용이 무엇인지 궁금해요.

의학 드라마를 보면 '석션', '어레스트' 등 생소한 전문어가 많이 나오지? 전문어 외에도 우리말에는 고유어, 유행어 등 다양한 체계의 어휘가 있어. 또한 사람 사이에 '친구 관계', '연인 관계', '사제 관계'가 있듯 단어와 단어 사이에도 '유의 관계', '반의 관계' 등의 의미 관계가 있단다. 이번 시간에는 이러한 어휘의 체계와 의미 관계에 대해 알아보기로 하자.

빈칸에 알맞은 말을 채우면서, '어휘의 체계와 의미 관계'의 개념을 머릿속에 그려 보자.

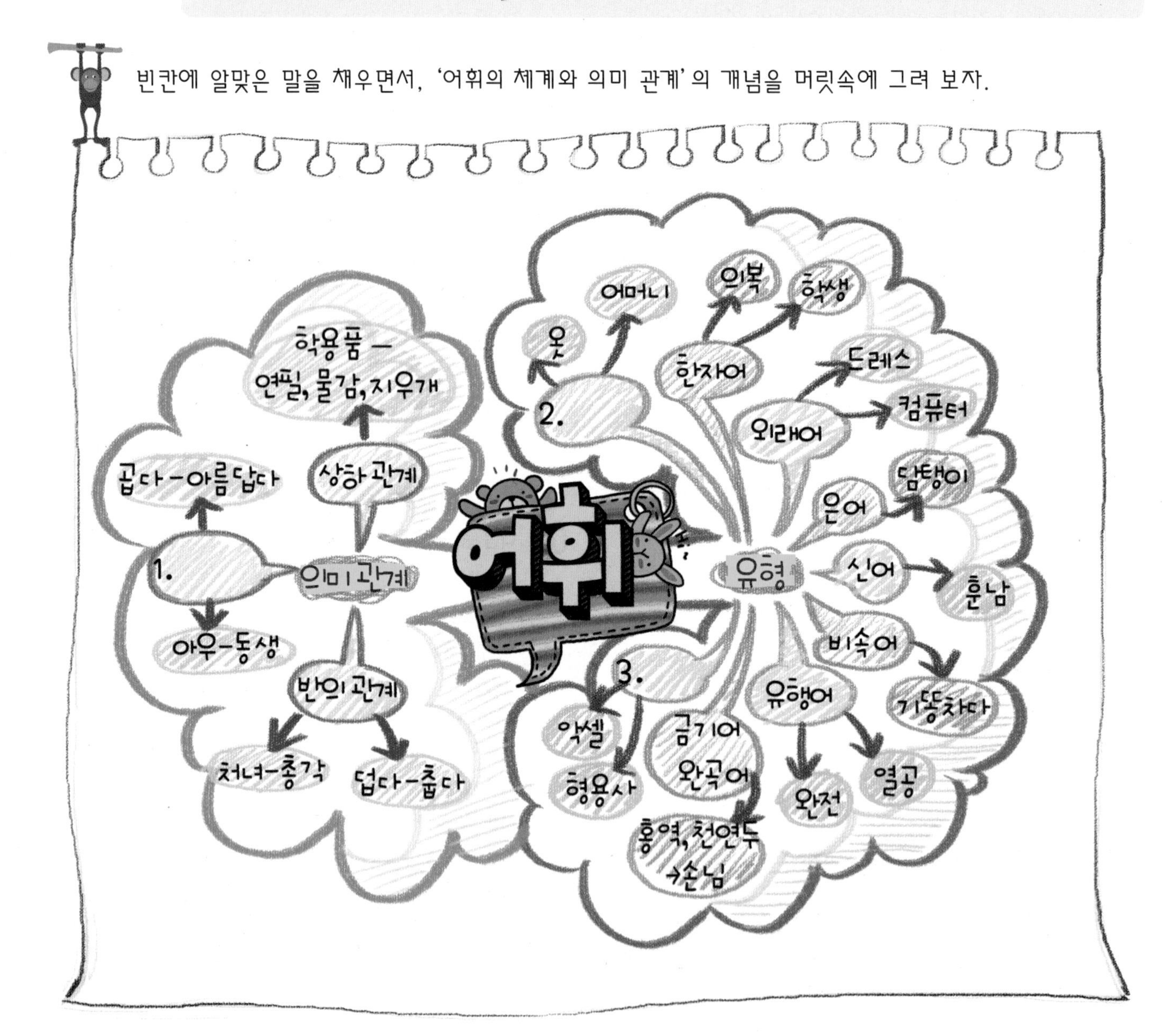

공통된 성질에 따라 묶어 놓은 단어들의 집합

어휘의 체계

고유어
- 한국어가 생긴 이후 오래전부터 선조들이 써 오던 말
- 우리 민족 특유의 문화나 정서를 잘 나타냄

한자어 : 한자를 바탕으로 만들어진 말로, 개념적이고 추상적인 의미를 잘 드러냄

외래어 : 원래 외국어였던 것이 국어의 체계에 동화되어 사회적으로 그 사용이 허용된 단어로서, 우리말로 대체하는 것이 매우 어려운 경우가 많음

은어
- 어떤 부류의 사람들이 다른 사람들은 알아듣지 못하게 자기네끼리만 은밀하게 쓰는 말
- 특정 집단 안에서 내부의 비밀을 유지하기 위해 사용함

비속어
- 통속적으로 쓰이는 저속한 말
- 비밀을 유지하려는 목적은 없음

신어 : 시대의 변화에 따라 새로운 것들을 표현하기 위해 만들어진 말

유행어 : 신어의 일종으로, 짧은 시기에 걸쳐 여러 사람의 입에 오르내리는 단어, 구절, 문장의 표현을 말하며, 당시 사회의 분위기와 사람들의 심리 및 사회의 모습을 반영함

금기어와 완곡어
- 금기어 : 두렵거나 불쾌한 느낌을 주어 입 밖에 내기를 꺼리는 말 예 호랑이
- 완곡어 : 금기어를 피하여 달리 부드럽게 부르는 말 예 산신령

전문어 : 특정 분야에서 전문 개념을 표현하기 위해 쓰는 말로, 일반인들은 이해하기 어려운 경우가 많으며, 외국어가 그대로 사용되는 경우가 많음

개념 플러스

〈방언의 종류〉

지역 방언	지역에 따라 다르게 쓰는 말 • 해당 지역의 고유한 정서와 문화를 반영함. • 우리말의 어휘를 풍부하게 함.
사회 방언	사회적 요인(성별, 세대, 직업 등)에 따라 다르게 쓰는 말 예 노인 세대는 젊은 세대가 사용하는 언어를 이해하지 못하는 경우가 많음.

개념 테스트

1 다음 단어가 고유어이면 '고', 외래어이면 '외', 한자어이면 '한'이라고 쓰시오.

(1) 목걸이 : (　　　)
(2) 노트북 : (　　　)
(3) 핸드백 : (　　　)
(4) 친구 : (　　　)

2 어휘의 유형에 대한 설명으로 옳으면 ○표, 옳지 않으면 ×표 하시오.

(1) 외래어를 우리말로 대체하는 것은 쉽다. (　　　)
(2) '화장실'은 금기어이고, '변소'는 완곡어이다.(　　　)
(3) 은어는 특정 집단 안에서 내부의 비밀을 유지하기 위해 사용한다. (　　　)

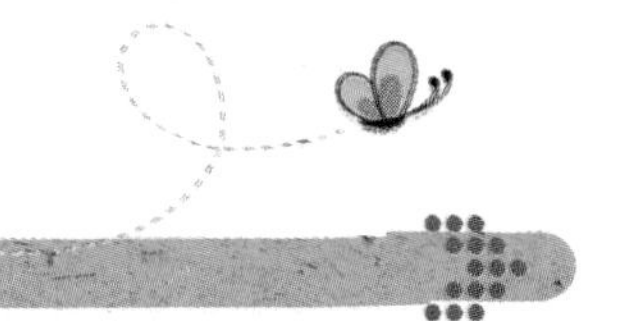

| 개념 스케치하기 | 07 어휘의 체계와 양상

방언과 표준어

- 방언 : 각 지역에서 쓰는 고유한 말 예 콩지름, 콩길금
- 표준어 : 공통으로 쓰기로 약속한 말 예 콩나물

어휘의 의미 관계

유의 관계

매우 비슷한 의미를 지닌 단어들의 의미 관계로, 비슷하면서도 약간의 의미 차이가 있으므로 잘 가려 써야 함

예 나이 – 연세 – 춘추, 곱다 – 아름답다 – 예쁘다, 죽다 – 사망하다 – 돌아가시다

반의 관계

서로 반대의 뜻을 지닌 단어들의 의미 관계로, 서로 공통적인 의미 요소가 있으면서 동시에 서로 다른 한 개의 의미 요소가 있어야 함

예 처녀 – 총각, 할머니 – 할아버지, 좋다 – 싫다, 동쪽 – 서쪽

상하 관계

학용품

연필 | 물감 | 지우개 | 크레파스

두 단어 중 한 단어의 의미가 다른 단어의 의미에 포함될 때 이루어지는 관계

예 꿩 – 장끼, 까투리 / 신발 – 구두, 운동화, 슬리퍼, 장화

개념 테스트

3 다음 단어들의 의미 관계에 맞게 선으로 연결하시오.

(1) 얼굴 – 낯 •
(2) 동쪽 – 서쪽 •
(3) 가다 – 오다 •
(4) 아우 – 동생 •
(5) 나무 – 소나무 •

• ㉠ 유의 관계
• ㉡ 반의 관계
• ㉢ 상하 관계

개념 체크 리스트!

- 고유어와 한자어의 특징을 설명할 수 있나요? ☐
- 외래어를 예를 들어 설명해 보세요. ☐
- 은어와 비속어의 특징을 알고 있나요? ☐
- 신어의 특징을 설명할 수 있나요? ☐
- 유행어의 특징을 알고 있나요? ☐
- 금기어와 완곡어의 개념을 설명할 수 있나요? ☐
- 전문어를 예를 들어 설명해 보세요. ☐
- 방언과 표준어를 구분할 수 있나요? ☐
- 어휘의 의미 관계 중, 유의 관계에 대해 예를 들어 설명해 보세요. ☐
- 어휘의 의미 관계 중, 반의 관계에 대해 예를 들어 설명해 보세요. ☐
- 어휘의 의미 관계 중, 상하 관계에 대해 예를 들어 설명해 보세요. ☐

○가 7개 이상이면 → 127쪽 개념 색깔 입히기로 Go! ☺

○가 7개 미만이면 → 125쪽 개념 스케치하기로 Back! ☹

| 개념 색깔 입히기 | 07 어휘의 체계와 양상

나의 이해 정도: ☆☆☆☆☆
나의 기분:

정답과 해설 12쪽

◉ 어휘의 유형 파악하기 - p. 125

01 어휘의 유형이 바르게 연결되지 않은 것은?

① 신어 : 훈남, 인강, 스마트폰
② 고유어 : 옷, 어머니, 물, 바람
③ 비속어 : 짝퉁, 짜가, 기똥차다
④ 한자어 : 의복, 친구, 사색, 고생
⑤ 외래어 : 드레스, 라디오, 구름, 버스

◉ 고유어의 예 파악하기 - p. 125

02 다음 중 고유어만으로 이루어진 문장은?

① 그거 제가 할게요. 느낌 아니까.
② 삼촌, 용돈 좀 주세요. 뿌잉뿌잉!
③ 군대 간 삼촌이 내무반 '왕고' 가 됐대.
④ 풀이 우거진 마을 '푸실' 에 가고 싶다.
⑤ '전입 신고' 하시고, '확정 일자' 받으시면 됩니다.

◉ 외래어의 예 파악하기 - p. 125

03 다음 중 외래어가 아닌 것은?

① 뉴스 ② 라디오 ③ 컴퓨터
④ 드레스 ⑤ 베이스볼

◉ 은어의 특징 파악하기 - p. 125

04 다음 중 은어에 대한 설명으로 알맞은 것은?

① 일시적으로 쓰이다가 쉽게 사라진다.
② 구성원들끼리의 비밀 유지가 목적이다.
③ '죽다' 라는 말을 꺼려 '숨지다' 라고 표현한다.
④ '나무' 처럼 원래부터 국어에 있던 고유의 말이다.
⑤ '소금' 과 달리 '염화나트륨' 은 전문 분야에서 쓴다.

◉ 금기어와 완곡어 이해하기 - p. 125

05 금기어를 완곡어로 바르게 고치지 못한 것은?

① 홍역 → 손님 ② 천연두 → 마마
③ 변소 → 화장실 ④ 죽다 → 잠들다
⑤ 산신령 → 호랑이

◉ 전문어의 특징 파악하기 - p. 125

06 전문어에 대한 설명으로 알맞지 않은 것은?

① 외국어가 그대로 사용되는 경우는 드물다.
② 일반인들은 이해하기 어려운 경우가 많다.
③ 복잡하고 어려운 개념을 간결하게 전달할 수 있다.
④ 해당 분야의 지식을 명확하고 쉽게 전달할 수 있다.
⑤ 특정 분야에서 전문 개념을 표현하려고 쓰는 말이다.

◉ 방언과 표준어 구분하기 - p. 126

07 다음 중 표준어에 해당하는 것은?

① 정구지 ② 여시 ③ 가생이
④ 콩나물 ⑤ 할망

◉ 단어의 의미 관계 파악하기 - p. 126

08 다음 두 단어의 관계로 알맞은 것은?

> 사다 – 구입하다

① 유의 관계 ② 반의 관계 ③ 상하 관계
④ 다의 관계 ⑤ 동음이의 관계

◉ 단어의 의미 관계 파악하기 - p. 126

09 두 단어의 관계가 '신발 : 구두' 와 같은 것은?

① 낮 – 밤 ② 꿩 – 장끼 ③ 곱다 – 예쁘다
④ 가다 – 오다 ⑤ 나이 – 춘추

◉ 유의 관계의 단어 파악하기 - p. 126

10 다음 중 유의 관계에 있는 단어가 아닌 것은?

① 여자 – 여성 ② 열다 – 닫다
③ 가끔 – 때때로 ④ 죽다 – 숨지다
⑤ 예쁘다 – 어여쁘다

○가 7개 이상이면 → 128쪽 한글의 창제 원리로 Go! ☺
○가 7개 미만이면 → 틀린 문제로 Back! ☹

| 개념 구상하기 |

08 한글의 창제 원리

문자가 없다면 우리의 생활은 어떻게 바뀔까?

선생님, 생각만 해도 심심하고 갑갑해요. 책도 읽을 수 없고, 친구와 휴대폰으로 메시지를 주고받을 수도 없잖아요.

맞아. 우리의 문자인 '한글'이 없었다면 우리의 삶은 매우 불편했을 거야. 이러한 '한글'은 편리하고 우수한 문자란다. 한자와 비교해 보면 그 편리함을 더 쉽게 알 수 있지. 예를 들어 '전화기'라는 물건이 없다가 새로 생겼다고 해 보자. 이럴 때 한자의 경우, '전화기'를 표현할 한자가 필요해지니까 다시 새로운 글자 하나를 만들어야 할 거야. 그런데 한글의 경우, 원래 있던 자음과 모음을 조합하여 '전화기'라는 글자를 만들면 되니까 굉장히 편리하겠지? 이렇게 한글은 매우 우수한 문자란다.

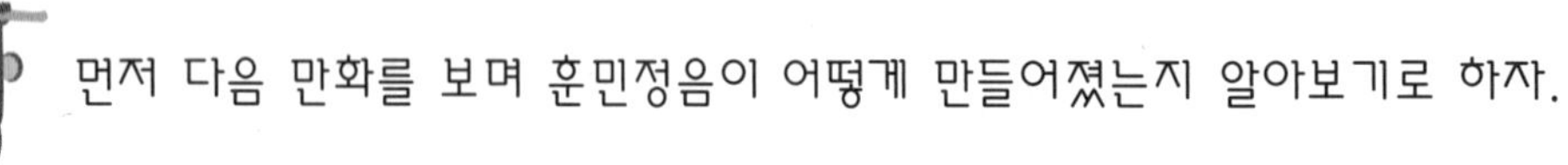

먼저 다음 만화를 보며 훈민정음이 어떻게 만들어졌는지 알아보기로 하자.

훈민정음(한글) 창제 이전의 생활 : 한자를 빌려서 우리말을 표기함

⬇

입으로는 "나는 산에 오른다."라고 하면서, 글로는 '吾登山' 이라고 씀
→ '말' 은 있는데 '글' 이 없어서 한자의 음이나 뜻을 빌려 우리말을 표현함

⬇

우리 고유 문자 창제의 필요성 :
이렇게 한자로 우리말을 적는 문자 생활은 매우 불편했을뿐더러,
대부분의 사람들은 한자를 몰라서 억울한 일을 당하기도 함

훈민정음(한글)의 창제 정신

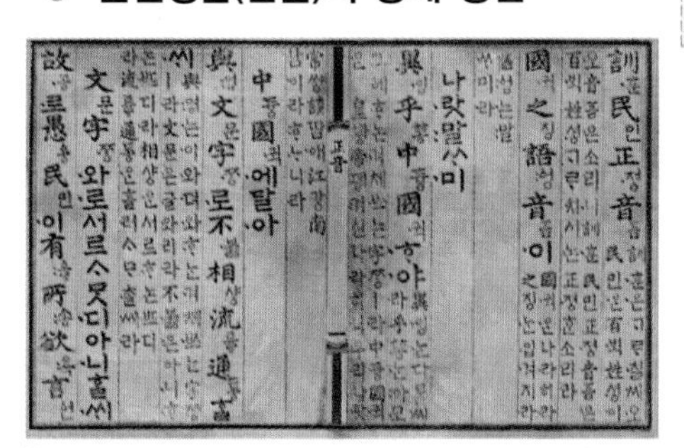

'훈민정음언해' 서문(세종 대왕)

나라의 말이 중국과 달라 한자와는 서로 통하지 않아서, 이런 까닭으로 어리석은 백성이 말하고자 하는 바가 있어도 마침내 제 뜻을 펴지 못하는 사람이 많다. 내가 이를 가엾게 여겨 새로 스물여덟 글자를 만드니, 모든 사람이 쉽게 익혀서 날마다 쓰는 데 편하게 하고자 할 따름이다. ➡ 실용 정신

- 자주 정신 (창제 배경)
- 애민 정신 (창제 동기)
- 창조 정신
- 실용 정신 (창제 목적)

➡ 세종 대왕이 훈민정음을 만든 까닭 : 백성들이 자신의 생각을 제대로 표현하고, 의사소통을 원활하게 할 수 있도록 하기 위해서

개념 플러스

〈차자 표기법〉

- **뜻** : 한자를 빌려 국어를 표기하는 방법
- **종류**

고유 명사 표기	한자의 음이나 뜻을 빌려서 고유 명사를 표기함
이두	국어의 문장 구성법에 따라 나열한 표기법
향찰	한자의 음과 뜻을 빌려 우리말의 형태와 의미를 기록하는 표기 방법. 단어뿐만 아니라 문법적인 요소까지 표기하여 국어 문장 전체를 적을 수 있었음
구결	한문의 원문 사이사이에 한자로 토를 달아서 읽기 편하게 만든 것

개념 테스트

1 **훈민정음이 창제되기 전에는 ☐☐을/를 빌려서 우리말을 표기하였다.**

2 **다음 설명이 옳으면 ○표, 옳지 않으면 ×표 하시오.**

(1) 한자를 빌려 쓰기 시작하면서, 문자가 없어 백성들이 겪었던 억울함이 해소되었다. (○ / ×)

(2) 세종 대왕은 백성들이 자신의 생각을 제대로 표현하고, 의사소통을 원활하게 할 수 있도록 하기 위해서 훈민정음을 창제하였다. (○ / ×)

08 한글의 창제 원리

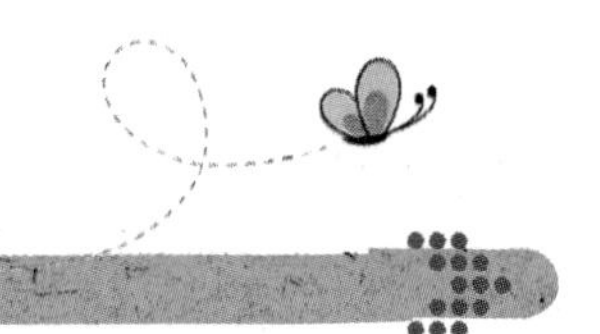

훈민정음(한글)의 창제 원리

자음의 창제 원리 : 상형의 원리(자음자 가운데 ㄱ, ㄴ, ㅁ, ㅅ, ㅇ은 발음 기관의 모양을 본떠서 만든 기본자임) + 가획의 원리(5개의 기본자에 획을 더하여 새 글자를 만듦) + 이체자(모양을 달리하여 만듦) + 병서(ㄲ, ㄸ, ㅃ, ㅆ, ㅺ, ㅴ) + 연서(ㅸ, ㅱ, ㆄ)

병서: 글자를 옆으로 나란히 쓰는 원리 / 연서: 글자를 위아래로 이어 쓰는 원리

기본자		창제 원리	한 획을 더한 글자	두 획을 더한 글자	별도로 만든 글자
어금닛소리	ㄱ	혀뿌리가 목구멍을 막는 모양을 본뜸	ㅋ		ㆁ
혓소리	ㄴ	혀끝이 윗잇몸에 닿는 모양을 본뜸	ㄷ	ㅌ	ㄹ
입술소리	ㅁ	입의 모양을 본뜸	ㅂ	ㅍ	
잇소리	ㅅ	이의 모양을 본뜸	ㅈ	ㅊ	ㅿ
목구멍소리	ㅇ	목구멍의 모양을 본뜸	ㆆ	ㅎ	

모음의 창제 원리 : 상형의 원리('하늘(天), 땅(地), 사람(人)'의 모습을 본떠 'ㆍ, ㅡ, ㅣ'라는 3개의 기본자를 만듦) + 합용의 원리(초출자 : 기본자끼리 결합, 재출자 : 기본자와 초출자의 결합)

기본자	초출자	재출자
ㆍ, ㅡ, ㅣ	ㅗ, ㅏ, ㅜ, ㅓ	ㅛ, ㅑ, ㅠ, ㅕ

개념 테스트

3 다음 중 자음의 창제 원리가 아닌 것을 골라 ○표 하시오.

상형의 원리　가획의 원리
이체자　합용의 원리

4 모음의 기본자 중 'ㆍ'는 ☐☐의 둥근 모양을 본뜬 것이고, 'ㅡ'는 ☐의 평평한 모양을 본뜬 것이며, 'ㅣ'는 ☐☐이/가 서 있는 모양을 본뜬 것이다.

개념 체크 리스트!

- 훈민정음이 없었을 때에는 우리 말을 어떻게 글로 표현했나요? ☐
- 차자 표기법의 종류를 구분할 수 있나요? ☐
- 우리 고유 문자의 창제가 필요했던 이유는 무엇인가요? ☐
- 훈민정음의 창제 정신을 네 가지로 말할 수 있나요? ☐
- 세종 대왕이 훈민정음을 창제한 까닭을 말해 보세요. ☐
- 자음의 창제 원리는 무엇인가요? ☐
- 'ㄱ, ㄴ, ㅁ, ㅅ, ㅇ'에 담긴 창제 원리를 말할 수 있나요? ☐
- 자음의 창제 원리 중 가획의 원리에 대해 설명해 보세요. ☐
- 모음의 창제 원리는 무엇인가요? ☐
- 'ㆍ, ㅣ, ㅡ'에 담긴 의미를 알고 있나요? ☐

○가 7개 이상이면 → 131쪽 개념 색깔 입히기로 Go! ☺

○가 7개 미만이면 → 129쪽 개념 스케치하기로 Back! ☹

| 개념 색깔 입히기 | 08 한글의 창제 원리

나의 이해 정도: ☆☆☆☆☆
나의 기분:

정답과 해설 12쪽

◉ 훈민정음 창제 이전의 생활 이해하기 - p. 129

01 한글 창제 이전의 생활을 바르게 추리하지 못한 것은?

① 우리말이 없어 중국어를 사용하였다.
② 한글 창제 이전에는 한자를 빌려 표기하였다.
③ 한자를 빌려 써도 백성들의 불편함은 여전하였다.
④ 한문 사이사이에 한자로 토를 달아 표기하기도 하였다.
⑤ 한자를 국어의 문장 구성법에 따라 나열한 표기법인 이두를 사용하기도 하였다.

◉ 훈민정음 창제 이전의 생활 이해하기 - p. 129

02 훈민정음 창제 이전에 우리 조상들이 한자를 빌려 쓴 이유는 무엇인지 쓰시오.

◉ 훈민정음에 대해 종합적으로 파악하기 - pp. 129~130

03 훈민정음에 대한 설명으로 알맞은 것은?

① 한자의 음과 뜻을 빌려 만든 글자이다.
② 중국의 문자를 모방한 흔적이 나타난다.
③ 한 글자가 한 소리로 발음되어 읽고 쓰기 쉽다.
④ 계몽 정신은 훈민정음의 창제 정신 중 하나이다.
⑤ 창제 의도를 알 수 없다는 점이 훈민정음의 한계이다.

◉ 훈민정음의 창제 정신 이해하기 - p. 129

04 밑줄 친 부분에 드러나는 훈민정음의 창제 정신을 쓰시오.

> 나라의 말이 중국과 달라 한자와는 서로 통하지 않아서, 이런 까닭으로 어리석은 백성이 말하고자 하는 바가 있어도 마침내 제 뜻을 펴지 못하는 사람이 많다. 내가 이를 가엾게 여겨 새로 스물여덟 글자를 만드니, 모든 사람이 쉽게 익혀서 날마다 쓰는 데 편하게 하고자 할 따름이다.

◉ 자음의 창제 원리 파악하기 - p. 130

05 자음의 창제 원리에 대한 설명으로 알맞지 않은 것은?

① 기본자에는 'ㄱ, ㄴ, ㅁ, ㅅ, ㅎ'이 있다.
② 기본자는 발음 기관의 모양을 본떠 만들었다.
③ 모양을 달리하여 만든 글자를 이체자라고 한다.
④ 'ㄱ, ㅋ'은 어금닛소리, 'ㅁ, ㅂ, ㅍ'은 입술소리이다.
⑤ 기본자에 획을 더하여 새 글자를 만들기도 하였다.

◉ 자음의 창제 과정 파악하기 - p. 130

06 ㉠~㉤ 안에 들어갈 자음을 각각 쓰시오.

	기본자	가획자		이체자
		한 획	두 획	
어금닛소리	ㄱ	ㅋ		ㆁ
혓소리	(㉠)	ㄷ	ㅌ	(㉡)
입술소리	ㅁ	(㉢)	ㅍ	
잇소리	ㅅ	ㅈ	(㉣)	ㅿ
목구멍소리	(㉤)	ㆆ	ㅎ	

◉ 자음과 모음의 창제 원리 파악하기 - p. 130

07 다음 중 제자 원리가 다른 글자 하나는?

① ㄱ　② ㄴ　③ ㅡ　④ ㅣ　⑤ ㅂ

◉ 모음의 창제 원리 파악하기 - p. 130

08 모음의 창제 원리를 다음과 같이 정리할 때, ㉠~㉤ 안에 들어갈 말을 각각 쓰시오.

> 모음자를 만든 첫 번째 원리는 (㉠)의 원리이다. '(㉡)'은/는 하늘의 둥근 모양을 본떠 만든 것이고, 'ㅡ'은/는 (㉢)의 평평한 모양을 본떠 만든 것이며, (㉣)은/는 사람이 서 있는 모양을 본떠 만든 것이다. 그리고 모음자를 만든 두 번째 원리는 (㉤)와/과 재출자라는 합용의 원리이다.

O가 5개 이상이면 → 132쪽 음운의 변동으로 Go!
O가 5개 미만이면 → 틀린 문제로 Back!

| 개념 구상하기 |

09 음운의 변동

* '음운의 변동'은 고등학교 공통 과정(고1 과정)에 해당합니다.

선생님, 왜 '해돋이'를 [해도디]라고 있는 그대로 발음하지 않고 [해도지]라고 발음하는 거예요?

[해도디]보다 [해도지]가 발음하기 더 쉽기 때문이야. 우리말은 때때로 표기 그대로 읽는 것이 아니라 발음하기 쉽게 바꾸어서 읽는데, 이런 현상을 통틀어서 '음운의 변동'이라고 한단다.

빈칸에 알맞은 말을 채우면서, '음운의 변동'의 개념을 머릿속에 그려 보자.

음운의 변동

- 형태소가 단독으로 또는 다른 형태소와 결합할 때, 형태소를 이루는 음운의 일부가 다른 음운으로 바뀌는 현상 (형태소: 뜻을 가진 가장 작은 말의 단위)
- 발음을 좀 더 쉽고 편하게 하기 위해서 일어나는 현상임

음절의 끝소리 규칙

- 우리말에서 'ㄱ, ㄴ, ㄷ, ㄹ, ㅁ, ㅂ, ㅇ'의 7개 자음만이 음절의 끝소리로 발음되고, 그 밖의 받침은 7개 자음 중의 하나로 바뀌어 발음되는 현상
- 홑받침의 발음

ㄱ, ㄲ, ㅋ → ㄱ	밖[박], 부엌[부억]	ㄹ → ㄹ	달[달]
ㄴ → ㄴ	안[안]	ㅁ → ㅁ	감[감]
ㄷ, ㅌ, ㅅ, ㅆ, ㅈ, ㅊ, ㅎ → ㄷ	낫[낟], 낮[낟], 히읗[히읃]	ㅂ, ㅍ → ㅂ	밥[밥], 숲[숩]
		ㅇ → ㅇ	강[강]

- 겹받침의 발음

ㄳ, ㄵ, ㄼ, ㄽ, ㄾ, ㅄ	어말 또는 자음 앞에서 앞 자음인 [ㄱ, ㄴ, ㄹ, ㅂ]으로 발음함 ㉠ 넋[넉], 앉다[안따], 여덟[여덜], 외곬[외골], 핥다[할따]
ㄺ, ㄻ, ㄿ	어말 또는 자음 앞에서 뒤 자음인 [ㄱ, ㅁ, ㅂ]으로 발음함 예 닭[닥], 읽다[익따], 젊다[점따], 삶[삼], 읊다[읍따]

자음 동화

- 음절의 끝 자음과 그 뒤에 이어지는 자음이 만나 서로 영향을 주고받아 발음하기 편하게 한쪽이나 양쪽 모두 비슷한 소리로 바뀌는 현상

순행 동화	앞의 자음의 영향으로 뒤의 자음이 변하는 것 예 종로[종노]
역행 동화	뒤의 자음의 영향으로 앞의 자음이 변하는 것 예 학문[항문]
상호 동화	앞뒤의 자음이 모두 변하는 것 예 급류[금뉴]

완전 동화	불완전 동화
두 소리가 완전히 같아지는 것 예 칼날 → 칼랄	두 소리가 비슷하게 닮는 것 예 국물 → 궁물

개념 플러스

〈자음 동화의 종류〉

- **유음화** : 유음이 아닌 음운 'ㄴ'이 유음 'ㄹ'의 앞이나 뒤에서 유음(ㄹ)으로 변하는 현상
  예 칼날[칼랄], 달나라[달라라]
- **비음화** : 비음이 아닌 음운이 비음 'ㄴ, ㅁ'과 만나 비음(ㅁ, ㄴ, ㅇ)으로 변하는 현상
  예 국물[궁물], 낮만[난만]

개념 테스트

1 음운의 변동에 대한 설명으로 옳으면 ○표, 옳지 않으면 ×표 하시오.

(1) 음운의 변동 현상이 일어나는 이유는 시간의 흐름에 따라 언어가 변화하기 때문이다. (○ / ×)

(2) 우리말 자음은 모두 음절의 끝소리로 발음될 수 있다. (○ / ×)

(3) 음운의 동화가 일어나는 이유는 서로 성질이 다른 두 음운이 만날 때, 비슷한 소리로 바꾸어 발음하는 것이 편하기 때문이다. (○ / ×)

2 자음과 자음이 만나서 서로 영향을 주고받아 한쪽이나 양쪽 모두 비슷한 소리로 바뀌는 현상을 □□ □□(이)라고 한다.

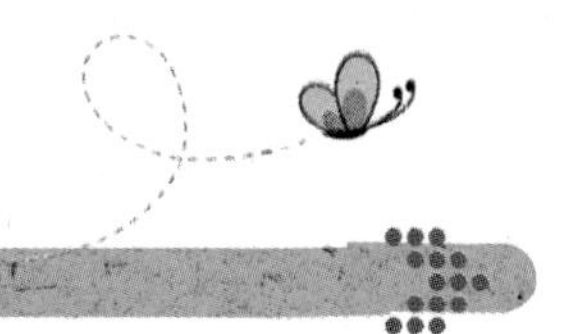

09 음운의 변동

구개음화

잇몸소리 'ㄷ, ㅌ'이 'ㅣ' 모음의 영향을 받아 구개음(센입천장소리)인 'ㅈ, ㅊ'으로 바뀌는 현상

예 해돋이[해도지], 굳이[구지], 밭이[바치], 같이[가치], 끝이다[끄치다]

해돋이 : [해도디 → 해도지] : ㄷ + ㅣ → ㅈ

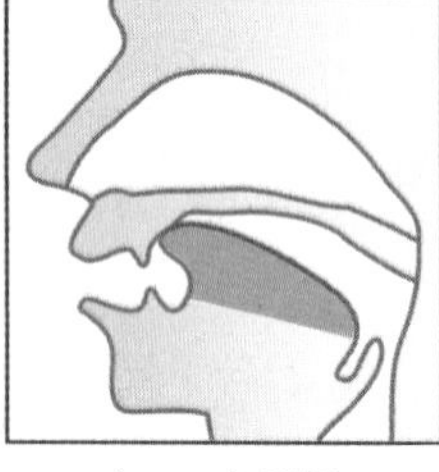
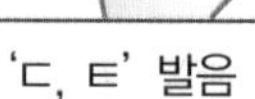

'ㄷ, ㅌ' 발음

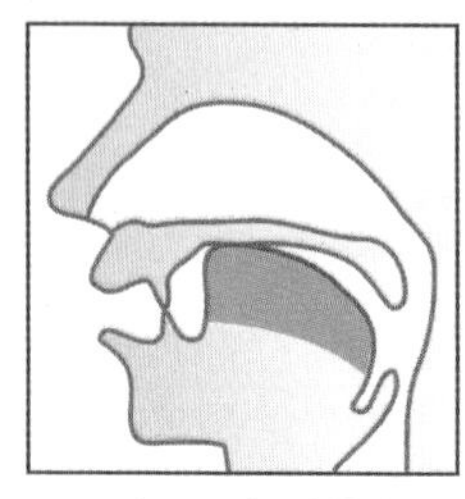

'ㅈ, ㅊ' 발음

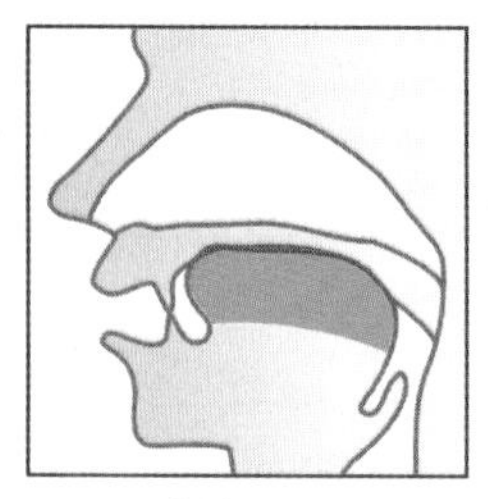

'ㅣ' 발음

'ㄷ, ㅌ'은 'ㅣ'를 발음할 때 혀의 위치와 거리가 멀고, 'ㅈ, ㅊ'은 가까움

음운의 축약 : 두 음운이 합쳐져서 하나의 음운으로 줄어 소리 나는 것

자음 축약	국화 → [구콰] ㄱ + ㅎ ➡ ㅋ	'ㄱ, ㄷ, ㅂ, ㅈ'이 'ㅎ'과 만나 'ㅋ, ㅌ, ㅍ, ㅊ'으로 변하는 현상 예 놓다[노타] : ㅎ + ㄷ → [ㅌ] 잡히다[자피다] : ㅂ + ㅎ → [ㅍ] 맞히다[마치다] : ㅈ + ㅎ → [ㅊ]
모음 축약	먹이- + -어 → [먹여] ㅣ + ㅓ ➡ ㅕ	두 모음이 만나 한 모음으로 줄어드는 현상으로, 주로 용언의 활용에서 나타남 예 맞추(다) + -어 → 맞춰 : ㅜ + ㅓ → [ㅝ] 오(다) + -아서 → 와서 : ㅗ + ㅏ → [ㅘ]

음운의 탈락 : 두 음운이 만나서 한 음운이 사라져 소리 나지 않는 현상

자음 탈락	활 + 살 → 화살	끝소리 자음이 있는 말이 다른 형태소를 만나 하나의 자음이 탈락함 예 활 + 살 → [화살] : 'ㄹ' 탈락 좋- + -은 → [조은] : 'ㅎ' 탈락 잇- + -어 → [이어] : 'ㅅ' 탈락
모음 탈락	가- + -았- + -다 → 갔다	두 개의 모음이 만나 하나의 음운이 탈락함 예 가- + -았- + -다 → 갔다 : 'ㅏ' 탈락 쓰- + -어 → 써 : 'ㅡ' 탈락

개념 테스트

3 다음 단어에서 일어나는 음운의 변동 현상이 무엇인지 선으로 연결하시오.

(1) 난로 • • ㉠ 구개음화

(2) 부엌 • • ㉡ 자음 동화

(3) 미닫이 • • ㉢ 음운의 탈락

(4) 나날이 • • ㉣ 음운의 축약

(5) 국화 • • ㉤ 음절의 끝소리 규칙

개념 체크 리스트!

- 음운의 변동이 무엇인지 설명할 수 있나요? ☐
- 음운의 변동은 왜 일어나나요? ☐
- 음절의 끝소리에서 발음될 수 있는 자음 7개는 무엇인가요? ☐
- 자음 동화의 뜻과 예를 말해 보세요. ☐
- 자음 동화의 종류를 말해 보세요. ☐
- 구개음화의 뜻과 예를 말해 보세요. ☐
- 자음 축약의 예를 들어 보세요. ☐
- 모음 축약의 예를 들어 보세요. ☐
- 자음 탈락의 예를 들어 보세요. ☐
- 모음 탈락의 예를 들어 보세요. ☐

○가 7개 이상이면 → 135쪽 개념 색깔 입히기로 Go! ☺

○가 7개 미만이면 → 133쪽 개념 스케치하기로 Back! ☹

09 음운의 변동

정답과 해설 12쪽

◉음운의 변동 종합적으로 이해하기 – pp. 133~134

01 다음 중 밑줄 친 부분의 발음이 바른 것은?

① 친구에게 색연필을 빌렸다. [샌년필]
② 부엌을 깨끗이 청소하였다. [부어글]
③ 겨울에는 솜이불을 덮는다. [솜니불]
④ 게으른 남편이 집안일을 미룬다. [집아닐]
⑤ 한여름에는 더워서 수영장에 자주 간다. [하녀름]

◉음운의 변동 종합적으로 이해하기 – pp. 133~134

02 실제 발음되는 음운의 수가 나머지와 다른 것은?

① 국화 ② 좋다 ③ 먹여
④ 급히 ⑤ 따님

◉음운 변동의 종류 파악하기 – pp. 133~134

03 다음 단어 중 음운 변동 현상의 종류가 다른 하나는?

① 천리 ② 같이 ③ 합리
④ 국물 ⑤ 종로

◉자음 동화 이해하기 – p. 133

04 다음 단어와 같은 음운 변동 현상이 나타나는 것은?

> 광안리

① 옷안 ② 부삽 ③ 만이
④ 대관령 ⑤ 잡히다

◉음절의 끝소리 규칙 이해하기 – p. 133

05 다음 중 음절의 끝소리 규칙이 바르게 적용된 것은?

① 밖[밨] ② 낫[낮] ③ 꽃[꼳]
④ 짚[짚] ⑤ 히읗[히읏]

◉자음 동화 이해하기 – p. 133

06 다음과 같은 음운 변동 현상이 일어난 단어는?

> 이웃한 두 자음이 서로 영향을 주고받아 비슷하거나 같은 음운으로 바뀌는 현상

학교가(①) 끝난(②) 후(③) 집에(④) 갔다.(⑤)

◉음운의 축약 이해하기 – p. 134

07 음운의 축약에 대한 설명으로 알맞은 것은?

① 하나의 음운이 사라져 소리 나지 않는다.
② 'ㄷ'과 'ㅌ'이 특정한 모음을 만나 변한다.
③ 음절의 끝에 올 수 있는 소리가 한정되어 있다.
④ 이웃하는 두 자음이 서로 영향을 주고받아 생긴다.
⑤ 두 개의 음운이 합하여져 하나의 새로운 음운이 된다.

◉구개음화 이해하기 – p. 134

08 다음 중 구개음화가 일어나는 단어끼리 묶은 것은?

① 묻혀, 맏이 ② 같이, 마소
③ 콩엿, 굳이 ④ 남겨, 다달이
⑤ 쇠붙이, 닫는

◉음운의 축약과 탈락 이해하기 – p. 134

09 다음 밑줄 친 말의 음운 변동 현상이 나머지와 다른 하나는?

① 선풍기를 꺼도 될까요?
② 갈 길이 머니 어서 출발하자.
③ 나를 배려해 주는 그가 있어서 좋다.
④ 명절 무렵이 되면 좋은 옷을 얻어 입곤 했지.
⑤ 시장에는 발 디딜 틈 없이 사람들이 많이 있었다.

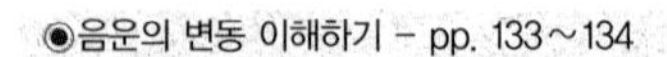

| 개념 색깔 입히기 | 09 음운의 변동

◉음운의 변동 이해하기 – pp. 133~134

10 음운의 변동에 대한 설명으로 옳지 않은 것은?

① 음운의 변동은 경제성의 원리에 의해 나타나는 현상이다.
② 음절의 끝소리에서 발음되는 자음은 'ㄱ, ㄴ, ㄷ, ㄹ, ㅁ, ㅂ, ㅅ'의 7개뿐이다.
③ 구개음화는 'ㅣ' 모음의 영향을 받아 'ㄷ, ㅌ'이 'ㅈ, ㅊ'으로 바뀌는 현상이다.
④ 두 음운이 만나면서 한 음운이 아예 사라져 소리 나지 않는 현상을 음운의 탈락이라고 한다.
⑤ 자음과 자음이 만나서 한쪽이나 양쪽이 모두 비슷한 소리로 바뀌는 현상을 자음 동화라고 한다.

◉음운의 변동이 일어나는 이유 파악하기 – p. 133

11 음운의 변동이 일어나는 이유로 가장 알맞은 것은?

① 말의 뜻을 잘 구분하기 위해서
② 단어의 원형을 밝혀 적기 위해서
③ 음운의 구조를 쉽게 파악하기 위해서
④ 발음을 좀 더 쉽고 편하게 하기 위해서
⑤ 형태소의 표기를 정확하게 하기 위해서

◉음운 변동의 예 파악하기 – pp. 133~134

12 같은 음운 변동 현상이 일어나는 말끼리 묶은 것은?

① 밖 – 끝이 ② 숲 – 부삽
③ 동래 – 급히 ④ 민락 – 가려
⑤ 닫히다 – 먹혀

◉음절의 끝소리 규칙 이해하기 – p. 133

13 다음 중 음절의 끝소리 규칙이 일어나는 단어는?

① 광릉 ② 마소 ③ 해돋이
④ 하얗다 ⑤ 잎사귀

◉구개음화 이해하기 – p. 134

14 다음에서 설명하는 음운 변동 현상이 일어나는 단어가 아닌 것은?

> 잇몸소리인 'ㄷ, ㅌ'이 'ㅣ' 모음을 만나면 구개음인 'ㅈ, ㅊ'으로 바뀌어 소리가 난다.

① 굳이 ② 볕이 ③ 꽃이
④ 해돋이 ⑤ 미닫이

◉음운의 축약 이해하기 – p. 134

15 다음 중 음운의 축약이 일어나는 단어는?

① 써 ② 화살 ③ 우니
④ 이어 ⑤ 와서

◉음운의 탈락 이해하기 – p. 134

16 밑줄 친 단어 중, 음운의 탈락 현상이 나타난 것은?

① 아삭하게 씹히는 콩나물의 맛이 일품이었다.
② 승원이는 멋진 산을 그려 나에게 보여 주었다.
③ 시험이 끝나자 마자 친구들과 답을 맞춰 보았다.
④ 나는 주말에 가족들과 남원의 광한루에 가기로 했다.
⑤ 할머니께서는 지금도 손수 장을 담가 자식들에게 나누어 주신다.

◉음운의 변동 종합적으로 이해하기 – pp. 133~134

17 다음 단어에서 일어나는 음운의 변동 현상을 바르게 파악한 것은?

① 담력 – 구개음화
② 하얗게 – 자음 동화
③ 부엌 – 음운의 축약
④ 바느질 – 음운의 탈락
⑤ 대통령 – 음절의 끝소리 규칙

◉모음 축약 이해하기 - p. 134

18 다음 밑줄 친 부분의 예로 알맞은 것은?

> 두 음운이 합쳐져서 하나의 음운으로 줄어 소리 나는 현상을 음운의 축약이라고 하며, 음운의 축약으로는 자음 축약과 모음 축약이 있다.

① 기뻐 ② 담가 ③ 남겨
④ 다달이 ⑤ 소나무

◉자음 동화 이해하기 - p. 133

19 다음 글에서 자음 동화가 일어나는 단어의 수는?

> 서울 종로의 보신각에서 울리는 종소리와 함께 새해가 시작되었다. 새해에는 우리 국민 모두가 입는 걱정, 먹는 걱정, 사는 걱정을 하지 않아도 되는 풍요로운 사회를 만들기 위해 마음을 모아 협력해 나갈 수 있기를 바란다.

① 3개 ② 4개 ③ 5개 ④ 6개 ⑤ 7개

◉음절의 끝소리 규칙 이해하기 - p. 133

20 다음 중 단어의 발음이 옳지 않은 것은?

① 앞[압] ② 꽃[꼿] ③ 밖[박]
④ 낱[낟] ⑤ 감[감]

◉역행 동화 이해하기 - p. 133

21 다음 중 역행 동화가 일어나는 단어는?

① 종로 ② 학문 ③ 급류
④ 동래 ⑤ 섭리

◉구개음화 이해하기 - p. 134

22 다음과 같은 음운 변동 현상이 일어나지 않는 것은?

> 미닫이

① 같이 ② 굳이 ③ 굳히다
④ 피붙이 ⑤ 놓치다

◉음운의 탈락 이해하기 - p. 134

23 다음 단어에서 공통적으로 일어나는 음운의 변동 현상을 설명하시오.

> 바느질 따님 이어 써라

◉음운의 축약 이해하기 - p. 134

24 음운의 축약 과정을 잘못 정리한 것은?

① 말갛게 : [ㄹ+ㄱ] → [ㅋ]
② 잡히면 : [ㅂ+ㅎ] → [ㅍ]
③ 맞추어 : [ㅜ+ㅓ] → [ㅝ]
④ 먹이어 : [ㅣ+ㅓ] → [ㅕ]
⑤ 막히고 : [ㄱ+ㅎ] → [ㅋ]

◉완전 동화 이해하기 - p. 134

25 두 자음이 같은 음운으로 동화되는 단어는?

① 심리 ② 백로 ③ 닫는
④ 입력 ⑤ 국물

○가 16개 이상이면 → 138쪽 문법 요소로 Go! ☺
○가 16개 미만이면 → 틀린 문제로 Back! ☹

| 개념 구상하기 |

10 문법 요소

* '문법 요소'는 고등학교 공통 과정(고1 과정)에 해당합니다.

'선생님께서 학교에 오시다.'의 '오시다'에서 '-시-'는 무슨 뜻을 나타내나요?

'오시다'에서 '오다'는 구체적인 뜻을 나타내는 단어인데, '-시-'의 경우 문법적인 의미를 나타내는 단어라고 볼 수 있어. 구체적인 뜻을 나타내는 단어에 '-시-'가 붙으면 '높임'이라는 문법적 의미를 더해 주는 거야. 우리말에는 높임, 부정, 피동, 사동, 시제 등 다양한 문법 요소가 있단다.

빈칸에 알맞은 말을 채우면서, '문법 요소'의 개념을 머릿속에 그려 보자.

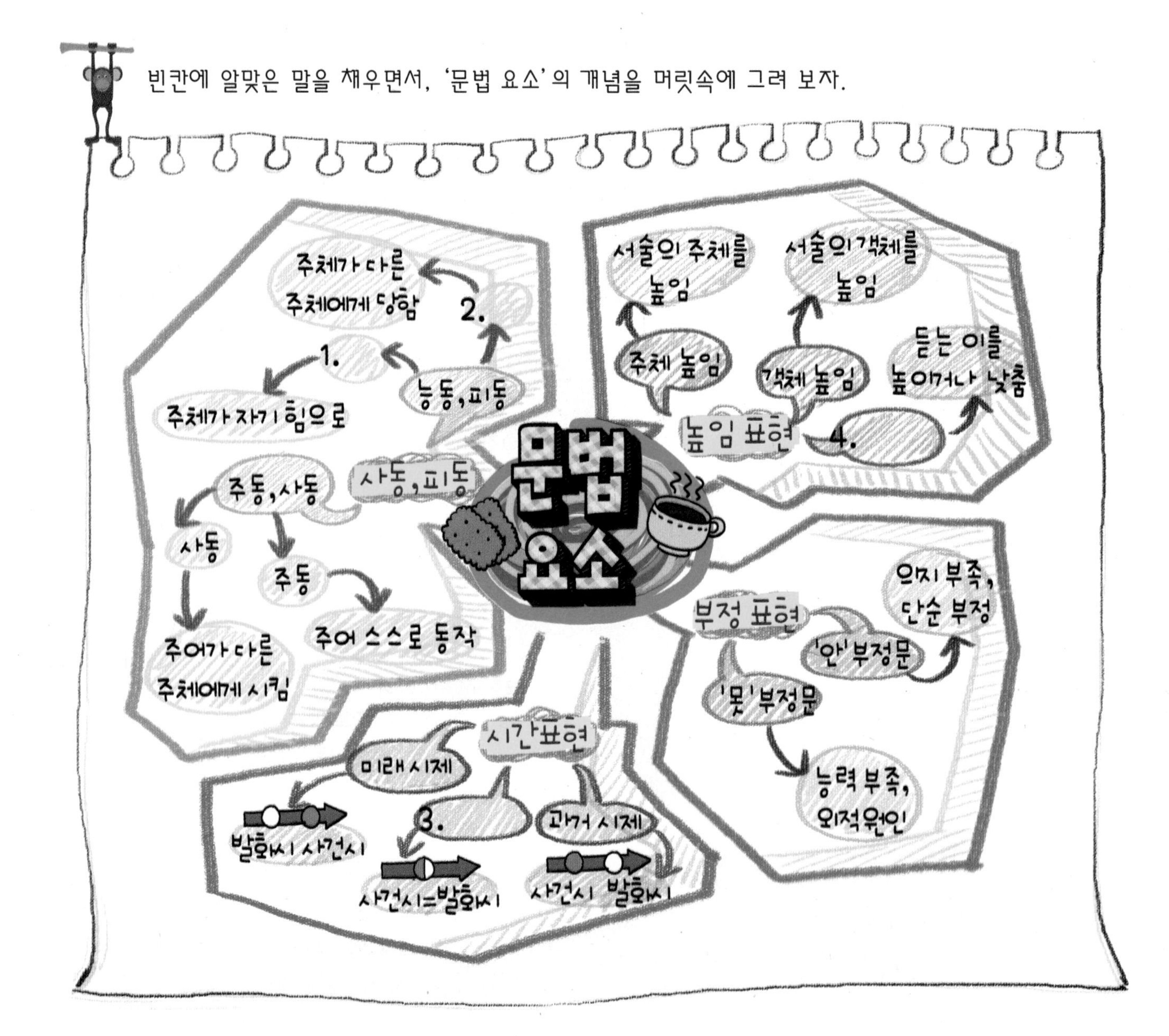

높임 표현 : 말하는 이가 말하는 대상이나 듣는 이의 높고 낮은 정도에 따라 말할 때 구별하여 표현하는 방법

주체 높임

주체 ─ 문장 내에서 술어의 동작을 하거나 상태를 나타내는 대상

- 서술의 주체(주어)를 높이는 방법
- 선어말 어미 '-(으)시-'나 조사 '-께서', 또는 '계시다', '주무시다' 등의 특수 어휘를 써서 나타냄

선어말 어미 ─ 어말 어미 앞에 나타나는 어미

객체 높임

객체 ─ 문장 내에서 동사의 행위가 미치는 대상

- 서술의 객체(목적어, 부사어)를 높이는 표현 방법
- 조사 '-께'를 사용하거나 '모시다', '드리다', '여쭙다' 등의 특정 어휘를 써서 나타냄

상대 높임

- 듣는 이를 높이거나 낮추는 표현 방법
- 다양한 종결 어미를 써서 나타냄
- 종결 표현은 격식을 갖추느냐의 여부에 따라 격식체와 비격식체로 나뉨

종결 어미 ─ 한 문장을 종결되게 하는 어말 어미 (평서형, 감탄형, 의문형, 명령형, 청유형)

부정 표현 : 어떠한 사실이나 생각 등의 서술 내용에 대해 부정의 뜻을 나타내는 것

'안' 부정문 : '이/가 아니다', '-지 아니하다'와 같이 '안'에 의해 성립하는 부정문으로, 주체의 의지에 의한 부정 또는 단순 부정을 나타냄

'못' 부정문 : '못', '-지 못하다'와 같이 '못'에 의해 성립하는 부정문으로, 주체의 능력 부족이나 외적 원인에 의한 부정을 나타냄

개념 멘토링

Q '정현이는 학생이다.'에는 '안'이나 '못'을 쓰지 못할 것 같아요.

A 맞아. 서술격 조사 '이다'로 끝난 문장에 '안'과 '못'을 붙이면 어색하지? 이럴 때는 '정현이는 학생이 아니다.'와 같이 '아니다'라는 형용사를 사용해야 해. 그런데 '아니다' 역시 어원적으로는 '안'에서 나온 말임을 잊지 말자.

개념 테스트

1 문법 요소에 대한 설명으로 옳으면 ○표, 옳지 않으면 ×표 하시오.

(1) 선어말 어미 '-(으)시-'나 조사 '-께서', 또는 '계시다', '주무시다' 등의 특수 어휘를 써서 나타내는 높임 표현은 상대 높임이다. (○ / ×)

(2) 주체의 능력 부족이나 외적 원인에 의한 부정은 '안' 부정문이다. (○ / ×)

2 높임 표현 중 주로 주어를 높이는 표현 방법은 □□ □□(이)고, 목적어나 부사어를 높이는 표현 방법은 □□ □□(이)며, 듣는 이를 높이거나 낮추는 표현 방법은 □□ □□(이)다.

3 빈칸에 들어갈 부정 표현을 쓰시오.

(1) 햇빛이 쨍쨍해서 우산을 □ 가지고 왔다.

(2) 친구의 전화가 귀찮아서 전화를 □ 받았다.

(3) 알레르기 때문에 오이를 □ 먹는다.

시간 표현(시제) : 발화시(말하는 시간)를 기준으로 사건시(사건이 일어난 시간)의 선후 관계를 나타내는 문법 범주

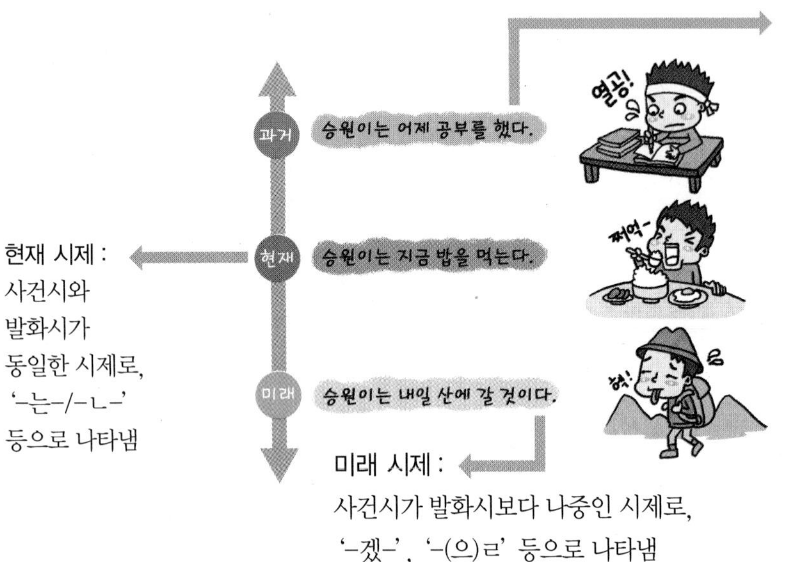

과거 시제 : 사건시가 발화시보다 앞서 있는 시제로, '–았–/–었–', '–더' 등으로 나타냄

현재 시제 : 사건시와 발화시가 동일한 시제로, '–는–/–ㄴ–' 등으로 나타냄

미래 시제 : 사건시가 발화시보다 나중인 시제로, '–겠–', '–(으)ㄹ' 등으로 나타냄

사동 · 피동 표현

주동 표현 : 주어가 스스로 동작을 하는 것

아이가 옷을 입는다.

사동 표현 : 주어가 다른 사람에게 행동을 시키는 것으로, 주동 표현에 '–이–', '–히–', '–리–', '–기–', '–우–', '–구–', '–추–', 또는 '–게 하다'를 붙여 만듦

어머니가 아이에게 옷을 입힌다.

능동 표현 : 주체가 어떤 동작을 자기 힘으로 하는 것
예 상어가 참치를 먹었다.

피동 표현 : 주체가 다른 주체에 의해서 어떤 동작을 당하게 되는 것으로, 능동 표현에 '–이–', '–히–', '–리–', '–기–' 또는 '–되다', '–어/–아 지다', '–게 되다'를 붙여 만듦
예 참치가 상어에게 먹혔다.

개념 테스트

4 시제란 □□□(말하는 시간)을/를 기준으로 □□□(사건이 일어난 시간)의 선후 관계를 나타내는 문법 범주를 말한다.

5 다음 문장이 피동 표현이면 '피', 사동 표현이면 '사'라고 쓰시오.

(1) 토끼가 호랑이한테 잡혔다. (　　)

(2) 엄마가 아이에게 우유를 먹인다. (　　)

(3) 선생님께서 창훈이를 깨우셨다. (　　)

개념 체크 리스트!

- 주체 높임의 뜻을 설명해 보세요. □
- 객체 높임의 뜻을 설명해 보세요. □
- 상대 높임의 뜻을 설명해 보세요. □
- '안' 부정문과 '못' 부정문의 차이를 설명할 수 있나요? □
- 과거 시제에 대해 설명해 보세요. □
- 현재 시제에 대해 설명해 보세요. □
- 미래 시제에 대해 설명해 보세요. □
- 주동 표현과 사동 표현의 차이를 알고 있나요? □
- 능동 표현과 피동 표현의 차이를 알고 있나요? □
- 사동 표현과 피동 표현은 어떻게 만드는지 설명해 보세요. □

○가 7개 이상이면 → 141쪽 개념 색깔 입히기로 Go! ☺

○가 7개 미만이면 → 139쪽 개념 스케치하기로 Back! ☹

| 개념 색깔 입히기 | 10 문법 요소

나의 이해 정도: ☆☆☆☆☆

나의 기분:

정답과 해설 14쪽

◉높임 표현의 종류 파악하기 - p. 139

01 다음 중 높임 표현의 성격이 다른 하나는?

① 어머니께서 들어오셨다.
② 할아버지께서 식사를 하신다.
③ 할머니께서는 귀가 밝으시다.
④ 내가 부모님께 꽃을 사 드렸다.
⑤ 선생님께서 우리에게 말씀을 하신다.

◉높임 표현의 활용 파악하기 - p. 139

02 다음 중 높임 표현이 바르게 사용된 것은?

① 사촌 동생이 주무신다.
② 아버지가 언니에게 돈을 드렸다.
③ 할아버지는 요즘 밥을 잘 먹는다.
④ 인애가 동생을 모시고 학교에 갔다.
⑤ 할아버지께서는 할머니와 시골에 사신다.

◉부정 표현 이해하기 - p. 139

03 다음 중 부정 표현이 자연스럽지 않은 것은?

① 날씨가 더워서 잠을 못 잤다.
② 우리 학교 운동장은 못 깨끗하다.
③ 정민이는 그 사실을 깨닫지 못했다.
④ 주말에는 날씨가 안 더웠으면 좋겠다.
⑤ 보명이는 늦잠을 자서 약속을 못 지켰다.

◉부정 표현 활용하기 - p. 139

04 다음 문장을 부정 표현으로 바꾸어 쓰시오.

미선이는 학생이다.

◉시간 표현 이해하기 - p. 140

05 다음 중 시간 표현이 어색한 것은?

① 내일은 비가 오겠습니다.
② 어린이들이 지금 축구를 한다.
③ 우리가 그저께 먹은 것은 우유였다.
④ 지수가 어제 도서관에서 공부하더라.
⑤ 선수들이 현재 운동장에 입장하겠습니다.

◉미래 시제의 활용 파악하기 - p. 140

06 '미래 시제'와 '의지'가 모두 나타난 문장은?

① 내일은 비가 오겠다.
② 나는 내일 글을 쓰겠다.
③ 지금쯤 예슬이가 도착했겠다.
④ 진영이는 내일 놀이공원에 갈 것이다.
⑤ 창훈이는 이번 주말에 운동장을 달릴 것이다.

◉주동 · 사동 표현 이해하기 - p. 140

07 다음 중 사동 표현이 사용된 문장은?

① 고양이가 쥐를 잡았다.
② 승원이가 집을 청소한다.
③ 비가 와서 우산이 뒤집혔다.
④ 지민이의 거짓말이 밝혀졌다.
⑤ 어머니께서 화경이를 깨우셨다.

◉사동 표현 이해하기 - p. 140

08 다음 중 사동 표현이 나타난 문장은?

① 나무에 못이 박혔다.
② 아기가 아빠에게 안겼다.
③ 정아가 반장으로 뽑혔다.
④ 비둘기를 지붕 위로 날렸다.
⑤ 잠자리가 아이들에게 잡혔다.

◉피동 표현의 예 파악하기 - p. 140

09 다음 중 피동 표현이 사용된 문장은?

① 아기를 의자에 앉혔다.
② 경찰이 도둑을 잡았다.
③ 참치가 상어에게 먹혔다.
④ 어머니가 아이를 재웠다.
⑤ 아이에게 우유를 먹였다.

◉피동 표현 활용하기 - p. 140

10 '사냥꾼이 토끼를 잡았다.'를 피동 표현으로 바꾸어 쓰시오.

○가 7개 이상이면 → 142쪽 단어의 짜임으로 Go! ☺
○가 7개 미만이면 → 틀린 문제로 Back! ☹

| 개념 구상하기 |

단어의 짜임

* '단어의 짜임'은 고등학교 선택 과정(고 2, 3 과정)에 해당합니다.

선생님, 어떻게 한 단어를 더 쪼갤 수 있는 거예요?

바윗돌을 깨뜨려 돌덩이가 되고, 돌덩이를 깨뜨려 돌멩이가 되듯 단어도 더 쪼갤 수 있단다. '사과'의 경우 '사'와 '과'로 나누면 사과라는 뜻을 잃어버리므로 더 쪼갤 수 없는 단어이지만, '풋사과'는 '덜 익은'이라는 뜻을 나타내는 '풋-'과 'apple'의 뜻을 나타내는 '사과'로 더 나눌 수 있는 단어이지.

빈칸에 알맞은 말을 채우면서, '단어의 짜임'의 개념을 머릿속에 그려 보자.

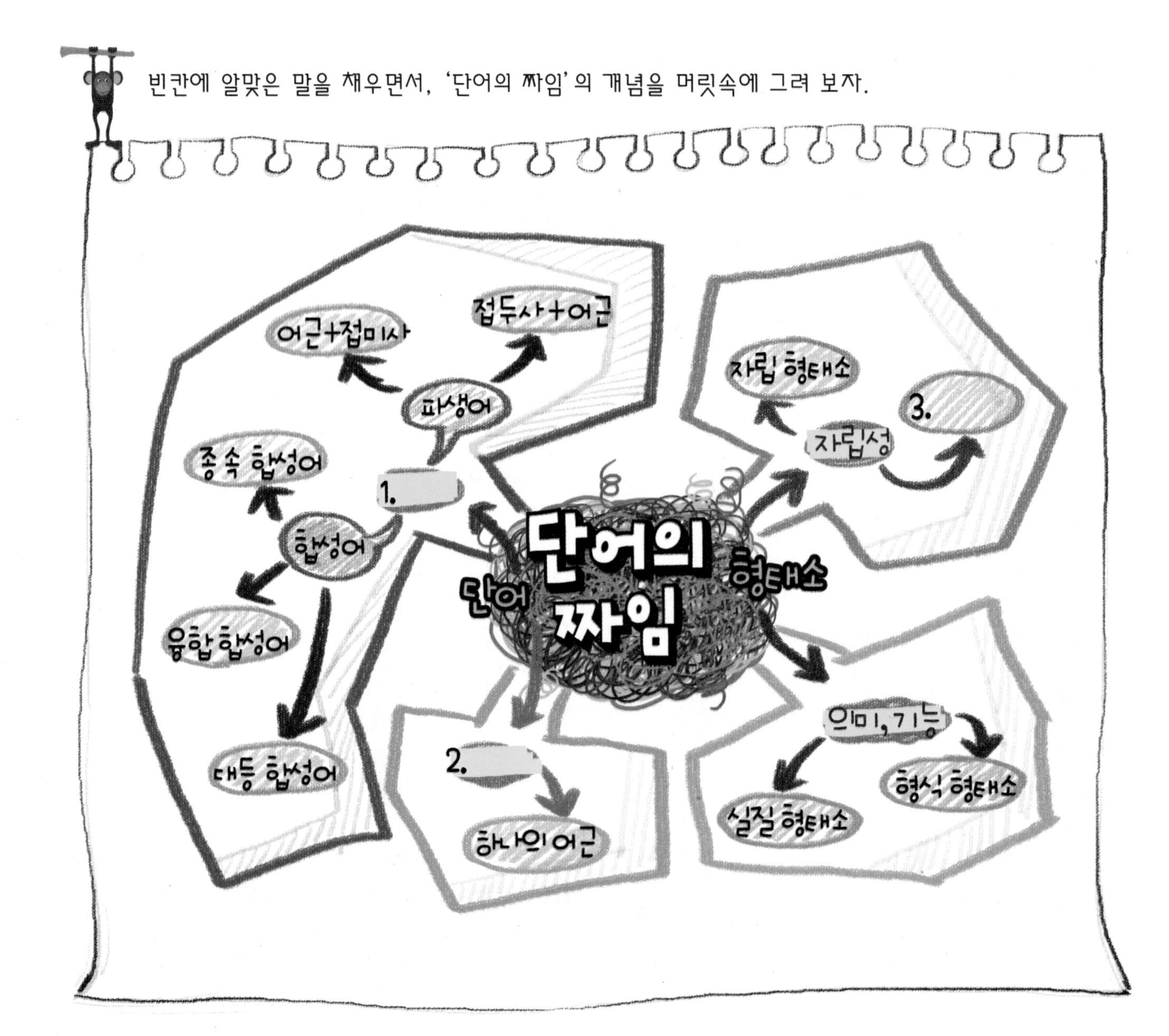

형태소와 단어

형태소 : 뜻을 지니는 가장 작은 말의 단위로, 더 이상 나누면 그 뜻을 잃어버리게 됨

사과 → 하나의 형태소

사, 과 → '사과'의 의미가 없어지므로 형태소가 아님

• 형태소의 종류

자립성의 유무에 따라	자립 형태소	홀로 자립해서 쓰일 수 있는 형태소
	의존 형태소	홀로 쓰이지 못하여 다른 말에 붙어 쓰이는 형태소
의미나 기능에 따라	실질 형태소	실질적인 뜻을 지니는 형태소
	형식 형태소	실질 형태소에 붙어 문법적인 뜻을 나타내는 형태소

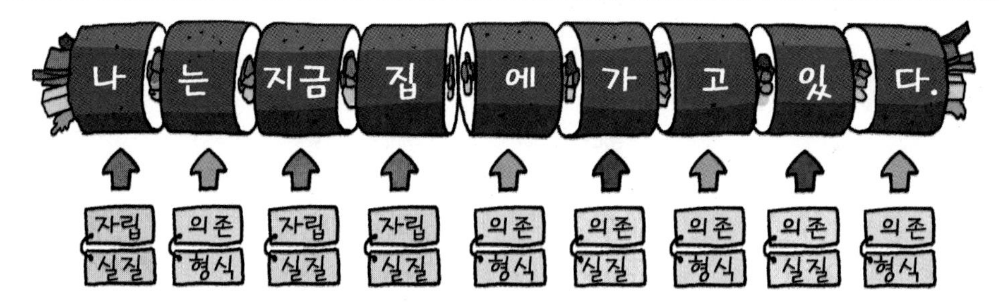

단어 : 뜻을 지니고 홀로 쓰일 수 있는 말과, 홀로 쓰일 수 있는 말에 붙어 쓰는 말

예 나는 학교에 간다. → 나/는/학교/에/간다. ➡ 5개 단어

울타리 옆으로 맑은 물이 흐른다. → 울타리/옆/으로/맑은/물/이/흐른다. ➡ 7개 단어

• 단어의 종류

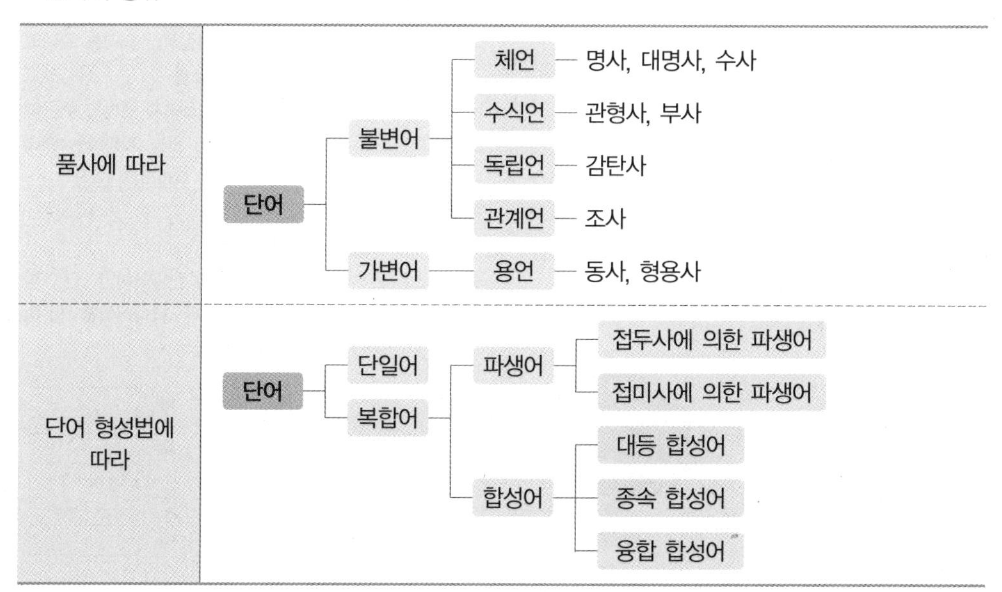

개념 멘토링

Q **형태소와 단어를 정확히 구분하지 못하겠어요.**

A 형태소와 단어를 정확히 구분하려면 형태소가 모여 단어가 되고, 단어가 모여 어절이 되며, 어절이 모여 문장이 된다는 것을 알아야 해.

'인애는 빵을 먹었다.'라는 문장을 어절로 나누어 보면, '인애는/빵을/먹었다.'와 같이 세 덩어리로 나눌 수 있겠지? 단어로 더 쪼개 보면, '인애/는/빵/을/먹었다'와 같이 5개로 나눌 수 있어. 여기서 형태소로 더 나누어 볼까? '인애/는/빵/을'까지는 같겠지만, '먹었다'의 경우, 'eat'의 의미가 담긴 '먹-'이라는 형태소와, 과거형을 만드는 '-었-', 그리고 종결 어미 '-다'와 같이 세 개의 형태소로 구성되어 있음을 알 수 있어. 이렇게 분석해 보니 단어와 형태소를 구분할 수 있겠지? 다시 정리해 보자.

어절 : 인애는/빵을/먹었다.
단어 : 인애/는/빵/을/먹었다.
형태소 : 인애/는/빵/을/먹/었/다.

개념 테스트

1 뜻을 지니는 가장 작은 말의 단위를 (　　　　)(이)라고 하고, 뜻을 지니고 홀로 쓰일 수 있는 말과 홀로 쓰일 수 있는 말에 붙어 쓰는 말을 (　　　　)(이)라고 한다.

2 '나는 밥을 먹었다.'는 □개의 단어로 이루어진 문장이다.

| 개념 스케치하기 | 단어의 짜임

어근과 접사

어근 : 단어에서 실질적인 의미를 지니고 있는 형태소 예 풋고추, 덮개, 밤나무

접사 : 혼자 쓰이지 못하고, 어근의 앞뒤에 붙어 뜻을 제한하는 형태소

- 접두사 : 어근의 앞에 붙어 뜻을 제한하는 접사 예 덧버선, 햇밤
- 접미사 : 어근의 뒤에 붙어 뜻을 제한하는 접사 예 욕심쟁이, 베개

단일어와 복합어

단일어 : 홀로 쓰일 수 있는 하나의 어근만으로 이루어진 단어

예

사과 꽃 춥다

복합어 : 하나의 어근에 접사나 다른 어근이 결합하여 이루어진 단어

- 파생어 : 하나의 어근에 접사가 결합하여 만들어진 단어

예

나무 + -꾼 (어떤 일을 전문적으로 하는 사람) = 나무꾼 (나무를 하는 사람)

접두사에 의한 파생어	뒤에 오는 어근의 의미를 제한하는 접사와 어근의 결합 예 풋사과, 덧신, 엿보다, 짓밟다, 드높다, 새하얗다
접미사에 의한 파생어	어근과 앞에 오는 어근의 의미를 제한하는 접사의 결합 예 장사꾼, 장난꾸러기, 욕심쟁이, 웃음, 꾀보

- 합성어 : 하나의 어근에 또 다른 어근이 결합하여 만들어진 단어

예

밤 + 나무 = 밤나무

〈접두사와 접미사〉

- 접두사
  - 풋- : 아직 덜 익은, 덜 성숙한
    예 풋사랑, 풋과일, 풋내기
  - 군- : 쓸데없는
    예 군소리, 군말, 군살
  - 선 - : 서툰, 충분치 않은
    예 선무당, 선웃음, 선잠
- 접미사
  - -잡이 : 무엇을 다루는 사람
    예 총잡이, 칼잡이
  - -스럽다 : 그러한 성질이 있다.
    예 어른스럽다, 대견스럽다
  - 쟁이 : 그것이 나타내는 속성을 많이 가진 사람
    예 겁쟁이, 고집쟁이
  - 장이 : 그것과 관련된 기술을 가진 사람
    예 옹기장이, 간판장이

3 단어에서 실질적인 의미를 지니고 있는 형태소를 ☐☐(이)라고 하고, 혼자 쓰이지 못하고 어근의 앞뒤에 붙어 뜻을 제한하는 형태소를 ☐☐(이)라고 한다.

4 다음 단어가 단일어이면 '단', 파생어이면 '파', 합성어이면 '합'이라고 쓰시오.

(1) 나무 ➡ ☐
(2) 덧니 ➡ ☐
(3) 햇보리 ➡ ☐
(4) 소나무 ➡ ☐

대등 합성어	두 어근이 대등한 의미 관계로 결합된 합성어 예 손발, 오가다, 팔다리, 높푸르다
종속 합성어	하나의 어근이 다른 어근을 꾸며 주는 관계로 결합된 합성어 예 손수건, 눈송이, 책가방, 군밤, 콧물, 기와집
융합 합성어	두 어근이 본래의 의미를 잃고 다른 의미를 지니게 된 합성어 예 밤낮, 피땀, 강산, 가시방석, 춘추

새말

- 뜻 : 사회가 변하면서 새롭게 생긴 말과 새로 들어온 말
- 새말의 형성 이유
  - 새롭게 만들어진 사물이나 개념을 표현하려고
    예 스마트폰, 노래방, 인터넷, 펜션
  - 기존에 있던 말을 이용해서 새로 생겨난 개념을 표현하려고
    예 알뜰족, 길치, 문어발('문어의 발'이라는 본래의 의미에 '여러 갈래로 나눔'이라는 새로운 의미를 더해서 새로운 개념을 표현함)
  - 기존에 있던 말을 쓰기 편하게 줄여 쓰려고
    예 노조(노동조합), 야자(야간 자율 학습), 생파(생일 파티)
  - 외래어나 외국어를 우리말로 순화하려고
    예 네티즌 → 누리꾼, 소데나시 → 민소매, 오뎅 → 어묵
- 새말의 형성 방법

합성어	꽃미남(꽃+미남), 노래방(노래+방), 누리집(누리+집), 손전화(손+전화)
파생어	배낭족(배낭+-족), 누리꾼(누리+-꾼), 몸치(몸+-치)
머리글자의 결합	강추(강력 추천), 완소남(완전 소중한 남자), 엄친아(엄마 친구 아들)
단어의 일부 결합	네티즌(network+citizen), 컴맹(computer+盲) 눈 멀(맹)
새로운 의미 추가	꽂히다(쓰러지지 않게 세우거나 끼우다+반하다)

- 새말을 활용할 때 유의할 점 : '야자', '셀카'(셀프 카메라), '엄친아' 등처럼 품격이 낮게 느껴지는 단어가 있으므로 잘 가려서 써야 함

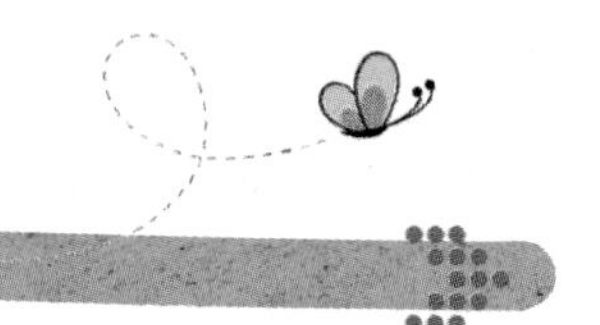

개념 테스트

5 사회가 변화하면서 새롭게 생긴 말과 새로 들어온 말을 □□(이)라고 한다.

6 '노래방', '길치'는 외래어나 외국어를 우리말로 순화하기 위해 만든 새말이다. (○ / ×)

개념체크 리스트!

- 형태소의 뜻을 설명해 보세요. □
- 형태소의 종류를 말해 보세요. □
- '상수는 밥을 먹었다.'를 형태소로 분석해 보세요. □
- 단어의 뜻을 설명해 보세요. □
- 단어 형성법에 따른 단어의 종류를 말해 보세요. □
- 어근과 접사가 무엇인가요? □
- 복합어의 두 종류와 그 뜻을 각각 설명해 보세요. □
- 파생어의 종류를 알고 있나요? □
- 합성어의 종류를 알고 있나요? □
- 새말의 형성 이유와 형성 방법에 대해 설명해 보세요. □

0가 7개 이상이면 → 146쪽 개념 색깔 입히기로 Go!

0가 7개 미만이면 → 143쪽 개념 스케치하기로 Back!

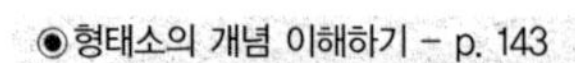

| 개념 색깔 입히기 | II 단어의 짜임

◉ 형태소의 개념 이해하기 – p. 143

01 형태소의 개념을 바르게 파악한 것은?

① 문장에서 띄어서 쓰이는 단위
② 어근에 붙어 그 뜻을 제한하는 부분
③ 한 번에 소리 낼 수 있는 소리의 마디
④ 더 나누면 뜻을 잃어버리는 가장 작은 말의 단위
⑤ 뜻을 가지고 있으면서 홀로 쓰일 수 있는 말의 단위

◉ 단어의 개념 적용하기 – p. 143

02 다음 문장에 대한 설명으로 적절한 것은?

> 나팔꽃이 피었다.

① '나팔꽃'은 2개의 단어이다.
② 4개의 단어로 이루어진 문장이다.
③ '피었다'는 세 개의 단어로 이루어진 말이다.
④ '이'는 홀로 쓰일 수 없지만 단어로 인정한다.
⑤ '나팔꽃이'는 '나팔'과 '꽃이'라는 단어로 나눌 수 있다.

◉ 형태소 분석하기 – p. 143

03 다음 중 형태소를 바르게 분석한 것은?

① 바다 / 가 / 매 / 우 / 푸르 / 다.
② 엄마 / 의 / 마음 / 은 / 참 / 넓다.
③ 아기 / 가 / 엄마 / 를 / 닮 / 아서 / 예쁘다.
④ 친구 / 는 / 새모자 / 를 / 싸 / 게 / 샀 / 다.
⑤ 소년 / 은 / 소녀 / 에게 / 호두 / 를 / 주 / 었 / 다.

◉ 형태소의 종류 파악하기 – p. 143

04 다음 문장을 자립 형태소와 의존 형태소, 실질 형태소와 형식 형태소로 각각 분류하여 쓰시오.

> 산이 높다.

◉ 조사의 성격 파악하기 – p. 143

05 다음 문장에서 홀로 쓰일 수 없지만 단어로 인정하는 것을 찾아 쓰시오.

> 마음이 참 넓구나!

◉ 형태소의 개념 이해하기 – p. 143

06 형태소에 대한 설명으로 알맞지 않은 것은?

① 띄어쓰기의 단위가 되는 말이다.
② 더 이상 나누면 그 뜻을 잃어버리게 된다.
③ '여름'은 한 개의 형태소로 이루어진 단어이다.
④ 자립성이 있느냐 없느냐에 따라 자립 형태소와 의존 형태소로 나눌 수 있다.
⑤ 실질적 의미가 있느냐 없느냐에 따라 실질 형태소와 형식 형태소로 나눌 수 있다.

◉ 형태소의 개수 파악하기 – p. 143

07 다음 중 한 개의 형태소로 이루어진 단어는?

① 어머니 ② 맨주먹 ③ 덧버선
④ 욕심쟁이 ⑤ 사과나무

◉ 형태소 분석하기 – p. 143

08 다음 중 형태소를 바르게 분석하지 못한 것은?

① 예쁘다 : 예쁘 – + – 다
② 새빨갛다 : 새빨갛 – + – 다
③ 여닫다 : 열 – + 닫 – + – 다
④ 먹었다 : 먹 – + – 었 – + – 다
⑤ 사랑하다 : 사랑 – + – 하 – + – 다

◉ 단어의 개념 파악하기 – p. 143

09 밑줄 친 말 중에서 단어가 아닌 것은?

> 울타리(①) 옆(②)으로 맑은(③) 물이(④) 흐른(⑤)다.

◉ 합성어와 파생어 구분하기 – p. 144

10 다음 단어와 형성된 방법이 다른 것은?

> 함박눈

① 달빛 ② 안개꽃 ③ 농사꾼
④ 꽃향기 ⑤ 산들바람

정답과 해설 14쪽

◉ 단어의 형성 방법 이해하기 – p. 144

11 **단어의 형성 방법에 대한 설명으로 알맞지 않은 것은?**

① 복합어는 합성어와 파생어로 나눌 수 있다.
② 파생어는 어근과 접사의 결합으로 이루어진다.
③ 하나의 어근으로 이루어진 단어를 단일어라고 한다.
④ 합성어는 둘 이상의 어근이 결합하여 생긴 단어이다.
⑤ 형태소가 둘 이상 모여야 하나의 단어를 만들 수 있다.

◉ 접사의 의미 파악하기 – p. 144

12 **밑줄 친 접사의 의미로 적절하지 않은 것은?**

① 풋사과 : 덜 익은
② 햇보리 : 그해에 난
③ 장난꾸러기 : 그것이 심하거나 많은 사람
④ 도박꾼 : 어떤 일을 습관적으로 하는 사람
⑤ 총잡이 : 그것이 나타내는 속성을 많이 가진 사람

◉ 합성어의 예 파악하기 – p. 144

13 **다음 밑줄 친 단어가 합성어인 것은?**

① 날계란은 조심해서 먹어야 한다.
② 어머니께서는 바느질을 잘하신다.
③ 봄에는 햇나물이 시장에 넘쳐 난다.
④ 눈부신 아침 햇살이 가득한 가을이다.
⑤ 내 친구 효진이는 고구마를 좋아한다.

◉ 단어의 종류 파악하기 – pp. 144~145

14 **〈보기〉에서 단어의 형성 방법이 같은 것끼리 묶은 것은?**

〈 보기 〉
㉠ 손발 ㉡ 아버지 ㉢ 밤낮 ㉣ 지우개
㉤ 검붉다 ㉥ 마음 ㉦ 멋쟁이

	단일어	합성어	파생어
①	㉠, ㉡	㉢, ㉤, ㉦	㉣, ㉥
②	㉡, ㉣	㉠, ㉢	㉤, ㉥, ㉦
③	㉡, ㉥	㉠, ㉢, ㉤	㉣, ㉦
④	㉡, ㉢, ㉥	㉠, ㉣, ㉤	㉦
⑤	㉢, ㉥	㉠, ㉤	㉡, ㉣, ㉦

◉ 단어의 형성 방법 파악하기 – p. 144

15 **다음 중 단어의 형성 방법을 바르게 파악한 것은?**

① 먹이 : 접사 + 어근 ② 덮개 : 어근 + 어근
③ 바느질 : 접사 + 어근 ④ 눈사람 : 어근 + 접사
⑤ 배나무 : 어근 + 어근

◉ 단어의 형성 방법 파악하기 – p. 144

16 **다음 중 단어의 형성 방법이 다른 하나는?**

① 밤하늘 ② 새사람 ③ 돌다리
④ 겁쟁이 ⑤ 여닫다

◉ 합성어의 종류 파악하기 – p. 145

17 **다음 합성어 중 어근이 대등하게 결합한 것은?**

① 피땀 ② 밤낮 ③ 춘추
④ 책가방 ⑤ 검붉다

◉ 새말의 특징 파악하기 – p. 145

18 **'새말'에 대한 설명으로 알맞지 않은 것은?**

① '누리꾼'과 같이 합성의 방법으로 새말이 형성되기도 한다.
② '강추'와 같이 머리글자의 결합으로 새말이 형성되기도 한다.
③ 이미 널리 쓰이는 외래어나 외국어를 우리말로 바꿀 수 있다.
④ 새롭게 만들어진 사물을 표현하기 위해 새말이 생기기도 한다.
⑤ '엄친아'처럼 품격이 낮게 느껴지는 새말이 있으므로 잘 가려서 써야 한다.

○가 13개 이상이면 → 148쪽 개념 덧바르기로 Go! ☺
○가 13개 미만이면 → 틀린 문제로 Back! ☹

빨간 망토야! 할머니 댁에 조심해서 다녀오렴.
네!
이 단원의 내용을 정리하며
빨간 망토가 되어 심부름을 가 봅시다.
Yes → No →
Start
출발!
한글 창제 이전에는 한자를 빌려 사용하였다.
잉~ 진흙탕에 빠져 버렸어.
엄마야~
우리말 자음 중 울림소리는 'ㄴ, ㄹ, ㅁ, ㅂ'이다.
'ㄷ, ㅌ'이 'ㅣ' 모음의 영향을 받아 'ㅈ, ㅊ'으로 바뀌는 현상을 구개음화라고 한다.
조사는 문장에서 홀로 쓰이지 못하고 다른 단어에 붙어서 쓰인다.
표준어는 교양 있는 사람들이 두루 쓰는 현대의 서울말로 정함을 원칙으로 한다.
와! 사탕으로 만든 집이다~ 맛있겠다~
뚱뚱해져서 나갈 수가 없어 T.T
히히 살찌워서 잡아먹어야지.
문장의 주성분에는 주어, 목적어, 서술어, 보어가 있다.
음냠~
도착!
빨간 망토야~ 어서 오렴~
할머니~
엄마~ 나 살려라~

Ⅱ 문법 그리기

정답과 해설 15쪽

이 단원에서 나온 용어가 다음 글자판 속에 가로, 세로, 대각선으로 숨어 있습니다.
알맞은 말을 찾아 묶은 뒤, 괄호 안에 써 봅시다.

사	동	서	술	단	피	과	예	소	화
전	이	거	목	자	이	거	사	형	접
설	센	어	형	어	음	시	소	사	관
모	반	주	진	태	운	제	리	회	자
음	예	체	비	문	소	사	은	어	동
상	대	높	임	속	장	반	의	단	사
자	부	임	담	화	의	피	형	일	설
의	사	목	은	관	자	동	용	어	접
성	설	적	계	은	높	표	사	안	성
합	성	어	음	담	대	현	관	형	어

(1) 뜻을 지니는 가장 작은 말의 단위 → ( )
(2) 홀로 쓰일 수 있는 하나의 어근만으로 이루어진 단어 → ( )
(3) 하나의 어근에 또 다른 어근이 결합하여 만들어진 단어 → ( )
(4) 혼자 쓰이지 못하고, 어근의 앞뒤에 붙어 뜻을 제한하는 형태소 → ( )
(5) 서로 이야기를 주고받는 것 → ( )
(6) 듣는 이를 높이거나 낮추는 높임 표현 방법 → ( )
(7) 사건시가 발화시보다 앞서 있는 시제 → ( )
(8) 주체가 다른 주체에 의해서 어떤 동작을 당하게 되는 것 → ( )
(9) 문장에서 서술어의 동작의 대상이 되는 말로, '누구를', '무엇을'에 해당함 → ( )
(10) 체언 앞에서 체언의 뜻을 꾸며 주는 구실을 하는 문장 성분 → ( )
(11) 두 개 이상의 홑문장이 연결 어미로 결합되어 이루어진 문장 → ( )
(12) 어떤 부류의 사람들이 다른 사람들은 알아듣지 못하게 자기네끼리만 은밀하게 쓰는 말 → ( )
(13) 서로 반대의 뜻을 지닌 단어들의 의미 관계 → ( )
(14) 언어의 의미와 말소리의 관계는 필연적이 아니라 임의적임을 나타내는 언어의 특성 → ( )
(15) 발음할 때 혀의 최고점의 위치가 앞쪽에 있는 모음 → ( )

지식과 지혜

대학 교수가 학생들에게 질문을 했다.

"여러분, 지식과 지혜가 어떻게 다른지 아십니까?"

그러자 한 학생이 100원 짜리 동전을 꺼내더니 이렇게 대답했다.

"지식은 이것이 100원이라는 것을 아는 것이고,

지혜란 이 돈을 어떻게 쓰는 것이 가장 가치 있게 쓰는 것인지를

아는 것입니다."

P / A / R / T

III

어휘 그리기

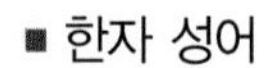

- 한자 성어
- 속담
- 관용어
- 아리송한 띄어쓰기
- 헷갈리기 쉬운 우리말
- 글의 성격과 관련된 용어
- 시험에 잘 나오는 용어 & 발문

| 어 | 휘 | 그 | 리 | 기 | 한자 성어

정답과 해설 15쪽

한자 성어	뜻
가렴주구(苛斂誅求)	세금을 가혹하게 거두어들이고, 무리하게 재물을 빼앗음
각골난망(刻骨難忘)	남에게 입은 은혜가 뼈에 새길 만큼 커서 잊히지 아니함
감언이설(甘言利說)	귀가 솔깃하도록 남의 비위를 맞추거나 이로운 조건을 내세워 꾀는 말
감탄고토(甘呑苦吐)	달면 삼키고 쓰면 뱉는다는 뜻으로, 자신의 비위에 따라서 사리의 옳고 그름을 판단함을 이르는 말
결자해지(結者解之)	맺은 사람이 풀어야 한다는 뜻으로, 자기가 저지른 일은 자기가 해결하여야 함을 이르는 말
결초보은(結草報恩)	죽은 뒤에라도 은혜를 잊지 않고 갚음을 이르는 말
고진감래(苦盡甘來)	쓴 것이 다하면 단 것이 온다는 뜻으로, 고생 끝에 즐거움이 옴을 이르는 말
관포지교(管鮑之交)	관중과 포숙의 사귐이란 뜻으로, 우정이 아주 돈독한 친구 관계를 이르는 말
괄목상대(刮目相對)	눈을 비비고 상대편을 본다는 뜻으로, 남의 학식이나 재주가 놀랄 만큼 부쩍 늚을 이르는 말
교언영색(巧言令色)	아첨하는 말과 알랑거리는 태도
구사일생(九死一生)	아홉 번 죽을 뻔하다 한 번 살아난다는 뜻으로, 죽을 고비를 여러 차례 넘기고 겨우 살아남을 이르는 말
군계일학(群鷄一鶴)	닭의 무리 가운데에서 한 마리의 학이란 뜻으로, 많은 사람 가운데서 뛰어난 인물을 이르는 말
궁여지책(窮餘之策)	궁한 나머지 생각다 못하여 짜낸 계책
권선징악(勸善懲惡)	착한 일을 권장하고 악한 일을 징계함
근묵자흑(近墨者黑)	나쁜 사람과 가까이 지내면 나쁜 버릇에 물들기 쉬움
금상첨화(錦上添花)	비단 위에 꽃을 더한다는 뜻으로, 좋은 일 위에 또 좋은 일이 더하여짐을 비유적으로 이르는 말
금시초문(今時初聞)	바로 지금 처음으로 들음
금의환향(錦衣還鄕)	출세를 하여 고향에 돌아가거나 돌아옴
기사회생(起死回生)	거의 죽을 뻔하다가 도로 살아남
난형난제(難兄難弟)	두 사물이 비슷하여 낫고 못함을 정하기 어려움
남가일몽(南柯一夢)	꿈과 같이 헛된 한때의 부귀영화를 이르는 말
노심초사(勞心焦思)	몹시 마음을 쓰며 애를 태움
다다익선(多多益善)	많으면 많을수록 더욱 좋음
대기만성(大器晩成)	큰 그릇을 만드는 데는 시간이 오래 걸린다는 뜻으로, 크게 될 사람은 늦게 이루어짐을 이르는 말
동고동락(同苦同樂)	괴로움도 즐거움도 함께함
동문서답(東問西答)	물음과는 전혀 상관없는 엉뚱한 대답

1 다음 그림 속 점원의 태도와 어울리는 한자 성어를 쓰시오.

ㄱ	ㅇ	ㅇ	ㅅ

2 다음 빈칸에 알맞은 말을 쓰시오.

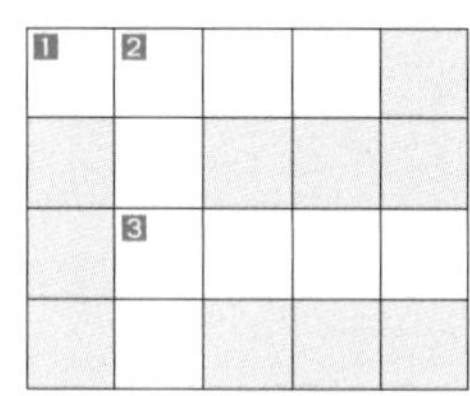

가로 열쇠	세로 열쇠
1 괴로움도 즐거움도 함께함 3 달면 삼키고 쓰면 뱉음	2 고생 끝에 즐거움이 옴을 이르는 말

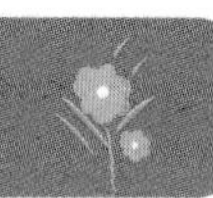

정답과 해설 15쪽

한자 성어	뜻
동분서주(東奔西走)	동쪽으로 뛰고 서쪽으로 뛴다는 뜻으로, 사방으로 이리저리 몹시 바쁘게 돌아다님을 이르는 말
등하불명(燈下不明)	등잔 밑이 어둡다는 뜻으로, 가까이에 있는 물건이나 사람을 잘 찾지 못함을 이르는 말
마이동풍(馬耳東風)	동풍이 말의 귀를 스쳐 간다는 뜻으로, 남의 말을 귀담아듣지 아니하고 지나쳐 흘려버림을 이르는 말
목불인견(目不忍見)	눈앞에 벌어진 상황 따위를 눈 뜨고는 차마 볼 수 없음
비일비재(非一非再)	같은 현상이나 일이 한두 번이나 한둘이 아니고 많음
사면초가(四面楚歌)	아무에게도 도움을 받지 못하는, 외롭고 곤란한 지경에 빠진 형편을 이르는 말
사상누각(砂上樓閣)	모래 위에 세운 누각이라는 뜻으로, 기초가 튼튼하지 못하여 오래 견디지 못할 일이나 물건을 이르는 말
살신성인(殺身成仁)	자기의 몸을 희생하여 인(仁)을 이룸
상부상조(相扶相助)	서로서로 도움
선견지명(先見之明)	어떤 일이 일어나기 전에 미리 앞을 내다보고 아는 지혜
설상가상(雪上加霜)	눈 위에 서리가 덮인다는 뜻으로, 난처한 일이나 불행한 일이 잇따라 일어남을 이르는 말
설왕설래(說往說來)	서로 변론을 주고받으며 옥신각신함. 또는 말이 오고 감
속수무책(束手無策)	손을 묶은 것처럼 어찌할 도리가 없어 꼼짝 못함
수구초심(首丘初心)	여우가 죽을 때에 머리를 자기가 살던 굴 쪽으로 둔다는 뜻으로, 고향을 그리워하는 마음을 이르는 말
식자우환(識字憂患)	학식이 있는 것이 오히려 근심을 사게 됨
아전인수(我田引水)	자기 논에 물 대기라는 뜻으로, 자기에게만 이롭게 되도록 생각하거나 행동함을 이르는 말
안분지족(安分知足)	편안한 마음으로 제 분수를 지키며 만족할 줄 앎
안빈낙도(安貧樂道)	가난한 생활을 하면서도 편안한 마음으로 도를 즐겨 지킴
어부지리(漁父之利)	두 사람이 이해관계로 서로 싸우는 사이에 엉뚱한 사람이 애쓰지 않고 가로챈 이익을 이르는 말
어불성설(語不成說)	말이 조금도 사리에 맞지 아니함
언중유골(言中有骨)	말 속에 뼈가 있다는 뜻으로, 예사로운 말 속에 단단한 속뜻이 들어 있음을 이르는 말
역지사지(易地思之)	처지를 바꾸어서 생각하여 봄
연목구어(緣木求魚)	나무에 올라가서 물고기를 구한다는 뜻으로, 도저히 불가능한 일을 굳이 하려 함
오비이락(烏飛梨落)	아무 관계도 없이 한 일이 공교롭게도 때가 같아 억울하게 의심을 받거나 난처한 위치에 서게 됨
온고지신(溫故知新)	옛것을 익히고 그것을 미루어서 새것을 앎

3 다음 □ 안에 들어갈 한자 성어를 쓰시오.

나리 : 이번에 교내 걷기 대회가 열리잖아. 우리 반 대표로 참가할 사람을 뽑아야 하는데 누가 나가는 게 좋을까?
상경 : 그 힘든 걸 누가 하려고 하겠어? 나는 안 나갈래.
효진 : 그래도 반에서 꼭 한 사람씩은 참여해야 하는 거잖아.
상경 : 그럼 효진이 네가 나가면 되겠네.
효진 : 뭐라고? 싫어. 네가 나가!
인애 : 얘들아. 그만해! 싸우지들 마. 어차피 반에서 꼭 한 명은 나가야 하니까 내가 [   ]해서 나갈게.

ㅅ	ㅅ	ㅅ	ㅇ

4 다음 그림과 어울리는 한자 성어를 쓰시오.

ㅅ	ㅅ	ㄱ	ㅅ

한자 성어

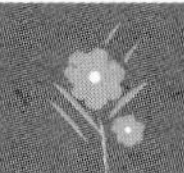

정답과 해설 15쪽

한자 성어	뜻
용두사미(龍頭蛇尾)	용의 머리와 뱀의 꼬리라는 뜻으로, 처음은 왕성하나 끝이 부진한 현상을 이르는 말
유유상종(類類相從)	같은 무리끼리 서로 사귐
이심전심(以心傳心)	마음과 마음으로 서로 뜻이 통함
일석이조(一石二鳥)	돌 한 개를 던져 새 두 마리를 잡는다는 뜻으로, 동시에 두 가지 이득을 봄을 이르는 말
일취월장(日就月將)	나날이 다달이 자라거나 발전함
일편단심(一片丹心)	한 조각의 붉은 마음이라는 뜻으로, 진심에서 우러나오는 변치 아니하는 마음을 이르는 말
임기응변(臨機應變)	그때그때 처한 사태에 맞추어 즉각 그 자리에서 결정하거나 처리함
입신양명(立身揚名)	출세하여 이름을 세상에 떨침
자업자득(自業自得)	자기가 저지른 일의 결과를 자기가 받음
전전반측(輾轉反側)	누워서 몸을 이리저리 뒤척이며 잠을 이루지 못함
조삼모사(朝三暮四)	간사한 꾀로 남을 속여 희롱함을 이르는 말
좌정관천(坐井觀天)	우물 속에 앉아서 하늘을 본다는 뜻으로, 사람의 견문(見聞)이 매우 좁음을 이르는 말
주객전도(主客顚倒)	주인과 손의 위치가 서로 뒤바뀐다는 뜻
주경야독(晝耕夜讀)	낮에는 농사짓고, 밤에는 글을 읽는다는 뜻으로, 어려운 여건 속에서도 꿋꿋이 공부함
주마간산(走馬看山)	말을 타고 달리며 산천을 구경한다는 뜻으로, 자세히 살피지 아니하고 대충대충 보고 지나감을 이르는 말
죽마고우(竹馬故友)	대말을 타고 놀던 벗이라는 뜻으로, 어릴 때부터 같이 놀며 자란 벗
진퇴양난(進退兩難)	이러지도 저러지도 못하는 어려운 처지
천고마비(天高馬肥)	하늘이 높고 말이 살찐다는 뜻으로, 하늘이 맑아 높푸르게 보이고 온갖 곡식이 익는 가을철을 이르는 말
천신만고(千辛萬苦)	천 가지 매운 것과 만 가지 쓴 것이라는 뜻으로, 온갖 어려운 고비를 다 겪으며 심하게 고생함을 이르는 말
청출어람(靑出於藍)	제자나 후배가 스승이나 선배보다 나음
초지일관(初志一貫)	처음에 세운 뜻을 끝까지 밀고 나감
칠전팔기(七顚八起)	여러 번 실패하여도 굴하지 아니하고 꾸준히 노력함
타산지석(他山之石)	본이 되지 않은 남의 말이나 행동도 자신의 지식과 인격을 수양하는 데에 도움이 될 수 있음
파죽지세(破竹之勢)	대를 쪼개는 기세라는 뜻으로, 적을 거침없이 물리치고 쳐들어가는 기세를 이르는 말
표리부동(表裏不同)	마음이 음흉하고 불량하여 겉과 속이 다름
풍전등화(風前燈火)	바람 앞의 등불이라는 뜻으로, 사물이 매우 위태로운 처지에 놓여 있음을 이르는 말
학수고대(鶴首苦待)	학의 목처럼 목을 길게 빼고 간절히 기다림
허장성세(虛張聲勢)	실속은 없으면서 큰소리치거나 허세를 부림

5 다음 그림과 어울리는 한자 성어를 쓰시오.

ㅈ	ㄱ	ㅇ	ㄷ

6 다음 □ 안에 들어갈 한자 성어를 쓰시오.

(1) 가을은 [ㅊ][ㄱ][ㅁ][ㅂ]의 계절이라더니, 나도 살쪘다.

(2) 그렇게 놀기만 했으니, 시험 성적이 안 좋은 것은 [ㅈ][ㅇ][ㅈ][ㄷ]이다.

(3) 아군은 [ㅍ][ㅈ][ㅈ][ㅅ](으)로 적군을 이 땅에서 몰아냈다.

(4) 방학이 오기만을 [ㅎ][ㅅ][ㄱ][ㄷ]하고 있다.

속담

정답과 해설 15쪽

속담	뜻
가는 날이 장날	일을 보러 가니 공교롭게 장이 서는 날이라는 뜻으로, 어떤 일을 하려고 하는데 뜻하지 않은 일을 공교롭게 당함
가는 말이 고와야 오는 말이 곱다	자기가 남에게 말이나 행동을 좋게 하여야 남도 자기에게 좋게 한다는 말
가랑비에 옷 젖는 줄 모른다	가늘게 내리는 비는 조금씩 젖어 들기 때문에 여간해서도 옷이 젖는 줄을 깨닫지 못한다는 뜻으로, 아무리 사소한 것이라도 그것이 거듭되면 무시하지 못할 정도로 크게 됨
가랑잎이 솔잎더러 바스락거린다고 한다	더 바스락거리는 가랑잎이 솔잎더러 바스락거린다고 나무란다는 뜻으로, 자기의 허물은 생각하지 않고 도리어 남의 허물만 나무라는 경우
가재는 게 편이요 초록은 한빛이라	모양이나 형편이 서로 비슷하고 인연이 있는 것끼리 서로 잘 어울리고, 사정을 보아주며 감싸 주기 쉬움
가지 많은 나무에 바람 잘 날이 없다	가지가 많고 잎이 무성한 나무는 살랑거리는 바람에도 잎이 흔들려서 잠시도 조용한 날이 없다는 뜻으로, 자식을 많이 둔 어버이에게는 근심, 걱정이 끊일 날이 없음
간에 붙었다 쓸개에 붙었다 한다	자기에게 조금이라도 이익이 되면 지조 없이 이편에 붙었다 저편에 붙었다 함
개구리 올챙이 적 생각 못한다	형편이나 사정이 전에 비하여 나아진 사람이 지난날의 미천하거나 어렵던 때의 일을 생각지 아니하고 처음부터 잘난 듯이 뽐냄
고래 싸움에 새우 등 터진다	강한 자들끼리 싸우는 통에 아무 상관도 없는 약한 자가 중간에 끼어 피해를 입게 됨
고생 끝에 낙이 온다	어려운 일이나 고된 일을 겪은 뒤에는 반드시 즐겁고 좋은 일이 생긴다는 말
공든 탑이 무너지랴	공들여 쌓은 탑은 무너질 리 없다는 뜻으로, 힘을 다하고 정성을 다하여 한 일은 그 결과가 반드시 헛되지 아니함
구관이 명관이다	무슨 일이든 경험이 많거나 익숙한 이가 더 잘하는 법임
구슬이 서 말이라도 꿰어야 보배	아무리 훌륭하고 좋은 것이라도 다듬고 정리하여 쓸모 있게 만들어 놓아야 값어치가 있음
굴러 온 돌이 박힌 돌 뺀다	외부에서 들어온 지 얼마 안 되는 사람이 오래전부터 있던 사람을 내쫓거나 해치려 함
굼벵이도 구르는 재주가 있다	무능한 사람도 한 가지 재주는 있음
굿이나 보고 떡이나 먹지	남의 일에 쓸데없는 간섭을 하지 말고 되어 가는 형편을 보고 있다가 이익이나 얻도록 하라는 말
긁어 부스럼	아무렇지도 않은 일을 공연히 건드려서 걱정을 일으킴
급하면 바늘허리에 실 매어 쓸까	아무리 급해도 순서를 밟아서 일해야 함
까마귀 날자 배 떨어진다	아무 관계없이 한 일이 공교롭게도 때가 같아 어떤 관계가 있는 것처럼 의심을 받게 됨
꿩 대신 닭	꼭 적당한 것이 없을 때 그와 비슷한 것으로 대신하는 경우
꿩 먹고 알 먹는다	한 가지 일을 하여 두 가지 이상의 이익을 보게 됨
나무에서 고기를 찾는다	도저히 불가능한 일을 하려고 애쓰는 어리석음
낫 놓고 기역 자도 모른다	아주 무식한 사람을 두고 하는 말

1 다음 □ 안에 들어갈 속담을 쓰시오.

준수는 전국 백일장 대회에 나가기 위해 텔레비전을 보던 시간에도 책을 읽고, 매일매일 글을 쓰는 연습을 했다. 친구들과 놀고 싶고 글 쓰는 연습도 귀찮아서 힘들었지만 결국 준수는 전국 백일장 대회에서 금상을 타는 영광을 얻었다. 준수는 □라는 속담이 떠오른다며 기쁨의 눈물을 흘렸다.

ㄱ	ㅅ		ㄲ	ㅇ		ㄴ	ㅇ		ㅇ	ㄷ

2 서로 의미가 통하는 속담, 한자 성어끼리 연결하시오.

(1) 가재는 게 편이요 초록은 한 빛이라 • 　　• ㉠ 일석이조

(2) 나무에서 고기를 찾는다 • 　　• ㉡ 유유상종

(3) 꿩 먹고 알 먹는다 • 　　• ㉢ 연목구어

속담

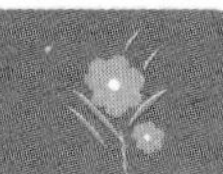

정답과 해설 15쪽

속담	뜻
낮말은 새가 듣고 밤말은 쥐가 듣는다	아무도 안 듣는 데서라도 말조심해야 한다는 말
내 코가 석 자	내 사정이 어려워서 남을 돌볼 여유가 없음
냉수 먹고 이 쑤시기	잘 먹은 체하며 이를 쑤신다는 뜻으로, 실속은 없으면서 무엇이 있는 체함을 이르는 말
누울 자리 봐 가며 발을 뻗어라	어떤 일을 할 때 그 결과를 미리 생각하여 일을 시작하라는 말
누워서 침 뱉기	남을 해하려다가 도리어 자기가 해를 입게 됨
눈 가리고 아웅	얕은수로 남을 속이려 한다는 말
늦게 배운 도둑이 날 새는 줄 모른다	어떤 일에 남보다 늦게 재미를 붙인 사람이 그 일에 더 열중하게 됨
다 된 죽에 코 풀기	거의 다 된 일을 망쳐버리는 주책없는 행동
달걀로 바위 치기	대항해도 도저히 이길 수 없는 경우
달면 삼키고 쓰면 뱉는다	옳고 그름이나 신의를 돌보지 않고 자기의 이익만 꾀함(=감탄고토)
닭 잡아먹고 오리 발 내놓기	옳지 못한 일을 저질러 놓고 엉뚱한 수작으로 속여 넘기려 하는 일
닭 쫓던 개 지붕 쳐다보듯	애써 하던 일이 실패로 돌아가거나 남보다 뒤떨어져 어찌할 도리가 없이 됨
도둑이 제 발 저리다	지은 죄가 있으면 자연히 마음이 조마조마하여짐
도랑 치고 가재 잡는다	일의 순서가 바뀌었기 때문에 애쓴 보람이 나타나지 않음
돌다리도 두들겨 보고 건너라	잘 아는 일이라도 세심하게 주의를 하라는 말
되로 주고 말로 받는다	조금 주고 그 대가로 몇 곱절이나 많이 받는 경우
등잔 밑이 어둡다	대상에서 가까이 있는 사람이 도리어 대상에 대하여 잘 알기 어려움
땅 짚고 헤엄치기	일이 매우 쉽다는 말
떡 줄 사람은 꿈도 안 꾸는데 김칫국부터 마신다	해 줄 사람은 생각지도 않는데 미리부터 다 된 일로 알고 행동한다는 말
마른하늘에 벼락 맞는다	뜻하지 아니한 상황에서 뜻밖에 입는 재난을 이르는 말
마파람에 게 눈 감추듯	음식을 매우 빨리 먹어 버리는 모습을 비유적으로 이르는 말
말 타면 경마 잡히고 싶다	사람의 욕심이란 한이 없다는 말
말 한마디에 천 냥 빚도 갚는다	말만 잘하면 어려운 일이나 불가능해 보이는 일도 해결할 수 있음
모난 돌이 정 맞는다	두각을 나타내는 사람이 남에게 미움을 삼
모로 가도 서울만 가면 된다	수단이나 방법은 어찌 되었든 간에 목적만 이루면 된다는 말
목구멍이 포도청	먹고살기 위하여, 해서는 안 될 짓까지 함
못된 송아지 엉덩이에 뿔이 난다	되지못한 것이 엇나가는 짓만 한다는 말
물에 빠지면 지푸라기라도 잡는다	위급한 때를 당하면 무엇이나 닥치는 대로 잡고 늘어지게 됨
믿는 도끼에 발등 찍힌다	잘되리라고 믿고 있던 일이 어긋나거나 믿고 있던 사람이 배반하여 오히려 해를 입음
밑 빠진 독에 물 붓기	아무리 힘이나 밑천을 들여도 보람 없이 헛된 일이 되는 상태

3 다음 □ 안에 들어갈 속담을 쓰시오.

> 승원이는 어머니께 지수네 집에서 지수와 같이 공부를 하고 오겠다고 했다. 하지만 승원이는 지수랑 게임만 하다가 집에 돌아왔다. 갑자기 어머니가 승원이를 불렀다.
> "승원아! 승원아!" / "엄마, 저 진짜 공부하다 왔어요."
> "아니, 누가 뭐라고 했니? 저녁 먹으라고 부른 건데…….
> □더니 너 혹시 게임하고 온 거 아니야?"

ㄷ	ㄷ	ㅇ		ㅈ		ㅂ		ㅈ	ㄹ	ㄷ

4 다음 그림과 어울리는 속담을 쓰시오.

ㄷ	ㅈ		ㅁ	ㅇ		ㅇ	ㄷ	ㄷ

속담

정답과 해설 15쪽

속담	뜻
바늘 가는 데 실 간다	바늘이 가는 데 실이 항상 뒤따른다는 뜻으로, 사람의 긴밀한 관계를 비유적으로 이르는 말
바늘 도둑이 소도둑 된다	바늘을 훔치던 사람이 계속 반복하다 보면 결국은 소까지도 훔친다는 뜻으로, 작은 나쁜 짓도 자꾸 하게 되면 큰 죄를 저지르게 됨
발 없는 말이 천 리 간다	말은 비록 발이 없지만 천 리 밖까지도 순식간에 퍼지므로 말을 삼가야 함
백지장도 맞들면 낫다	쉬운 일이라도 협력하여 하면 훨씬 쉽다는 말
뱁새가 황새를 따라가면 가랑이가 찢어진다	힘에 겨운 일을 억지로 하면 도리어 해만 입는다는 말
벙어리 냉가슴 앓듯	답답한 사정이 있어도 남에게 말하지 못하고 혼자만 괴로워하며 걱정하는 경우
부뚜막의 소금도 집어넣어야 짜다	아무리 좋은 조건이 마련되었거나 손쉬운 일이라도 힘을 들이어 이용하거나 하지 아니하면 안 됨
비 온 뒤에 땅이 굳어진다	비에 젖어 질척거리던 흙도 마르면서 단단하게 굳어진다는 뜻으로, 어떤 시련을 겪은 뒤에 더 강해짐
빈 수레가 요란하다	실속 없는 사람이 겉으로 더 떠들어 댐
빛 좋은 개살구	겉보기에는 먹음직스러운 빛깔을 띠고 있지만 맛은 없는 개살구라는 뜻으로, 겉만 그럴듯하고 실속이 없는 경우를 일컫는 말
사공이 많으면 배가 산으로 올라간다	주관하는 사람 없이 여러 사람이 자기주장만 내세우면 일이 제대로 되기 어려움
서당 개 삼 년에 풍월을 읊는다	어떤 분야에 대하여 지식과 경험이 전혀 없는 사람이라도 그 부문에 오래 있으면 얼마간의 지식과 경험을 갖게 됨
세 살 적 버릇이 여든까지 간다	어릴 때 몸에 밴 버릇은 늙어 죽을 때까지 고치기 힘들기 때문에 어릴 때부터 나쁜 버릇이 들지 않도록 잘 가르쳐야 함
소 잃고 외양간 고친다	일이 이미 잘못된 뒤에는 손을 써도 소용이 없음
쇠귀에 경 읽기	소의 귀에 대고 경을 읽어 봐야 단 한 마디도 알아듣지 못한다는 뜻으로, 아무리 가르치고 일러 주어도 알아듣지 못하거나 효과가 없는 경우를 이르는 말

속담	뜻
쇠뿔도 단김에 빼랬다	든든히 박힌 소의 뿔을 뽑으려면 불로 달구어 놓은 김에 해치워야 한다는 뜻으로, 어떤 일이든지 하려고 생각했으면 한창 열이 올랐을 때 망설이지 말고 곧 행동으로 옮겨야 함
수박 겉 핥기	맛있는 수박을 먹는다는 것이 딱딱한 겉만 핥고 있다는 뜻으로, 사물의 속 내용은 모르고 겉만 건드리는 일을 일컫는 말
아닌 밤중에 홍두깨	별안간 엉뚱한 말이나 행동을 함을 비유적으로 이르는 말
앓던 이 빠진 것 같다	걱정거리가 없어져서 후련함을 비유적으로 이르는 말
약방에 감초	어떤 일에나 빠짐없이 끼어드는 사람 또는 꼭 있어야 할 물건

5 다음 그림과 어울리는 속담을 쓰시오.

ㅂ		ㅇ		ㄷ	ㅇ		ㄸ	ㅇ		ㄱ	ㅇ	ㅈ	ㄷ

6 다음 속담과 같은 의미의 속담을 쓰시오.

부뚜막의 소금도 집어넣어야 짜다

ㄱ	ㅅ	ㅇ		ㅅ	ㅁ	ㅇ	ㄹ	ㄷ		ㄲ	ㅇ	ㅇ		ㅂ	ㅂ	ㄷ

7 다음과 같은 뜻을 지닌 속담을 쓰시오.

주관하는 사람 없이 여러 사람이 자기주장만 내세우면 일이 제대로 되기 어려움

☐☐이/가 많으면 ☐이/가 ☐(으)로 올라간다

속담

정답과 해설 15쪽

속담	뜻
얌전한 고양이 부뚜막에 먼저 올라간다	겉으로는 얌전하고 아무것도 못할 것처럼 보이는 사람이 딴짓을 하거나 자기 실속을 다 차리는 경우
언 발에 오줌 누기	언 발을 녹이려고 오줌을 누어 봤자 효력이 별로 없다는 뜻
열 길 물속은 알아도 한 길 사람 속은 모른다	사람의 속마음을 알기란 매우 힘듦을 이르는 말
열 번 찍어 안 넘어가는 나무 없다	아무리 뜻이 굳은 사람이라도 여러 번 권하거나 꾀고 달래면 결국은 마음이 변한다는 말
염불에는 맘이 없고 잿밥에만 맘이 있다	맡은 일에는 정성을 들이지 아니하면서 잇속에만 마음을 두는 경우
오르지 못할 나무는 쳐다보지도 말라	자기의 능력 밖의 불가능한 일에 대해서는 처음부터 욕심을 내지 않는 것이 좋다는 말
우물 안 개구리	넓은 세상의 형편을 알지 못하는 사람
우물에 가 숭늉 찾는다	모든 일에는 질서와 차례가 있는 법인데 일의 순서도 모르고 성급하게 덤빔
울며 겨자 먹기	싫은 일을 억지로 마지못하여 함
웃는 낯에 침 못 뱉는다	좋게 대하는 사람에게 나쁘게 대할 수 없다는 말
원수는 외나무다리에서 만난다	꺼리고 싫어하는 대상을 피할 수 없는 곳에서 공교롭게 만나게 됨
윗물이 맑아야 아랫물이 맑다	윗사람이 잘하면 아랫사람도 따라서 잘하게 된다는 말
종로에서 뺨 맞고 한강에서 눈 흘긴다	욕을 당한 자리에서는 아무 말도 못 하고 뒤에 가서 불평함을 비유적으로 이르는 말
중이 제 머리를 못 깎는다	자기가 자신에 관한 일을 좋게 해결하기는 어려워서 남의 손을 빌려야만 이루기 쉬움
쥐구멍에도 볕 들 날 있다	몹시 고생을 하는 삶도 좋은 운수가 터질 날이 있다는 말
지렁이도 밟으면 꿈틀한다	아무리 눌려 지내는 미천한 사람이나, 순하고 좋은 사람이라도 너무 업신여기면 가만있지 아니함
지성이면 감천	무슨 일에든 정성을 다하면 아주 어려운 일도 순조롭게 풀리어 좋은 결과를 맺는다는 말
찬물도 위아래가 있다	무엇에나 순서가 있으니, 그 차례를 따라 하여야 한다는 말
천 리 길도 한 걸음부터	무슨 일이나 그 일의 시작이 중요하다는 말
친구 따라 강남 간다	자기는 하고 싶지 아니하나 남에게 끌려서 덩달아 하게 됨
티끌 모아 태산	아무리 작은 것이라도 모이고 모이면 나중에 큰 덩어리가 됨
평안 감사도 저 싫으면 그만이다	아무리 좋은 일이라도 당사자의 마음이 내키지 않으면 억지로 시킬 수 없음
하늘은 스스로 돕는 자를 돕는다	어떤 일을 이루기 위해서는 자신의 노력이 중요함을 이르는 말
하늘이 무너져도 솟아날 구멍이 있다	아무리 어려운 경우에 처하더라도 살아 나갈 방도가 생긴다는 말
하룻강아지 범 무서운 줄 모른다	철없이 함부로 덤비는 경우를 비유적으로 이르는 말

8 다음 그림의 □ 안에 들어갈 속담을 쓰시오.

힘내. '□' 잖아?

벌써 세 번째 고백인데 또 실패했어.

흐어~

ㅇ ㅂ ㅉ ㅇ ㅇ ㄴ ㅇ ㄱ ㄴ ㄴ ㅁ ㅇ ㄷ

9 다음과 같은 뜻을 지닌 속담을 쓰시오.

(1) 맡은 일에는 정성을 들이지 아니하면서 잇속에만 마음을 두는 경우 : □□에는 마음이 없고, □□에만 마음이 있다

(2) 욕을 당한 자리에서는 아무 말도 못 하고 뒤에 가서 불평하는 경우 : □□에서 뺨 맞고 □□에서 눈 흘긴다

10 다음 □ 안에 공통적으로 들어갈 말을 쓰시오.

□□ 안 개구리 / □□에 가 숭늉 찾는다

|어|휘|그|리|기| 관용어

정답과 해설 15쪽

- **귀가 가렵다** : 남이 제 말을 한다고 느끼다.
- **귀(가) 따갑다** : ① 소리가 날카롭고 커서 듣기에 괴롭다. ② 너무 여러 번 들어서 듣기가 싫다.
- **귀(를) 기울이다** : 남의 이야기나 의견에 관심을 가지고 주의를 모으다.
- **귀에 못이 박히다** : 같은 말을 여러 번 듣다.

- **눈(이) 높다** : ① 정도 이상의 좋은 것만 찾는 버릇이 있다. ② 안목이 높다.
- **눈 밖에 나다** : 신임을 잃고 미움을 받게 되다.
- **눈에 밟히다** : 잊히지 않고 자꾸 눈에 떠오르다.
- **눈에 익다** : 여러 번 보아서 익숙하다.
- **눈에 차다** : 흡족하게 마음에 들다.

- **코(가) 빠지다** : 근심에 싸여 기가 죽고 맥이 빠지다.
- **코 묻은 돈** : 어린아이가 가진 적은 돈
- **코(를) 빠뜨리다** : 못 쓰게 만들거나 일을 망치다.
- **코가 꿰이다** : 약점이 잡히다.
- **코가 납작해지다** : 몹시 무안을 당하거나 기가 죽어 위신이 뚝 떨어지다.
- **코가 높다** : 잘난 체하고 뽐내는 기세가 있다.
- **코빼기도 못 보다** : 도무지 나타나지 않아 전혀 볼 수 없다.
- **코피(가) 터지다** : 손해나 손실을 보다.

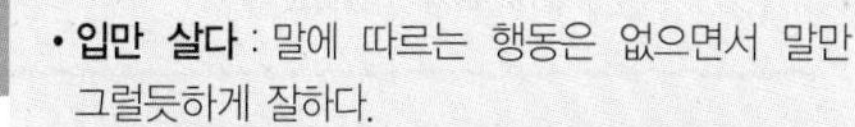

- **어깨가 가볍다** : 무거운 책임에서 벗어나 마음이 홀가분하다.
- **어깨가 무겁다** : 무거운 책임을 져서 마음의 부담이 크다.
- **어깨가 올라가다** : 칭찬을 받거나 하여 기분이 으쓱해지다.
- **어깨가 처지다** : 낙심하여 풀이 죽고 기가 꺾이다.

- **입만 살다** : 말에 따르는 행동은 없으면서 말만 그럴듯하게 잘하다.
- **입에 발린 소리** : 마음에도 없이 겉치레로 하는 말
- **입에 침이 마르다** : 다른 사람이나 물건에 대하여 거듭해서 말하다.
- **입(을) 모으다** : 여러 사람이 같은 의견을 말하다.
- **입이 무겁다** : 말이 적거나 아는 일을 함부로 옮기지 않다.

- **발(을) 구르다** : 매우 안타까워하거나 다급해하다.
- **발(을) 끊다** : 오가지 않거나 관계를 끊다.
- **발(을) 뻗고 자다** : 곤란한 일에서 벗어나 마음 놓고 편히 자다.
- **발(이) 넓다** : 사귀어 아는 사람이 많아 활동하는 범위가 넓다.
- **발(이) 묶이다** : 몸을 움직일 수 없거나 활동할 수 없는 형편이 된다.
- **발 벗고 나서다** : 적극적으로 나서다.

- **가슴에 못(을) 박다** : 마음속 깊이 원통한 생각이 맺히게 하다.
- **가슴에 새기다** : 잊지 않게 단단히 마음에 기억하다.
- **가슴에 손을 얹다** : 양심에 근거를 두다.
- **가슴이 내려앉다** : ① 몹시 놀라서 맥이 풀리다. ② 슬픔으로 마음을 다잡기 힘들게 되다.
- **가슴이 뜨겁다** : 깊고 큰 사랑과 배려를 받아 고마움으로 마음의 감동이 크다.
- **가슴이 벅차다** : 기쁨이나 자부심이 가슴에 가득 차서 넘치는 듯하다.

- **손(을) 내밀다** : 무엇을 달라고 요구하거나 구걸하다.
- **손(을) 떼다** : 하고 있던 일을 그만두다.
- **손(을) 씻다** : 부정적인 일에 대한 관계를 청산하다.
- **손이 맵다** : ① 손으로 슬쩍 때려도 몹시 아프다. ② 일하는 것이 빈틈없고 매우 야무지다.
- **손이 크다** : ① 씀씀이가 후하고 크다. ② 수단이 좋고 많다.
- **손에 땀을 쥐다** : 아슬아슬하여 마음이 조마조마하도록 몹시 애달다.

1 다음 관용어와 그 뜻을 바르게 연결하시오.

(1) 손을 떼다 •　　　　• ㉠ 무엇을 달라고 요구하거나 구걸하다.

(2) 손이 크다 •　　　　• ㉡ 하고 있던 일을 그만두다.

(3) 손을 씻다 •　　　　• ㉢ 부정적인 일에 대한 관계를 청산하다.

(4) 손을 내밀다 •　　　　• ㉣ 씀씀이가 후하고 크다.

2 다음 그림의 (　) 안에 들어갈 관용어를 기본형으로 쓰시오.

아리송한 띄어쓰기

정답과 해설 15쪽

띄어쓰기가 바르게 된 것을 골라 □ 안에 ✓표시해 보세요.

01
- □ 다칠뻔했구나.
- □ 다칠 뻔했구나.
- □ 다칠 뻔 했구나.

02
- □ 쟁반 같이 둥근 달
- □ 쟁반같이 둥근 달

03
- □ 맨먼저 무엇을 할지 정하자.
- □ 맨 먼저 무엇을 할지 정하자.

04
- □ 밥은 커녕 죽도 못 먹는다.
- □ 밥은커녕 죽도 못 먹는다.

05
- □ 시키는 대로 해라.
- □ 시키는대로 해라.

06
- □ 맑아야 할 텐데.
- □ 맑아야 할텐데.

07
- □ 내가 벌써 스물다섯 살이다.
- □ 내가 벌써 스물 다섯 살이다.

08
- □ 물은 높은데서 낮은데로 흐른다.
- □ 물은 높은 데서 낮은 데로 흐른다.

09
- □ 홍시가 참 먹음직하다.
- □ 홍시가 참 먹음 직하다.

10
- □ 돈이 천 원밖에 없다.
- □ 돈이 천 원 밖에 없다.

| 어 | 휘 | 그 | 리 | 기 | 헷갈리기 쉬운 우리말

가르치다	지식이나 기능, 이치 따위를 깨닫게 하거나 익히게 하다. 예 그는 그녀에게 운전을 가르쳤다.
가리키다	손가락 따위로 어떤 방향이나 대상을 집어서 보이거나 말하거나 알리다. 예 그는 손가락으로 북쪽을 가리켰다.

낫다	① 병이나 상처 따위가 고쳐져 본래대로 되다. 예 감기가 낫는 것 같더니 다시 심해졌다. ② 보다 더 좋거나 앞서 있다. 예 형보다 동생이 인물이 낫다.
낮다	높낮이로 잴 수 있는 수치나 정도가 기준이 되는 대상이나 보통 정도에 미치지 못하는 상태에 있다. 예 이번 선거는 투표율이 예년보다 낮을 것으로 보인다.
낳다	배 속의 아이, 새끼, 알을 몸 밖으로 내놓다. 예 우리 집 소가 오늘 아침 송아지를 낳았다.

낟	곡식의 알 예 좁쌀 낟 같은 핏방울
낫	곡식, 나무, 풀 따위를 베는 데 쓰는 농기구 예 낫으로 풀을 베다.
낯	눈, 코, 입 따위가 있는 얼굴의 바닥 예 낯을 깨끗이 씻어라.
낱	셀 수 있는 물건의 하나하나 예 사과를 낱으로 팔다.

너머	높이나 경계로 가로막은 사물의 저쪽. 또는 그 공간 예 산 너머, 고개 너머
넘어	높은 부분의 위를 지나거나 경계를 건너 지난다는 뜻을 지닌 '넘다'의 활용형 예 산을 넘어가다.

다르다	비교가 되는 두 대상이 서로 같지 아니하다. 예 아들이 아버지와 얼굴이 다르다.
틀리다	셈이나 사실 따위가 그르게 되거나 어긋나다. 예 답이 틀리다.

다리다	옷이나 천 따위의 주름이나 구김을 펴고 줄을 세우기 위하여 다리미나 인두로 문지르다. 예 다리미로 옷을 다리다.
달이다	액체 따위를 끓여서 진하게 만들다. 예 간장을 달이다.

-던지	뒤의 사실이나 판단에 대한 까닭이나 근거를 나타내는 연결 어미 예 얼마나 춥던지 손이 곱아 펴지지 않았다.
-든지	둘 이상의 일이나 상태를 나열할 때 쓰는 연결 어미 예 사과든지 배든지 다 좋다.

두껍다	두께가 보통의 정도보다 크다. 예 추워서 옷을 두껍게 입었다.
두텁다	신의, 믿음, 관계, 인정 따위가 굳고 깊다. 예 친분이 두텁다.

들르다	지나는 길에 잠깐 들어가 머무르다. 예 친구 집에 들르다.
들리다	귀로 소리를 느끼다. 예 어디서 음악 소리가 들리다.

로서	지위나 신분 또는 자격을 나타내는 격 조사 예 그것은 교사로서 할 일이 아니다.
로써	어떤 일의 수단이나 도구를 나타내는 격 조사 예 대화로써 갈등을 풀 수 있다.

마치다	어떤 일이나 과정, 절차 따위가 끝나다. 예 일을 마치고 가게로 갔다.
맞추다	① 서로 떨어져 있는 부분을 제자리에 맞게 대어 붙이다. 예 퍼즐 조각을 맞추다. ② 둘 이상의 일정한 대상들을 나란히 놓고 비교하여 살피다. 예 친구와 답을 맞추어 보았다.
맞히다	'문제에 대한 답이 틀리지 아니하다.'라는 뜻을 지닌 '맞다'의 사동사 예 퀴즈의 답을 맞히다.

매다	끈이나 줄 따위를 풀어지지 아니하게 마디를 만들다. 예 신발 끈을 매다.
메다	어깨에 걸치거나 올려놓다. 예 어깨에 배낭을 메다.

헷갈리기 쉬운 우리말

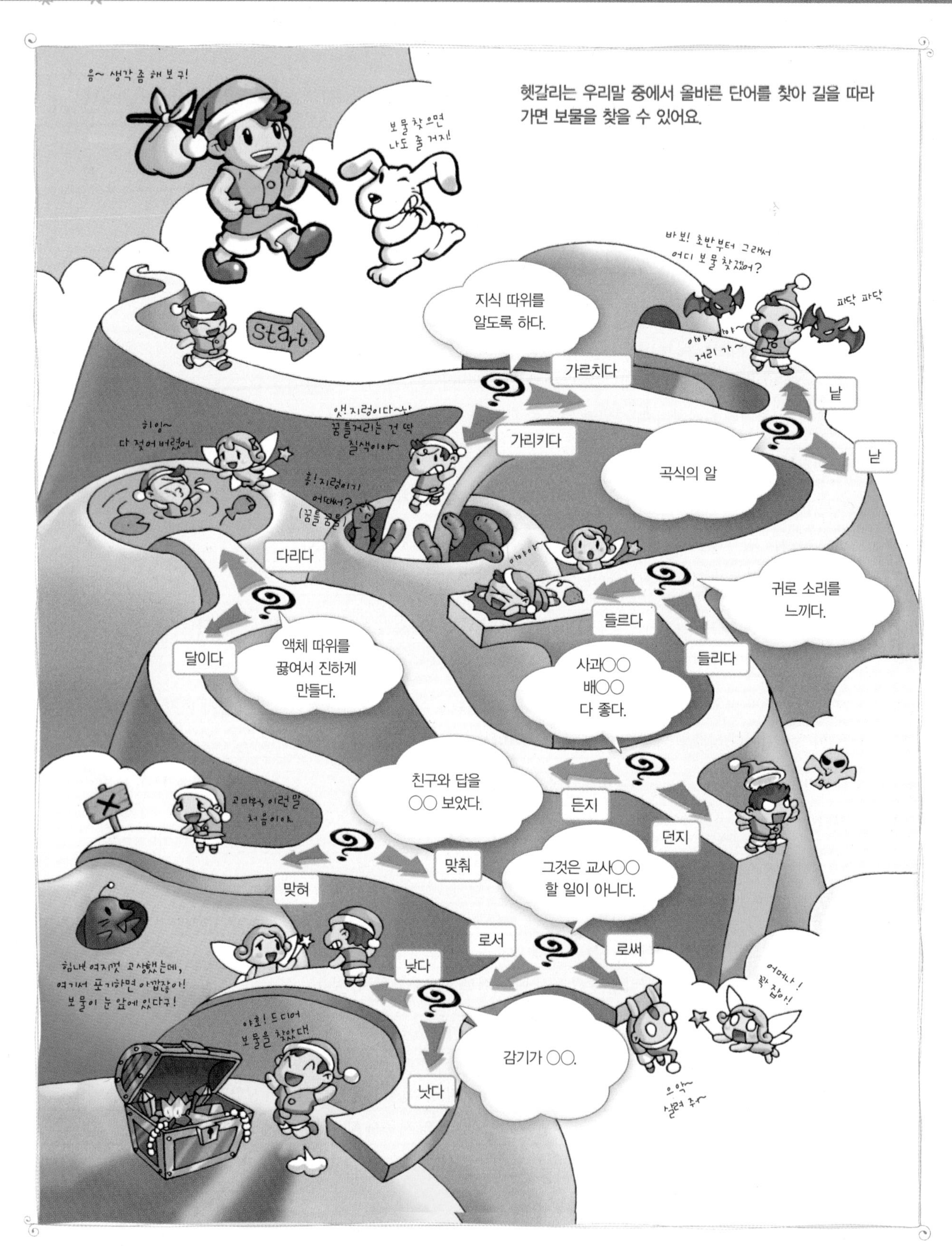
헷갈리는 우리말 중에서 올바른 단어를 찾아 길을 따라 가면 보물을 찾을 수 있어요.
음~ 생각 좀 해 보구!
보물 찾으면 나도 줄 거지!
start
바보! 초반부터 그래서 어디 보물 찾겠어?
파닥 파닥
지식 따위를 알도록 하다.
가르치다
가리키다
곡식의 알
낱
낟
히잉~ 다 젖어 버렸어.
앗! 지렁이다~난 꿈틀거리는 건 딱 질색이야~
흥! 지렁이가 어때서? (꿈틀 꿈틀)
다리다
달이다
액체 따위를 끓여서 진하게 만들다.
귀로 소리를 느끼다.
들르다
들리다
사과○○ 배○○ 다 좋다.
친구와 답을 ○○ 보았다.
든지
던지
고마워, 이런 말 처음이야.
맞춰
맞혀
그것은 교사○○ 할 일이 아니다.
로서
로써
힘내 여지껏 고생했는데, 여기서 포기하면 아깝잖아! 보물이 눈 앞에 있다구!
어머나! 꽉 잡아!
낫다
낮다
야호! 드디어 보물을 찾았다!
감기가 ○○.
으악~ 살려 줘~

헷갈리기 쉬운 우리말

낱말	뜻과 예
목거리	목이 붓고 아픈 병 예 목거리 때문에 병원에 갔다.
목걸이	목에 거는 물건을 통틀어 이르는 말 예 목걸이를 선물로 주었다.
바라다	생각대로 되기를 원하다. 예 시험에 합격하기를 바라다.
바래다	볕이나 습기를 받아 색이 변하다. 예 사진이 누렇게 바래다.
반드시	틀림없이 꼭 예 반드시 시간을 지켜야 한다.
반듯이	생각이나 행동 따위가 비뚤어지거나 기울거나 굽지 아니하고 바르게 예 반듯이 누워 있었다.
배다	배 속에 아이나 새끼를 가지다. 예 아이를 배다.
베다	① 누울 때, 베개 따위를 머리 아래에 받치다. 예 베개를 베다. ② 날이 있는 연장 따위로 무엇을 끊거나 자르거나 가르다. 예 낫으로 벼를 베다.
벌리다	둘 사이를 넓히거나 멀게 하다. 예 줄 간격을 벌리다.
벌이다	일을 계획하여 시작하거나 펼쳐 놓다. 예 사업을 벌이다.
봉오리	꽃봉오리 예 봉오리가 맺히다.
봉우리	산봉우리 예 한라산 봉우리에 오르다.
부치다	편지나 물건 따위를 일정한 수단이나 방법을 써서 상대에게로 보내다. 예 편지를 부치다.
붙이다	서로 맞닿아서 떨어지지 않게 하다. 예 봉투에 우표를 붙이다.
불거지다	어떤 사물이나 현상이 두드러지게 커지거나 갑자기 생겨나다. 예 소문이 불거지다.
붉어지다	빛깔이 점점 붉게 되어 가다. 예 얼굴이 붉어지다.
일절	아주, 전혀, 절대로 예 출입을 일절 금하다.
일체	모든 것, 전부, 완전히 예 재산 일체를 학교에 기부하였다.
잃다	가졌던 물건이 자신도 모르게 없어져 그것을 갖지 아니하게 되다. 예 가방을 잃다.
잊다	한번 알았던 것을 기억하지 못하거나 기억해 내지 못하다. 예 수학 공식을 잊다.
-장이	'그것과 관련된 기술을 가진 사람' 의 뜻을 더하는 접미사 예 간판장이, 양복장이
-쟁이	'그것이 나타내는 속성을 많이 가진 사람' 의 뜻을 더하는 접미사 예 개구쟁이, 욕심쟁이
저리다	뼈마디나 몸의 일부가 오래 눌려서 피가 잘 통하지 못하여 감각이 둔하고 아리다. 예 다리가 저리다.
절이다	'소금기나 식초, 설탕 따위가 배어들다' 라는 뜻을 지닌 '절다' 의 사동사 예 배추를 절이다.
조리다	고기나 생선, 채소 따위를 양념하여 국물이 거의 없게 바짝 끓이다. 예 생선을 조리다.
졸이다	속을 태우다시피 초조해하다. 예 마음을 졸이다.
주리다	제대로 먹지 못하여 배를 곯다. 예 여러 날 배를 주리다.
줄이다	'물체의 길이나 넓이, 부피 따위가 본디보다 작아지다.' 라는 뜻을 지닌 '줄다' 의 사동사 예 소매 길이를 줄이다.
홀몸	배우자나 형제가 없는 사람 예 사고로 아내를 잃고 홀몸이 되었다.
홑몸	아이를 배지 아니한 몸 예 그녀는 홑몸이 아니다.

어휘 그리기 헷갈리기 쉬운 우리말

헷갈리는 우리말 중에서 올바른 단어를 찾아 길을 따라 가면 길동의 사부님을 만날 수 있어요.

| 어 | 휘 | 그 | 리 | 기 | 글의 성격과 관련된 용어

정답과 해설 16쪽

감각적	감각을 자극하는 것
객관적	제삼자의 입장에서 사물을 보거나 생각하는 것
고백적	마음속에 생각하고 있거나 감추어 둔 것을 숨김없이 말하는 것
교훈적	바른 길로 나아가도록 가르치고 깨우쳐 주는 것
구체적	쉽게 이해하고 알 수 있을 만큼 명확하고 자세한 것
궁극적	맨 마지막의, 더할 나위 없는 지경에 도달하는 것
논리적	글을 논리에 맞고 체계적으로 전개해 나가는 것
논증적	대상을 파악할 때 판단, 추리를 통해 밝혀 가는 것
대조적	서로 반대되거나 상대적으로 대비되는 것
묘사적	있는 그대로의 모습을 그림 그리듯이 보여 주는 것
비판적	사물의 옳고 그름을 가리어 판단하거나 밝히는 것
사색적	어떤 것에 대해 깊이 생각하고 이치를 따지는 것
상대적	서로 맞서거나 비교되는 관계에 있는 것
서사적	시간의 흐름에 따라 사건을 서술하는 것
서정적	자기의 감정이나 느낌을 담고 있는 것
설득적	자신의 생각을 다른 사람이 납득하도록 말하는 것
설명적	어떤 일이나 대상의 내용을 상대방이 잘 알 수 있도록 밝혀 말하는 것
애상적	슬퍼하거나 가슴 아파하는 것
우연적	특별한 원인 없이 사건이나 결과가 생겨나는 것
절대적	비교하거나 상대될 만한 것이 없는 것
주관적	자신의 생각이나 의견을 중심으로 하는 것
추상적	직접 경험하거나 지각할 수 있는 형태와 성질을 갖추고 있지 않은 것
풍자적	남의 결점을 다른 것에 빗대어 간접적으로 비웃으면서 폭로하고 공격하는 것
필연적	반드시 그렇게 될 수밖에 없는 것
함축적	말이나 글이 어떤 뜻을 속에 담고 있는 것
해학적	익살스럽고도 품위가 있는 말이나 행동이 있는 것
허구적	현실에 없는 일을 있음 직하게 꾸며 만드는 것
회고적	옛일을 돌이켜 생각하는 내용을 다룬 것

1 **다음 빈칸에 알맞은 말을 쓰시오.**

				1		
		3		2		
		4				
5						

가로 열쇠

2 쉽게 이해하고 알 수 있을 만큼 명확하고 자세한 것

4 어떤 것에 대해 깊이 생각하고 이치를 따지는 것

5 슬퍼하거나 가슴 아파하는 것

세로 열쇠

1 현실에 없는 일을 있음 직하게 꾸며 만드는 것

3 시간의 흐름에 따라 사건을 서술하는 것

|어|휘|그|리|기| 시험에 잘 나오는 용어&발문

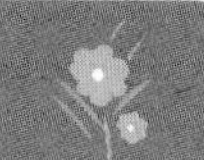

정답과 해설 16쪽

감상	마음속에서 일어나는 느낌이나 생각 예 이 글에 대한 감상으로 바르지 않은 것은?
관점	사물을 보고 생각하는 태도나 방향 예 다음 중 이 글의 글쓴이와 관점이 같은 것은?
교훈	앞으로의 행동이나 생활에 지침이 될 만한 가르침 예 이 글을 통해 얻을 수 있는 교훈은?
근거	어떤 일이나 의논, 의견에 그 근본이 됨. 또는 그런 까닭 예 글쓴이의 주장을 뒷받침할 만한 근거로 알맞은 것은?
내외	약간 덜하거나 넘음 예 글쓴이가 말하고자 하는 바를 10자 내외로 쓰시오.
목적	실현하려고 하는 일이나 나아가는 방향 예 글쓴이가 이 글을 쓴 목적은?
반응	자극에 대응하여 어떤 현상이 일어남 예 이 글을 읽은 학생들의 반응으로 적절하지 않은 것은?
배경	문학 작품에서 주제를 뒷받침하는 시대적, 사회적 환경이나 장소 예 이 글의 시대적 배경을 짐작하게 하는 소재는?
상징	추상적인 사물이나 사상을 구체적인 사물로 나타내는 일 예 이 시에서 '함박눈'의 상징적인 의미로 알맞은 것은?
서술	사건이나 생각 따위를 차례대로 말하거나 적음 예 이 글의 주제를 한 문장으로 서술하시오.
설명	어떤 일이나 대상의 내용을 상대방이 잘 알 수 있도록 밝혀 말함 예 이 글에 대한 설명으로 알맞은 것은?
어조	시의 화자가 사용하는 특징적인 말의 느낌과 말투 예 이 시를 낭송하기에 적절한 어조는?
원인	어떤 사물이나 상태를 변화시키거나 일으키게 하는 근본이 된 일이나 사건 예 (가)에 나타난 갈등의 원인을 바르게 파악한 것은?
유사	서로 비슷함 예 ㉠-㉡의 관계와 유사한 소재를 〈보기〉에서 찾으면?
유의	마음에 새겨 두어 조심하며 관심을 가짐 예 이와 같은 글을 읽을 때 유의할 점은?
의도	무엇을 하고자 하는 계획 예 글쓴이가 이 글을 쓴 의도로 알맞은 것은?
일치	비교되는 대상들이 서로 어긋나지 아니하고 같거나 들어맞음 예 이 글의 내용과 일치하는 것은?
정서	대상이나 상황에 대해 느끼는 감정이나 생각 예 (가)와 〈보기〉에 공통적으로 나타나는 정서는?
차이점	서로 같지 아니하고 다른 점 예 (가)와 (나)의 차이점으로 알맞은 것은?
추측	미루어 생각하여 헤아림 예 이 시의 말하는 이에 대해 바르게 추측한 것은?
태도	어떤 사물이나 상황을 대하는 자세 예 대상에 대한 글쓴이의 태도로 알맞은 것은?
특성	일정한 사물에만 있는 특수한 성질 예 이와 같은 글의 특성이 아닌 것은?
특징	다른 것에 비하여 특별히 눈에 띄는 점 예 이 글의 서술상의 특징으로 알맞은 것은?
파악	어떤 대상의 내용이나 본질을 확실하게 이해하여 앎 예 이 글의 주제를 바르게 파악한 사람은?
효과	어떤 목적을 지닌 행위에 의하여 드러나는 보람이나 좋은 결과 예 ㉠을 인용한 효과로 적절한 것은?

1 다음 각 용어와 뜻을 바르게 연결하시오.

(1) 관점 •　　• ㉠ 서로 비슷함

(2) 상징 •　　• ㉡ 사물을 보고 생각하는 태도나 방향

(3) 유의 •　　• ㉢ 마음에 새겨 두어 조심하며 관심을 가짐

(4) 유사 •　　• ㉣ 무엇을 하고자 하는 계획

(5) 추측 •　　• ㉤ 추상적인 사물이나 사상을 구체적인 사물로 나타내는 일

(6) 의도 •　　• ㉥ 미루어 생각하여 헤아림

시험에 잘 나오는 용어&발문

중학교 입학 후, 처음으로 보는 국어 시험!
다들 떨리고 긴장되는 마음으로 시험을 치르는데,
유독 심상치 않은 학생들이 있었으니…….

• 이 글 : 지문으로 주어진 글
예 이 글의 주된 갈등은?
• 이와 같은 글 : 지문으로 주어진 글과 같은 갈래(종류)의 글
예 이와 같은 글에서 갈등이 하는 역할은?

• 음절(音節) : 글자 수와 같음
예 책을 읽었다 → [채][글][일][걷][따] ⇨ 5자=5음절
• 어절(語節) : 띄어쓰기 단위와 일치함
예 나는 책을 읽었다
1 2 3 ⇨ 3어절

• 찾아 쓰시오 : 지문에서 답이 되는 것을 찾아 그대로 옮겨 쓰라는 의미
• 이용해서 쓰시오 : 지문에서 답이 되는 것을 찾아 알맞게 고쳐 쓰라는 의미

• 궁극적 : 더할 나위 없는 최종의 것
예 이 글의 글쓴이가 궁극적으로 말하고자 하는 바는?
• 이질적 : 성질이 서로 다른 것
예 ㉠~㉤ 중, 나머지 넷에 비하여 이질적인 것은?

| 쪽지 시험 | 이 시

공부한 날 : 이름 : 점수 :

정답과 해설 16쪽

01 마음이나 머릿속에 떠오르는 생각, 또는 느낌을 운율이 있는 언어로 압축하여 표현한 문학의 종류를 쓰시오.

02 다음 설명이 옳으면 ○표, 옳지 않으면 ×표 하시오.

(1) 표현 대상을 다른 대상에 직접 빗대는 방법을 은유법이라고 한다. (　　)

(2) 시에 사용된 다양한 표현 방법은 시인의 정서나 의도를 더 잘 드러나게 하는 효과가 있다. (　　)

(3) 비슷한 어구를 늘어놓아 의미를 강조하는 방법을 반복법이라고 한다. (　　)

03 시에서 분위기, 운율을 형성하고 의미를 강조하기 위해 시인이 의도적으로 어법에 맞지 않는 표현을 사용하는 것을 무엇이라고 하는지 쓰시오.

04 시인의 생각과 느낌을 효과적으로 나타내기 위해 설정한 장치로, 시의 어조와 분위기를 형성하는 역할을 하는 이를 (서술자 / 화자 / 관찰자)라고 한다.

05 정해진 형식에 맞추어 쓴 시를 □□□(이)라고 하고, 행의 구분이 없이 줄글로 쓴 시를 □□□(이)라고 한다.

06 시어의 일정한 규칙에 따라 겉으로 드러나는 운율을 □□□(이)라고 한다.

07 '내 누님같이 생긴 꽃이여.'에 사용된 표현 방법을 쓰시오.

08 평시조와 사설시조를 다음과 같이 비교할 때, 빈칸에 알맞은 말을 쓰시오.

평시조	사설시조
고려 말~조선 □□	조선 중기 이후
3장 6구 45자 내외	평시조에 비해 두 구 이상이 길어짐
사대부, □□ 계층	□□ 계층(대체로 작가 미상)
• □□□ 사상 • 자연에서 느끼는 한가로운 삶	• 남녀 간의 애정 • 서민 생활에 대한 애환 • 현실에 대한 비판과 풍자

09 다음 시구에 나타난 심상을 〈보기〉에서 찾아 쓰시오.

〈 보기 〉
시각적 심상　　청각적 심상　　미각적 심상
후각적 심상　　촉각적 심상　　공감각적 심상

(1) 푸른 휘파람 소리 (　　　　)

(2) 메마른 입술에 쓰디쓰다. (　　　　)

(3) 뭐라고 썼을까 노오란 은행잎에 (　　　　)

10 다음 빈칸에 알맞은 말을 쓰시오.

1		3		
2				
				5
		4		

가로 열쇠

2 혀로 맛을 보는 듯한 느낌을 ○○○ 심상이라고 함

4 시의 종류 중, 정해진 형식이 없이 자유롭게 쓴 시

세로 열쇠

1 시에서 첫 번째 연이나 행을 마지막 연이나 행에 다시 반복하는 것

3 시인의 생각과 느낌을 효과적으로 나타내기 위해 설정한 장치

5 시조의 종류 중, 3장 6구 45자 내외의 기본적인 형태의 시조

02 소설

공부한 날 : 이름 : 점수 :

정답과 해설 16쪽

01 현실 속에서 있음 직한 일을 작가의 상상력을 통해 꾸며 낸 이야기를 □□(이)라고 한다.

02 소설의 3요소 중에서 작가가 소설을 통해 전달하고자 하는 중심 생각을 □□(이)라고 한다.

03 소설이 작가의 상상에 의해 꾸며진 이야기라는 것은 소설의 특징 중 (허구성, 서사성, 예술성)에 해당한다.

04 한 인물의 마음속에서 대립되는 마음이 생겨 일어나는 갈등을 무엇이라고 하는지 쓰시오.

05 '흥부전'의 놀부는 주동 인물을 방해하며 갈등을 일으키는 □□ □□(이)고, '춘향전'의 이몽룡은 작품의 처음부터 끝까지 성격이 변하지 않는 □□□ □□(이)다.

06 다음 설명에 해당하는 소설의 구성 단계를 쓰시오.

(1) 인물과 배경을 소개한다. ( )

(2) 갈등이 최고조에 이른다. ( )

(3) 인물 간의 갈등이 시작된다. ( )

(4) 갈등이 깊어지고 긴장감이 조성된다. ( )

(5) 갈등이 해소되고 인물의 운명이 결정된다. ( )

07 서술자가 작품 밖 관찰자의 위치에서 인물의 행동과 사건을 객관적으로 전달하는 시점을 □□□ □□□ □□(이)라고 한다.

08 다음 내용이 인물의 성격 제시 방법 중 직접 제시이면 '직', 간접 제시이면 '간'이라고 쓰시오.

(1) 국어 선생님은 정말 다정다감하다. ( )

(2) 국어 선생님은 언제나 웃으시며, 우리의 이야기를 잘 들어 주신다. ( )

09 설화에 대해 다음과 같이 정리할 때, 빈칸에 들어갈 말을 쓰시오.

(1) 한 민족 안에서 전승되는 신적 존재나 영웅에 대한 이야기를 □□(이)라고 한다.

(2) 전설은 인간과 그 행위를 주체로 하는 이야기로, □□□인 배경과 □□□이/가 제시된다.

(3) 민담은 흥미와 교훈 위주의 이야기로, 구체적인 배경은 제시되지 않으며 주로 □□□ 결말로 끝난다.

10 다음 빈칸에 알맞은 말을 쓰시오.

		1	
2			3
		4	
5	6		

가로 열쇠

2 인물의 성격 제시 방법 중, 인물의 대화나 행동을 통해 독자가 짐작하도록 하는 방법

5 '사건의 내용을 줄글의 형태로 독자에게 들려주는 형식'이라는 소설의 특성을 말하는데, 이 특성은 소설을 시와 구별해 주는 가장 큰 특징임

세로 열쇠

1 작가가 작품에서 나타내고자 하는 중심 생각

3 서술자가 인물이나 사건을 어떻게 바라보면서 전달하느냐에 따른 서술자의 위치

4 소설의 3요소는 주제, ○○, 문체임

6 작가의 독특한 개성이 드러나는 문장 표현

| 쪽지 시험 | 03 희곡, 시나리오

공부한 날 : 이름 : 점수 :

정답과 해설 17쪽

01 희곡과 시나리오에 대한 설명으로 옳으면 ○표, 옳지 않으면 ×표 하시오.

(1) 희곡은 무대 상연을 목적으로 한다. (○ / ×)

(2) 시나리오는 희곡보다 시간적 · 공간적 배경과 등장인물의 수에 더 큰 제약을 받는다. (○ / ×)

02 ㉠과 ㉡에 들어갈 말을 각각 쓰시오.

> 희곡의 구성단위는 (㉠)와/과 (㉡)(이)다. (㉠)은/는 한 편의 연극을 나누는 큰 단위로, 무대의 휘장이 오르고 내리는 것으로 처리된다. (㉡)은/는 (㉠)보다 작은 단위로, 대체로 조명에 의해 처리된다.

03 다음 내용이 희곡의 특징이면 '희', 시나리오의 특징이면 '시'라고 쓰시오.

(1) 사건을 현재형으로 표현한다. ( )

(2) 시간, 공간, 등장인물 수 등의 제약을 받는다. ( )

(3) 카메라 촬영을 위해 특수한 용어가 사용된다. ( )

04 시나리오의 구성 요소는 □□, □□, □□□, □□ □□(이)다.

05 시나리오는 □□을 기본 단위로 하고, □□와/과 행동을 통해 인물의 성격이 제시된다.

06 희곡, 시나리오, 소설의 구성 단계를 각각 쓰시오.

(1) 희곡, 시나리오 : ( )

(2) 소설 : ( )

07 희곡에서 관객에게는 들리지만 상대 배우에게는 들리지 않는다는 약속 아래 하는 말을 무엇이라고 하는지 쓰시오.

08 희곡, 시나리오, 소설의 공통점으로 알맞은 것에 ○표 하시오.

(1) 막과 장으로 구성된다. ( )

(2) 대립과 갈등을 본질로 한다. ( )

(3) 인물의 심리를 직접적으로 묘사한다. ( )

09 시나리오 용어와 그 뜻을 바르게 연결하시오.

(1) C.U. •	• ㉠ 화면 밖에서 들려오는 설명 형식의 대사
(2) 몽타주 •	• ㉡ 한 화면이 사라짐과 동시에 다른 화면이 점차로 나타나는 장면 전환 기법
(3) 내레이션 •	• ㉢ 따로따로 촬영한 화면을 떼어 붙여 편집하는 기법
(4) 디졸브 •	• ㉣ 대상의 일부분을 크게 확대하여 나타내는 기법

10 다음 빈칸에 알맞은 말을 쓰시오.

1	2		3	
	5			
4				

가로 열쇠

1 희곡에서 무대 장치, 분위기, 효과음, 조명 등을 지시하는 부분

4 희곡의 구성 단계 중, 갈등이 해소되고 사건이 마무리되는 부분

세로 열쇠

2 희곡의 구성 요소는 해설, ○○, 지시문

3 영화나 드라마의 상영을 전제로 쓴 대본

5 시나리오의 구성 단계는 ○○－전개－절정－하강－대단원

| 쪽지 시험 | 04 수필(설, 기행문, 편지글)

공부한 날 : 이름 : 점수 :

정답과 해설 17쪽

01 수필의 특성을 〈보기〉에서 모두 골라 기호로 쓰시오.

〈 보기 〉
㉠ 전문적인 글　　㉡ 대중적인 글
㉢ 허구적인 글　　㉣ 개성적인 글
㉤ 소재가 다양한 글

02 수필의 특징과 그에 대한 설명을 바르게 연결하시오.

(1) 체험적 •　　• ㉠ 생활 속의 모든 것이 소재가 됨
(2) 비전문적 •　　• ㉡ 누구나 쓸 수 있음
(3) 신변 잡기적 •　　• ㉢ 글쓴이의 경험이 드러남

03 다음 중 경수필의 글감으로 어울리는 것에 ○표 하시오.

〈 보기 〉
미술 시간　　우정　　교육 정책
지구 온난화　　학교 축제　　노인 복지

04 수필 속의 '나'는 허구적 인물이고, 소설 속의 '나'는 작가 자신이다. (○ / ×)

05 다음 빈칸에 알맞은 말을 쓰시오.

			1
		2	
3			

가로 열쇠	세로 열쇠
2 '설'은 ○○(이)나 우의적인 표현을 통해 자신의 생각을 나타냄 **3** 중수필은 ○○○에 가까운 글임	**1** 수필의 문체 중에서 부드럽고 우아한 문체 **2** 수필은 전문적인 작가가 아니더라도 쓸 수 있는 ○○○○인 문학임 **3** 중수필은 ○○○인 글임

06 여행하는 동안에 보고, 듣고, 느낀 것을 주로 시간의 흐름이나 공간의 이동에 따라 적은 글을 무엇이라고 하는지 쓰시오.

07 기행문의 3요소는 □□, □□, □□(이)다.

08 다음 내용이 기행문에 대한 설명으로 옳으면 ○표, 옳지 않으면 ×표 하시오.

(1) 기행문에는 여행을 다녀 온 경로와 경험한 내용만 늘어가면 된다. (○ / ×)

(2) 기행문에는 여행한 지방의 풍습, 풍물, 사투리 등의 지방색이 나타난다. (○ / ×)

09 편지글의 각 단계에 들어갈 내용을 〈보기〉에서 찾아 쓰시오.

〈 보기 〉
받는 사람　　끝인사　　첫인사
편지를 쓴 날자　　자기 안부
보내는 사람　　편지를 쓴 목적과 내용

(1) 첫머리 : ____________

(2) 사연 : ____________

(3) 끝맺음 : ____________

10 다음 빈칸에 알맞은 말을 쓰시오.

1		3
2		
4	5	

가로 열쇠	세로 열쇠
2 여행하는 동안에 보고, 듣고, 느낀 것을 주로 시간의 흐름이나 공간의 이동에 따라 적은 글 **4** 편지글은 정해진 독자에게 용건을 전하는 ○○○인 글임	**1** 기행문의 '처음' 부분에는 여행의 ○○, 목적, 출발의 기쁨 등이 나타남 **3** 편지글의 구성 : 첫머리(서두)–사연(○○)–끝맺음(결미) **5** 편지글이란 정해진 대상에게 안부, 소식, ○○ 따위를 적어 보내는 글을 말함

| 쪽지 시험 |

05 논설문, 건의문

공부한 날 : ______ 이름 : ______ 점수 : ______

정답과 해설 17쪽

01 논설문은 독자를 □□하는 글이다.

02 다음 내용이 논설문을 읽는 방법으로 옳으면 ○표, 옳지 않으면 ×표 하시오.

(1) 글 속에 숨어 있는 내용을 추리하고 상상하며 읽는다. (○ / ×)

(2) 글쓴이의 주장을 뒷받침하는 근거가 주관적인지 파악한다. (○ / ×)

(3) 글쓴이의 주장은 파악해야 하지만 글을 쓴 의도는 파악하지 않아도 된다. (○ / ×)

03 다음 설명에 해당하는 논설문의 특징을 〈보기〉에서 찾아 쓰시오.

〈 보기 〉
주관성　　신뢰성　　타당성
체계성　　명료성　　독창성

(1) 주장이 명확하게 드러나야 한다. (　　　　)

(2) 글이 '서론－본론－결론'에 따라 짜임새 있게 전개되어야 한다. (　　　　)

04 논설문에서 다른 사람의 견해를 통해 주장을 뒷받침하는 것을 □□(이)라고 한다.

05 다음 빈칸에 알맞은 말을 쓰시오.

	1	2
3		

가로 열쇠

1 논설문의 진술 방식 중, 주장이 제시되어 있는 부분을 ○○(이)라고 함

3 논설문은 글쓴이가 자신의 주장에 대한 타당한 근거를 들어 ○○○(으)로 전개하는 글임

세로 열쇠

2 논설문과 설명문은 모두 ○○○(사전적)인 언어를 사용함

3 논증의 구성 요소 중 글쓴이가 하고 싶은 말로, 의견을 내세운 것을 주장, 결론, 또는 ○○(이)라고 함

06 개인이나 단체가 문제 상황을 해결하기 위한 의견을 당사자나 관련 단체에게 알려, 그 독자가 문제를 □□하기 위해 행동하도록 □□하는 글을 건의문이라고 한다.

07 건의문을 쓰는 절차를 다음과 같이 정리할 때, (　) 안에 들어갈 말을 쓰시오.

계획하기 ➡ 내용 생성하기 ➡
(　　　　　　) ➡ 표현하기 ➡ 고쳐 쓰기

08 건의문이 갖춰야 할 내용이 아닌 것을 찾아 ○표 하시오.

명확한 건의 대상　　자세한 문제 상황
공익적 기대 효과　　주관적인 건의 내용

09 건의문의 각 단계에 들어갈 내용을 선으로 연결하시오.

(1) 처음 •　　• ㉠ 인사말과 건의 내용에 대한 긍정적 기대, 기록한 날짜와 서명 등을 제시함

(2) 가운데 •　　• ㉡ 정중한 인사말과 함께 자신을 소개하고, 건의의 대상과 목적을 제시함

(3) 끝 •　　• ㉢ 건의 내용과 해결 방안을 근거와 함께 제시함

10 다음 빈칸에 알맞은 말을 쓰시오.

1		2		
	3			4

가로 열쇠

1 개인이나 단체가 문제 상황을 해결하기 위한 의견을 당사자나 관련 단체인 독자에게 알려, 그 독자가 문제를 해결하기 위해 행동하도록 설득하는 글

3 건의문을 쓰기 위해 계획할 때에는 글의 목적과 주제를 정하며 ○○ ○○을/를 분석해야 함

세로 열쇠

2 건의문을 읽을 때에는 글에 드러난 ○○ ○○, 요구 사항, 건의 사항 등을 정확하게 파악해야 함

4 건의문을 쓰는 절차 중, '내용 생성하기' 단계에서는 주제와 관련된 ○○을/를 수집해야 함

 공부한 날 : 이름 : 점수 :

정답과 해설 17쪽

01 다음 ( ) 안의 말 중에서 설명문에 대한 설명으로 알맞은 것에 ○표 하시오.

(1) 설명문은 (주관적인 , 객관적인) 글이다.

(2) 설명문은 (쉬운 , 어려운) 어휘로 써야 한다.

02 다음 내용이 설명문을 읽는 방법으로 옳으면 ○표, 옳지 않으면 ×표 하시오.

(1) 누구나 그렇다고 생각할 만한 주관적인 내용인지 판단하며 읽는다. (○/×)

(2) 지시어와 접속어는 중요하지 않으므로 크게 신경 쓰지 않고 읽는다. (○/×)

03 다음 내용이 설명문의 구성 단계 중 어느 부분에 들어갈 내용인지 쓰시오.

(1) 독자의 관심 유도 ( )

(2) 여러 가지 설명 방법의 사용 ( )

(3) 설명한 내용의 요약 · 정리 및 마무리 ( )

04 둘 이상의 대상을 견주어 공통점이나 비슷한 점을 중심으로 설명하는 방법은 □□이고, 차이점을 중심으로 설명하는 방법은 □□이다.

05 다음 빈칸에 알맞은 말을 쓰시오.

	1		
2			
	3	4	
	5		

가로 열쇠	세로 열쇠
2 설명문을 쓸 때에는 ○○ ○○을/를 분석해야 함 3 정보 전달을 목적으로 하여 독자들이 이해하기 쉽도록 쉽게 풀어 쓴 글 5 설명문을 쓸 때에는 정보를 수집하고 내용을 ○○한 다음 내용을 조직해야 함	1 설명문의 '처음' 부분에서는 설명할 ○○을/를 소개함 2 대상에 대한 구체적인 예를 들어 설명하는 방법 4 설명문의 특징 중, 뜻이 분명하게 전달되도록 문장을 정확하고 간결하게 쓰는 것

06 다음 중 전기문의 특성이 아닌 것을 찾아 ○표 하시오.

허구성	교훈성	비평성
문학성	서사성	현재성

07 다음 전기문의 종류 중, 자기 자신이 쓰는 글 두 가지를 찾아 쓰시오.

전기 자서전 회고록 평전 열전

08 인물의 출생에서 성장, 사망까지의 모든 생애를 다루는 전기문의 구성 방식을 □□□□ 구성 방식이라고 한다.

09 다음 내용이 전기문을 읽는 방법으로 옳으면 ○표, 옳지 않으면 ×표 하시오.

(1) 전기문에 나타난 시대적, 사회적 배경은 무시하고 읽는다. (○/×)

(2) 인물의 생애와 업적을 통해 얻을 수 있는 교훈과 감동이 무엇인지 생각하며 읽는다. (○/×)

10 다음 빈칸에 알맞은 말을 쓰시오.

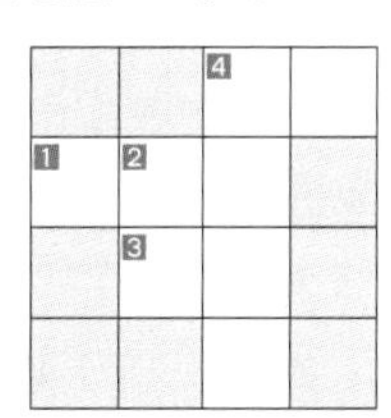

가로 열쇠	세로 열쇠
1 전기문의 구성 요소는 인물, 사건, 배경, 평가(○○)임 3 전기문의 종류 중, 특정한 인물의 일생 동안의 행적이나 일부 사건을 다른 사람이 기록한 글 4 전기문을 읽을 때에는 ○○에 나타난 인물의 가치관이나 성격 등을 파악해야 함	2 전기문의 종류 중, 인물의 일생에 대한 비평을 중심으로 쓴 글 4 인물의 출생부터 사망까지의 전 생애를 기록하는 전기문의 구성 방식을 ○○○○ 구성 방식이라고 함

| 쪽지 시험 | 08 보고서, 기사문

공부한 날 : 이름 : 점수 :

정답과 해설 18쪽

01 □□□(이)란 어떤 목적을 가지고 조사, 관찰, 실험, 견학 등의 과정이나 결과를 체계적으로 정리하여 다른 사람에게 전달하는 글을 말하고, □□□(이)란 알릴 만한 가치가 있는 사실을 객관적이고 신속 · 정확하게 알리는 글을 말한다.

02 보고서의 내용 및 결과는 명확한 □□을/를 바탕으로 작성해야 하고, 보고서의 내용 및 결과에 다른 사람들도 □□할 수 있어야 한다.

03 보고서를 쓰는 절차에 맞게 〈보기〉를 기호로 나열하시오.

〈 보기 〉
㉠ 보고서 쓰기 ㉡ 자료 수집하기
㉢ 자료 정리 · 해석하기 ㉣ 계획하기

04 다음 내용이 보고서를 쓰는 방법으로 옳으면 ○표, 옳지 않으면 ×표 하시오.

(1) 사실과 의견을 구분하지 않고 간결하게 쓴다. (○ / ×)

(2) 조사, 관찰, 실험의 절차와 결과가 잘 드러나도록 쓴다. (○ / ×)

(3) 도표나 그림은 보고서 작성에 방해가 되므로 활용하지 않는다. (○ / ×)

05 다음 빈칸에 알맞은 말을 쓰시오.

1				
2			3	
			4	

가로 열쇠

2 보고서를 쓸 때 가장 먼저 해야 할 일은 ○○○○임

4 보고서를 쓸 때에는 사실과 의견을 구별하고, ○○하면서도 명확하게 표현해야 함

세로 열쇠

1 보고서는 일정한 형식에 따라 짜임새 있게 ○○○(으)로 내용을 전개해야 함

3 보고서의 처음 부분에서는 조사 목적, 지역, ○○, 대상, 방법 등을 제시함

06 기사문에서 전체 기사 내용을 짐작하게 하는 압축된 큰 제목을 무엇이라고 하는지 쓰시오.

07 기사문의 작성 원칙을 4음절로 쓰시오.

08 〈보기〉에서 기사문을 읽는 방법으로 알맞지 않은 것을 찾아 기호로 쓰시오.

〈 보기 〉
㉠ 사실과 의견을 구분하며 읽는다.
㉡ 글쓴이의 정서나 느낌을 파악하며 읽는다.
㉢ 비판적인 시각으로 내용의 객관성, 정확성, 공정성 등을 판단하며 읽는다.
㉣ 표제를 통해 전체 내용을 추측하고, 육하원칙에 따라 내용을 정리하며 읽는다.

09 다음 기사문에서, 육하원칙 중 빠진 항목은 무엇인지 쓰시오.

IOC 집행 위원회는 어제 프랑스 파리에서 한국의 태권도를 시드니 올림픽 정식 종목으로 채택하기로 결의했다.

10 다음 빈칸에 알맞은 말을 쓰시오.

		1	
2	3		

가로 열쇠

1 기사문은 표제를 통해 ○○ 내용을 추측하고, 육하원칙에 따라 내용을 정리하며 읽어야 함

2 알릴 만한 가치가 있는 사실을 객관적이고 정확하고 신속하게 알리는 글

세로 열쇠

1 기사문의 '본문' 앞에서 사실이나 사건을 요약하여 알려 주는 부분

3 기사문은 ○○와/과 의견을 구분하며 읽어야 함

09 광고문 / 10 비평문

공부한 날 :
이름 : 점수 :

정답과 해설 18쪽

01 광고문은 광고 대상에 대한 □□을/를 전달하는 동시에 광고를 보는 사람들을 □□하여 특정한 행동을 하도록 유도한다.

02 ( ) 안의 말 중에서 알맞은 것에 ○표 하시오.

> 광고문에서 핵심 내용을 간결하고 명확하게 드러내는 부분을 (표제 / 본문)(이)라고 한다.

03 사회 발전을 위해 규범을 제시하여 공공의 문제에 대한 관심과 해결을 구하기 위한 광고를 무엇이라고 하는지 쓰시오.

04 ㉠과 ㉡에 들어갈 말을 각각 쓰시오.

> 광고문은 내용이나 (㉠)이/가 믿을 만한 것인지 판단하며 읽고, 광고문에 사용된 (㉡) 전략이 광고의 내용을 효과적으로 전달하여 사람들을 (㉡)하는 데 적절한 것인지 평가하며 읽어야 한다.

05 다음 빈칸에 알맞은 말을 쓰시오.

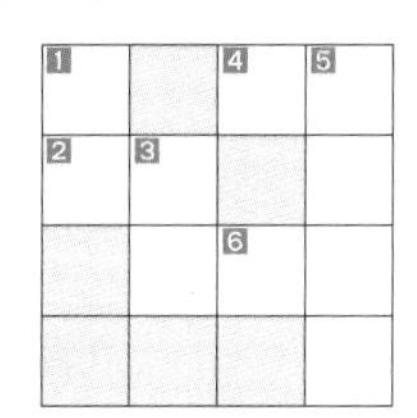

가로 열쇠	세로 열쇠
2 광고문에서 핵심 내용을 간결하고 명확하게 드러내는 부분 **4** 광고문은 광고 대상에 대한 ○○을/를 전달하는 글임 **6** 광고문을 쓸 때에는 대상 ○○을/를 파악하여 ○○의 수준과 취향에 맞게 작성해야 함	**1** 광고문에서는 사진, ○○, 그림 등을 이용하기도 함 **3** 광고문은 표제+본문+시각적인 ○○(으)로 구성됨 **5** 광고문을 쓸 때에는 내용을 뒷받침하는 ○○ ○○을/를 활용하는 것이 좋음

06 비평문은 문학 작품을 감상하고 해석한 후에 적절한 □□을/를 논리적으로 제시하여 그 작품의 가치를 □□하여 쓰는 글이다.

07 비평문의 구성 요소 중에서 작품의 해석을 뒷받침하고 이끌어 낼 수 있는 논리적이고 타당한 이유를 해석의 □□(이)라고 한다.

08 표현론적 관점은 작품을 □□의 체험, 사상, 감정 등의 반영물로 보는 관점이다.

09 다음 내용이 비평문을 읽는 방법으로 옳으면 ○표, 옳지 않으면 ×표 하시오.

(1) 글쓴이의 의견에는 우선 무조건적인 수용의 태도를 보여야 한다. (○ / ×)

(2) 글쓴이가 어떤 전제를 내세워 자신의 해석을 주장하고 있는지 파악해야 한다. (○ / ×)

10 다음 빈칸에 알맞은 말을 쓰시오.

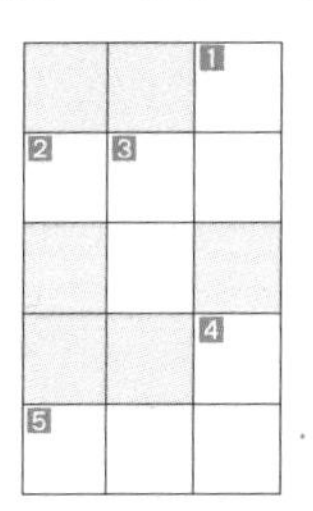

가로 열쇠	세로 열쇠
2 작품을 현실 세계의 반영으로 보는 관점 **5** 비평문은 글쓴이의 의견을 무조건적으로 수용하는 것이 아니라, ○○○ 태도를 가지고 읽어야 함	**1** 비평문의 구성 요소는 비평의 전제, 해석의 근거, ○○(해석)임 **3** 비평문의 비평 대상은 연극, ○○ 등으로 확장될 수 있음 **4** 절대론적 관점은 작품 자체의 ○○ 구조를 살핌

공부한 날 : 이름 : 점수 :

정답과 해설 18쪽

01 토의란 공동의 □□을/를 □□하기 위해 여러 사람이 의견이나 생각을 주고받는 □□□□ 말하기이다.

02 토의를 할 때 다른 사람의 의견에 이의가 있으면 바로 손을 들고 자신의 의견을 말해야 한다. (○ / ×)

03 다음과 같은 특징을 지닌 토의의 유형을 쓰시오.

> 전문가가 어떤 문제에 대한 해결 방안을 발표한 다음 청중과 질의응답 하는 방식으로, 의견 교류가 활발하여 공공 정책을 추진하기 위해 여론을 수렴할 때 많이 활용됨

04 〈보기〉를 토의의 절차에 맞게 기호로 나열하시오.

〈 보기 〉

㉠ 해결 방안 평가　　㉡ 해결 방안 도출
㉢ 문제 확인　　㉣ 해결 방안 탐색
㉤ 문제 분석

05 토의자 간의 의견 교류가 활발하여 서로 다른 의견을 조정할 때 유용하며, 주로 의견이 다양하게 나오는 시사 문제를 다루는 토의는 (패널 토의 / 원탁 토의)이고, 소규모 집단이 특별한 규칙을 정하지 않고, 자유롭게 의견을 나누는 토의는 (패널 토의 / 원탁 토의)이다.

06 어떤 문제의 해결을 위해 행동이나 변화를 요구하는 논제를 □□ □□(이)라고 한다.

07 토론 전에 논제와 토론 배경을 설명하고, 토론의 절차와 규칙을 소개하는 사람은 누구인지 쓰시오.

08 '된다', '안 된다' 등 상반된 의견을 말할 수 있는 이야깃거리를 다루는 것은 (토의 / 토론)이다.

09 토론의 절차는 '□□ 설정 → 찬성 측 주장 → 주장에 대한 □□ → 합리적인 방안 선택'으로 정리할 수 있다.

10 다음 빈칸에 알맞은 말을 쓰시오.

1		2	
	3		
4			

가로 열쇠

1 소규모 집단이 특별한 규칙을 정하지 않고 자유롭게 의견을 나누는 토의의 유형
3 토론자는 토론 중 토론의 순서와 시간을 분명히 지키고, 입론과 ○○을/를 적절히 활용해야 함
4 포럼은 ○○○이/가 어떤 문제에 대한 해결 방안을 발표한 다음, 청중과 질의응답 하는 방식임

세로 열쇠

2 어떤 논제에 대하여 찬성자와 반대자가 각자 논리적인 근거를 제시하면서 자기 의견의 정당함과 상대방 의견의 부당함을 주장하는 말하기 형태
3 토론의 유형 중 어떤 논제에 대하여 찬성 측과 반대 측이 상대방에게 질문을 하여 상대방의 논지를 반박함으로써 승부를 가리는 토론을 ○○ ○○○ 토론이라고 함

| 쪽지 시험 | 12 강연, 협상, 발표

공부한 날 : 　　 이름 : 　　 점수 :

정답과 해설 18쪽

01 〈보기〉는 어떤 매체를 활용하여 발표하는 것이 가장 효과적일지 알맞은 것에 ◯표 하시오.

〈 보기 〉

각 지역 민요의 특징

시각 매체　　청각 매체　　복합 매체

02 강연을 들을 때 ☐☐을/를 목적으로 한 강연은 주장과 근거를 중심으로 듣고, ☐☐을/를 목적으로 한 강연은 사실과 의견, 새롭게 알게 된 내용 등을 파악하며 듣는다.

03 매체를 활용하여 발표하는 방법으로 알맞지 않은 것에 ◯표 하시오.

(1) 매체는 많이 활용할수록 효과적이다. (　　)

(2) 발표를 성공적으로 마치기 위해서는 충분한 연습이 필요하다. (　　)

(3) 매체 활용 계획이 발표 내용과 맞는지 미리 점검해 보아야 한다. (　　)

04 강연 도중 내용이 이해되지 않으면 바로 손을 들고 질문을 한다. (◯ / ×)

05 다음 설명에 해당하는 말을 글자판에서 찾아 묶은 뒤 (　) 안에 쓰시오.

강	연	예	상	감
의	도	상	발	화
발	표	강	합	협
요	구	협	의	강
연	발	상	자	료

• 수업이나 각종 행사 등에서 다수의 청중을 상대로 한 설명적 말하기 (　　　　)

• 개인이나 집단 간에 존재하는 의견 차이나 갈등을 해소하기 위해 대표가 협의하는 일 (　　　　)

06 (　) 안의 말 중에서 알맞은 것에 ◯표 하시오.

(1) 협상에서는 얻고자 하는 목표를 구체적이고 최대한 (작게 / 크게) 설정해야 한다.

(2) 협상의 절차 중 가장 먼저 할 일은 (상대의 요구 사항을 파악하는 일 / 문제 상황을 진단하는 일)이다.

(3) 발표는 수업이나 각종 행사 등에서 (소수 / 다수)의 청중을 대상으로 한 설명적 말하기이다.

(4) 발표의 과정 중 가장 먼저 해야 할 일은 (발표 내용 마련하기 / 발표 주제 정하기)이다.

07 협상을 할 때에는 상대의 의견을 ☐☐하여 상대의 처지와 요구 사항을 파악해야 한다.

08 매체를 활용하여 발표할 때에는 발표할 내용을 ☐ 정보와 ☐☐ 정보로 구분하여 전달 효과를 높여야 한다.

09 개인이나 집단 간에 존재하는 의견 차이나 ☐☐을/를 해소하기 위해 대표가 협의하는 말하기를 협상이라고 한다.

10 다음 빈칸에 알맞은 말을 쓰시오.

	3		1	
5		2		
4				

가로 열쇠

2 강연을 듣기 전, 강연자가 그 분야의 ◯◯◯인지 고려해야 함

4 강연은 강연자의 ◯◯◯인 말하기가 주를 이룸

5 소리, 음악 등은 ◯◯ 매체임

세로 열쇠

1 강연을 들을 때에는 메모하고 ◯◯하며 들어야 함

2 사전 지식이 필요한 강연은 ◯◯ ◯◯을/를 참고함

3 도표, 그림, 사진 등은 ◯◯ 매체임

5 발표를 할 때에는 ◯◯의 흥미를 끌고 주의를 집중시킬 수 있는 매체를 활용해야 함

| 쪽지 시험 |

01 언어의 본질

공부한 날 : 이름 : 점수 :

정답과 해설 19쪽

01 '언어는 그 언어를 사용하는 사람들 사이의 사회적 약속임'은 언어의 □□□와/과 관련 있는 특징이다.

02 언어의 본질과 그 예를 바르게 연결하시오.

(1)	언어의 자의성 •	• ㉠	한국어에서는 '나무'를 '[나무]'라고 하고, 영어에서는 '[트리]'라고 함
(2)	언어의 사회성 •	• ㉡	'좋다 나무가 푸르른.'이 아니라 '푸르른 나무가 좋다.'라고 해야 함
(3)	언어의 역사성 •	• ㉢	'나무'를 개인이 마음대로 '사람'이라고 바꾸어 사용할 수 없음
(4)	언어의 규칙성 •	• ㉣	'밥 주세요.'와 '우유 먹어요.'를 배운 아기가 '밥 먹어요.'라는 문장을 만들 수 있음
(5)	언어의 창조성 •	• ㉤	'개'의 소리는 예전에는 '가히'였지만 오늘날에는 '개'로 바뀜

03 이미 알고 있는 언어를 가지고 새로운 표현을 무한히 만들 수 있는 것은 언어의 어떤 특성 때문인지 쓰시오.

04 언어는 시간의 흐름에 따라 끊임없이 □□, □□, □□하는데, 이를 언어의 역사성이라고 한다.

05 언어의 의미와 말소리의 관계는 (필연적 / 임의적)이다.

06 다음 대화에서 승원이가 고려하지 못한 언어의 특성을 쓰시오.

> 승원 : 어제 땅이 넘어져서 손가락을 부러졌어.
> 나리 : 응?

07 다음 예와 관련 있는 언어의 기능을 쓰시오.

> "오랜만이네요." / "그동안 안녕하셨어요?"

08 상대방에게 특정 반응이나 행동을 요구하는 기능을 언어의 □□□ 기능이라고 한다.

09 자신의 감정이나 생각을 표현하는 언어의 기능을 무엇이라고 하는지 쓰시오.

10 다음 빈칸에 알맞은 말을 쓰시오.

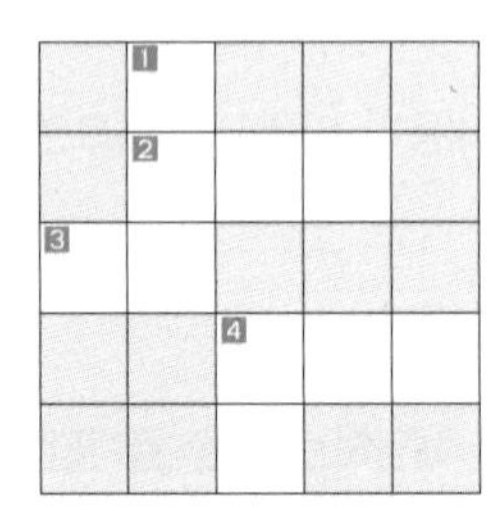

가로 열쇠	세로 열쇠
2 '남을 가르치는 분'을 영어권 사람들은 '티처'라고 하기로, 한국인들은 '선생님'이라고 하기로 약속한 것은 언어의 ◯◯◯와/과 관련 있음 **3** 언어는 시간의 흐름에 따라 끊임없이 ◯◯, 소멸, 변화하는 것을 언어의 역사성이라고 함 **4** 어떤 사물이나 개념을 가리키는 기능을 언어의 ◯◯◯ 기능이라고 함	**1** 예전에는 '뫼'라고 하던 것을 오늘날에는 '산'이라고 하는 것은 언어의 ◯◯◯와/과 관련 있음 **4** 언어가 정보나 ◯◯을/를 전달하는 기능을 하는 것을 언어의 정보적 기능이라고 함

01 말의 뜻을 구별해 주는 소리의 가장 작은 단위를 □□(이)라고 한다.

02 소리 나는 위치에 따른 자음의 예를 바르게 연결하시오.

(1) 입술소리 • • ㉠ ㅈ, ㅉ, ㅊ
(2) 잇몸소리 • • ㉡ ㄱ, ㄲ, ㅋ, ㅇ
(3) 센입천장소리 • • ㉢ ㅎ
(4) 여린입천장소리 • • ㉣ ㄷ, ㄸ, ㅌ, ㅅ, ㅆ, ㄴ, ㄹ
(5) 목청소리 • • ㉤ ㅁ, ㅂ, ㅍ, ㅃ

03 다음 중 길게 발음해야 하는 말에 ○표 하시오.

(1) 말 (　　　) 말 (　　　)

(2) 벌 (　　　) 벌 (　　　)

04 다음 자음이 비음이면 ○표, 유음이면 △표 하시오.

ㄴ　　ㄹ　　ㅁ　　ㅇ

05 다음 빈칸에 알맞은 말을 쓰시오.

1			
2	3		4
5			

가로 열쇠

2 발음할 때 입술 모양이나 혀의 위치가 도중에 바뀌는 모음
5 코로 공기를 내보내면서 내는 소리

세로 열쇠

1 모음은 발음할 때 혀의 ○○에 따라 고모음, 중모음, 저모음으로 나눌 수 있음
3 발음할 때 혀가 중간쯤 올라가는 모음
4 말의 뜻을 구별해 주는 소리의 가장 작은 단위

06 다음 내용이 품사에 대한 설명으로 옳으면 ○표, 옳지 않으면 ×표 하시오.

(1) 조사는 문장에서 홀로 쓰이지 못하고 다른 단어에 붙어서 쓰인다. (○ / ×)
(2) 형용사는 현재형, 명령형, 청유형 문장을 만들 수 있지만, 동사는 불가능하다. (○ / ×)
(3) 관형사와 부사는 다른 단어를 꾸며 주어 의미를 분명하게 하는 역할을 하는 수식언이다. (○ / ×)

07 '필통에서 연필 하나를 꺼냈다.'에서 '하나'의 품사는 (수사 / 관형사)이다.

08 사람이나 사물의 움직임을 나타내는 단어를 □□(이)라고 한다.

09 다음 밑줄 친 단어가 관형사이면 '관', 부사이면 '부'라고 쓰시오.

(1) 어제 새 신발을 샀다. (　　　)
(2) 할머니께서 예상보다 빨리 오셨다. (　　　)

10 다음 빈칸에 알맞은 말을 쓰시오.

				1
		2		
3				

가로 열쇠

2 문장에 쓰인 단어들의 관계를 나타내는 말로, '조사'가 이에 해당함
3 사람이나 사물, 또는 장소를 대신하여 가리키는 단어

세로 열쇠

1 문장의 주체를 서술하는 말
2 수식언으로는 ○○○와/과 부사가 있음
3 놀람, 부름, 느낌, ○○ 등을 나타내는 말을 감탄사라고 함

| 쪽지 시험 | 04 문장의 짜임 / 05 담화의 개념과 특성

공부한 날 :

이름 : 점수 :

정답과 해설 19쪽

01 주성분의 종류와 그 뜻을 바르게 연결하시오.

(1) 주어 • • ㉠ 한 문장에서 주어의 움직임, 상태, 성질 따위를 서술하는 말

(2) 서술어 • • ㉡ 문장에서 설명하고자 하는 대상으로, 서술어가 나타내는 동작이나 상태의 주체가 되는 말

(3) 목적어 • • ㉢ '되다', '아니다' 앞에 조사 '이', '가'를 취하여 나타나는 문장 성분

(4) 보어 • • ㉣ 문장에서 서술어의 동작의 대상이 되는 말. '누구를', '무엇을'에 해당함

02 다른 문장 속에 들어가 하나의 문장 성분처럼 쓰이는 홑문장을 □□□□(이)라고 하고, 이 홑문장을 포함한 문장을 □□□□(이)라고 한다.

03 '바람이 불고 비가 내렸다.'는 (대등하게 이어진 문장 / 종속적으로 이어진 문장)이다.

04 다음 빈칸에 알맞은 말을 쓰시오.

				1
			2	
3				
4				

가로 열쇠	세로 열쇠
2 '무지개가 아름답다.'에서 '무지개가'는 ○○임 4 ○○ ○○은/는 문장 구성을 위한 필수 요소인지 아닌지에 따라 주성분과 부속 성분으로 나뉘고, 주성분이나 부속 성분과 관련 없이 쓰이는 독립 성분이 있음	1 체언 앞에서 체언의 뜻을 꾸며 주는 구실을 하는 문장 성분 2 문장의 골격을 이루는 필수적인 성분 3 '주어+서술어'의 관계가 두 번 이상 나타나는 문장

05 서로 이야기를 주고받는 것을 □□(이)라고 한다.

06 다음 중 담화를 구성하는 요소가 아닌 것에 ○표 하시오.

> 발화, 말하는 이, 말하는 의도, 듣는 이, 맥락

07 다음 중 담화에 영향을 미치는 사회·문화적 맥락이 아닌 것에 ○표 하시오.

> 세대 지역 성별 매체 문화

08 다음 대화에서 의사소통에 문제가 생긴 이유는 무엇 때문인지 쓰시오.

> 손님 : 콩지름 주세요.
> 상인 : 콩기름은 없어요.

➡ ( )에 따른 차이 때문에

09 의사소통을 할 때에는 상대방이 어떤 □□에 있는지 잘 생각하고, 상대방이 하는 말의 의도를 □□에 맞게 이해해야 한다.

10 다음 그림을 보고, ( ) 안에 알맞은 말을 쓰시오.

➡ 할머니 세대에서는 '열공'이라는 단어를 사용하지 않는다. 이처럼 '( )'가 달라 사용하는 언어에도 차이가 생기는 경우가 있다.

정답과 해설 19쪽

01 다음 중 옳은 표기에 ○표 하시오.

오뚝이 (　　) 오뚜기 (　　) 뻐꾹이 (　　) 뻐꾸기 (　　)

02 다음 (　) 안의 말 중에서 알맞은 것에 ○표 하시오.

(1) '무'와 '무우' 중에서 표준어는 (무 / 무우)이다.

(2) '의사'의 정확한 발음은 ([의사] / [으사] / [이사])이다.

(3) '케잌'과 '케이크' 중에서 올바른 표기법은 (케잌 / 케이크)이다.

(4) '모차르트'와 '모짜르트' 중에서 올바른 표기법은 (모차르트 / 모짜르트)이다.

03 다음 중 로마자 표기법이 바르지 않은 것을 골라 ○표 하시오.

종로 Jonglo 불국사 Bulguksa 한라산 Hallasan

04 남한은 '□□□'을/를, 북한은 평양말을 공통어로 한 '□□□'을/를 사용하고 있다.

05 다음 빈칸에 알맞은 말을 쓰시오.

1		2		
4		3		
5				

가로 열쇠	세로 열쇠
1 '출입문'과 '나들문' 중 북한어는 '○○○'임 3 한글 맞춤법에서는 표준어를 소리대로 적되, ○○에 맞도록 해야 한다고 규정하고 있음 5 국어의 로마자 표기는 ○○ ○○○에 따라 적는 것을 원칙으로 함	2 남한은 '표준어'를, 북한은 평양말을 공통어로 한 '○○○'을/를 사용하고 있음 4 문장 부호 중 의심이나 물음을 나타내는 것

06 한국어가 생긴 이후 오래전부터 선조들이 써 오던 말을 □□□(이)라고 하고, 원래 외국어였던 것이 국어의 체계에 동화되어 사회적으로 그 사용이 허용된 단어를 □□□(이)라고 한다.

07 ㉠과 ㉡에 들어갈 말을 각각 쓰시오.

(㉠)은/는 두렵거나 불쾌한 느낌을 주어 입 밖에 내기를 꺼리는 말이고, (㉡)은/는 (㉠)을/를 피하여 달리 부드럽게 부르는 말이다.

08 다음 어휘들의 공통적인 유형을 쓰시오.

형용사, 은유, 직유, 전입 신고, 트리플 점프

09 다음 괄호 안의 말 중, 알맞은 것에 ○표 하시오.

(1) 반의 관계에 있는 단어들은 서로 공통적인 의미 요소가 있으면서 동시에 서로 다른 (한 / 두) 개의 의미 요소가 있어야 한다.

(2) '나이'와 '연세'는 (유의 관계 / 반의 관계 / 상하 관계)에 있는 단어이다.

10 다음 빈칸에 알맞은 말을 쓰시오.

				1	
		2			
3					

가로 열쇠	세로 열쇠
1 '구두, 운동화, 슬리퍼, 장화'의 상위어는 '○○'임 2 짧은 시기에 걸쳐 여러 사람의 입에 오르내리는 단어, 구절, 문장의 표현 3 '꿩 – 장끼, 까투리'는 ○○ ○○에 있는 단어임	1 시대의 변화에 따라 새로운 것들을 표현하기 위해 새롭게 만들어진 말 2 ○○ ○○에 있는 단어들은 비슷하면서도 약간의 의미 차이가 있으므로 잘 가려 써야 함 3 '대봉, 중봉, 소봉'은 ○○들이 봉투를 부르는 은어임

공부한 날 :
이름 : 점수 :

정답과 해설 20쪽

01 훈민정음이 창제되기 전에는 □□을/를 빌려서 우리말을 표기하였다.

02 다음 설명에 해당하는 것을 〈보기〉에서 찾아 쓰시오.

〈 보기 〉
향찰　　이두　　구결

(1) 국어의 문장 구성법에 따라 한자의 어순을 고쳐 나열한 표기법 (　　　)

(2) 한문의 원문 사이사이에 한자로 토를 달아서 읽기 편하게 만든 것 (　　　)

(3) 한자의 음과 뜻을 빌려 우리말의 형태와 의미를 기록한 표기 방법 (　　　)

03 모음의 기본자 중, 사람이 서 있는 모양을 본뜬 것은 무엇인지 쓰시오.

04 다음 빈칸 안에 들어갈 자음을 쓰시오.

ㄱ →	ㅋ	
ㄴ →	□ →	ㅌ
ㅁ →	ㅂ →	□
ㅅ →	ㅈ →	ㅊ
□ →	ㆆ →	ㅎ

05 다음 빈칸에 알맞은 말을 쓰시오.

1	2		
3			
4			

가로 열쇠

1 'ㄱ'은 혀뿌리가 ○○○을/를 막는 모양을 본뜬 것임
3 ○○는 한자를 국어의 문장 구성법에 따라 나열한 표기법임
4 훈민정음의 창제 정신 네 가지는 ○○ ○○, 애민 정신, 실용 정신, 창조 정신임

세로 열쇠

2 ○○은/는 한문의 원문 사이사이에 한자로 토를 달아 읽기 편하게 만든 것임
3 자음의 창제 원리 중 하나로, 모양을 달리하여 만든 글자를 말함

06 'ㄷ, ㅌ, ㅅ, ㅆ, ㅈ'이 음절의 끝에서 어떻게 발음되는지 쓰시오.

07 자음 동화가 일어나는 낱말이 아닌 것에 모두 ○표 하시오.

독립	신라	담력	굳이
입는	맏이	칼날	합리

08 구개음화의 개념을 다음과 같이 정리할 때, (　) 안에 들어갈 알맞은 말을 쓰시오.

자음 'ㄷ, (　　　)'이/가 '(　　　)' 모음의 영향을 받아 구개음인 '(　　　), ㅊ'(으)로 바뀌는 현상

09 음운의 축약이 일어나는 말이면 '축', 음운의 탈락이 일어나는 말이면 '탈'이라고 쓰시오.

(1) 부삽 ➡

(2) 남겨 ➡

(3) 맞춰 ➡

(4) 따님 ➡

10 다음 빈칸에 알맞은 말을 쓰시오.

	1			
2			3	
		4		

가로 열쇠

1 '국화'의 발음
2 음운의 변동이 일어나는 이유는 ○○을/를 좀 더 쉽고 편하게 하기 위해서임
4 음절의 ○○○ 규칙은 우리말에서 'ㄱ, ㄴ, ㄷ, ㄹ, ㅁ, ㅂ, ㅇ'의 7개 자음만이 음절의 끝소리로 발음되는 현상

세로 열쇠

1 'ㄷ, ㅌ'이 'ㅣ' 모음의 영향을 받아 구개음인 'ㅈ, ㅊ'으로 바뀌는 현상
3 음운의 변동은 ○○○이/가 단독으로 또는 다른 ○○○와/과 결합할 때, ○○○을/를 이루는 음운의 일부가 다른 음운으로 바뀌는 현상을 말함

| 쪽지 시험 | 10 문법 요소 / 11 단어의 짜임

공부한 날 :
이름 :　　점수 :

정답과 해설 20쪽

01 말하는 이가 듣는 이를 높이거나 낮추는 표현 방법을 □ □ □□(이)라고 한다.

02 빈칸에 알맞은 말을 써 넣으시오.

(1) 효미가 지금 밥을 먹□다.
(2) 등산객이 뱀한테 물□었다.
(3) 선혜가 아이스크림을 옷에 묻□다.
(4) 예슬이는 어제 배탈이 났□다.

03 사건시와 발화시가 일치하는 시제는 (과거 시제 / 현재 시제 / 미래 시제)이다.

04 주동, 사동, 능동, 피동에 대한 설명에 알맞게 연결하시오.

(1) 주동 •　　• ㉠ 주어가 다른 사람에게 행동을 시키는 것
(2) 사동 •　　• ㉡ 주어가 스스로 동작을 하는 것
(3) 능동 •　　• ㉢ 주체가 다른 주체에 의해서 어떤 동작을 당하게 되는 것
(4) 피동 •　　• ㉣ 주체가 어떤 동작을 자기 힘으로 하는 것

05 다음 빈칸에 알맞은 말을 쓰시오.

			1	
		2		
3			4	

가로 열쇠	세로 열쇠
1 '못' 부정문은 주체의 ○○ 부족이나 외적 원인에 의한 부정을 말함 2 '아기가 옷을 입는다.'는 ○○ 표현임 3 상대 높임은 다양한 ○○○○을/를 써서 나타냄	1 주체가 어떤 동작을 자기 힘으로 하는 것을 ○○ 표현이라고 함 2 주체 높임은 서술의 주체(○○)를 높이는 방법임 4 사건시가 발화시보다 나중인 시제를 ○○ 시제라고 함

06 '산이 매우 푸르다'에서 자립 형태소는 무엇인지 쓰시오.

07 '함박눈이 펑펑 내린다.'는 (3개 / 4개 / 5개 / 6개)의 단어로 이루어진 문장이다.

08 형태소와 단어에 대한 설명으로 옳으면 ○표, 옳지 않으면 ×표 하시오.

(1) 합성어는 복합어와 파생어로 나뉜다. (○ / ×)
(2) 단어는 한 개 이상의 형태소로 이루어진다. (○ / ×)
(3) 조사는 홀로 쓰일 수 없으므로 단어가 아니다. (○ / ×)

09 다음 단어의 종류를 바르게 연결하시오.

(1) 가위 •
(2) 부슬비 •
(3) 항아리 •
(4) 햇과일 •
(5) 시골길 •

• ㉠ 단일어
• ㉡ 복합어

10 다음 빈칸에 알맞은 말을 쓰시오.

		1		
2	3			
	4			

가로 열쇠	세로 열쇠
1 홀로 쓰일 수 있는 하나의 어근만으로 이루어진 단어 2 하나의 어근에 접사나 다른 어근이 결합하여 이루어진 단어 4 단어에서 실질적인 의미를 지니고 있는 형태소	1 뜻을 지니고 홀로 쓰일 수 있는 말과 홀로 쓰일 수 있는 말에 붙어 쓰는 말 3 하나의 어근에 또 다른 어근이 결합하여 만들어진 단어

정답과 해설

PART Ⅰ 갈래 그리기
PART Ⅱ 문법 그리기
PART Ⅲ 어휘 그리기
[쪽지 시험]

PART I 갈래 그리기

01 시

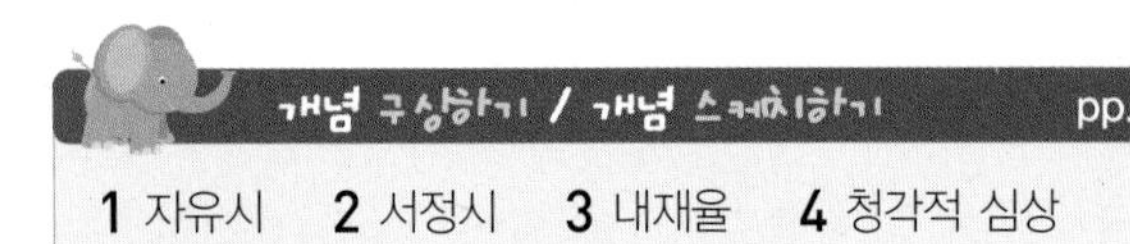

1 자유시 2 서정시 3 내재율 4 청각적 심상

■ 개념 테스트 ■

1 운율, 압축 2 ○ 3 간접적 4 정형시, 서정시 5 운율, 심상, 주제 6 반복 7 내재율 8 음보, 단어 9 (1) – ㉡ (2) – ㉠ (3) – ㉥ (4) – ㉢ (5) – ㉤ (6) – ㉣ 10 주제 11 객관적 12 × 13 (1) 직유법 (2) 대유법 (3) 은유법 (4) 의인법 14 반어법, 역설법, 설의법 15 영탄법 16 (1) 평 (2) 공 (3) 사

11 '객관적'은 시어가 아니라 일상어의 특징이다.

13 (2) '우리나라 국토'를 '한라에서 백두'로 대신하여 표현하였다.

개념 색깔 입히기 pp. 16 ~ 17

1 ② 2 ③, ⑤ 3 ① 4 ③ 5 ③ 6 ① 7 ⑤ 8 세세한

1 시는 말하는 이의 느낌이나 감정을 간접적으로 드러내는 갈래이다.

2 이 시는 각 행을 3음보로 끊어 읽을 수 있게 하였고, '엄마야 누나야, 강변 살자.'라는 문장을 반복하였기 때문에 운율이 느껴진다.

3 맑고 순수한 눈으로 바라본 풀잎에 대해 노래한 이 시에서는 밝고 경쾌한 분위기가 드러난다.

4 ㉠과 ③에는 공감각적 심상이 사용되었다.

SOS! 멘토! ① 촉각적 심상 ② 미각적 심상 ④ 청각적 심상 ⑤ 시각적 심상

5 시를 통해 새로운 지식을 배울 수는 없으므로 ③은 시를 읽을 때 얻을 수 있는 즐거움이 아니다.

6 이 시에서는 의인법, 직유법, 은유법, 대구법 등이 사용되었다.

7 '나'는 인내와 희생을 통해 '당신'에 대한 사랑을 실천하고 있다.

8 시조에서 종장의 첫 음보는 3음절로 맞추어 써야 한다.

02 소설

개념 구상하기 / 개념 스케치하기 pp. 18 ~ 23

1 전지적 작가 시점 2 주제 3 사건 4 내적 갈등

■ 개념 테스트 ■

1 상상 2 사실성 3 주제, 구성, 문체, 인물, 사건, 배경 4 절정 5 1인칭 관찰자 시점 6 갈등 7 (1) 인물과 사회의 갈등 (2) 인물의 내적 갈등 8 × 9 주동 인물, 중심 인물 10 입체적 인물, 평면적 인물 11 직접 제시 12 복선 13 (1) × (2) ○ 14 설화 15 기이, 비범

2 소설은 작가가 현실에 있음 직한 일을 상상력을 통해 꾸며 낸 이야기이므로, 사실성은 소설의 특성으로 알맞지 않다.

8 갈등은 한 인물의 마음속에서 일어나기도 하고, 등장인물과 사회, 운명, 자연 사이에서 일어나기도 한다.

13 (1) 고전 소설은 주로 일대기적 구성을 취한다.

개념 색깔 입히기 pp. 24 ~ 27

■ 김유정, '동백꽃'

1 ③ 2 ② 3 ① 4 ②

■ 박완서, '자전거 도둑'

1 ② 2 ⑤ 3 수남이는, 들었다. 4 ②

■ 김유정, '동백꽃'

1 소설은 사건의 흐름을 파악하며 읽어야 한다.

SOS! 멘토! ① 시 ② 설명문 ④ 수필 ⑤ 논설문

2 이 글의 시점은 주인공인 '나'가 자신의 이야기를 전달하는 1인칭 주인공 시점이다.

SOS! 멘토! ①, ⑤ 전지적 작가 시점 ③ 1인칭 관찰자 시점 ④ 3인칭 관찰자 시점

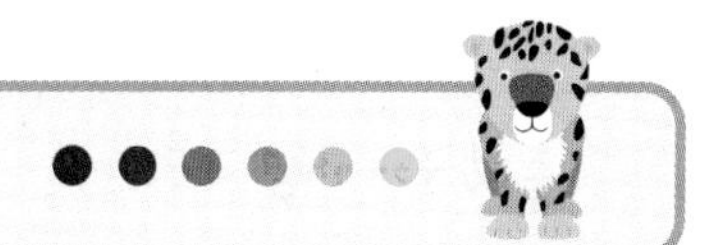

3 (가)는 '발단'으로, '나'와 '점순이'가 소개되고, 사건의 실마리인 '닭싸움'이 나타나 있다.

SOS! 멘토! ② 전개 ③ 위기 ④ 절정 ⑤ 결말

4 ㉠에서는 무뚝뚝한 '나'의 성격을 간접적으로 제시하였는데, ㉣에서는 점순이의 성격이 직접적으로 제시되어 있다.

SOS! 멘토! ① 위그든 씨의 배려심 많은 성격 간접 제시 ③ 신사의 천박한 성격 간접 제시 ④ 소년의 소극적 성격 간접 제시 ⑤ 화가 난 엄마의 심리 간접 제시

■ **박완서, '자전거 도둑'**

1 이 글에서 수남이는 중심 인물이자 주동 인물이고, 신사는 수남이와 갈등을 일으키는 반동 인물이다.

2 ㉠은 이 글의 공간적 배경으로, 배경 자체가 갈등을 해결해 주는 것은 아니다.

3 '수남이는~예감이 들었다.'는 수남이의 불길하고 불안한 심리를 나타내는 문장으로, 이후에 수남이에게도 안 좋은 일이 벌어질 것임을 암시하는 복선이다.

4 (다)에는 신사와 수남이의 외적 갈등이 나타나 있다.

03 희곡, 시나리오

개념 구상하기 / 개념 스케치하기 pp. 28~31

1 막과 장 **2** 장면 번호

■ **개념 테스트** ■

1 대사, 현재형 **2** (1) 배경 (2) 해설 **3** (1) – ㉤ (2) – ㉡ (3) – ㉢ (4) – ㉠ (5) – ㉣ **4** 희곡, 시나리오 **5** (1) 장면 (2) 대사, 행동 (3) 용어 **6** (1) E. (2) F.I. (3) C.U.

개념 색깔 입히기 pp. 32~35

■ **김정숙, '오아시스 세탁소 습격 사건'**

1 ⑤ **2** ⑤ **3** ④ **4** ④

■ **박정화, 조은, 김경민, '최강 울 엄마'**

1 ⑤ **2** ④ **3** ② **4** ①

■ **김정숙, '오아시스 세탁소 습격 사건'**

1 희곡은 무대 상연을 목적으로 하는 글이므로, 등장인물의 수, 시간적 · 공간적 배경 등에 제약을 받는다.

2 ⑤는 지시문(지문)에 대한 설명이다.

3 '하강'에 대한 설명이다.

SOS! 멘토! ① 발단 ② 전개 ③ 절정 ⑤ 대단원

4 ㉠은 '동작 지시문'이다.

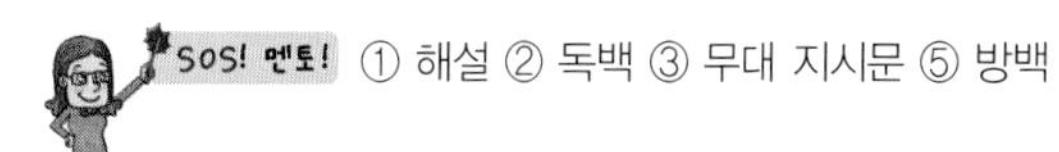

SOS! 멘토! ① 해설 ② 독백 ③ 무대 지시문 ⑤ 방백

■ **박정화, 조은, 김경민, '최강 울 엄마'**

1 이와 같은 시나리오를 감상할 때 현실에서 일어날 수 있는 일인지를 따져 가며 읽는 것은 적절하지 않다.

2 이 글은 시나리오이고 〈보기〉는 희곡이다. 시나리오와 희곡은 모두 대사와 행동을 통해 인물들의 심리를 표현하는 갈래이다.

SOS! 멘토! ①, ③ 시나리오 ② 소설 ⑤ 희곡

3 ㉠은 시나리오에서 장면의 극중 순서, 장면의 전환, 시간의 흐름이나 장소의 이동 등을 알리는 '장면 번호'이다.

SOS! 멘토! ① 해설 ③ 동작 지시문 ④ 대사 ⑤ 무대 지시문

4 ㉡에 들어갈 시나리오 용어는 장면에 현실감을 더하기 위해 넣는 음악인 '효과음(E.)'이다.

SOS! 멘토! ② S# ③ 플래시백 ④ F. ⑤ 내레이션

04 수필(설, 기행문, 편지 글)

개념 구상하기 / 개념 스케치하기 pp. 36~39

■ **개념 테스트** ■

1 수필 **2** (1) 주관적 (2) 글쓴이 자신 **3** (1) 중 (2) 경 (3) 중 **4** (1) 화려체 (2) 만연체 (3) 강건체 **5** (1) 의견 (2) 수필 **6** (1) 현재형 (2) 시간 **7** (1) 독자 (2) 사연

개념 색깔 입히기 pp. 40~45

■ 장영희, '괜찮아'

1 ⑤ 2 ④ 3 ④ 4 ⑤

■ 이규보, '이옥설'

1 ④ 2 ② 3 ④ 4 ⑤

■ 김훈, '섬진강 기행' / 심훈, '옥중에서 어머니께 올리는 글월'

1 ① 2 ① 3 ① 4 ③

■ 장영희, '괜찮아'

1 이와 같은 수필 속의 '나'는 작가 자신이다.

2 이 글은 경수필인데 ④는 중수필의 특징이다.

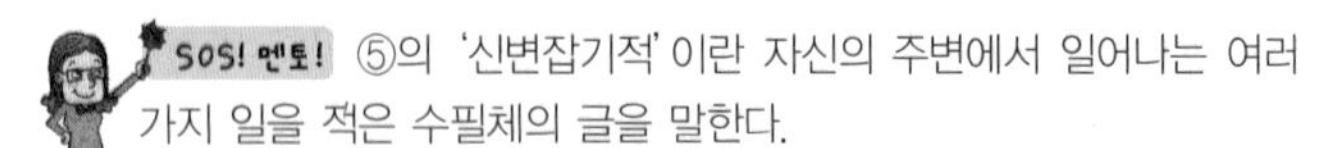
SOS! 멘토! ⑤의 '신변잡기적'이란 자신의 주변에서 일어나는 여러 가지 일을 적은 수필체의 글을 말한다.

3 ④는 논설문을 읽는 방법에 해당한다.

4 이 글에서는 깨엿 장수 아저씨의 "괜찮아."라는 말을 통해 다른 사람의 처지를 이해하고 배려하는 삶을 살아야 한다는 것을 말하고 있다.

■ 이규보, '이옥설'

1 이 글은 사물의 이치를 밝히면서 자신의 의견을 서술하는 글인 '설'로, 국문학 갈래로는 수필에 가까운 장르이기 때문에 ④는 적절하지 않은 설명이다.

SOS! 멘토! ④는 소설에 대한 설명이다.

2 이 글은 글쓴이의 경험에서 주제를 이끌어 내는 구조를 취하고 있다.

3 이 글에서는 잘못된 것은 그때그때 바로 고쳐야 큰 문제가 생기지 않는다고 하였다. ④는 적은 힘으로 충분히 처리할 수 있는 일에 쓸데없이 많은 힘을 들인다는 뜻이므로 이 글의 주제와 통한다.

SOS! 멘토! ① 공들여 쌓은 탑은 무너질 리 없다는 뜻으로, 힘을 다하고 정성을 다하여 한 일은 그 결과가 반드시 헛되지 아니함을 비유적으로 이르는 말
② 쉬운 일이라도 협력하여 하면 훨씬 쉬움
③ 원인이 없으면 결과가 있을 수 없음
⑤ 자식이 아무리 많아도 부모에게는 모두 소중함

■ 김훈, '섬진강 기행' / 심훈, '옥중에서 어머니께 올리는 글월'

1 기행문은 여행하는 동안에 보고, 듣고, 느낀 것을 주로 시간의 흐름이나 공간의 이동에 따라 적은 글이므로 설득적이고 교훈적인 성격이 강하지 않다.

2 ㉠에는 기행문의 3요소인 '여정, 견문, 감상' 중 여행한 경로인 여정이 잘 드러나 있다.

3 (나)와 같은 '편지글'은 정해진 독자가 있는 글이다.

4 '어머니께서는 조금도 저를 위하여 근심하지 마십시오.'에 작가가 (나)를 쓴 목적이 직접적으로 드러나 있다.

05 논설문, 건의문

개념 구상하기 / 개념 스케치하기 pp. 46~49

1 실현 가능성 2 주관성 3 서론 – 동기, 목적 제시

■ 개념 테스트 ■

1 (1) 주장 (2) 근거 2 (1) – ㉡ (2) – ㉠ (3) – ㉢ 3 논증
4 귀납 추리 5 문제 상황, 설득 6 ×

6 건의문은 해결 방안뿐만 아니라 문제 상황도 파악하며 읽어야 한다.

개념 색깔 입히기 pp. 50~51

1 ③ 2 ⑤ 3 ② 4 ④

1 논설문은 글쓴이가 어떤 문제에 대하여 자신의 주장이나 의견을 내세우고, 이를 타당한 근거를 들어 논리적으로 전개하는 글이다.

2 논설문은 논제가 무엇인지 파악한 후, 각 문단의 중심 내용을 정리하여 글의 전체 내용을 이해하며 읽어야 한다.

3 (가)는 서론, (나)~(라)는 본론, (마)는 결론에 해당한다.

4 글쓴이는 무보수 활동도 경제적인 가치 평가에 포함되어야 함을 주장하고 있다.

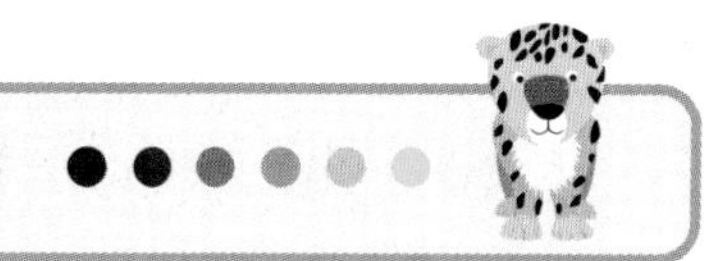

06 설명문

개념 구상하기 / 개념 스케치하기 pp. 52~55

1 객관성 2 고쳐쓰기 3 끝-요약, 정리, 마무리

■ 개념 테스트 ■

1 정보 전달, 이해 2 (1) × (2) × 3 비교 4 분류, 분석 5 예시 6 통일성 7 주제, 예상 독자

2 (1) 설명문은 정보를 전달하는 객관적인 글이다. (2) 설명문은 주제가 명확하게 드러난다.

개념 색깔 입히기 pp. 56~57

1 ② 2 ④ 3 ④ 4 ⑤

1 ②는 논설문의 특징에 해당한다.

2 (라)에서는 한지의 제조 기법으로 한지가 질긴 이유를 설명하고 있다.

3 (가)~(나)는 설명문의 '처음' 부분으로, 이 부분에서는 독자의 호기심을 유발하고, 설명 대상을 소개하며 글을 쓴 목적을 제시한다. ④는 '중간' 부분의 특징이다.

4 (다)~(마)에서는 '대조'의 방법으로 한지와 양지에 대해 설명하고 있다.

SOS! 멘토! ① 정의 ② 분석 ③ 분류 ④ 예시

07 전기문

개념 구상하기 / 개념 스케치하기 pp. 58~59

1 비평 2 자서전 3 일대기적 구성

■ 개념 테스트 ■

1 (1) × (2) × 2 비평 3 (1) 일대기적 구성 (2) 집중적 구성

1 (1) 전기문의 주인공은 실존 인물이다. (2) 소설의 구성 요소는 '인물, 사건, 배경'이고, 전기문의 구성 요소는 '인물, 사건, 배경, 비평'이다.

개념 색깔 입히기 pp. 60~61

1 ② 2 ② 3 ③ 4 ⑤

1 ②는 소설에 대한 설명이다.

2 ②는 설명문을 읽는 방법이다.

3 소설은 작가의 상상력을 바탕으로 한 이야기인 데 반해, 전기문은 실제 인물과 실제 사건을 바탕으로 쓴 글이다.

4 (가)에서 일본이 강제로 조약을 정하고, 뜻있는 사람들의 모임을 없앤 뒤에 우리 강토를 삼키려 하는 책략을 두고 '스스로 밝힌 대의를 지키지 않고 있다'고 말하였다.

08 보고서, 기사문

개념 구상하기 / 개념 스케치하기 pp. 62~65

1 객관성 2 객관성

■ 개념 테스트 ■

1 ㉠ : 정확성 ㉡ : 객관성 2 주관성 3 도표, 그림 4 (1) × (2) ○ 5 (1) 보도성 (2) 객관성 6 (1) - ㉢ (2) - ㉣ (3) - ㉡ (4) - ㉠

2 보고서는 내용 및 결과에 다른 사람들도 동의할 수 있는 객관성을 갖추어야 한다.

4 (1) 기사문은 새로운 정보를 빠르게 전달하는 것을 목표로 한다.

개념 색깔 입히기 pp. 66~67

1 ④ 2 ② 3 ⑤ 4 ②

1 보고서는 연구 결과를 과장하거나 왜곡하지 않고 사실에 근거하여 작성하는 글이다.

2 (가)에서는 실패한 실험 내용도 그대로 기록함으로써 쓰기 윤리를 준수하고 있다.

3 기사문을 읽을 때에는 객관적이고 공정하게 내용이 전개되고 있는지 판단하며 읽어야 한다.

4 (나)에서 '언제'에 해당하는 내용은 '5일'이다.

09 광고문

개념 구상하기 / 개념 스케치하기 pp. 68~70

1 정보 전달 2 공익 광고 3 신문 광고 4 표제

■개념 테스트■

1 광고문 2 ○ 3 표제, 본문 4 (1) × (2) ○

4 (1) 광고문은 개성적이고 참신한 표현으로 써야 한다.

개념 색깔 입히기 p. 71

1 ③ 2 ⑤ 3 ① 4 ⑤ 5 ③

1 광고문에서는 허위나 과장된 표현을 삼가야 한다.

2 내용을 뒷받침할 수 있는 그림이나 사진, 도표 등의 보조 자료를 사용하면 광고의 효과가 높아진다.

3 ㉠은 시각적인 제재, ㉡은 표제, ㉢은 본문이다.

4 이 광고는 공공의 이익을 목적으로 하는 공익 광고이다.

5 광고문에서 내세운 사람이 유명한 사람인지 판단하는 것은 광고문을 읽을 때 유의할 점으로 알맞지 않다.

10 비평문

개념 구상하기 / 개념 스케치하기 pp. 72~73

■개념 테스트■

1 (1) 공적 (2) 논리적 2 (2) ○

2 (1)은 반영론적 관점으로 작품을 감상한 것이다.

개념 색깔 입히기 pp. 74~75

1 ② 2 ① 3 ② 4 미래 추정형

1 ②는 수필에 대한 설명이다.

2 비평문은 비판적 태도를 가지고 읽어야 한다.

3 글쓴이는 작품 자체를 선입견이나 고정 관념 없이 다시 읽어야 함을 이 글의 전제로 삼고 있다.

4 (나)에서 글쓴이는 '진달래꽃'에서 미래 추정형 시제를 사용하고 있으므로, '임'이 자기를 역겨워하는 것도, 떠난 것도 아니라고 이야기하고 있다.

11 토의, 토론

개념 구상하기 / 개념 스케치하기 pp. 76~79

1 해결 방안 탐색 2 가치 논제 3 논제 설정

■개념 테스트■

1 협력적인 2 (1) - ㉢ (2) - ㉠ (3) - ㉡ (4) - ㉣ 3 사실 논제, 정책 논제 4 사회자 5 토론 6 (1) × (2) × 7 해결 방안

6 (1) 배심원의 역할이다. (2) 토론자는 '숙의 시간'을 요청할 수 있다.

개념 색깔 입히기 pp. 80~81

1 ④ 2 ④ 3 ⑤ 4 ⑤ 5 ② 6 ① 7 ② 8 ③ 9 ③ 10 ③

1 ④의 내용은 서로 바꾸어야 옳다.

2 (가)에 어울리는 토의 유형은 패널 토의이고, (나)에 어울리는 토의 유형은 원탁 토의이다.

3 토의를 할 때 사회자는 개인적인 의견을 내세워서는 안 된다.

4 이 글에 나타난 논제는 '학교 급식 음식물 쓰레기를 줄이는 방법'으로, 이는 어떤 행동을 하도록 요구하는 정책 논제이다.

5 토론 중에 토론자는 같은 편끼리 토론 전략을 상의하는 '숙의 시간'을 요청할 수 있다.

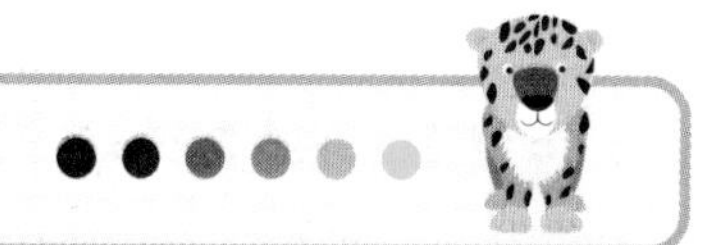

6 토론은 '논제 설정 → 찬성 측 주장 → 주장에 대한 반박 → 합리적인 방안 선택'으로 이루어진다. ③은 토의의 절차이다.

7 심포지엄은 전문가의 강연이 있은 뒤 청중들과 소통하는 것이고, 포럼은 처음부터 청중을 상대로 강의하는 것이다.

8 토론 중 사회자는 토론 순서와 시간을 엄격히 통제하고 시간이 경과하면 토론자의 발언을 중단시킬 수 있다.

9 어떤 논제에 대해 찬성과 반대의 대립되는 견해를 가진 사람들이 상대방을 설득하는 말하기는 토의가 아니라 '토론'이다.

10 토의는 최선의 결론을 위해 생각을 모으는 말하기의 과정이므로 자신의 의견보다 더 좋은 의견은 적극적으로 수용해야 한다.

12 강연, 협상, 발표

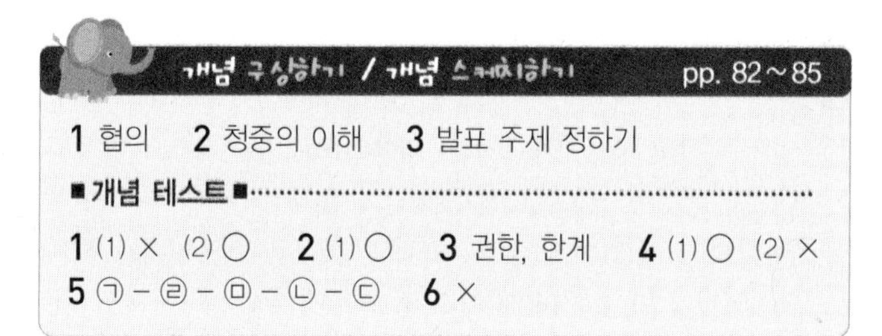

개념 구상하기 / 개념 스케치하기 pp. 82~85

1 협의 2 청중의 이해 3 발표 주제 정하기

■개념 테스트■

1 (1) × (2) ○ 2 (1) ○ 3 권한, 한계 4 (1) ○ (2) ×
5 ㉠-㉣-㉤-㉡-㉢ 6 ×

1 (1) 강연은 강연자의 일방적인 말하기가 주를 이루지만, 질의응답 등 청중과의 상호 작용도 나타난다.

2 (2)는 듣는 중, (3)은 들은 후에 할 일이다.

4 (2) 협상의 목적은 의견 차이와 갈등을 합리적으로 조정함으로써 개인이나 집단 간의 충돌을 막고 조화로운 관계를 유지하기 위함이다.

6 발표 내용을 가장 잘 뒷받침해 주는 매체를 활용해야 한다.

개념 색깔 입히기 pp. 86~88

1 ② 2 ① 3 ④ 4 ⑤ 5 ① 6 ① 7 ②
8 ⑤ 9 ③ 10 ② 11 ② 12 ④ 13 ⑤ 14 ①
15 ③

1 강연 중에 청중과의 상호 작용이 나타나기는 하지만 강연자의 일방적인 말하기가 강연의 주를 이루므로 ②는 적절하지 않다.

2 강연 내용을 빠짐없이 메모하다 보면 주요 내용을 놓칠 수 있다.

3 ①은 들은 후, ②, ③, ⑤는 듣는 중에 해야 할 일이다.

4 이 강연에서는 사이버 범죄를 당했을 때 어떻게 대응해야 하는지에 대해 알려 주고 있다.

5 ①은 강연의 처음 부분에 이미 나온 내용이다.

6 협상은 양쪽 모두에게 이익이 되는 방향으로 대화를 풀어 나가는 과정이다.

7 협상은 개인이나 집단 간에 존재하는 의견 차이나 갈등을 해소하기 위해 당사자나 대표가 협의하는 일이므로 대립하는 두 대상이 있어야 한다. ②는 토의가 필요한 상황이다.

8 협상이 이루어질 수 없는 상황에 대비하여 다른 대안을 마련해 두어야 한다.

9 협상을 할 때 가장 먼저 할 일은 문제 상황을 진단하는 일이다.

10 서희는 뜰에서 절을 올리지 않음으로써 적진에서 한 협상에서 기선을 제압하였다.

11 발표의 순서는 '발표 주제 정하기 → 발표 내용 마련하기 → 매체 활용 계획 세우기 → 발표 연습하기 → 발표하기'이다.

12 발표할 때 매체를 활용하면 말하는 사람은 복잡한 내용을 간단하면서도 효과적으로 제시할 수 있으며, 듣는 사람은 발표에 흥미를 느끼고 발표 내용을 쉽게 이해할 수 있어서 좋다.

13 발표 내용을 가장 잘 뒷받침해 주는 매체를 활용하는 것이 좋다.

14 사진의 구도에 대해 발표할 때, 각각의 구도로 찍은 사진을 제공해 주면 전달 효과가 높아진다.

15 ①은 시각 매체(사진), ②는 복합 매체(동영상), ④는 시각 매체(도표), ⑤는 시각 매체·복합 매체를 활용하기에 적절하다.

|개념 덧바르기| I 갈래 그리기 p. 90

		2 전	지	적	작	가		
1 건	의	문						
		4 서	론		5 해			
3 평	면	적			6 설	7 화		
전						8 자	9 유	시
					10 협		비	
11 공	감	각	적	12 심	상			
익				포		14 절	15 대	론
광			13 편	지	글		조	
고				엄				

PART Ⅱ 문법 그리기

01 언어의 본질

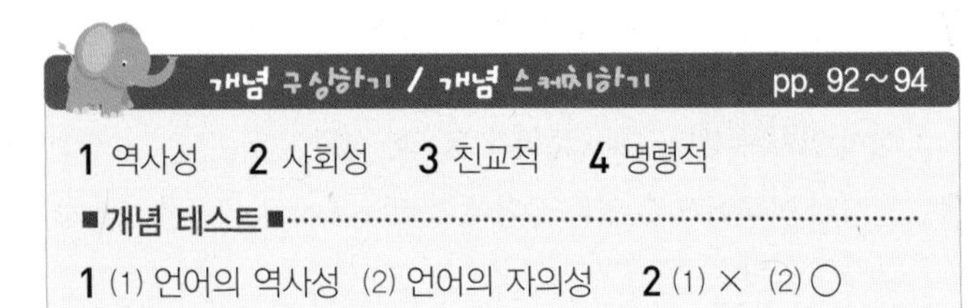
개념 구상하기 / 개념 스케치하기 pp. 92 ~ 94

1 역사성 2 사회성 3 친교적 4 명령적

■ 개념 테스트 ■

1 (1) 언어의 역사성 (2) 언어의 자의성 2 (1) × (2) ○

2 (1) 언어의 지시적 기능에 대한 설명이다.

개념 색깔 입히기 pp. 95 ~ 97

1 ② 2 언어의 사회성을 지키지 않았다. 3 ④ 4 ⑤
5 ③ 6 ⑤ 7 ② 8 ⑤ 9 ① 10 ⑤ 11 ④
12 ① 13 ⑤ 14 ① 15 ②

1 언어는 시간이 흐르면 변하는 역사성을 지니고 있으므로, 단어의 의미가 바뀌기도 한다.

2 언어는 그 언어를 사용하는 사람들 간의 사회적 약속이므로 개인이 마음대로 바꾸어 사용해서는 안 된다. 이를 언어의 사회성이라고 한다.

3 영화를 보고 난 후의 감정이나 생각을 이야기하고 있으므로, 제시된 문장에는 언어의 정서적 기능이 두드러진다고 볼 수 있다.

4 동음이의어나 방언 등은 모두 자의성의 근거로 볼 수 있다. ⑤는 언어의 규칙성과 관련된 설명이다.

5 제시된 글에서 설명하는 언어의 기능은 '친교적 기능'이다.

SOS! 멘토! ①, ② 명령적 기능 ④ 정서적 기능 ⑤ 지시적 기능, 정보적 기능

6 ⑤는 언어의 역사성과 관련된 예이다.

7 우리나라에서 '가깝게 오래 사귄 사람'을 '친구'라는 문자와 [친구]라는 음성으로 나타내기로 한 것은 언어의 사회성과 관련이 깊다.

8 인간은 새로운 사물이나 개념이 생기면 그에 대한 새로운 말을 만들어 내거나, 무한히 많은 새로운 문장을 만들어 낼 수 있다.

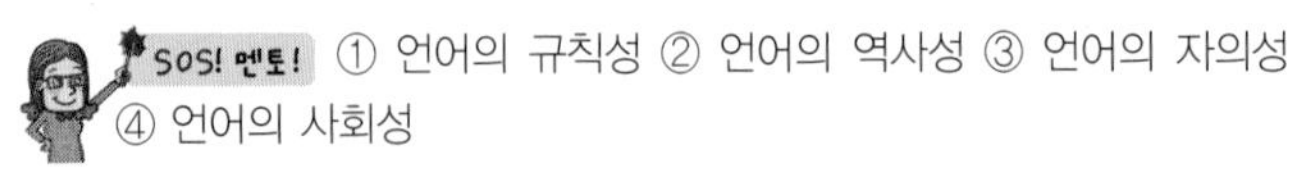
SOS! 멘토! ① 언어의 규칙성 ② 언어의 역사성 ③ 언어의 자의성 ④ 언어의 사회성

9 제시된 사례는 시간의 흐름에 따라 언어의 의미가 변화한 '역사성'과 관련이 있다. 지금은 쓰이지 않고 사라진 '즈믄'도 이와 같은 사례로 볼 수 있다.

SOS! 멘토! ② 언어의 규칙성 ③ 언어의 사회성 ④ 언어의 자의성 ⑤ 언어의 창조성

10 ⑤에는 언어의 친교적 기능이 나타나 있고, 나머지에는 언어의 명령적 기능이 나타나 있다.

11 ④는 음료수가 나왔다는 것을 알려 주는 정보적 기능과 음료수를 가져가라는 명령적 기능이 모두 나타난 말이다.

12 '꽃을 피었다.'는 '언어의 규칙성'을 어긴 문장이다.

SOS! 멘토! ② 언어의 자의성 ③ 언어의 창조성 ④ 언어의 역사성 ⑤ 언어의 사회성

13 언어는 사회 구성원들 사이의 약속이므로 사회적으로 받아들여지면 개인이 마음대로 바꾸어 쓸 수 없다. 그러나 '언어의 역사성'에 의해 언어가 생성, 소멸, 변화의 과정을 겪기도 하므로, 언어가 한 번 정해진 이후 절대 바뀌지 않는다고 한 ⑤는 적절하지 않은 설명이다.

14 ㉠에는 '언어의 자의성', ㉡에는 '언어의 사회성'이 들어가야 한다.

15 '즐거운 하루 보내세요.'는 상대방에게 즐거운 하루를 보내라고 명령한다기보다 상대방과의 친밀한 관계를 다지는 데 그 목적을 둔 말로 볼 수 있다.

02 음운의 체계와 특성

개념 구상하기 / 개념 스케치하기 pp. 98 ~ 101

1 입술소리 2 소리의 세기 3 비음 4 원순 모음
5 이중 모음

■ 개념 테스트 ■

1 ㅑ 2 (1) 고 (2) 저 (3) 중 3 모음, 자음 4 ㄴ, ㄹ, ㅁ, ㅇ 5 ㅈ, ㅉ, ㅊ 6 (1) 짧, 길 (2) 길, 짧 (3) 짧, 길

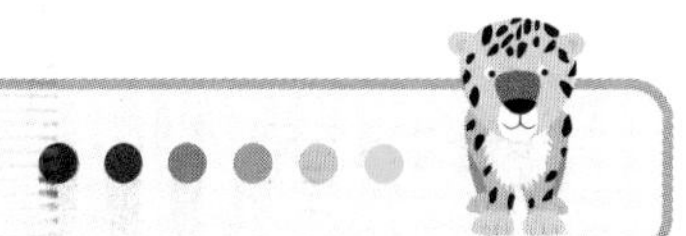

1 'ㅑ'는 발음할 때 입술이나 혀가 움직이는 이중 모음이다.

개념 색깔 입히기 pp. 102~103

1 ⑤ 2 ⑤ 3 말의 뜻을 구별해 준다. 4 ③ 5 ① 6 ① 7 ③ 8 ① 9 ③ 10 ① 11 ② 12 ① 13 ① 14 ② 15 ④ 16 ② 17 ③ 18 ⑤

1 말의 뜻을 구별해 주는 소리의 가장 작은 단위를 음운이라고 한다.

SOS! 멘토! ① 단어 ② 음절 ③ 형태소 ④ 어절

2 ⑤는 자음에 대한 설명이다.

3 '달'과 '탈'이 서로 다른 뜻이 된 이유는 'ㄷ'과 'ㅌ' 때문이다.

4 제시된 설명에 해당하는 모음은 평순 모음이면서, 중모음이고, 전설 모음인 'ㅔ'이다.

5 발음할 때 입술 모양이 변하는 모음을 이중 모음이라고 한다.

6 입술을 둥글게 오므려 발음하는 원순 모음으로는 'ㅗ, ㅚ, ㅜ, ㅟ'가 있다.

7 발음할 때 혀의 최고점이 앞쪽에 있는 전설 모음으로는 'ㅣ, ㅐ, ㅔ, ㅚ, ㅟ'가 있다.

8 'ㅣ'와 같은 고모음으로는 'ㅟ, ㅡ, ㅜ'가 있다.

9 전설 모음 중에서 저모음을 찾는 문제이다.

10 단모음은 'ㅏ, ㅐ, ㅓ, ㅔ, ㅗ, ㅚ, ㅜ, ㅟ, ㅡ, ㅣ'이다.

SOS! 멘토! ②에서는 'ㅘ', ③에서는 'ㅑ', ④에서는 'ㅠ, ㅕ', ⑤에서는 'ㅖ'가 이중 모음이다.

11 ① 중모음 ③ 이중 모음 ④ 전설 모음 ⑤ 후설 모음

12 초성 : ㄱ, ㄲ, ㅋ, ㅇ / 중성 : ㅜ / 종성 : ㄴ, ㄹ

13 'ㄴ, ㄹ, ㅁ, ㅇ'은 발음할 때 목청이 울리는 울림소리이다.

14 ① 목청 사이 ③ 여린입천장과 혀 뒤 ④ 센입천장과 혓바닥 ⑤ 윗잇몸과 혀끝

15 나머지는 폐쇄음이고, 'ㄹ'은 유음이다.

16 소리의 세기에 따라 '예사소리-된소리-거센소리'로 나눈 것이다.

17 ㉢에는 잇몸소리 중 거센소리인 'ㅌ'이 들어가야 한다.

18 나머지는 짧게 발음하고, ⑤의 '밤'은 길게 발음한다.

03 품사의 종류와 특성

개념 구상하기 / 개념 스케치하기 pp. 104~107

1 관형사 2 대명사 3 관계언 4 동사

■ 개념 테스트 ■

1 품사 2 (1) 9개 (2) 명사 (3) 단어이다. 3 명사, 수사, 대명사 4 목적어, 보어 5 용언 6 (1) 동 (2) 형 (3) 동 (4) 형 7 수식언 8 는, 을 9 에구머니, 아이코

개념 색깔 입히기 pp. 108~109

1 ⑤ 2 ④ 3 ③ 4 ③ 5 ⑤ 6 ① 7 ③ 8 ② 9 동사와 형용사는 모두 용언이다. / 문장에서 주로 서술어로 쓰인다. / 어미의 활용에 따라 그 형태가 바뀔 수 있다. 10 ④ 11 ③ 12 ④ 13 ㉠ : 부사 ㉡ : 관형사 14 다른 단어를 꾸며 주거나 의미를 한정한다. 15 ③ 16 4개 17 ①

1 단어들 사이의 관계를 나타내 주는 말은 관계언인 '조사'이다.

2 관계언인 '조사'는 자립성은 없지만 단어로 인정한다.

3 '연필, 모든, 매우, -와'는 형태가 변하지 않는 불변어이고, '길다, 예쁘다, 달리다, 넘다'는 형태가 변하는 가변어이다.

4 '빨리'는 '달린다'를 꾸며 주는 부사이다.

5 '몰았다'는 형용사가 아니라 동사이다.

SOS! 멘토! ① 차 ② 는, 를 ③ 살살 ④ 새

6 제시된 단어는 체언으로, 체언은 형태가 변하지 않는 불변어이다.

7 '사람, 우정, 수박, 극장'은 사람이나 사물의 이름을 나타내는 명사이고, '저곳'은 장소를 대신 가리키는 대명사이다.

8 ②의 밑줄 친 '한'은 수사가 아니라 관형사이다. 뒤에 명사가 오면 관형사이고, 뒤에 조사가 오면 수사이다.

10 '게으르다'는 사람이나 사물의 성질을 나타내는 형용사이고, 나머지는 사람이나 사물의 움직임을 나타내는 동사이다.

11 밑줄 친 '정말'은 부사이며, 부사는 문장에서의 위치가 비교적 자유로운 편이다.

12 빈칸에는 부사가 들어가야 한다.

SOS! 멘토! ① 용언 ② 독립언 ③ 체언 ⑤ 관계언

14 '새'는 관형사이고, '잘'은 부사이다.

15 조사는 단어로 인정하지만 홀로 쓰이지 못하므로 붙여 쓴다.

16 '은, 을, 으로, 이다'가 조사이다.

17 문장에서 독립적으로 쓰이면서 생략이 가능한 것은 '감탄사'이다.

② 명사 ③ 부사 ④ 대명사 ⑤ 조사

04 문장의 짜임

개념 구상하기 / 개념 스케치하기 pp. 110 ~ 113

1 종속적으로 이어진 문장 **2** 목적어

■ **개념 테스트** ■

1 ㉠ : 주성분 ㉡ : 부속 성분 ㉢ : 독립 성분 **2** 부사어 **3** 주어 **4** (1) 고기를 (2) 돈을 (3) 밥을 **5** ㉣ **6** (1) 종 (2) 종 (3) 대

2 부사어는 부속 성분이다.

5 나머지는 부사어이다.

개념 색깔 입히기 pp. 114 ~ 115

1 ⑤ **2** ③ **3** ③ **4** 주어 **5** ③ **6** ③ **7** ④ **8** ⑤ **9** ② **10** ① **11** ③ **12** ③ **13** ② **14** ② **15** ④ **16** (1) 주미가 합격하기 (2) 명사절로 안긴문장

1 ⑤는 독립 성분에 대한 설명이다.

2 부속 성분과 독립 성분은 생략해도 문장 구성에 영향을 주지 않는다.

SOS! 멘토! ① 보어 ② 서술어 ③ 부사어 ④ 주어 ⑤ 목적어

3 ① 문장의 끝에 오는 경우도 있음 ② 독립 성분에 대한 설명임 ④ 부속 성분에 대한 설명임 ⑤ 부속 성분과 독립 성분은 생략이 가능함

4 이 문장에는 '누가'에 해당되는 내용이 빠져 있다.

5 ③은 '누가/무엇이+무엇이다'의 기본 구조를 가진 문장이고, 나머지는 '누가/무엇이+어찌하다'의 기본 구조를 가진 문장이다.

6 ① 부사어 ② 관형어 ④ 보어 ⑤ 독립어

7 나머지는 주어이고 ④의 밑줄 친 '변호사가'는 보어이다.

8 ⑤는 '관형어+주어+관형어+주어+부사어+서술어'로 이루어진 문장이다.

SOS! 멘토! ① 책을 ② 점심을 ③ 노래를 ④ 빵을

9 ②는 '반찬이(주어)+아주(부사어)+맛있었다(서술어)'로, 관형어가 쓰이지 않았다.

SOS! 멘토! ① 빨간 ③ 하얀 ④ 메마른 ⑤ 뚱뚱한

10 나머지는 관형어이다.

11 ③의 '결코'는 부사어이다.

12 ③은 '밭이 넓다.'와 '밭에서 보리가 익어간다.'가 결합한 겹문장이다. 나머지는 모두 홑문장이다.

13 ②는 이어진문장이고, 나머지는 안은문장이다.

SOS! 멘토! ①, ④ 명사절을 안은문장 ③ 부사절을 안은문장 ⑤ 관형절을 안은문장

14 나머지는 모두 종속적으로 이어진 문장이다.

15 〈보기〉에 쓰인 안긴문장의 종류는 관형절이다.

SOS! 멘토! ① 서술절 ② 부사절 ③ 명사절 ⑤ 인용절

05 담화의 개념과 특성

개념 구상하기 / 개념 스케치하기 pp. 116 ~ 117

■ **개념 테스트** ■

1 상황 맥락, 시간 **2** (1) × (2) ○ (3) ○

2 (1) 배경지식은 상황 맥락에 포함되므로, 담화에 영향을 미치는 요소이다.

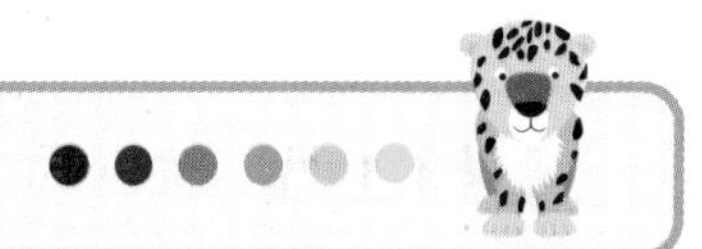

개념 색깔 입히기 pp. 118 ~ 119

1 ③ 2 ③ 3 빨래를 걷어야 한다. 4 ⑤ 5 ⑤ 6 ⑤ 7 ② 8 ① 9 ⑤ 10 ④

1 담화는 하나의 주제를 통일성 있게 담아야 한다.

2 담화는 구체적인 맥락에서 말하는 이와 듣는 이 사이의 발화(언어)들이 모여서 이루어진 것을 의미한다.

4 공연장에 입장하고 있는 상황 맥락을 고려하여, 휴대 전화를 꺼 달라는 담화의 의미를 파악할 수 있다.

5 할머니는 손자가 말하는 '생파', '생선'의 뜻을 이해하지 못하고 있다.

6 같은 말이라도 상황에 따라 다양하게 해석될 수 있다.

7 여학생의 말에는 '야구장에 가지 않는 게 좋을 것이다.', '야구를 제대로 볼 수 없을 것이다.' 등의 의도가 담겨 있다.

8 할머니와 대화할 때에는 '세대'를 고려하여 단어 선택에 유의해야 한다.

9 제시된 말은 겉으로 드러나는 내용만이 아니라 상황 맥락을 고려하여 말하는 이의 의도와 목적을 파악해야 한다.

10 이 담화는 문화의 차이에 따라 '시원하다'에 대한 이해가 달라진 경우이다.

06 어문 규범(단어의 발음과 표기)

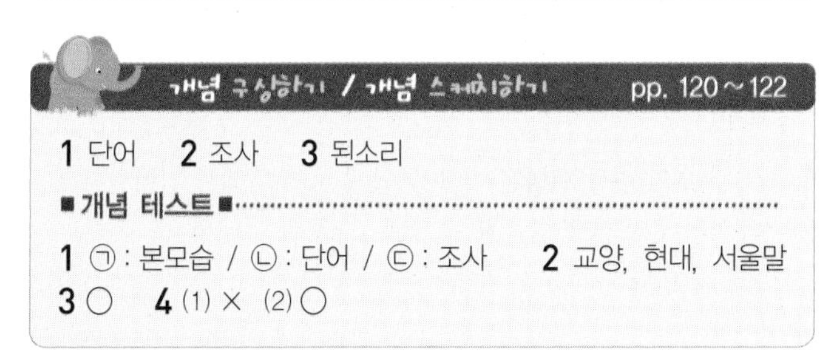

개념 구상하기 / 개념 스케치하기 pp. 120 ~ 122

1 단어 2 조사 3 된소리

■ 개념 테스트 ■

1 ㉠ : 본모습 / ㉡ : 단어 / ㉢ : 조사 2 교양, 현대, 서울말 3 ○ 4 (1) × (2) ○

4 (1) 외래어 표기법에 대한 설명이다.

개념 색깔 입히기 p. 123

1 ③ 2 ④ 3 ① 4 ① 5 꾸준이 → 꾸준히 / 조은 → 좋은 6 ④ 7 ③ 8 ④ 9 ⑤ 10 ①

1 ① 외래어 표기법에 대한 설명이다. ② 말과 글에서 모두 지켜야 할 약속이다. ④ 표준어 규정에 의한 것이다. ⑤ 로마자 표기법에 대한 설명이다.

2 ① 낳으세요 → 나으세요 ② 가치 → 같이 ③ 여덜 → 여덟 ⑤ 열 두 자루 → 열두 자루

3 오뚜기는 본모습을 밝혀 '오뚝이'라고 적는 것이 옳다.

4 '무우'의 표준어는 '무'이다.

6 용언의 어간 말음 'ㄺ'은 'ㄱ' 앞에서 [ㄹ]로 발음하므로 [물꼬]로 발음한다.

7 외래어를 한글로 적을 때, 받침에는 'ㄱ, ㄴ, ㄹ, ㅁ, ㅂ, ㅅ, ㅇ'만 쓸 수 있다.

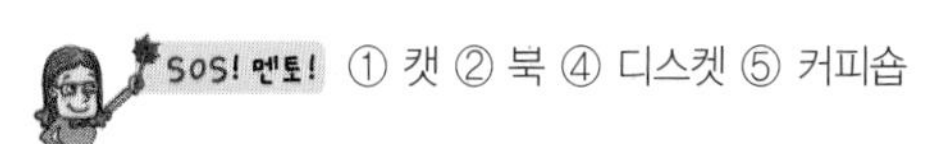

SOS! 멘토! ① 캣 ② 북 ④ 디스켓 ⑤ 커피숍

8 외래어를 한글로 적을 때에는 된소리 글자로 적지 않는 것을 원칙으로 한다.

SOS! 멘토! ① 버스 ② 카페 ③ 파리 ⑤ 카메라

9 국어의 로마자 표기는 표준 발음법에 따라 적는 것을 원칙으로 한다.

SOS! 멘토! ① Silla ② Jongno ③ Gyeongju ④ Hallasan

10 북한에서는 두음 법칙을 인정하지 않기 때문에 '노인'을 '로인'으로 적는다.

07 어휘의 체계와 양상

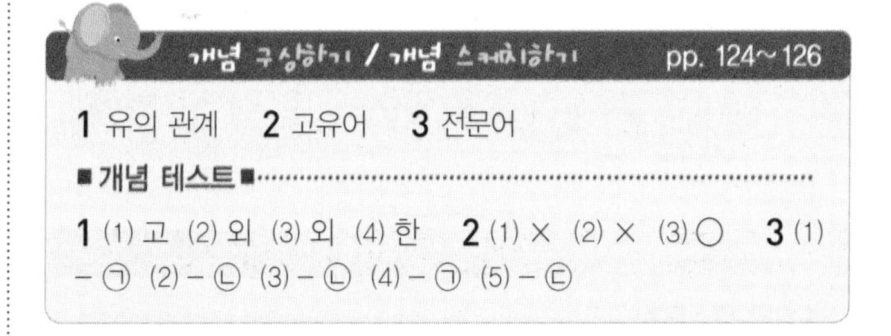

개념 구상하기 / 개념 스케치하기 pp. 124 ~ 126

1 유의 관계 2 고유어 3 전문어

■ 개념 테스트 ■

1 (1) 고 (2) 외 (3) 외 (4) 한 2 (1) × (2) × (3) ○ 3 (1) – ㉠ (2) – ㉡ (3) – ㉡ (4) – ㉠ (5) – ㉢

2 (1) 원래 외국어였던 것이 국어의 체계에 동화되어 사회적으로 그 사용이 허용된 외래어는, 우리말로 대체하는 것이 매우 어려운 경우가 많다. (2) '변소'가 금기어이고, '화장실'이 완곡어이다.

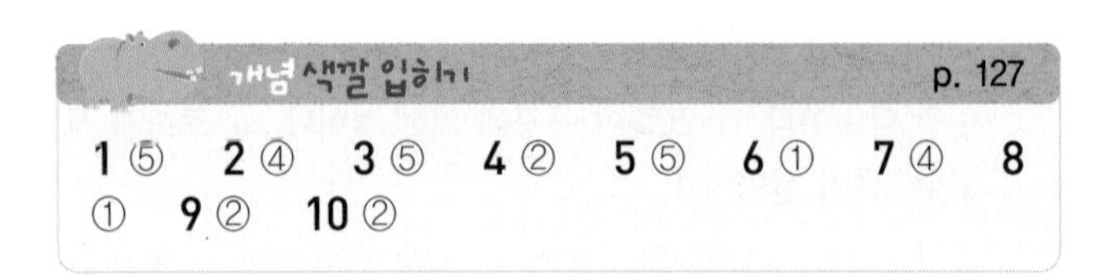

개념 색깔 입히기 p. 127

1 ⑤ 2 ④ 3 ⑤ 4 ② 5 ⑤ 6 ① 7 ④ 8 ① 9 ② 10 ②

1 ⑤의 '구름'은 외래어가 아니라 고유어이다.

2 ④는 고유어만으로 이루어진 문장이다.

SOS! 멘토! ① 느낌 아니까 – 유행어 ② 뿌잉뿌잉 – 유행어 ③ 왕고 – 은어 ⑤ 전입 신고, 확정 일자 – 전문어

3 외래어는 우리말로 대체하기 어려운 것이 특징인데, '베이스볼'은 '야구'라는 우리말이 있으므로 외래어가 아니라 외국어이다.

4 은어는 어떤 부류의 사람들이 다른 사람들은 알아듣지 못하게 자기네끼리만 은밀하게 쓰는 말이다.

SOS! 멘토! ① 유행어 ③ 완곡어 ④ 고유어 ⑤ 전문어

5 '호랑이'가 금기어이고, '산신령'이 완곡어이다.

6 전문어는 '랩 차트', '트리플 점프'와 같이 외국어가 그대로 사용되는 경우가 많다.

7 '콩나물'이 표준어에 해당한다.

SOS! 멘토! ①은 '부추', ②는 '여우', ③은 '가장자리', ⑤는 '할머니'가 표준어이다.

8 '사다'와 '구입하다'는 유의 관계에 있는 단어이다.

9 '신발'과 '구두'는 상하 관계에 있는 단어이다.

SOS! 멘토! ①, ④ 반의 관계 ③, ⑤ 유의 관계

10 ②의 '열다'와 '닫다'는 반의 관계에 있는 단어이다.

08 한글의 창제 원리

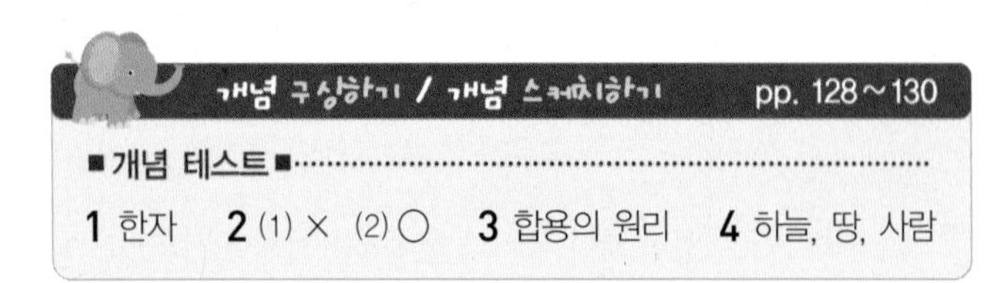

개념 구상하기 / 개념 스케치하기 pp. 128~130

■ 개념 테스트 ■

1 한자 2 (1) × (2) ○ 3 합용의 원리 4 하늘, 땅, 사람

2 (1) 백성들은 한자를 알지 못해 억울한 일을 당하는 일이 많았다.

3 합용의 원리는 모음의 창제 원리이다.

개념 색깔 입히기 p. 131

1 ① 2 우리말을 표기할 고유의 문자가 없었기 때문이다. 3 ③ 4 애민 정신 5 ① 6 ㉠ : ㄴ ㉡ : ㄹ ㉢ : ㅂ ㉣ : ㅊ ㉤ : ㅇ 7 ⑤ 8 ㉠ : 상형 ㉡ : · ㉢ : 땅 ㉣ : ㅣ ㉤ : 초출자

1 한글 창제 이전에는 우리 '글'이 없었던 것이지, 우리 '말'이 없었던 것은 아니다.

3 ①, ② 다른 나라의 문자를 모방하지 않고 새로운 원리에 따라 만든 것임 ④ 계몽 정신은 훈민정음의 창제 정신이 아님 ⑤ 백성들이 자신의 생각을 제대로 표현하고, 의사소통을 원활하게 할 수 있도록 하기 위해 만든 것임

5 자음자 가운데 발음 기관의 모양을 본뜬 기본자에는 'ㄱ, ㄴ, ㅁ, ㅅ, ㅇ'이 있다.

7 나머지는 상형의 원리에 의해 만들어진 글자이고, 'ㅂ'은 가획의 원리에 의해 만들어진 글자이다.

09 음운의 변동

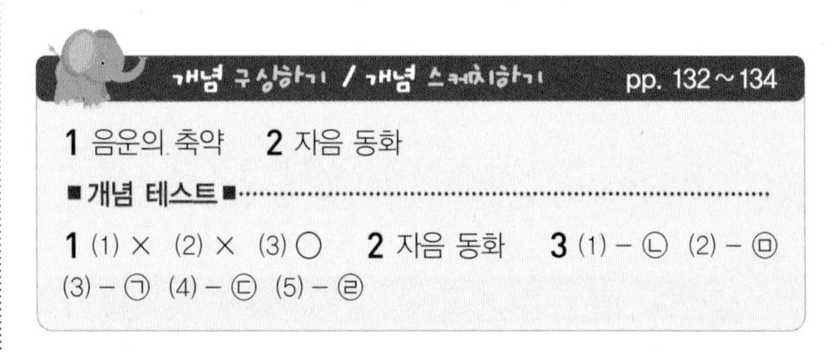

개념 구상하기 / 개념 스케치하기 pp. 132~134

1 음운의 축약 2 자음 동화

■ 개념 테스트 ■

1 (1) × (2) × (3) ○ 2 자음 동화 3 (1) – ㉡ (2) – ㉤ (3) – ㉠ (4) – ㉢ (5) – ㉣

1 (1) 음운의 변동 현상은 발음을 쉽게 하기 위해서 일어난다. (2) 음절의 끝소리로 발음될 수 있는 자음은 'ㄱ, ㄴ, ㄷ, ㄹ, ㅁ, ㅂ, ㅇ'이다.

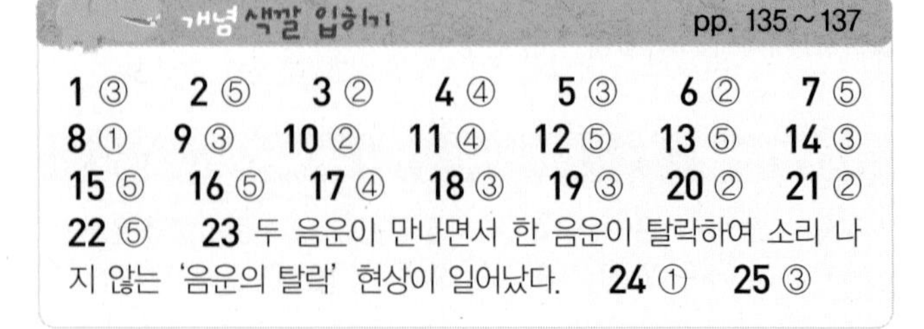

개념 색깔 입히기 pp. 135~137

1 ③ 2 ⑤ 3 ② 4 ④ 5 ③ 6 ② 7 ⑤ 8 ① 9 ③ 10 ② 11 ④ 12 ⑤ 13 ⑤ 14 ③ 15 ⑤ 16 ⑤ 17 ④ 18 ③ 19 ③ 20 ② 21 ② 22 ⑤ 23 두 음운이 만나면서 한 음운이 탈락하여 소리 나지 않는 '음운의 탈락' 현상이 일어났다. 24 ① 25 ③

1 ① [생년필] ② [부어클] ④ [지반닐] ⑤ [한녀름]

2 '따님[따님]' 은 발음되는 음운의 수가 5개이고, 나머지는 4개이다.

SOS! 멘토! ① [구콰] ② [조타] ③ [머겨] ④ [그피] ⑤ [따님]

3 '같이[가치]' 는 구개음화 현상이 일어나는 단어이고, 나머지는 자음 동화 현상이 일어나는 단어이다.

4 '광안리' 와 '대관령' 은 자음 동화가 나타나는 단어이다.

SOS! 멘토! ① 음절의 끝소리 규칙 ② 음운의 탈락 ③ 구개음화 ⑤ 음운의 축약

5 음절의 끝소리로 발음될 수 있는 자음은 'ㄱ, ㄴ, ㄷ, ㄹ, ㅁ, ㅂ, ㅇ' 의 7개 뿐이다.

SOS! 멘토! ① [박] ② [낟] ④ [집] ⑤ [히읃]

6 다음에서 설명한 음운 변동 현상은 '자음 동화' 이다.

7 음운의 축약은 말 그대로 두 개의 음운이 합해져서 새로운 하나의 음운이 되는 현상이다.

8 '묻혀' 는 '묻히어 → [무티어] → [무치어] → [무쳐]' 의 과정에서 구개음화가 일어나며, '맏이' 는 [마지]로 발음되면서 구개음화가 일어난다.

9 '좋다' 는 [조타]로 발음되면서 음운의 축약이 일어난다. 나머지는 음운의 탈락이 일어나는 단어이다.

SOS! 멘토! ① 'ㅡ' 탈락 ② 'ㄹ' 탈락 ④, ⑤ 'ㅎ' 탈락

10 음절의 끝소리에서 발음되는 자음은 'ㄱ, ㄴ, ㄷ, ㄹ, ㅁ, ㅂ, ㅇ' 이다.

11 음운의 변동은 보다 쉽게 발음하려는 경제성과 관련이 있다.

12 ⑤는 모두 음운의 축약이 일어나는 단어이다.

SOS! 멘토! ① 음절의 끝소리 규칙 - 구개음화 ② 음절의 끝소리 규칙 - 음운의 탈락 ③ 자음 동화 - 음운의 축약 ④ 자음 동화 - 음운의 축약

13 '잎사귀' 는 [입싸귀]로 소리가 나는데, 여기서 '잎' 의 'ㅍ' 받침이 'ㅂ' 으로 바뀌어 발음되는 음절의 끝소리 규칙이 일어난다.

SOS! 멘토! ① 자음 동화 ② 음운의 탈락 ③ 구개음화 ④ 음운의 축약

14 제시된 내용은 '구개음화' 에 대한 설명이다.

15 '와서' 는 '오(다)+-아서' 가 결합된 말로 음운의 축약이 일어나는 단어이며, 나머지는 모두 음운의 탈락이 일어나는 단어이다.

16 '담가' 는 '담그-' 와 '-아' 가 결합하면서 'ㅡ' 가 탈락한 경우이다.

SOS! 멘토! ①, ②, ③ 음운의 축약 ④ 자음 동화

17 '바느질' 은 '바늘' 과 '질' 이 결합하면서 'ㄹ' 이 탈락한 것이다.

SOS! 멘토! ①, ⑤ 자음 동화 ② 음운의 축약 ③ 음절의 끝소리 규칙

18 ③은 '남기-+-어 → 남겨' 로 모음 축약이 일어난 경우이다. 나머지는 두 음운이 만나면서 한 음운이 사라져 소리 나지 않는 '음운의 탈락' 이 일어난 경우이다.

19 자음 동화가 일어나는 단어는 '종로[종노], 국민[궁민], 입는[임는], 먹는[멍는], 협력[혐녁]' 이다.

20 우리말 자음 중에서 음절의 끝소리에 올 수 있는 것은 'ㄱ, ㄴ, ㄷ, ㄹ, ㅁ, ㅂ, ㅇ' 이므로 '꽃' 은 [꼳]으로 발음해야 한다.

21 '학문' 은 [항문]으로 발음되므로, 뒤의 자음의 영향으로 앞의 자음이 변한 역행 동화의 예에 해당한다.

SOS! 멘토! ①, ④ 순행 동화 ③, ⑤ 상호 동화

22 '미닫이[미다지]' 는 구개음화 현상이 일어나는 단어이다. '놓치다[놑치다]' 는 음절의 끝소리 규칙 현상이 일어나는 단어이다.

23 '바느질' 과 '따님' 은 'ㄹ', '이어' 는 'ㅅ', '써라' 는 'ㅡ' 가 탈락한 것이다.

24 '말갛게' 는 [ㅎ+ㄱ]이 [ㅋ]으로 줄어든 것이다.

25 '닫는[단는]' 과 같이 두 자음이 같은 음운으로 동화되는 것을 완전 동화라고 한다.

SOS! 멘토! ① [심니] ② [뱅노] ③ [단는] ④ [임녁] ⑤ [궁물]

10 문법 요소

개념 구상하기 / 개념 스케치하기 pp. 138~140

1 능동 **2** 피동 **3** 현재 시제 **4** 상대 높임

■ **개념 테스트** ■

1 (1) × (2) × **2** 주체 높임, 객체 높임, 상대 높임 **3** (1) 안 (2) 안 (3) 못 **4** 발화시, 사건시 **5** (1) 피 (2) 사 (3) 사

1 (1) 주체 높임에 대한 설명이다. (2) '못' 부정문에 대한 설명이다.

개념 색깔 입히기 p. 141

1 ④ **2** ⑤ **3** ② **4** 미선이는 학생이 아니다. **5** ⑤ **6** ② **7** ⑤ **8** ④ **9** ③ **10** 토끼가 사냥꾼에게 잡혔다.

1 ④는 주체 '나'가 아닌 객체 '부모님'을 높인 객체 높임 표현에 해당한다. 나머지는 모두 주체 높임 표현이다.

2 ① 사촌 동생이 잔다. ② 아버지께서 언니에게 돈을 주셨다. ③ 할아버지께서는 요즘 진지를 잘 드신다(잡수신다). ④ 인애가 동생을 데리고 학교에 갔다.

3 '못' 부정문은 능력 부족이나 외적 원인에 의한 부정을 나타내므로, ②는 '안' 부정문을 쓰는 것이 바람직하다.

4 서술격 조사 '이다'로 끝난 문장을 부정 표현으로 바꿀 때에는 '아니다'라는 형용사를 사용하는 것이 자연스럽다.

5 '현재'는 현재 시제를 나타내는 표현이고 '-겠-'은 미래 시제를 나타내는 표현이므로 ⑤는 시간 표현이 어색한 문장이다.

6 '-겠-'은 '미래', '의지', '추측' 등을 나타낸다. '-겠-'이 사용된 ①, ②, ③ 중에서 ①, ③은 '의지'보다는 '추측'의 의미가 강하다.

7 '깨우셨다'는 '-우-'가 결합된 사동 표현이다.

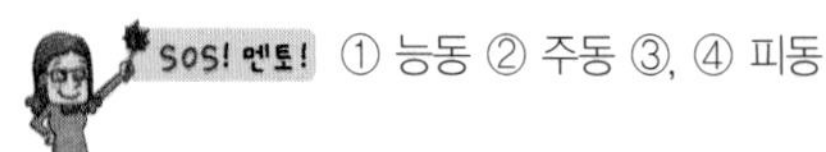

① 능동 ② 주동 ③, ④ 피동

8 ④의 '날리다'는 사동사이다. 나머지는 피동 표현이 나타난 문장이다.

9 주체가 다른 주체에 의해 어떤 동작을 당하게 되는 것을 피동 표현이라고 한다.

①, ④, ⑤ 사동 표현 ② 능동 표현

11 단어의 짜임

개념 구상하기 / 개념 스케치하기 pp. 142~145

1 복합어 **2** 단일어 **3** 의존 형태소

■ **개념 테스트** ■

1 형태소, 단어 **2** 5 **3** 어근, 접사 **4** (1) 단 (2) 파 (3) 파 (4) 합 **5** 새말 **6** ×

6 '노래방'은 새롭게 만들어진 사물을 표현하기 위해, '길치'는 기존에 있던 말을 이용해서 새로운 개념을 표현하기 위해 만든 새말이다.

개념 색깔 입히기 pp. 146~147

1 ④ **2** ④ **3** ⑤ **4** 자립 형태소 : 산 / 의존 형태소 : 이, 높-, -다 / 실질 형태소 : 산, 높- / 형식 형태소 : 이, -다 **5** 이 **6** ① **7** ① **8** ② **9** ⑤ **10** ③ **11** ⑤ **12** ⑤ **13** ④ **14** ③ **15** ⑤ **16** ④ **17** ⑤ **18** ①

1 더 나누면 뜻을 잃어버리는 가장 작은 말의 단위를 형태소라고 한다.

2 ① '나팔꽃'은 합성어로, 하나의 단어임 ② 3개의 단어로 이루어짐 ③ '피었다'는 하나의 단어임 ⑤ '나팔꽃'과 '이'로 나누어야 함

3 ① 바다/가/매우/푸르/다 ② 엄마/의/마음/은/참/넓/다 ③ 아기/가/엄마/를/닮/아서/예쁘/다 ④ 친구/는/새/모자/를/싸/게/사/았/다

5 조사는 홀로 쓰일 수 없지만 단어로 인정한다.

6 ①은 어절에 대한 설명이다.

7 '어머니'를 제외한 나머지는 두 개의 형태소로 이루어진 단어이다.

8 '새빨갛다'는 '새- + 빨갛- + -다'로 분석해야 한다.

9 제시된 문장을 단어로 분석하면 '울타리/옆/으로/맑은/물/이/흐른다.'이다.

10 '농사꾼'은 어근 '농사'와 접사 '-꾼'으로 이루어진 파생어이고, 나머지는 모두 어근과 어근의 결합으로 이루어진 합성어이다.

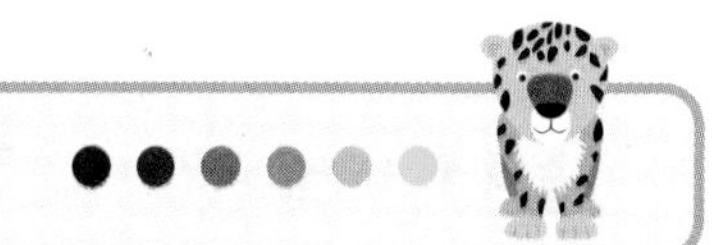

11 하나의 형태소가 곧 단어가 되는 단일어도 있다.

12 '-잡이'는 '무엇을 다루는 사람'이라는 뜻을 더하는 접미사이다.

13 '날계란, 바느질, 햇나물'은 파생어이고, '고구마'는 단일어이다.

14 '아버지, 마음'은 단일어, '손발, 밤낮, 검붉다'는 합성어, '지우개, 멋쟁이'는 파생어이다.

15 ①, ②, ③ 어근+접사 ④ 어근+어근

16 나머지는 모두 합성어이고, '겁쟁이'는 파생어이다.

17 '피땀, 밤낮, 춘추'는 융합 합성어이고, '책가방'은 종속 합성어이다.

18 '누리꾼'은 '파생'의 방법으로 만들어진 새말이다.

|개념 덧바르기| Ⅱ 문법 그리기 p. 149

(1) 형태소 (2) 단일어 (3) 합성어 (4) 접사 (5) 담화 (6) 상대 높임 (7) 과거 시제 (8) 피동 표현 (9) 목적어 (10) 관형어 (11) 이어진문장 (12) 은어 (13) 반의 관계 (14) 자의성 (15) 전설 모음

사	동	서	술	단	피	과	예	소	화
전	이	거	목	자	이	거	사	형	접
설	센	어	형	어	음	시	소	사	관
모	반	주	진	태	운	제	리	회	자
음	예	체	비	문	소	사	은	어	동
상	대	높	임	속	장	반	의	단	사
자	부	임	담	화	의	피	형	일	설
의	사	목	은	관	자	동	용	어	접
성	설	적	계	은	높	표	사	안	성
합	성	어	음	담	대	현	관	형	어

PART Ⅲ 어휘 그리기

한자성어 pp. 152~154

1 감언이설 **2** 해설 참조 **3** 살신성인 **4** 설상가상 **5** 주경야독 **6** (1) 천고마비 (2) 자업자득 (3) 파죽지세 (4) 학수고대

2

1동	2고	동	락	
	진			
	3감	탄	고	토
	래			

속담 pp. 155~158

1 고생 끝에 낙이 온다 **2** (1) - ㉡ (2) - ㉢ (3) ㉠ **3** 도둑이 제 발 저린다 **4** 등잔 밑이 어둡다 **5** 비 온 뒤에 땅이 굳어진다 **6** 구슬이 서 말이라도 꿰어야 보배다 **7** 사공, 배, 산 **8** 열 번 찍어 안 넘어가는 나무 없다 **9** (1) 염불, 잿밥 (2) 종로, 한강 **10** 우물

관용어 p. 159

1 (1) - ㉡ (2) - ㉣ (3) - ㉢ (4) - ㉠ **2** 귀에 못이 박히다

아리송한 띄어쓰기 p. 160

1 다칠 뻔했구나. **2** 쟁반같이 둥근 달 **3** 맨 먼저 무엇을 할지 정하자. **4** 밥은커녕 죽도 못 먹는다. **5** 시키는 대로 해라. **6** 맑아야 할 텐데. **7** 내가 벌써 스물다섯 살이다. **8** 물은 높은 데서 낮은 데로 흐른다. **9** 홍시가 참 먹음직하다. **10** 돈이 천 원밖에 없다.

1 '뻔하다'는 한 단어이므로 붙여 쓰고, 앞말과는 띄어 써야 한다.

2 '처럼'으로 바꾸어 쓸 수 있는 '같이'는 앞말과 붙여 쓴다.

3 '맨'과 같이 다른 말 앞에서 뒤에 오는 말을 꾸며 주는 말(관형사)은 뒷말과 띄어 쓴다.

4 'ㄴ커녕, 는커녕, 은커녕'은 한 단어이므로 띄어 쓰지 않고, 앞말에 붙여 쓴다.

5 여기서 '대로'는 '어떤 모양이나 상태와 같이'라는 뜻의 의존명사이므로 띄어 써야 한다.

6 '할 텐데'는 '할 터인데'가 줄어든 말이다.

7 수를 적을 때에는 '만(萬)' 단위로 띄어 쓴다.

8 여기서 '데'는 '장소'를 의미하는 의존명사로 쓰였으므로 띄어 쓴다.(어미로 쓰일 땐 붙여 씀)

9 '그렇게 할 만한 가치가 있음'을 뜻하는 접미사 '-음직하-'가 쓰였으므로 붙여 쓴다.

10 여기서 '밖에'는 '그것 말고는', '그것 이외에는'의 뜻을 나타내는 조사이므로 붙여 쓴다.

글의 성격과 관련된 용어 p. 165

1 해설 참조

1

				1허		
		3서		2구	체	적
		4사	색	적		
5애	상	적				

시험에 잘 나오는 용어&발문 p. 166

1 (1) - ㉡ (2) - ㉤ (3) - ㉢ (4) - ㉠ (5) - ㉥ (6) - ㉣

[쪽지 시험]

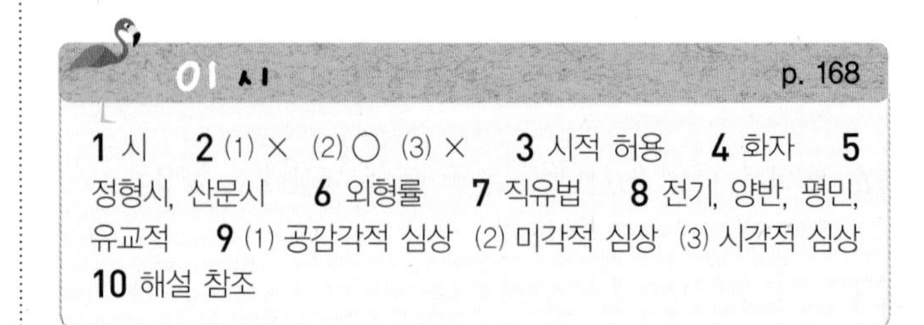

01 시 p. 168

1 시 2 (1) × (2) ○ (3) × 3 시적 허용 4 화자 5 정형시, 산문시 6 외형률 7 직유법 8 전기, 양반, 평민, 유교적 9 (1) 공감각적 심상 (2) 미각적 심상 (3) 시각적 심상 10 해설 참조

2 (1) 직유법에 대한 설명이다. (3) 열거법에 대한 설명이다.

10

1수		3시		
2미	각	적		
상		화		5평
관		4자	유	시
				조

02 소설 p. 169

1 소설 2 주제 3 허구성 4 내적 갈등 5 반동 인물, 평면적 인물 6 (1) 발단 (2) 절정 (3) 전개 (4) 위기 (5) 결말 7 3인칭 관찰자 시점 8 (1) 직 (2) 간 9 (1) 신화 (2) 구체적, 증거물 (3) 행복한 10 해설 참조

8 (1)에서는 국어 선생님의 성격을 '다정다감하다'라고 직접 제시하였고, (2)에서는 국어 선생님의 다정다감한 성격을 '언제나 웃으시며, 우리의 이야기를 잘 들어 주신다'로 간접 제시하였다.

10

		1주	
2간	접	제	3시
			점
		4구	
5산	6문	성	
	체		

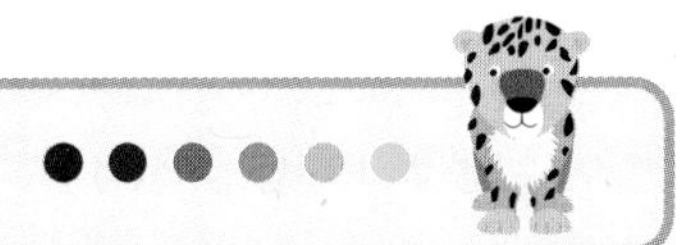

03 희곡, 시나리오 p. 170

1 (1) ○ (2) × **2** ㉠ : 막 ㉡ : 장 **3** (1) 희 (2) 희 (3) 시 **4** 해설, 대사, 지시문, 장면 번호 **5** 장면, 대사 **6** (1) 발단 – 전개 – 절정 – 하강 – 대단원 (2) 발단 – 전개 – 위기 – 절정 – 결말 **7** 방백 **8** (2) ○ **9** (1) – ㉣ (2) – ㉢ (3) – ㉠ (4) – ㉡ **10** 해설 참조

1 (2) 시나리오보다 희곡이 시간적 · 공간적 배경과 등장인물의 수 등에 더 큰 제약을 받는다.

10

❶무	❷대	지	❸시	문
	사		나	
			리	
	❺발		오	
❹대	단	원		

04 수필(설, 기행문, 편지글) p. 171

1 ㉡, ㉣, ㉤ **2** (1) – ㉢ (2) – ㉡ (3) – ㉠ **3** 미술 시간, 우정, 학교 축제 **4** × **5** 해설 참조 **6** 기행문 **7** 여정, 견문, 감상 **8** (1) × (2) ○ **9** (1) 받는 사람, 첫인사, 자기 안부 (2) 편지를 쓴 목적과 내용 (3) 끝인사, 편지를 쓴 날짜, 보내는 사람 **10** 해설 참조

4 수필 속의 '나'는 작가 자신이고, 소설 속의 '나'는 허구적 인물이다.

5

			❶우
		❷비	유
		전	체
❸논	설	문	
리		적	
적			

8 (1) 기행문에는 글쓴이의 생각인 '감상'도 들어가야 한다.

10

❶동		❸본
❷기	행	문
❹실	❺용	적
	무	

05 논설문, 건의문 p. 172

1 설득 **2** (1) × (2) × (3) × **3** (1) 명료성 (2) 체계성 **4** 인용 **5** 해설 참조 **6** 해결, 설득 **7** 내용 조직하기 **8** 주관적인 건의 내용 **9** (1) – ㉡ (2) – ㉢ (3) – ㉠ **10** 해설 참조

2 (1) 문학 작품을 읽는 방법에 해당한다. (2) 논설문의 근거는 객관적이어야 하고, 논설문을 읽을 때에는 그 근거가 주관적인지가 아니라 타당한지 판단해야 한다. (3) 글을 쓴 의도를 파악하면 논설문의 내용을 이해하는 데 도움이 된다.

5

	❶주	❷지
		시
❸논	리	적
지		

8 건의문에는 주관적인 건의 내용이 아니라 타당한 건의 내용이 있어야 한다.

10

❶건	의	❷문		
		제		
	❸예	상	독	❹자
		황		료

06 설명문 / 07 전기문 p. 173

1 (1) 객관적인 (2) 쉬운 **2** (1) × (2) × **3** (1) 처음(머리말) (2) 중간(본문) (3) 끝(맺음말) **4** 비교, 대조 **5** 해설 참조 **6** 허구성 **7** 자서전, 회고록 **8** 일대기적 **9** (1) × (2) ○ **10** 해설 참조

2 (1) 객관적인 내용인지 판단하며 읽어야 한다. (2) 지시어와 접속어는 내용을 파악하는 데 중요한 역할을 한다.

5

	1 대		
2 예	상	독	자
시			
	3 설	4 명	문
		료	
	5 생	성	

6 전기문은 허구적인 글이 아니라 사실적인 글이다.

9 (1) 전기문은 인물이 살았던 시대적, 사회적, 공간적 배경을 고려하며 읽어야 한다.

10

		4 일	화
1 비	2 평	대	
	3 전	기	
		적	

08 보고서, 기사문 p. 174

1 보고서, 기사문 **2** 사실, 동의 **3** ㉣ - ㉡ - ㉢ - ㉠ **4** (1) × (2) ○ (3) × **5** 해설 참조 **6** 표제 **7** 육하원칙 **8** ㉡ **9** 왜 **10** 해설 참조

4 (1) 보고서는 사실과 의견을 구별하여 정확하고 구체적으로 써야 한다.
(3) 도표나 그림 등을 활용하면 효과적으로 전달할 수 있다.

5

1 체				
2 계	획	하	3 기	
적			4 간	결

10

		1 전	체
2 기	3 사	문	
	실		

09 광고문 / 10 비평문 p. 175

1 정보, 설득 **2** 표제 **3** 공익 광고 **4** ㉠ : 보조 자료 ㉡ : 설득 **5** 해설 참조 **6** 근거, 평가 **7** 근거 **8** 작가 **9** (1) × (2) ○ **10** 해설 참조

5

1 도		4 정	5 보
2 표	3 제		조
	재	6 독	자
			료

9 (1) 글쓴이의 의견은 무조건적으로 수용할 것이 아니라, 비판적 태도를 가지고 읽어야 한다.

10

		1 결
2 반	3 영	론
	화	
		4 내
5 비	판	적

11 토의, 토론 p. 176

1 문제, 해결, 협력적인 **2** × **3** 포럼 **4** ㉢ - ㉤ - ㉣ - ㉡ - ㉠ **5** 패널 토의, 원탁 토의 **6** 정책 논제 **7** 사회자 **8** 토론 **9** 논제, 반박 **10** 해설 참조

2 다른 사람의 말이 끝날 때까지 기다렸다가 자신의 의견을 말하는 것이 바람직하다.

10

1 원	탁	2 토	의
	3 반	론	
	대		
	신		
4 전	문	가	
	식		

12 강연, 협상, 발표 p. 177

1 청각 매체 **2** 설득, 설명 **3** (1) ○ **4** × **5** 발표, 협상, 해설 참조 **6** (1) 크게 (2) 문제 상황을 진단하는 일 (3) 다수 (4) 발표 주제 정하기 **7** 경청 **8** 글, 시각 **9** 갈등 **10** 해설 참조

3 (1) 매체는 꼭 필요한 만큼만 활용하는 것이 바람직하다.

4 질문은 질의응답 시간이나 강연이 모두 끝난 후에 해야 한다.

5

강	연	예	상	감
의	도	상	발	화
발	표	강	합	협
요	구	협	의	강
연	발	상	자	료

10

	3 시		1 질	
5 청	각	2 전	문	가
중		문		
		서		
4 일	방	적		

01 언어의 본질 p. 178

1 사회성 **2** (1) – ㉠ (2) – ㉢ (3) – ㉤ (4) – ㉡ (5) – ㉣
3 언어의 창조성 **4** 생성, 소멸, 변화 **5** 임의적 **6** 언어의 규칙성 **7** 친교적 기능 **8** 명령적 **9** 정서적 기능
10 해설 참조

10

	1 역			
	2 사	회	성	
3 생	성			
		4 지	시	적
		식		

02 음운의 체계와 특성 / 03 품사의 종류와 특성 p. 179

1 음운 **2** (1) – ㉤ (2) – ㉣ (3) – ㉠ (4) – ㉡ (5) – ㉢
3 (1) 해설 참조 (2) 해설 참조 **4** ◯ : ㄴ, ㅁ, ㅇ / △ : ㄹ
5 해설 참조 **6** (1) ◯ (2) × (3) ◯ **7** 수사 **8** 동사
9 (1) 관 (2) 부 **10** 해설 참조

3 (1)  말 (◯) (2)  벌 (◯)

5

1 높			
2 이	3 중	모	4 음
	모		운
5 비	음		

6 (2) 현재형, 명령형, 청유형 문장을 만들 수 있는 것은 형용사가 아니라 동사이다.

7 조사가 붙으면 수사이다.

10

				1 용
		2 관	계	언
		형		
3 대	명	사		
답				

04 문장의 짜임 / 05 담화의 개념과 특성 p. 180

1 (1) – ㉡ (2) – ㉠ (3) – ㉣ (4) – ㉢ **2** 안긴문장, 안은문장
3 대등하게 이어진 문장 **4** 해설 참조 **5** 담화 **6** 말하는 의도 **7** 매체 **8** 지역 방언 **9** 처지, 상황 **10** 세대

4

				1 관
				형
			2 주	어
3 겹			성	
4 문	장	성	분	
장				

7 '매체'는 사회 · 문화적 맥락이 아니라 상황 맥락에 해당한다.

06 어문 규범(단어의 발음과 표기) / 07 어휘의 체계와 양상 p. 181

1 오뚝이 (◯), 뻐꾸기 (◯) **2** (1) 무 (2) [의사] (3) 케이크 (4) 모차르트 **3** 종로 Jonglo **4** 표준어, 문화어 **5** 해설 참조 **6** 고유어, 외래어 **7** ㉠ : 금기어 ㉡ : 완곡어 **8** 전문어 **9** (1) 한 (2) 유의 관계 **10** 해설 참조

3 ‘종로’의 올바른 로마자 표기법은 ‘jongno’이다.

5

1나	들	2문		
		화		
4물		3어	법	
음				
5표	준	발	음	법

10

				1신	발
		2유	행	어	
		의			
3상	하	관	계		
인		계			

08 한글의 창제 원리 / 09 음운의 변동 p. 182

1 한자 **2** (1) 이두 (2) 구결 (3) 향찰 **3** ㅣ **4** ㄷ, ㅍ, ㅇ **5** 해설 참조 **6** [ㄷ] **7** 굳이, 맏이 **8** ㅌ, ㅣ, ㅈ **9** (1) 탈 (2) 축 (3) 축 (4) 탈 **10** 해설 참조

5

1목	2구	멍	
	결		
3이	두		
체			
4자	주	정	신

7 ‘굳이[구지]’와 ‘맏이[마지]’는 구개음화가 일어나는 낱말이다.

10

	1구	콰		
	개			
2발	음		3형	
	화		태	
		4끝	소	리

10 문법 요소 / 11 단어의 짜임 p. 183

1 상대 높임 **2** (1) 는 (2) 리 (3) 혔 (4) 었 **3** 현재 시제 **4** (1) – ㉡ (2) – ㉠ (3) – ㉣ (4) – ㉢ **5** 해설 참조 **6** 산, 매우 **7** 4개 **8** (1) × (2) ○ (3) × **9** (1) – ㉠ (2) – ㉡ (3) – ㉠ ④ – ㉡ (5) – ㉡ **10** 해설 참조

5

			1능	력
		2주	동	
3종	결	어	4미	
			래	

8 (1) 복합어가 합성어와 파생어로 나뉘는 것이다. (3) 조사는 홀로 쓰일 수 없지만 홀로 쓰일 수 있는 말에 자유롭게 붙거나 떨어질 수 있기 때문에 단어로 인정한다.

10

		1단	일	어
2복	3합	어		
	성			
	4어	근		

펴낸곳 (주)교학사 / **펴낸이** 양진오 / **CC** 박나리 / **CD** 황인경 / **CE** 박지혜
디자인 디자인센터 / **주소** 서울특별시 마포구 마포대로 14길4(사무소) / 서울특별시 금천구 가산디지털1로 42(공장)
대표 전화 02-7075-100/ **내용 문의** 02-7075-212~215 / **영업 문의** 02-7075-147/ **발행일** 2024년 5월 20일
등록 1962.6. 26.(18-7)/ **홈페이지** www.kyohak.co.kr

중학 국어 개념 그리기

- 발간 이후에 발견되는 오류는 홈페이지를 통해 알려 드립니다.
- 파본은 구입하신 곳에서 교환해 드립니다.

A195571120210

53710

9 788909 551441

ISBN 978-89-09-55144-1

정가 12,000원